Venda Direta Para Leigos

A venda direta percorreu um longo caminho desde sua humilde origem doméstica nos EUA dos anos 1950. Os principais representantes independentes de hoje administram empresas modernas altamente eficientes que costumam deixar os varejistas tradicionais no chinelo. Há três tipos principais de modelos de venda direta: Party Plan, Marketing de Rede e Híbrido, cada um com seu nicho no setor. Ser bem-sucedido significa definir e atender metas. Fazer isso o mantém atento e engajado em seu negócio. Assim que você inicia um negócio, existem muitas dicas e macetes preciosos que podem ser aplicados para realmente maximizar o lucro.

TRÊS TIPOS DE VENDAS DIRETAS

Venda direta se refere à venda de produtos ou serviços longe de um ponto de atendimento fixo. Esses produtos são comercializados e vendidos diretamente por representantes de vendas independentes, também conhecidos como consultores, representantes, distribuidores e vários outros nomes.

Adquirindo um kit básico por uma pequena taxa, as vendas diretas oferecem à pessoa comum um meio de ter renda com um modelo comercial estabelecido e uma linha de produtos comercializáveis. Funciona quase como uma minifranquia, mas sem o investimento inicial. É uma oportunidade de baixo risco para ganhar mais dinheiro do que seria possível na realidade ao começar do zero sozinho.

Há três tipos de modelos de vendas diretas:

- **Party Plan:** Foca a venda eficiente para grupos de pessoas que foram reunidas por um anfitrião que elas conhecem diretamente, ao vivo ou virtualmente (online). Esses encontros costumam ser chamados de reuniões e têm as características festivas de um evento entre amigos. Tais reuniões são organizadas na casa de um cliente, e esse cliente é conhecido como *anfitrião*. Por tradição, ele é recompensado com uma série de produtos gratuitos e com desconto, assim como ofertas exclusivas para ele. O anfitrião chama amigos como convidados para participar da reunião. Em geral, a reunião consiste em servir bebidas leves, socialização e uma apresentação feita pelo representante.

    A finalidade da reunião em casa é proporcionar uma experiência de compra divertida e relaxante com amigos. Esse modelo dá o poder da recomendação pessoal do anfitrião para os produtos e facilita a *aprovação social*, que significa o peso da influência que um grupo de pessoas tem. As festas no Party Plan são bem eficientes em gerar vendas, atrair recrutas e ensinar outras pessoas a vender. Um poder claro do modelo Party Plan é a facilidade de entender como vender produtos para clientes.

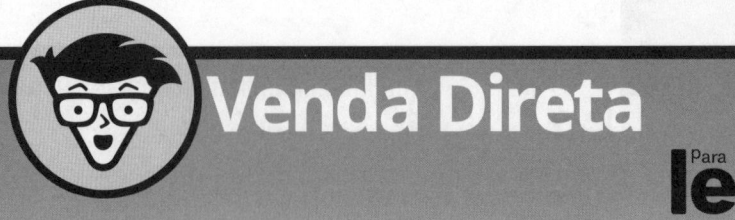

- **Marketing de Rede:** É uma estrutura corporativa planejada para mover os produtos de consumo em uma rede de representantes independentes por meio do uso pessoal e das vendas para consumidores finais. Quando uma empresa com Marketing de Rede desenvolve sua equipe de vendas, seu foco é criar uma rede de consumidores. A empresa não diferencia as pessoas que se associam como representantes independentes para ganhar dinheiro e as que se associam meramente para ter desconto em seus produtos pessoais.

  Um ponto forte do modelo Marketing de Rede é que as empresas podem expandir muito e vender quantidades enormes de produtos a uma grande rede de pessoas que, em muitos sentidos da palavra, se associaram como membros. Muitos membros fazem uma assinatura para receber produtos todo mês, um sistema geralmente chamado de *envio automático*. Esses novos pedidos contínuos em uma rede de pessoas que escolheram se afiliar à empresa podem levar a um aumento consistente nas vendas, contanto que as pessoas na rede continuem a ver os benefícios do produto.

- **Híbrido:** Como se pode imaginar, o plano *Híbrido* combina as práticas do Marketing de Rede e do Party Plan. Nas empresas híbridas, como no modelo Party Plan, os representantes independentes têm anfitriões que reúnem amigos e família para uma demonstração do produto, ao vivo ou online. Mas no Híbrido, a ênfase está tanto na oportunidade comercial quanto nas vendas do produto. Os planos de compensação tendem a pegar emprestado os elementos tradicionais do Party Plan e do Marketing de Rede. Como no Marketing de Rede, esses produtos servem bem para o envio automático, o modelo de pedidos por assinatura em que representantes independentes e clientes têm pedidos de reposição mensais enviados para sua casa automaticamente.

  Nas empresas híbridas, geralmente o envio automático oferece um desconto ao cliente (às vezes denominado *taxa do cliente preferencial*). Alguns programas oferecem um envio automático ínfimo ou gratuito para os clientes que recomendam outros clientes por meio de programas de indicação. Tais programas também podem incluir um envio automático gratuito para representantes independentes que têm certa quantidade de clientes no envio automático, significando que o próprio consumo mensal do produto pelo representante é coberto. Esses programas, que combinam a visão focada no cliente do Party Plan com a abordagem de envio automático no estilo Marketing de Rede, foram muito bem-sucedidos e levaram a um aumento de assinatura para as empresas e os líderes envolvidos.

Venda Direta

para
leigos

Venda Direta Para leigos

Belinda Ellsworth

Rio de Janeiro, 2021

Venda Direta Para Leigos®

Copyright © 2021 da Starlin Alta Editora e Consultoria Eireli.
ISBN: 978-65-5520-531-2

Translated from original Direct Selling For Dummies®. Copyright © 2015 by John Wiley & Sons, Inc., ISBN 978-1-119-07648-3. This translation is published and sold by permission of Wiley, the owner of all rights to publish and sell the same. PORTUGUESE language edition published by Starlin Alta Editora e Consultoria Eireli, Copyright © 2021 by Starlin Alta Editora e Consultoria Eireli.

Todos os direitos estão reservados e protegidos por Lei. Nenhuma parte deste livro, sem autorização prévia por escrito da editora, poderá ser reproduzida ou transmitida. A violação dos Direitos Autorais é crime estabelecido na Lei nº 9.610/98 e com punição de acordo com o artigo 184 do Código Penal.

A editora não se responsabiliza pelo conteúdo da obra, formulada exclusivamente pelo(s) autor(es).

Marcas Registradas: Todos os termos mencionados e reconhecidos como Marca Registrada e/ou Comercial são de responsabilidade de seus proprietários. A editora informa não estar associada a nenhum produto e/ou fornecedor apresentado no livro.

Impresso no Brasil — 1ª Edição, 2021 — Edição revisada conforme o Acordo Ortográfico da Língua Portuguesa de 2009.

Erratas e arquivos de apoio: No site da editora relatamos, com a devida correção, qualquer erro encontrado em nossos livros, bem como disponibilizamos arquivos de apoio se aplicáveis à obra em questão.

Acesse o site **www.altabooks.com.br** e procure pelo título do livro desejado para ter acesso às erratas, aos arquivos de apoio e/ou a outros conteúdos aplicáveis à obra.

Suporte Técnico: A obra é comercializada na forma em que está, sem direito a suporte técnico ou orientação pessoal/exclusiva ao leitor.

A editora não se responsabiliza pela manutenção, atualização e idioma dos sites referidos pelos autores nesta obra.

Dados Internacionais de Catalogação na Publicação (CIP) de acordo com ISBD

E47v	Ellsworth, Belinda
	Venda Direta Para Leigos / Belinda Ellsworth ; traduzido por Eveline Vieira Machado. - Rio de Janeiro : Alta Books, 2021.
	384 p. ; 17cm x 24cm. – (Para Leigos)
	Tradução de: Direct Selling For Dummies
	Inclui índice.
	ISBN: 978-65-5520-531-2
	1. Administração. 2. Vendas. I. Machado, Eveline Vieira. II. Título. III. Série.
2021-4047	CDD 658.85
	CDU 658.85

Elaborado por Vagner Rodolfo da Silva - CRB-8/9410

Rua Viúva Cláudio, 291 — Bairro Industrial do Jacaré
CEP: 20.970-031 — Rio de Janeiro (RJ)
Tels.: (21) 3278-8069 / 3278-8419
www.altabooks.com.br — altabooks@altabooks.com.br

Produção Editorial
Editora Alta Books

Gerência Comercial
Daniele Fonseca

Editor de Aquisição
José Rugeri
acquisition@altabooks.com.br

Produtores Editoriais
Illysabelle Trajano
Maria de Lourdes Borges
Thales Silva

Marketing Editorial
Livia Carvalho
Marcelo Fernandes
Thiago Brito
marketing@altabooks.com.br

Equipe de Design
Larissa Lima
Marcelli Ferreira
Paulo Gomes

Diretor Editorial
Anderson Vieira

Coordenação Financeira
Solange Souza

Produtor da Obra
Thiê Alves

Equipe Ass. Editorial
Brenda Rodrigues
Caroline David
Luana Rodrigues
Mariana Portugal
Raquel Porto

Equipe Comercial
Adriana Baricelli
Daiana Costa
Fillipe Amorim
Kaique Luiz
Victor Hugo Morais
Viviane Paiva

Atuaram na edição desta obra:

Tradução
Eveline Vieira Machado

Copidesque
Maíra Meyer

Revisão Técnica
Janaína Souza
Mestre em Gestão e Estratégia em Negócios

Revisão Gramatical
Matheus Araujo
Alessandro Thomé

Diagramação
Lucia Quaresma

Ouvidoria: ouvidoria@altabooks.com.br

Editora afiliada à:

Dedicatória

Para aqueles que me orientaram por anos e os milhares que tive o privilégio de aconselhar, obrigada por compartilharem suas histórias de sucesso. A cada pessoa que tem o sonho de melhorar de vida nesse setor surpreendente, sempre foi e permanece sendo meu objetivo apresentar as melhores ferramentas para tornar esse sonho uma realidade.

Sobre a Autora

Belinda Ellsworth é a principal palestrante motivacional, treinadora de vendas e especialista no setor de vendas diretas. Ela treinou milhares de representantes de vendas independentes, gerentes e executivos e trabalhou com mais de cem empresas diferentes de vendas diretas. Com mais de trinta anos de experiência na área, Belinda é a consultora corporativa, palestrante motivacional e instrutora a que empresas e principais líderes do setor recorrem repetidamente. Ela também é reconhecida entre seus pares no setor de vendas diretas como ganhadora do DSA Ethos Partnership Award de 2015, concedido pela Associação de Vendas Diretas dos Estados Unidos, por sua contribuição e especialização no setor.

Agradecimentos da Autora

Quero agradecer à minha família por seu amor e encorajamento em tudo que faço, e pela paciência durante a conclusão deste livro. Obrigada a meu marido, Chris, e a minha filha, Tiffany, pela ajuda na edição e na escrita.

Obrigada à minha equipe na Step Into Success: Donna, Lydia, Karen e Tiffany. Seu trabalho pesado e sua dedicação me permitiram fazer o que mais amo: ensinar outras pessoas a terem sucesso.

Um agradecimento muito especial à equipe de escritores com quem trabalhei ao longo dos anos e que se reuniram para tornar este projeto o melhor: Lindsay Tompkins, Jenna Lang e Martha McBride. Foi um grande prazer trabalhar com vocês. Lindsay, sempre serei grata por seu trabalho esforçado e sua dedicação.

Gostaria de agradecer especialmente à equipe na Wiley por me dar esta oportunidade incrível e por sua dedicação em levar um trabalho de qualidade para os leitores. Um agradecimento especial a Stacy Kennedy, editora de aquisições, e Corbin Collins, meu editor maravilhoso. Obrigada por tornar incrível essa experiência de aprendizagem.

Obrigada a Martha McBride, da Words Are My Life, nossa editora técnica, pelo tempo, esforço e autenticidade colocados neste livro.

Por fim, obrigada a meus outros amigos de vendas diretas que me escutaram e aconselharam quando necessário.

Sumário Resumido

Introdução 1

Parte 1: Explorando o Setor de Vendas Diretas 5
- CAPÍTULO 1: Fundamentos das Vendas Diretas 7
- CAPÍTULO 2: Escolhendo a Empresa Certa de Vendas Diretas ... 31
- CAPÍTULO 3: Trabalhando com Diferentes Modelos de Venda Direta 43

Parte 2: Habilidades para Montar um Negócio de Sucesso 55
- CAPÍTULO 4: Mantendo uma Atitude Positiva 57
- CAPÍTULO 5: Criando Visão, Definindo Metas e Aumentando Sua Produtividade 73
- CAPÍTULO 6: Sempre Pronto para o Negócio 93

Parte 3: Colocando em Prática as Estratégias de Vendas 109
- CAPÍTULO 7: Consolidando Seu Negócio com Agendamentos ... 111
- CAPÍTULO 8: Planejando uma Reunião de Lançamento ou Apresentação 141
- CAPÍTULO 9: Organizando Reuniões de Sucesso 151
- CAPÍTULO 10: Treinando a Anfitriã 167
- CAPÍTULO 11: Venda Social: Venda Direta na Rede Social ... 179
- CAPÍTULO 12: O Poder da Venda Individual 213
- CAPÍTULO 13: Sustentabilidade: O Sucesso Está no Acompanhamento 227

Parte 4: Criando uma Organização 243
- CAPÍTULO 14: Atraindo Novos Membros para a Equipe: Recrutando e Patrocinando 245
- CAPÍTULO 15: Entrevistando 267
- CAPÍTULO 16: Patrocinando Novos Recrutas e Liderando Equipes 275
- CAPÍTULO 17: Recrutando em Grupo: Eventos de Oportunidade 295

Parte 5: Operando e Mantendo um Negócio de Sucesso 305
- CAPÍTULO 18: Gerenciando Seu Dinheiro com Inteligência ... 307
- CAPÍTULO 19: Encontrando e Comunicando-se 315
- CAPÍTULO 20: Networking para Expandir Seu Alcance 325

Parte 6: A Parte dos Dez 337
CAPÍTULO 21: Dez Erros a Evitar...339
CAPÍTULO 22: Dez Recursos Principais para Vendedores Diretos 347
CAPÍTULO 23: Dez Benefícios das Vendas Diretas 353

Índice..359

Sumário

INTRODUÇÃO 1
    Sobre Este Livro 1
    Penso que... 2
    Ícones Usados Neste Livro 3
    Além Deste Livro 3
    De Lá para Cá, Daqui para Lá 3

PARTE 1: EXPLORANDO O SETOR DE VENDAS DIRETAS 5

CAPÍTULO 1: Fundamentos das Vendas Diretas 7
    Como Funcionam as Vendas Diretas 9
    Entendendo os Três Modelos Diferentes de Vendas Diretas ... 10
        Marketing de Rede 11
        Party Plan 11
        Híbrido 12
        Quem é melhor com cada modelo? 13
    Primeiras Etapas nas Vendas Diretas 14
    Por que o Modelo de Vendas Diretas É um Sucesso 18
    Atributos Pessoais e Habilidades Necessárias para
        Vendas Diretas 20
        Crença no produto 20
        Visão e metas 20
        Grandes habilidades de comunicação 20
        Paciência 21
        Habilidades interpessoais 21
        Habilidades de apresentação 21
        Capacidade de reconhecer dicas de compras 22
        Cuidado com o cliente 22
        Aptidão tecnológica 23
        Compromisso com o desenvolvimento pessoal 23
    Modos Diferentes de Administrar Seu Negócio 24
        Apresentações ao vivo e reuniões em casa 24
        Feiras e eventos do revendedor 24
        Reuniões de eventos 25
        Marketing e reuniões online 26
        Captação de recursos 26
        Novo atendimento 27
        Experiência de compra pessoal 27

Uma Breve História do Modelo de Vendas Diretas 28
    Caixeiros-viajantes 28
    A era da internet 29
    O surgimento da venda social 30

CAPÍTULO 2: Escolhendo a Empresa Certa de Vendas Diretas 31

O que Considerar ao Escolher uma Empresa .33
Três Pontos de Toda Empresa 36
    Produtos 36
    Lucratividade 37
    Programas 38
Considerações Especiais para Startups 39
    Vantagens 40
    Desvantagens 40
Desmascarando o Mito da Saturação 41

CAPÍTULO 3: Trabalhando com Diferentes Modelos de Venda Direta 43

Modelo Marketing de Rede 44
    Recrutando no Marketing de Rede 45
    Compartilhando produto e oportunidade 46
    Para quem é mais adequado o modelo Marketing de Rede? 48
    O que é preciso para ser bem-sucedido? .49
Modelo Party Plan 50
    Recrutando no Party Plan 51
    Compartilhando produto e oportunidade 51
    Para quem é mais adequado o Party Plan? 52
Modelo Híbrido 53

PARTE 2: HABILIDADES PARA MONTAR UM NEGÓCIO DE SUCESSO 55

CAPÍTULO 4: Mantendo uma Atitude Positiva 57

Sendo Bem-sucedido: Atitude É Tudo 58
    Compartilhando seu entusiasmo com todos 58
    Empolgação fora de casa 60
    Aprendendo a lidar com o não 61
    Vendo o lado bom em tudo 62
    Sendo positivo nas redes sociais 64
    Sendo um modelo forte para sua equipe .64

Superando a Insegurança 66
    Os quatro pilares da confiança. 66
    Começando com um diálogo interno 67
    Desenvolvendo confiança e autoestima 68
Saindo de Seu Caminho 68
    Contentando-se com pouco 68
    Evitando a resignação 69
    Gerenciando o perfeccionismo e a procrastinação ...69
    Ficando longe da negação e da culpa 70
    Correndo riscos: Superando o medo 71
    Comparando-se com os outros 72

CAPÍTULO 5: Criando Visão, Definindo Metas e Aumentando Sua Produtividade 73

Visão: Panorama Geral do Motivo 75
    Minha visão em vendas diretas 75
    Sua visão mudará 76
    Sendo um líder e ajudando outras pessoas com a visão delas 76
Metas: Marcos para o Sucesso 77
    As metas não precisam ser assustadoras 78
    Definindo metas realistas: Os cinco Ds 79
Recompensas: Lute pelos Programas de Incentivo da Empresa 81
Produtividade e *Power Hour* 82
    Quinze minutos treinando o anfitrião 84
    Quinze minutos agendando 84
    Quinze minutos recrutando 85
    Quinze minutos atendendo o cliente 86
Desenvolvendo Habilidades Importantes 86
    O poder do foco 87
    O poder do comprometimento 89
    O poder da consistência 89
    O poder da organização ou a falta dela 91

CAPÍTULO 6: Sempre Pronto para o Negócio 93

Sempre Pronto para Dar um Cartão de Visita 95
Leve Catálogos com Você 96
Tenha à Mão Pacotes de Anfitrião e Oportunidades 97
Planeje Sua Exposição Móvel 99
Crie Seu Comercial de Trinta Segundos 101
Vista-se para o Sucesso 104
Conheça Suas Próximas Datas Disponíveis 106

PARTE 3: COLOCANDO EM PRÁTICA AS ESTRATÉGIAS DE VENDAS 109

CAPÍTULO 7: Consolidando Seu Negócio com Agendamentos 111

A Importância dos Agendamentos 112
Controlando Sua Agenda 113
    Definindo um horário 114
    Quanto antes, melhor 114
    Definindo metas para a agenda 114
    Suas próximas datas disponíveis 115
    Costure as datas em sua agenda 115
Marcando Consultas e Agendamentos 116
    Dando início aos agendamentos 116
    Pratique, pratique, pratique 117
    Ganhando impulso para o futuro negócio 118
    Sua Agenda de Possíveis Marcações 118
Agendamentos ou Consultas 120
    Abordagem casual 121
    Veja as pessoas 121
    Mobilize os amigos 123
    Organize sua própria reunião 124
Por que as Pessoas Agendam, ou Não 125
Três Perguntas Poderosas para o Relutante Dizer Sim 127
Plantando Sementes de Agendamento 128
Conversa para Agendamento 129
Dicas para Ter Mais Agendamentos 131
Superando as Objeções Comuns 132
    "Vou ver com minhas amigas primeiro" 132
    "Minhas amigas estão cansadas de festa" 133
    "Minha casa não é muito grande" 133
    "Não tenho tempo, sou muito ocupada" 133
    "Prefiro fazer uma reunião de catálogo" 134
Dicas para Achar um Novo Negócio 135
    Rede social para ter recomendações 135
    Indicações com possíveis clientes 135
    Vá ao lugar em que os clientes estão 136

CAPÍTULO 8:	**Planejando uma Reunião de Lançamento ou Apresentação**...	141

    Entendendo Por que a Reunião de Lançamento É
      Tão Importante 144
    Preparando Seu Lançamento.. 145
    Passos 1-2-3 do Convite... 147
    Fazendo um Lançamento de Reforço............................... 148
    Após o Lançamento: Apresentando Meu Método de Dois
      Agendamentos 148
        Suas duas primeiras reuniões 148
        Suas duas segundas reuniões 148
        Suas duas terceiras reuniões 149

CAPÍTULO 9:	**Organizando Reuniões de Sucesso**	151

    Breve História das Reuniões em Casa.............................. 152
    O Apelo das Reuniões em Casa 153
    Despertando Desejo.. 154
    Abrindo os Trabalhos 156
        O que não fazer.. 156
        Criando uma abertura poderosa................................. 157
        Exemplo de abertura 158
    Fazendo Sua Apresentação.. 159
        Dicas de apresentação.. 159
        Despertando mais desejo pelo produto...................... 160
    Falando sobre Agendamento 160
        Escolhendo o que dizer... 160
        Despertando desejo para organizar 162
    Conversa para Recrutamento... 163
    Venda Adicional, Encerramento e Fechamento................ 164

CAPÍTULO 10:	**Treinando a Anfitriã**	167

    Entendendo a Motivação da Anfitriã 168
    Treinamento Presencial e Pedidos Externos 169
    Mantendo a Anfitriã Animada, Engajada e Informada 171
        Aumentando a animação 171
        Mantendo a anfitriã engajada.................................... 172
        Mantendo a anfitriã informada.................................. 173
        O dia em que você agenda com a anfitriã 173
        O dia após o primeiro contato 174
        A primeira ligação 174
        Quando os convites são enviados............................... 175
        Ligação de incentivo... 175

        O dia da reunião 176
        Encerrando a reunião 176
        Nota de agradecimento imediatamente depois 177
        Duas semanas após a reunião 177
    Treinamento Online 178

CAPÍTULO 11: Venda Social: Venda Direta na Rede Social 179
    Escolhendo a Rede Social Certa para Seu Negócio. 181
    Cinco Pontos da Rede Social. 182
    Facebook para Vendedores Diretos 184
        Analisando os pontos fortes do Facebook. 184
        Preparando uma Fanpage. 189
        Usando sua conta pessoal do Facebook para a
          marca pessoal. 192
        Organizando reuniões no Facebook 194
    Instagram e Pinterest: O Poder das Fotos 199
    Twitter: Presença da Comunidade. 200
        Formando seu público no Twitter 202
        Hashtags por todo lugar 204
    Capturando Vendas Sociais. 206
    Virtudes do Blog 207
        Aumentando os visitantes em seu site. 208
        Mais visibilidade no motor de busca. 208
        Posicionando-se como especialista no setor. 208
        Fazendo amizade com o cliente. 209
        Vendendo pelo blog. 209
        Fazendo o blog ser notado 209
    Existe um App para Isso. 211
        Criando seus próprios gráficos e convites. 211
        Organizando seu material. 212
        De olho na gestão do tempo 212
        Incorporando serviços corporativos 212

CAPÍTULO 12: O Poder da Venda Individual 213
    Vendendo com Consultas Individuais 215
    Conseguindo Consultas Individuais. 216
    Aperfeiçoando os Detalhes: O que Fazer e Dizer 217
    Vendendo Fora de Casa. 219
        Apresentando-se em qualquer lugar 219
        Iniciando conversas 220
        Distribuindo cartões promocionais. 221
        Traje para usar e compartilhar, e outras promoções. 221
        Tendo o produto à mão. 222

Melhorando a Experiência de Compra Pessoal 223
    Identificando o público-alvo 223
    Encontrando o serviço certo para apresentar o produto 224

CAPÍTULO 13: Sustentabilidade: O Sucesso Está no Acompanhamento 227

Mercados Quente e Frio 228
    Sendo simpático e confiável 229
    Conseguindo recomendações 230
    Sendo sistemático no atendimento. 230
Acompanhando os Possíveis Agendamentos 231
Acompanhando as Anfitriãs 233
Acompanhando as Clientes. 234
Acompanhando os Possíveis Recrutas 235
    Possíveis recrutas quentes e mornos 235
    Brrr! Possíveis recrutas frios 237
Sem Suposições: Usando o Método 2+2+2 do
    Acompanhamento 238
    Acompanhamento em dois dias. 238
    Duas semanas depois 240
    Dois meses depois 241
Novo Atendimento: O Segredo É Cuidar do Cliente 242

PARTE 4: CRIANDO UMA ORGANIZAÇÃO 243

CAPÍTULO 14: Atraindo Novos Membros para a Equipe: Recrutando e Patrocinando 245

As Recompensas do Recrutamento. 246
As Regras do Recrutamento 249
    Sempre convide. 250
    Nunca julgue prematuramente 250
    Sempre converse para recrutar, não importa o assunto 252
    Busque possíveis clientes, em vez de recrutas 252
O "Motivo" do Recrutamento: O que Se Ganha com Isso 254
    Liberdade financeira ou renda 254
    Tempo flexível 255
    Amizades 257
    Reconhecimento 257
    Crescimento pessoal e autoestima 258
Conseguindo Pessoas Interessadas. 259
Como Perder um Possível Recruta. 262
Usando o Acompanhamento e o Bom Atendimento ao Cliente 265

Recrutando na Rede Social 265
    Facebook 265
    LinkedIn 266
    YouTube 266

CAPÍTULO 15: Entrevistando 267

Preparando o Terreno: Despertando Interesse 268
Solicitando uma Entrevista 269
    Como perguntar 269
    A quem perguntar 269
Entrevistando um Recruta em Potencial: Fase 1 270
    O que dizer 270
    O que fazer com a indecisão 271
    O que realmente significa o não 271
Entrevistando um Recruta em Potencial: Fase 2 272
    O que dizer 272
    O começo do treinamento 273

CAPÍTULO 16: Patrocinando Novos Recrutas e Liderando Equipes 275

Um Ótimo Começo para o Novo Membro da Equipe 277
O que Significa Ser Líder 280
    Definindo metas e desenvolvendo uma visão em outras pessoas 281
    Sendo um treinador 281
    Sabendo quando treinar 282
Orientando os Membros da Equipe 284
Personalidades Diferentes 286
    Comunicação eletrônica/digital 286
    Ligações e videoconferências 287
    Correio tradicional 287
    Encontros presenciais 288
Grupos no Facebook da Equipe 288
Desafiando os Novos Recrutas 289
    Desafio: Anuncie seu negócio para todos 290
    Desafio: Explore o escritório virtual 291
    Desafio: Organize-se 291
    Desafio: Crie um gráfico 292
    Desafio: Sua história do "motivo" 292
    Desafio: Convide algumas amigas 293
    Desafio: O sucesso está no acompanhamento 293
É Sempre um Processo de Aprendizado 294

| CAPÍTULO 17: | **Recrutando em Grupo: Eventos de Oportunidade**..295 |

Examinando os Melhores Eventos de Oportunidade............... 296
Recrutando em Eventos.. 298
    Explicando o modelo de negócio................................. 298
    As cinco necessidades atendidas pelas vendas diretas......... 300
    Compartilhando três pontos importantes: Produtos,
        programas e lucros 301
    Encorajando-as a tomar uma decisão. 302
Planejando e Preparando Eventos.. 303

PARTE 5: OPERANDO E MANTENDO UM NEGÓCIO DE SUCESSO 305

| CAPÍTULO 18: | **Gerenciando Seu Dinheiro com Inteligência**......307 |

Conseguindo a Adesão do Cônjuge..................................... 308
Sustentando-se e Controlando... 309
Sucesso Repentino: Cuidado... 311
Olhos Atentos nos Impostos.. 312
    Retenção, restituição e emprestando à Receita Federal 312
    Incentivos fiscais de um negócio em casa 313

| CAPÍTULO 19: | **Encontrando e Comunicando-se**...........................315 |

Indo à Conferência da Empresa... 316
Planejando e Participando de Encontros Bem-sucedidos........... 317
    Motivação.. 318
    Reconhecimento.. 318
    Compartilhando informações e atualizações importantes...... 319
    Treinamento... 320
    Amizade... 320
    Novos produtos... 321
    Cultura da oportunidade... 321
Comunicando-se com a Líder e a Equipe.............................. 322
    Comunicando-se com a líder..................................... 322
    Comunicando-se com a equipe................................... 323

| CAPÍTULO 20: | **Networking para Expandir Seu Alcance**................325 |

Apresentando-se.. 326
Melhores Amigos Comerciais.. 327
Pessoas Certas para o Networking 330
    Participando de eventos da comunidade........................ 330
    Usando redes sociais... 331
    Fazendo amizades.. 332

Dicas para um Networking Eficiente 333
Contatos Após o Encontro................................. 334
Preparando um Comitê Consultivo 336

PARTE 6: A PARTE DOS DEZ............................. 337

CAPÍTULO 21: Dez Erros a Evitar 339
Não Começar com uma Boa Sequência de Eventos............... 339
Ter Medo de Perguntar sobre uma Reunião ou Consulta.......... 340
Falhar em Definir Metas................................... 341
Falta de Compromisso e Persistência 341
Prejulgar Clientes Existentes e Futuros....................... 342
Não Tratar o Negócio como Tal 342
Sem Foco 343
Pular o Treinamento e o Desenvolvimento 344
Negligenciar as Relações Comerciais......................... 344
Depender de Amigos e da Família por Muito Tempo............ 345

CAPÍTULO 22: Dez Recursos Principais para Vendedores Diretos 347
Minha Empresa 347
Gestão do Tempo 348
Organização e Compartilhamento de Arquivos................. 349
Comunicação da Equipe e Encontros Online................... 349
Comunicação e Gestão das Redes Sociais 350
Criação de Vídeos 350
Imagens e Gráficos 351
Newsletters e E-mail 351
Despesas e Gestão do Dinheiro............................. 352
Criação de Site e Blog.................................... 352

CAPÍTULO 23: Dez Benefícios das Vendas Diretas....................353
Maior Renda... 353
Horário Flexível 354
Ser Seu Próprio Chefe e Trabalhar de Casa.................... 355
Amizades e Relacionamentos 355
Incentivos e Reconhecimento.............................. 356
Habilidades Comerciais 356
Crescimento Pessoal..................................... 357
Mentoria 357
Desconto em Produtos 358
Incentivos Fiscais.. 358

ÍNDICE 359

Introdução

Bem-vindo ao livro *Venda Direta Para Leigos*! Atuo como instrutora de vendas diretas há vinte anos (após quinze anos como representante independente), e nesse tempo, as pessoas me pediram para escrever um livro. Bem, algo sempre me impedia, e eu nunca escrevia, até... o pessoal da Para Leigos me abordar e pedir para eu escrever um livro sobre vendas diretas. Entrei de cabeça. Eu já havia escrito muitos guias para empresas individuais, mas sabia que o setor de vendas diretas precisava de um guia passo a passo escrito com simplicidade para navegar nas vendas diretas e desenvolver um negócio bem-sucedido.

Apesar do que pode ser lido no Facebook, criar e manter um negócio de vendas bem-sucedido envolve muito mais do que postar fotos de produtos e implorar que as pessoas "entrem na sua equipe". As vendas diretas são como qualquer outro negócio, requerem trabalho. Mas os benefícios do aumento de renda, da flexibilidade, do reconhecimento e crescimento pessoal fazem tudo valer a pena.

Se você escolheu este livro, suponho que foi mordido pelo bicho das vendas diretas e está pronto para apostar em *você*. Saiba apenas que, mesmo se estiver procurando montar um negócio para si mesmo, você não está sozinho agora que comprou este livro. Estou aqui com você em cada passo do caminho.

Sobre Este Livro

As empresas de vendas diretas fazem o melhor para dar a seus representantes informações relevantes sobre o setor e guias de treinamento para ajudá-los a ter sucesso, mas até o momento não existia nenhum livro ou guia como este aqui, simples e abrangente. Nenhum outro livro nas prateleiras percorrerá todo o caminho, desde o início de sua jornada em vendas diretas até o sucesso. Este livro tem todo o meu treinamento em cada aspecto do negócio, desde sua primeira reunião ou consulta até o desenvolvimento de uma organização multimilionária.

DICA

Mantenha este livro na prateleira em seu escritório ou por perto. Ele é perfeito para consultas se você estiver com dificuldades para preencher sua agenda, recrutar novos membros da equipe, aumentar as vendas ou trabalhar com um membro da equipe.

Qualquer pessoa pode ter sucesso, mas o que interessa é que o setor atualmente é muito feminino, e reconheço isso quando uso pronomes femininos no livro. Fique tranquilo, mesmo que eu use *ela* e *dela* em todo lugar, o setor tem sua parcela de homens, sobretudo na ponta do espectro onde ficam os tipos Marketing de Rede e Híbrido (veja o Capítulo 3 para saber mais sobre esses modelos). Dito isso, grande parte deste livro visa o modelo Party Plan (que pode ser entendido como um Plano de Reunião) das vendas diretas, e tomei a decisão de permitir que a linguagem refletisse isso.

Penso que...

Não é possível presumir que conheço suas esperanças e seus sonhos. O que sei é que você escolheu este livro, significando que está ao menos interessado em ter renda em casa ao administrar seu próprio negócio e ficar tão ocupado quanto desejar. Se decidiu seguir em frente e arriscar, prepare-se para mudar sua vida. Se está buscando pagar as aulas de dança de sua filha, comprar seu primeiro carro ou pagar dívidas, este setor pode ajudar, assim como este livro.

Agora, não sei em qual empresa está interessado, se prefere o modelo Party Plan ou Marketing de Rede (veja o Capítulo 3 para saber mais) ou se tem experiência no setor. Se não tiver, ótimo; do contrário, ótimo também. Há algo aqui para você, de qualquer modo.

E pressuponho que você tenha uma visão de vida melhor para si mesmo. Que deseja buscar seus sonhos, melhorar a situação familiar e ter crescimento pessoal. Pressuponho que esteja procurando algo pequeno (ou grande) para finalmente chamar de seu. Eu imagino que esteja motivado e tenha iniciativa.

Ícones Usados Neste Livro

As dicas contêm pequenos conselhos úteis e práticos que aprendi com anos de experiência no setor e treinamento de representantes.

O material ao lado deste ícone é o que você deve ter em mente para uma futura referência.

Este é para alertá-lo sobre coisas que poderiam causar problemas ou custar seu tempo. Serve para ajudá-lo a evitar erros comuns, mas que custam caro.

Além Deste Livro

Quando ler este livro, ficará ansioso por ainda mais conteúdo.

Além do material impresso que você está lendo agora, este produto vem com artigos acessados na web. Não importa há quanto tempo está no setor de vendas diretas ou como seu chefe ou empresa é ótima, você provavelmente terá algumas perguntas para as quais precisará de ajuda extra. Verifique nossa Folha de Cola em www.altabooks.com.br [procure pelo título do livro].

De Lá para Cá, Daqui para Lá

Você pode estar imaginando: *Se posso iniciar em qualquer lugar, por onde devo começar?*

Este livro não foi planejado para ser linear. É uma referência amigável, não um tutorial, o que significa que você pode iniciar ou parar onde quiser. Veja o Sumário ou o Índice para descobrir as áreas mais interessantes no seu caso. Ou verifique as seções que cobrem os tópicos nos quais precisa de mais ajuda.

Se você é novo em vendas diretas, o começo é um ótimo lugar para iniciar. Você aprenderá um pouco sobre o setor de vendas diretas, ficará informado sobre qual tipo de empresa pode ser melhor para você e sua situação e poderá conferir minha nova lista de representantes. Independentemente de onde começar, espero que se divirta explorando o livro e curtindo meus 35 anos de conhecimento e expertise em vendas diretas.

1
Explorando o Setor de Vendas Diretas

NESTA PARTE . . .

Oriente-se no mundo das vendas diretas.

Descubra a empresa e o tipo certo para você.

Conheça três modelos principais de venda direta.

> **NESTE CAPÍTULO**
>
> » Entendendo como funcionam as vendas diretas
>
> » Examinando três tipos de modelos de vendas diretas
>
> » Começando bem com uma checklist
>
> » Trabalhando as habilidades certas para ter sucesso
>
> » Tendo uma visão geral sobre modos de administrar seu negócio
>
> » Conhecendo um pouco sobre a história das vendas diretas

Capítulo **1**

Fundamentos das Vendas Diretas

Você pode ter se sentido atraído para iniciar seu negócio de vendas diretas por alguns motivos ou talvez ainda esteja fazendo uma pesquisa antes de avançar. De qualquer modo, seja bem-vindo às vendas diretas, um modelo de distribuição que mudou muitas vidas.

Vendas diretas se referem à venda de produtos ou serviços longe de um ponto de atendimento fixo. Esses produtos são comercializados e vendidos diretamente por representantes de vendas independentes, também conhecidos como consultores, representantes, distribuidores e vários outros nomes.

Os representantes de vendas diretas não são funcionários da empresa. Pelo contrário, são donos de negócios independentes que desfrutam de todos os benefícios de serem autônomos, com a vantagem extra de fazer parte de uma empresa que lida com operações, como envio, desenvolvimento de produtos, marketing e outros.

LEMBRE-SE

Você está no negócio por conta própria, mas não sozinho.

A venda direta é uma oportunidade para homens e mulheres terem um negócio próprio, aumentarem a renda familiar e terem a vida que sempre imaginaram. O setor de vendas diretas está repleto de histórias de sucesso, desde donas de casa pagando para ter aulas de dança, mulheres que se aposentaram com seus maridos e famílias comprando a casa dos sonhos. Seja qual for a meta, as vendas diretas provavelmente são um setor que pode fazer você chegar lá.

Sua mãe amava Tupperware quando você era criança? Sua vizinha vende Mary Kay? Sua família conheceu um milionário da Amway? Mesmo se a resposta for não, é provável que você conheça bem algumas empresas lendárias que usaram esse estilo de rede de marketing para seus produtos. As empresas de vendas diretas incluem alguns grandes nomes conhecidos e marcas globais quase tão familiares quanto Coca-Cola, McDonald's, General Mills ou Kraft. Alguns exemplos:

- Cutco
- Kirby Vacuums
- Avon
- Tupperware

Você pode ter notado amigos no Facebook postando sobre como ganhar dinheiro extra, viagens gratuitas ou, talvez, até saindo de seus trabalhos convencionais! Muitas pessoas tiveram sucesso com negócios assim. Atualmente, pessoas comuns como você continuam a montar negócios prósperos em vendas diretas.

Você pode estar interessado em iniciar seu negócio para gerar uma renda extra enquanto trabalha em meio expediente, ou talvez a meta seja contar com as vendas diretas como sua renda principal. Você pode ser como muitas pessoas que se apaixonaram por um produto, viram um amigo ou conhecido gerenciar seu negócio e decidiram que também gostariam de ganhar um produto gratuito e ter uma renda compartilhando algo que amaram. Se é como a grande maioria das pessoas que se associa a empresas de vendas diretas, seus motivos podem envolver uma combinação dessas possibilidades.

O mundo das vendas diretas foi muito significativo em minha vida por mais de 35 anos. Sou sinceramente grata por tudo que ele deu a mim e à minha família. A renda e as recompensas das empresas de vendas diretas me proporcionaram um estilo de vida que eu nem imaginava e me levaram a amizades preciosas e duradouras.

LEMBRE-SE

O setor de vendas diretas pode ajudá-lo a conseguir o que quer da vida. Os detalhes do que é uma *vida melhor* cabem apenas a você.

Mas como funcionam as vendas diretas e o que envolve se tornar um representante de vendas diretas independente? Continue lendo.

Como Funcionam as Vendas Diretas

Em vendas diretas, como mencionado, os produtos são vendidos por *representantes independentes*, não funcionários. Esses vendedores adquirem um kit inicial do negócio para se associarem à empresa de vendas diretas. Em geral, esse *kit inicial* requer uma taxa de baixo custo para os materiais, cujos detalhes diferem entre as empresas. Ele costuma incluir produtos que você pode usar para mostrar em suas reuniões e demonstrar para os clientes. O kit também inclui a documentação necessária e os materiais de treinamento que o ajudarão a iniciar o negócio de modo fantástico. Seu kit tem tudo de que você precisa para gerenciar um negócio de sucesso. Essa aquisição, junto com a assinatura do contrato padrão da empresa, o constitui como membro ou representante independente.

Como representante (consultor, embaixador da marca ou talvez outro título, dependendo da empresa), você é um contratado independente que trabalha apenas por comissão, gerenciando seu pequeno negócio. Por ser realmente independente, não se dirige a um supervisor. Você faz seu horário e decide quando, se ou com que frequência trabalhará. Caso sinta que precisa, poderá se esforçar mais e ganhar mais dinheiro — na prática, se dando um aumento — ou pode buscar um cargo mais avançado. Com a venda direta, todos os cargos, as promoções e os aumentos de salário se baseiam unicamente na produção.

Você é independente, sim, mas também tem um sistema de suporte predefinido da empresa e de sua equipe. Você faz parte de uma equipe de outros representantes independentes com um interesse pessoal em seu sucesso — seus *superiores*. Esses superiores incluem seu *patrocinador,* a pessoa que o ajudou a entrar na empresa (seu superior direto em termos de estrutura organizacional), junto com outras pessoas experientes cujos negócios estão ligados ao seu por um patrocínio. Esses mentores superiores podem, de fato, ajudá-lo. Eles sabem como gerar sucesso no negócio e patrocinaram muitos outros representantes independentes. Eles podem mostrar como fazer o mesmo. Seu acesso a essa mentoria faz parte do modelo comercial de vendas diretas.

Além de aprender a vender produtos, você receberá treinamento sobre como atender pessoas fora de seu círculo pessoal para vender esses produtos e como apresentar a elas os benefícios de se tornar um representante também.

Sinta-se à vontade para recorrer a seu superior em busca de suporte, porque o modelo comercial paga a ele comissões com base no sucesso das pessoas em sua linha de patrocínio. Eles estão ansiosos para ver você tendo sucesso e entendem os detalhes de seu negócio melhor do que ninguém. Seu sucesso contribui com o sucesso deles, portanto, incentivam seu acesso a ferramentas e informações necessárias para administrar bem seu negócio.

Com a aquisição de um kit inicial muito barato, as vendas diretas oferecem à pessoa comum um meio de ter renda com um modelo de negócio estabelecido e uma linha de produtos comercializáveis. Funciona quase como uma minifranquia, mas sem o investimento inicial. Pode custar ao novo dono do negócio dezenas de milhares ou até milhões de reais abrir uma franquia física, como uma loja de donuts ou um restaurante fast-food. Com as vendas diretas, você aproveita a afiliação de uma empresa que criou o conceito, fez pesquisa e desenvolvimento, arcou com os custos de fabricação e investiu dinheiro para iniciar o amplo negócio e a marca. Isso lhe dá uma oportunidade de baixo risco para ganhar mais dinheiro do que poderia ganhar começando do zero.

A empresa também absorve as despesas contínuas de armazenamento do produto, desenvolvimento de novos produtos, criação de materiais de marketing, conformidade com regulamentações governamentais e cuidado com vários outros custos elevados que você nunca teria considerado, que dirá ser responsável por eles. Esse esquema acaba com algumas dores de cabeça para você e elimina a necessidade de contratar uma equipe própria ou se tornar especialista nessas outras áreas. Quando as coisas funcionam bem, os representantes podem focar unicamente o marketing dos produtos, cuidando bem de clientes e equipes e recrutando novas pessoas para suas equipes.

E a empresa, o que ganha com isso? Os representantes independentes são o braço de vendas e marketing da empresa, e ela só paga comissões por vendas reais. Em vez de pagar pela publicidade e outro marketing caro, a empresa só paga a equipe de vendas independente após uma venda ser feita. Isso é interessante para as empresas, sobretudo quando têm produtos que acreditam ser melhores para a publicidade boca a boca e demonstração pessoal.

Entendendo os Três Modelos Diferentes de Vendas Diretas

No modelo comercial de vendas diretas, há três tipos principais de estruturas corporativas: Marketing de Rede, Party Plan (Plano de Reunião) e Híbrido. O Capítulo 3 detalha mais isso, porém esta seção dá uma rápida visão geral.

Marketing de Rede

Marketing de Rede se refere a uma estrutura corporativa planejada para mover os produtos de consumo em uma rede de representantes independentes por meio de uso pessoal e vendas para consumidores finais. Quando uma empresa com a estrutura de Marketing de Rede monta sua equipe de vendas, ela foca desenvolver uma rede de consumidores. Ela não diferencia quem se associa como representante independente para ganhar dinheiro e quem entra meramente para ter desconto em seus produtos pessoais.

(Marketing de Rede também era chamado de *marketing multinível* — MMN, ou, em inglês, *multi-level marketing* — MLM, mas isso é um equívoco. Na verdade, todas as vendas diretas são estruturadas com planos de compensação multinível para pagar seus representantes, e todas as empresas de vendas diretas são de marketing multinível.)

Um ponto forte do modelo Marketing de Rede é que as empresas podem expandir muito e vender quantidades enormes de produtos por meio de uma grande rede de pessoas que se associaram, em muitos sentidos da palavra, como membros. Muitos membros acabam assinando para receber produtos todo mês, um sistema geralmente chamado de *envio automático*. Os pedidos novos e contínuos via rede de pessoas que escolheram se afiliar à empresa podem levar a um crescimento de vendas consistente, contanto que as pessoas na rede continuem a ver benefícios no produto.

Exemplos de empresas que usam o modelo Marketing de Rede são Isagenix, USANA e Amway.

Party Plan

Party Plan (compreendido como Plano de Reunião) se refere a um modelo focado na venda eficiente para grupos de pessoas reunidas, ao vivo ou virtualmente (online), por um organizador que elas conhecem pessoalmente. Esses encontros costumam ser denominados de *reuniões*. Porém, algumas empresas personalizam o termo usado para suas reuniões para tornar a experiência mais exclusiva. Por exemplo, mostruário de joias, degustação, programas de culinária, transformações etc.

Essas reuniões são feitas na casa do cliente, conhecido como *anfitrião*. Por tradição, ele é recompensado com vários produtos com desconto ou gratuitos, assim como ofertas exclusivas. O anfitrião convida amigos para as reuniões. Em geral, a reunião consiste em servir bebidas leves, socialização e uma apresentação feita pelo representante. A finalidade da reunião em casa é proporcionar uma experiência de compra divertida e relaxante.

No final da reunião, o representante coleta o pagamento (normalmente com cartão de crédito ou dinheiro) dos produtos que o anfitrião e seus convidados desejam pedir. Esses pedidos são feitos por meio do *escritório virtual* do representante (fornecido pela empresa). O Capítulo 9 detalha como fazer uma reunião bem-sucedida.

Esse modelo concede o poder da recomendação pessoal do anfitrião aos produtos e facilita a *aprovação social*, que significa o peso da influência que um grupo de pessoas tem. Assim que alguém decide comprar, aumenta a probabilidade de que o resto dos convidados presentes também compre; é a aprovação social em ação.

O modelo é chamado Party Plan, mas muitas empresas que usam essa estrutura preferem uma terminologia diferente. Algumas se referem aos encontros como *reuniões*, mas outras os chamam de *apresentações*, *demonstrações*, *aulas*, *misturas*, *degustações*, *exposições especiais* ou *vitrines*. Algumas empresas de vendas diretas até desencorajam o uso da palavra *reunião*. Independentemente de como são chamadas, as reuniões Party Plan são bem eficientes em gerar vendas, atrair recrutas e ensinar outras pessoas a vender.

Uma vantagem clara do modelo Party Plan é a facilidade de entender como vender produtos para clientes. Essa estrutura pode incluir vendas individuais e vários outros modos de vender, mas grande parte do treinamento feito por essas empresas foca o método mais eficiente e divertido de vendas, que é, claro, a reunião. Novos representantes independentes podem entender com facilidade o conceito desse método de comércio divertido, e isso o torna um modelo comercial muito acessível para a pessoa comum.

Exemplos de empresas que usam o modelo Party Plan são Jamberry, The Pampered Chef, Scentsy e Stella & Dot.

Híbrido

É novo no pedaço. Como se pode imaginar, combina as práticas do Marketing de Rede e do Party Plan. Nas empresas híbridas, como naquelas do modelo Party Plan, representantes independentes têm anfitriões que reúnem os amigos e a família para uma demonstração do produto, ao vivo ou online. Mas com o modelo Híbrido, a ênfase está tanto na oportunidade de negócio quanto nas vendas do produto. As estruturas do plano de compensação tendem a pegar os elementos tradicionais do Party Plan e do Marketing de Rede.

Uma diferença importante é que, nas empresas híbridas, é comum o representante encorajar o anfitrião a fazer um encontro *improvisado*, em vez de agendar com semanas de antecedência. Eles podem dizer: "Com certeza, adoraria demonstrar como funciona o produto. Gosto muito dele e acho que você também gostará. Você também pode ter um gratuito, e posso mostrar como. Por que você e seus amigos não aparecem e assistem à minha apresentação hoje à noite ou amanhã?"

Em geral, as empresas híbridas representam produtos concretos de consumo, como saúde e bem-estar, ou produtos de beleza. Como no Marketing de Rede, esses produtos são bons para o envio automático, o modelo do pedido de assinatura em que representantes independentes e clientes são reabastecidos mensalmente com pedidos enviados para suas casas de modo automático.

Nas empresas híbridas, o envio automático costuma oferecer um desconto ao cliente (às vezes chamado de *taxa do cliente preferencial*). Você verá programas que oferecem um *envio automático ínfimo* ou *gratuito* para clientes que indicam outros clientes por meio de programas de recomendação. Esses programas também podem incluir o envio automático gratuito para representantes independentes com certo número de clientes no envio automático, significando que o próprio consumo mensal do representante é coberto. Os programas de indicação, que combinam de forma atrativa a visão do Party Plan focado no cliente com a abordagem de envio automático no estilo Marketing de Rede, tiveram muito sucesso e levaram a um crescimento significativo das empresas e dos líderes envolvidos.

Exemplos de empresas que apoiam um modelo híbrido são Nerium, ItWorks, e Thrive Life. E no Brasil, temos o exemplo da Hinode.

Quem é melhor com cada modelo?

As vendas diretas agradam as pessoas interessadas em ganhar dinheiro extra fora de um trabalho tradicional. Algumas escolhem trabalhar meio expediente com uma empresa de vendas diretas na tentativa de pagar os custos extras que desafiam o orçamento, muitas vezes paralelamente a um trabalho em tempo integral. Outras buscam um modo de ganhar dinheiro extra ainda atendendo as prioridades em suas vidas, como cuidar dos filhos, cuidar de alguém, escola ou trabalho de caridade, e gostam do fato de controlar suas agendas e planejar eventos, reuniões e *encontros diretos* (em que você encontra os clientes individualmente, em vez de um grupo, como em uma reunião em casa) no tempo livre.

Segundo a Associação de Venda Direta dos Estados Unidos, 83% dos representantes em venda direta são mulheres. No Brasil, de acordo com a ABEVD (Associação Brasileira de Empresas de Vendas Diretas), no ano de 2019, mais de 90% da força de venda era formada por mulheres. No passado, falando em termos gerais, os homens tendiam a ser mais atraídos pelo modelo Marketing de Rede, e as mulheres se sentiam mais confortáveis focadas no estilo de negócio Party Plan.

Talvez compartilhar produtos que elas adoram seja mais fácil para a maioria das mulheres. De qualquer modo, não há dúvidas de que a venda Party Plan é muito popular entre as mulheres. Em geral, elas gostam de se reunir com outras mulheres e tendem a procurar motivos para isso. Ter um negócio Party Plan ou organizar uma reunião é uma excelente desculpa para se encontrar.

Nos últimos anos, com o crescimento da internet, o aumento de famílias com duas rendas e linhas de produto mais atraentes para a mulher moderna (perda de peso, cuidados com a pele e produtos energéticos), houve um aumento visível nas empresas dos modelos Híbrido e Marketing de Rede que visam a mão de obra feminina.

E mais, homens e mulheres ocupados veem a reputação do Marketing de Rede como uma vantagem para terem uma renda *automática* contínua (também conhecida como *renda residual*) em um negócio que pode caber nas brechas de sua agenda e com o qual se pode lidar por telefone e usando o teclado, em vez das reuniões em casa. Isso pode explicar por que muitos casais escolheram montar um negócio juntos no modelo Marketing de Rede.

O Party Plan ainda é forte e continua sendo a primeira escolha das pessoas interessadas em ter lucros e criar fluxo de caixa mesmo nos estágios iniciais do negócio. Com frequência, representantes no Party Plan recebem por parte ou por todas as vendas na noite de cada reunião. Para as pessoas que buscam diminuir o *deficit* orçamentário do dia a dia, o modelo Party Plan é muito atraente.

Com as mudanças no setor por meio da internet e das redes sociais, assim como a globalização deste, as vendas diretas estão crescendo. E com vários modos de tocar sua empresa, todos os três modelos estão ficando cada vez mais atraentes.

Primeiras Etapas nas Vendas Diretas

Grande parte deste livro é dedicada a ajudá-lo a resolver os muitos detalhes da venda direta, e dedico capítulos inteiros a explicar as muitas facetas e dar suporte na tomada de decisões.

Digamos, por um segundo, que escolheu seu produto e empresa e decidiu se associar. E depois? Qual é sua expectativa? Veja uma checklist simples que você pode seguir conforme dá os primeiros passos em seu novo negócio.

Enquanto aguarda seu kit:

» Pegue uma agenda ou calendário grande o bastante para escrever nele. É onde você agendará seus encontros, consultas e reuniões.

» Marque todas as datas em que deseja trabalhar nos próximos dois meses e acrescente qualquer conflito pessoal. Se sua meta é trabalhar às terças e quintas, coloque uma estrela em cada data. Isso o ajudará a oferecer datas aos clientes que querem marcar reuniões ou consultas com você.

» Agende sua reunião de lançamento. A *reunião de lançamento* é aquela que você mesmo organiza e que lançará seu negócio para a família e os amigos. Para ter resultados melhores, você agendará duas reuniões de lançamento dentro de três dias. O Capítulo 8 explica as reuniões de lançamento.

» Faça uma lista de trabalho das pessoas que você conhece (de cinquenta a cem nomes) e informações de contato (veja o Capítulo 7 para ter ajuda sobre como criar uma lista com cem).

» Publique seus planos no Facebook e conte aos amigos e à família sobre como está animado com o novo negócio (para ter mais informações quanto a utilizar as redes sociais em seu negócio, vá para o Capítulo 11).

» Convide quantas pessoas puder para a(s) reunião(ões) de lançamento (verifique o Capítulo 8 para mais informações).

» Agende de quatro a cinco reuniões extras em casa (veja o Capítulo 9) ou consultas (Capítulo 12) em um intervalo de trinta dias. Nesse caso, você pedirá às pessoas que não podem comparecer às suas reuniões de lançamento para elas mesmas organizarem reuniões. Veja os Capítulos 7 e 8 para ter mais informações.

» Convide um amigo para iniciar o negócio com você. Estatísticas mostram que, quando você age assim, suas chances de sucesso são muito maiores (veja o Capítulo 14 para saber mais sobre recrutamento).

» Prepare o site pessoal que sua empresa fornece. A empresa lhe dará instruções passo a passo sobre como fazer isso. É um site para você compartilhar com seus clientes e usar para fazer marketing. Os clientes poderão pedir diretamente no site e descobrir mais informações a respeito de organizar uma reunião e se associar ao negócio.

» Conheça seu escritório virtual. Ele é o portal que sua empresa fornecerá e onde é possível fazer pedidos, acessar treinamento e obter outras informações da empresa. Não fique aflito com o escritório virtual. Peça a seu chefe para orientá-lo ao fazer seu primeiro pedido e navegar.

- » Prepare um espaço para usar como seu escritório pessoal (veja o Capítulo 5 para obter dicas sobre organização).
- » Participe de uma ou mais reuniões e entrevistas do seu patrocinador ou chefe na área. Aprender com outras pessoas experientes no negócio é uma ótima maneira de se sentir mais confortável com os aspectos da apresentação, da venda e do recrutamento.
- » Faça um resumo da sua apresentação (veja o Capítulo 9).

Assim que o kit chegar:

- » Prepare a apresentação do kit e tire uma foto. Publique no Facebook para mostrar aos amigos e à família.
- » Familiarize-se com o catálogo e os produtos.
- » Faça seu primeiro pedido.
- » Peça outros suprimentos.
- » Prepare seu kit, pratique a apresentação e convide alguém para ajudá-lo a praticar. Sua apresentação incluirá a demonstração do produto e outros elementos de uma reunião bem-sucedida, como apresentação de abertura, apresentação de agendamento e fechamento. Para ter mais informações sobre tudo isso, veja o Capítulo 9.
- » Abra uma conta-corrente/poupança separada para seu negócio.
- » Convide mais amigos para experimentar o negócio com você. Recrutar ou patrocinar novos membros da equipe costuma ser um componente do programa "Início Rápido" de sua empresa. Você deve atrair novos recrutas com a reunião de lançamento e outras reuniões (veja o Capítulo 14 para saber mais acerca do recrutamento).
- » Familiarize-se com o programa Início Rápido da empresa. Ele é planejado por sua empresa para ajudá-lo a ter sucesso nos primeiros noventa dias do negócio.
- » Familiarize-se com o plano de compensação da empresa. Seu chefe pode explicá-lo para você.
- » Saiba como treinar seu primeiro anfitrião. Verifique o Capítulo 10 para saber mais sobre o treinamento.

MINHA INTRODUÇÃO NAS VENDAS DIRETAS

Fui mordida pelo bicho das vendas diretas quando jovem. Quando eu tinha 14 anos, minha mãe foi convidada para uma reunião dos cosméticos Mary Kay à qual eu queria muito ir. É muito provável que ela esperava ter uma noite agradável com outros adultos, porque disse que eu não podia ir. Mas como qualquer adolescente, simplesmente não pude resistir ao chamado da maquiagem e de uma reunião, então pulei na minha bicicleta e fui até a casa das amigas dela. Minha chegada foi bem calculada; estava escuro demais para ela me mandar de volta para casa sozinha de bicicleta.

A diretora Mary Kay (uma posição alta em uma empresa de vendas diretas) avaliou rápido a situação e me pediu gentilmente para ser sua ajudante especial na noite. Aparentemente, ela gostou da minha assistência, porque, no final da reunião, perguntou se eu estaria interessada em ajudá-la em alguns dias da semana depois da escola. É claro que eu disse sim. Na época, eu não tinha ideia de que aceitar aquele "trabalho" divertido de meio expediente, assim como, um ano depois, encontrar a fundadora da empresa, Mary Kay Ash, levaria a uma carreira de 35 anos trabalhando com vendas diretas, como uma representante independente exatamente como você, em funções corporativas e como oradora requisitada, instrutora e especialista.

Eu amo esse setor, e é um prazer compartilhar seu poder com pessoas como você e ajudá-lo a ter o máximo de sucesso possível oferecendo treinamento prático, particularidades sobre como expandir um negócio bem-sucedido e dicas sobre o que evitar em sua jornada.

Pode parecer confuso ou até desanimador. Não se preocupe. É por isso que escrevi este livro. A maioria das pessoas se associa a uma empresa e se pergunta: *O que faço primeiro? O que significa todo esse jargão? E o que realmente preciso saber, agora, para seguir em frente e ganhar dinheiro?*

É onde entra a lista de passos. Sempre volte a consultá-la caso comece a se sentir perdida. Você terá uma curva de aprendizagem menor e se sentirá mais confiante ao prestar atenção na lista, ler os capítulos afins neste livro, buscar mais orientação e treinamento na empresa, sobretudo de seu patrocinador e seus superiores.

Por que o Modelo de Vendas Diretas É um Sucesso

Os modelos de vendas diretas são bem-sucedidos porque dão à empresa uma oportunidade de comercializar produtos diretamente com os consumidores. Nas vendas diretas, como mencionado, os produtos são vendidos por *representantes independentes* que não são funcionários. Eles são contratados independentes que trabalham apenas por comissão.

Como esses representantes independentes são o braço de vendas da empresa, ela só paga comissões pelas vendas reais. Eles também são o principal modo de a empresa anunciar e comercializar seus produtos. Muitas empresas tradicionais com canais de vendas comuns utilizam as redes sociais, por exemplo, para ajudar a aumentar a consciência da marca e do produto. Mas as empresas de vendas diretas não usam estratégias de publicidade típicas, como rádio ou TV, para comercializar suas ofertas. Elas utilizam sobretudo seus representantes para ajudar a vender os produtos, porque acreditam que eles são melhores com a publicidade boca a boca e demonstrações ao vivo.

Conforme você explorar os diferentes produtos disponíveis com as vendas diretas, descobrirá que eles costumam ser posicionados como modernos, únicos e feitos com matérias-primas superiores, e basicamente são melhores que os produtos disponíveis nas lojas. Embora nem sempre seja o caso, geralmente falando, os produtos passam por um escrutínio e tendem a inspirar um tipo de "superfã" convencido da alta qualidade suprema de cada produto.

É fato que as linhas de produtos de vendas diretas geralmente são as primeiras a colocar novas ideias no mercado. Muitas vezes, as empresas são lideradas por pessoas inconformadas ou que correm riscos, buscando sair à frente e incorporar a última pesquisa e os ingredientes "milagrosos" mais recentes. As pessoas nesse modelo de distribuição, que foram ridicularizadas no passado, são as mesmas que colocaram primeiro no mercado coisas como superalimentos, vitaminas, bebidas energéticas saudáveis e shakes em pó enriquecidos com nutrientes. Tudo isso agora, claro, é colocado em larga escala em lojas de alimentos saudáveis e mercados por todo país, e não é mais considerado *algo marginal.*

Também são reais as economias e as realocações de custos possíveis ao pular o intermediário e entregando os produtos diretamente ao consumidor por meio de vendedores *voluntários* (representantes independentes). Em vez de usarem uma grande parcela da receita da empresa com publicidade, que, estudos mostram, continua a ter cada vez menos impacto real nas decisões do consumidor, essas empresas podem e devem gastar uma porcentagem maior de seus orçamentos criando produtos de alta qualidade com pesquisa e desenvolvimento.

Combine produtos que geralmente são superiores aos disponíveis com um modelo de vendas que utiliza relações sociais e você terá, com o tempo, um modelo de venda social comprovadamente muito eficiente e lucrativo, tanto para as empresas em si como para os representantes independentes que fizeram negócios com elas.

Hoje, é possível encontrar uma grande variedade de produtos e serviços vendidos com vendas diretas. Veja alguns produtos populares:

- Cosméticos, produtos de beleza e de tratamento da pele.
- Vestuário e moda.
- Alimentos e vinhos.
- Decoração de casa, inclusive velas e fragrâncias.
- Joias.
- Itens de cozinha e utensílios.
- Suplementos nutricionais e alimentares.
- Materiais de organização e colagem.
- Proteção pessoal.
- Promotores de namoro e relacionamentos.
- Ferramentas para bricolagem.
- Materiais para controle de peso e exercícios físicos.

E não são apenas produtos. Os serviços vendidos por meio de vendas diretas incluem:

- Serviços públicos e energia.
- Planejamento financeiro.
- Produtos de seguro.
- Produtos legais.
- Serviços corporativos personalizados.
- Telecomunicação.

As listas são apenas uma amostra. Há centenas de categorias de itens que você pode comercializar ou adquirir nas empresas de vendas diretas.

Atributos Pessoais e Habilidades Necessárias para Vendas Diretas

Ter sucesso com vendas diretas requer certa combinação de traços de personalidade e habilidades. Apesar das diferenças aparentes, os mesmos traços de personalidade e habilidades são úteis em todos os três modelos comerciais:

- Resiliência e persistência.
- Muita ética no trabalho e disciplina.
- Habilidade para aceitar a rejeição e trabalhar fora da zona de conforto.
- Entusiasmo.

Além desses traços aplicáveis em geral, você descobrirá que ter ou cultivar muitas outras habilidades e talentos será de grande ajuda nas vendas diretas. Esta seção examina isso, bem como sua importância.

Crença no produto

É imprescindível acreditar total e genuinamente no produto que você representa. Sem isso, suas habilidades não conseguirão convencer outras pessoas, e a experiência será tão insatisfatória, que tudo parecerá trabalhoso.

Visão e metas

É preciso ter uma visão clara e específica do que você consegue com o negócio. Você precisa definir, por escrito, suas metas de renda, produção, progresso na hierarquia da empresa, o que o negócio fará em sua vida e como será (leia mais sobre isso no Capítulo 5). As pessoas se referem a isso como seu *motivo*. Ter um bom *motivo* o ajudará a superar os desafios inevitáveis.

Grandes habilidades de comunicação

Se você é naturalmente um grande comunicador, tem sorte. Mas mesmo que não seja, se for determinado, será possível melhorar bastante suas habilidades de comunicação e conseguir benefícios em sua vida e nos negócios. Isso inclui tornar-se um ouvinte melhor, que faz perguntas para entender claramente; um contato melhor, porque as pessoas fazem negócios com gente que elas conhecem, de quem gostam e em quem confiam; e apresentador, porque conseguir demonstrar seus produtos ou explicar sua oportunidade com confiança é essencial.

Paciência

Roma não foi construída em um dia, e, independentemente do modelo escolhido (veja o Capítulo 3 para ter um resumo dos três modelos diferentes de vendas diretas), leva tempo ter domínio e montar um negócio para que ele forneça uma renda constante e confiável. No Marketing de Rede, em geral as pessoas desistem cedo demais, porque suas pequenas verificações iniciais as fazem se sentir fracassadas. Nos tipos Party Plan e Híbrido, a falta de paciência costuma levar à frustração, porque conseguir um ritmo nas reuniões agendadas e melhorar em conduzi-las com consistência levará tempo também. As pessoas melhoram nas atividades de seus negócios, mas nada substitui a prática, e prática leva tempo.

A paciência também é útil em suas interações com clientes atuais e futuros. Estatisticamente falando, são necessárias várias exposições antes de alguém tomar uma decisão de compra. Aprender a ter calma durante o processo pode ajudar muito.

LEMBRE-SE

O *sim* que você busca pode levar muito, muito tempo. Quanto mais você praticar o desapego ao resultado, se mantiver no curso e com paciência, mais divertido será seu negócio.

Habilidades interpessoais

É preciso querer criar relações com outras pessoas, inclusive seus novos contatos, convidados das reuniões, anfitriões, membros da equipe e recrutas em potencial. Quanto melhor você trabalhar com outras pessoas e construir relações, mais longe irá em qualquer negócio e terá resultados melhores.

DICA

Quando as relações são colocadas em primeiro lugar, o negócio flui naturalmente, às vezes diretamente, outras, por meio de indicações.

Habilidades de apresentação

Nos tipos Party Plan e Híbrido, você não fará apenas apresentações de produtos, mas também encorajará outras pessoas a se tornarem anfitriãs de reuniões e membros da equipe.

DICA

O segredo das ótimas apresentações é *ser breve*. O principal motivo para as pessoas irem a uma reunião em casa ao vivo é socializar com os amigos; comprar enquanto fazem isso é um bônus.

Você pode examinar uma apresentação padrão do Party Plan no Capítulo 9. A prática é essencial em relação às habilidades de apresentação.

E embora seja verdade que o modelo Marketing de Rede conta com ferramentas para fazer essas apresentações, quando montar uma equipe, você será chamado mais para se apresentar para grupos e fará apresentações por telefone para os futuros clientes dos membros da equipe. Desenvolver habilidades de apresentação sólidas também é valioso nesse modelo.

Capacidade de reconhecer dicas de compras

Para ter sucesso, ajuda muito se você consegue reconhecer pequenos sinais indicadores de que alguém está interessado em explorar oportunidades para comprar, se associar à sua equipe ou organizar uma reunião. Muitas vezes, as pessoas não pedirão diretamente mais informações sobre como organizar ou se associar ao negócio. Ao contrário, elas simplesmente podem *se inclinar* para ouvir com atenção quando você menciona um benefício, perguntar sobre quanto tempo você está no negócio ou quanto dinheiro ganhou. Às vezes, a dica é tão sutil quanto oferecer ajuda para recolher os produtos de demonstração e colocá-los no seu carro, fazer contato com você nas redes sociais ou até se sentar ao seu lado no almoço.

DICA

Em geral, quando uma pessoa inicia uma conversa, ela está mostrando interesse. E por mais que seja tentador mostrar todo seu entusiasmo, você descobrirá que seus melhores resultados acontecem quando você dá pequenas informações de um modo otimista e evita sobrecarregar a pessoa.

Cuidado com o cliente

Mais um hábito programado que uma habilidade, isso é essencial. Todo mês, ou pelo menos a cada dois meses, você deve entrar em contato com os clientes e perguntar como pode ajudar. O que você está fazendo é ler a temperatura. Comece a conversa perguntando se a pessoa está gostando dos produtos adquiridos. Nos meses seguintes, ofereça produtos nos quais ela possa estar interessada para si mesma ou para as próximas férias. Pelo menos duas vezes ao ano, ofereça a oportunidade para ganhar produtos gratuitos ou com desconto organizando uma reunião divertida para os amigos.

LEMBRE-SE

Essas conversas periódicas o mantêm conectado a seus clientes e lhes dá a oportunidade de compartilhar recomendações com você, expressar interesse em sua oportunidade de renda ou fazer indicações.

O Capítulo 13 detalha como ter um cuidado de excelência com o cliente.

Aptidão tecnológica

Você não precisa ser um gênio no computador, mas as empresas estão buscando cada vez mais soluções tecnológicas. Atualmente, isso significa e-commerce, apps para celulares e usar as redes sociais no nível corporativo, além de encorajar seus representantes independentes a fazerem o mesmo. Eles usam apps, fazem webinars e conferências online. Algumas empresas (a maioria dos modelos Híbrido e Marketing de Rede) até se orgulham de que você pode "gerenciar seu negócio por telefone". Para acompanhar, será preciso se conectar e ficar online. Veja o Capítulo 11 para saber mais sobre como administrar um negócio online bem-sucedido.

Compromisso com o desenvolvimento pessoal

Os esforços para construir sua visão, ser um melhor comunicador e desenvolver uma personalidade mais paciente ficam todos na categoria de *desenvolvimento pessoal*. Uma parte essencial de seu trabalho em vendas diretas é melhorar sua atitude, resiliência e suas habilidades interpessoais e de liderança.

DICA É preciso perceber que, embora passar um tempo desenvolvendo essas habilidades pareça não ter um impacto imediato ou direto no negócio, isso faz uma diferença significativa em sua experiência e resultados. Ler livros, ouvir áudios motivacionais e buscar mais treinamento ajudarão em seu desenvolvimento pessoal.

Sempre rio com a imagem de uma criança entrando em um estábulo cheio de estrume gritando feliz: "Sei que tem um pônei por aqui!" Rio porque normalmente a vida tira esse otimismo de nós. O desenvolvimento pessoal é um modo simples de resgatá-lo. Se é um artigo de revista sobre como alguém superou as adversidades para alcançar um sonho ou um podcast que ajuda a lembrar princípios já conhecidos, o material de desenvolvimento pessoal realmente nos lembra que coisas boas acontecem quando não desistimos.

Ficar cercado de pessoas que você deseja imitar e observá-las melhorará suas habilidades. Todo dia é um novo dia. Não importa o que fez ou deixou de fazer ontem, você tem um novo começo.

DICA Seja persistente, paciente, ajude outras pessoas, tenha a mente aberta, desenvolva uma atitude positiva e irá longe!

Modos Diferentes de Administrar Seu Negócio

Um dos aspectos mais empolgantes da venda direta é a flexibilidade e as várias opções disponíveis. De fato, você deve usar vários métodos diferentes de tocar o negócio e gerenciar novos contatos (*tocar* significa interagir). Quanto mais coisas diferentes você experimentar, mais criará uma grande base de lucro que o sustentará e mais atrairá um número maior de futuros membros da equipe. Gerencie o negócio de vários modos e verá opções para agradar os futuros clientes, que podem não ser exatamente como você.

Recomendo que escolha alguns métodos favoritos entre as opções dadas nesta seção e experimente. Mantenha as outras em mente. Então, se chegar um dia em que novas oportunidades estão diminuindo ou você precisa de mais agendamentos, poderá rever as opções para ter ideias sobre outros modos de expandir o negócio.

Apresentações ao vivo e reuniões em casa

Quando as pessoas participam de uma reunião ou interagem com outros convidados, sentem muita energia circulando devido ao tempo que passaram juntas. O equilíbrio certo da diversão, da animação por ver amigos fazendo compras parecidas, das informações fornecidas na apresentação rápida e o bônus extra do conselho especializado se combinam para criar a aprovação social mencionada antes neste capítulo. Essa aprovação pode gerar boas vendas, resultar em mais agendamentos e até facilitar o recrutamento de novos membros da equipe. Por experiência própria, fazer reuniões regularmente resulta em maiores vendas e recrutamento.

Feiras e eventos do revendedor

As feiras podem ajudar a entrar em contato com sua comunidade e encontrar pessoas inacessíveis de outro modo. Veja algo surpreendente: descobri que eventos menores e mais baratos dão um retorno maior no investimento.

Também descobri que há um ingrediente-chave para gerar sucesso: decida sobre a finalidade do evento em particular. Se é para conseguir agendamentos, não foque a venda do produto. Concentre-se em interagir com as pessoas para fazer o agendamento. Isso significa que é muito provável que você só precise mostrar o produto e uma pequena quantidade de pessoas para vender. Seu foco estará na criação de urgência de agendar uma reunião com você, talvez com uma oferta *Agendar Hoje*.

Caso a meta seja ganhar o bastante para pagar o estande conforme expande seus contatos, desejará focar a venda do produto que tem em mãos. Você terá melhores resultados se, em vez de trazer seu catálogo ou vários itens, oferecer a opção específica *Oferta do Dia*. A Oferta do Dia é um item particular ou uma coleção de itens que você destaca para esse determinado evento. Você terá um estoque para "pagar e levar" para pessoas que visitam seu estande.

Se seu objetivo for recrutar, monte uma cesta de brindes para enviar ao novo membro da equipe e assegure que todas as conversas incluam a mensagem "Estou buscando pessoas para se juntarem a mim".

Reuniões de eventos

As reuniões de eventos são uma nova mudança interessante nas reuniões em casa que foram o bastião do setor Party Plan por décadas. Elas são feitas fora de casa e estão ficando cada vez mais populares. Há dois tipos básicos: feitas no escritório, no restaurante ou na cafeteria, e as realizadas em parceria com um estabelecimento comercial. O primeiro tipo existe há anos. É apenas uma reunião particular feita em um espaço diferente.

O segundo tipo parece estar ganhando popularidade, pois mais lojas estão começando a se juntar com representantes mensalmente. Uma butique, academia ou livraria pode querer representantes que ofereçam amostras de chá ou alimentos, ou até um produto não relacionado, mas ainda não concorrente. Talvez uma cafeteria goste de convidar representantes de joias, vestuário ou empresas de decoração de casa para mostrar seus produtos.

Por exemplo, um café perto da minha casa tem uma reunião diferente por mês, exibindo um panfleto todo dia até o evento. Eles deixam que o representante selecionado prepare uma apresentação dos produtos; os donos do café e os representantes me disseram que adoram.

Como tanto a frente da loja e o representante promovem o evento, ele se torna um mix de clientes. Os clientes do representante voltam à loja, e os clientes da loja também se tornam clientes dele.

Quer mais exemplos? Lojas de eletrodomésticos deixam que representantes de utensílios de cozinha façam demonstrações de preparo. As academias de mulheres adoram fazer parceria com suplementos nutricionais e representantes de produtos para perda de peso. Algumas butiques que não têm joias deixam que os representantes de joalherias preparem suas apresentações e atendam a clientela durante fins de semana estratégicos. Bibliotecas são conhecidas por permitir que representantes de alimentos e bebidas distribuam amostras durante as leituras de livros. O segredo é o estabelecimento fornecer um valor agregado aos clientes, também usando seu negócio para levar mais pessoas até o local. É claro que o benefício extra para você é a exposição a uma nova clientela.

Marketing e reuniões online

Ultimamente, um dos aspectos mais procurados da venda direta é o benefício de fazer negócio online. Não resta dúvidas de que as reuniões online podem oferecer um grande impulso ao seu negócio. Elas permitem alcançar pessoas fora de sua vizinhança em geral com a conveniência de cobrir suas responsabilidades em casa enquanto aparece no computador para organizar uma reunião online no Facebook.

Quando se trata de fazer uma ótima reunião online, você usa exatamente as mesmas habilidades da reunião em casa. A diferença está em como as utiliza. Para ter sucesso nas reuniões virtuais, é preciso interagir com os convidados, ser divertido e mostrá-los como seu produto realmente atende a uma necessidade deles. As reuniões online bem-sucedidas também demonstram por que organizar uma reunião é empolgante e recompensador, além de como se tornar um representante atende uma necessidade de cada convidado.

DICA
Você descobrirá que fazer uma combinação de reuniões virtuais e presenciais é geralmente a melhor opção para você e seus organizadores. Você pode precisar estar em casa certa noite ou a pessoa pode achar que a casa dela não é grande o bastante para uma reunião presencial; esse é um ótimo momento para utilizar uma reunião online. Você não precisa sair de casa, pode colocar as crianças na cama, sentar e fazer a reunião virtual. A pessoa não precisa correr para arrumar a casa, basta pegar o laptop e ajudar você a interagir com os amigos dela.

Captação de recursos

A captação de recursos é um mercado de US$19 bilhões. A melhor parte dos programas de captação é que as pessoas querem apoiar a comunidade. A captação de recursos pode apresentar você e seus produtos a um público totalmente diferente. Muitas empresas oferecem um programa de captação que divide seu lucro normal para que grande parte dele vá para escolas ou organizações. Caso contrário, você pode desenvolver um programa próprio. Foque o oferecimento de uma dúzia de itens principais em um panfleto, em vez de usar o catálogo inteiro. Verifique se o recibo tem uma opção de cancelamento para o futuro contato e se os produtos são entregues com suas informações de contato incluídas. As pessoas oriundas de um contexto corporativo de longo prazo acham esse modelo de negócio muito positivo e interessante.

Novo atendimento

É uma parte do negócio que muitas pessoas deixam de lado e oferece uma quantia imensa de dinheiro para simplesmente ignorá-la. O *novo atendimento* é mais do que postar no Facebook "Estou fazendo um pedido, alguém deseja algo?" Novo atendimento é cuidar realmente do cliente, o que significa contatar os clientes por telefone com uma conversa simples e breve para assegurar que ele está bem e gosta dos produtos e determinar se ele precisa de mais ou gostaria de experimentar a oferta mensal.

DICA — Se sua empresa não oferece uma oferta mensal, crie uma para os clientes. Ou veja as compras anteriores de cada cliente e sugira algo personalizado. O novo atendimento pode se transformar em um fluxo de renda independente. Ganhei milhares de dólares em vendas focando apenas um dia da semana para o novo atendimento. Você também pode programar cerca de quinze ou vinte minutos por dia para essa tarefa.

Para obter mais detalhes sobre o novo atendimento, consulte o Capítulo 13.

Experiência de compra pessoal

DICA — Pense sobre fornecer um serviço além de vender produtos. Por exemplo, para as pessoas que vendem produtos para estoque de alimentos, você pode dizer a seus futuros clientes algo como: "Mediante uma taxa, posso vir e organizar sua despensa." Então o cliente paga e você aparece, mostra como organizar e quais produtos devem ser usados, e informa que ele pode usar a taxa como crédito para fazer pedidos. Os representantes que oferecem utensílios de cozinha podem se oferecer para melhorar as cozinhas. Os que oferecem roupas podem também oferecer serviços sazonais de organização do guarda-roupa. Para muitas empresas, é adequado oferecer o serviço duas vezes ao ano.

A compra pessoal pode não ser algo sobre o qual basear todo o seu negócio, mas é uma camada extra a adicionar. Embora você possa ter tempo para fazer uma reunião por semana, talvez no meio do dia seja possível oferecer algumas experiências de compra pessoal.

CUIDADO — Alguns representantes ignoram essa oportunidade. Eles não reconhecem que há pessoas que *não* farão uma reunião, mas *comprarão* seus produtos. Recentemente, ouvi por acaso uma conversa entre uma profissional de sucesso e uma representante ansiosa. Quando a futura cliente mencionou que adoraria que a representante a ajudasse individualmente, ela respondeu: "Você pode fazer uma reunião." Com as objeções da futura cliente, estava claro que ela não tinha interesse em organizar, mas *estava* pronta e queria comprar os produtos. A representante estava tão focada em persuadir a pessoa a organizar uma reunião, que perdeu a oportunidade de fazer o que poderia ter sido uma venda muito lucrativa.

Uma Breve História do Modelo de Vendas Diretas

Praticamente toda cultura compartilha uma herança de venda direta. O que é vendido diretamente para clientes varia segundo a época, o continente e a comunidade, mas em todo o planeta, desde o início da história, as pessoas vendem produtos para vizinhos e conterrâneos. Essas redes de comércio eram canais de distribuição de venda direta, muito parecidos com as empresas de vendas diretas atuais.

Caixeiros-viajantes

Mostrando suas mercadorias, vendedores se reuniam no centro do vilarejo ou da cidade, a comunidade vinha ouvir as apresentações, então comprava os itens de que precisavam. Alguns trabalhavam apenas em sua própria cidade, outros viajavam entre elas, buscando novos mercados e clientes.

LEMBRE-SE

O arquétipo do caixeiro-viajante é universal. Quando as pessoas precisam de algo e isso é levado *até* elas, essas pessoas compram. Basicamente, é uma tradição de longa data na qual se baseiam as vendas diretas modernas.

Posteriormente, conforme a prática evoluiu para atender às mudanças no modo como as comunidades e as famílias viviam, surgiu a venda de porta a porta. Com as reuniões em casa entrando em cena nos anos 1950, a imagem do caixeiro-viajante expandiu e incluiu outra: a profissional se aventurando para criar uma carreira diferente para ela (com Mary Kay ou Avon) e a dona de casa (com Tupperware) tendo renda para sua própria diversão, despesas extras ou complementar o orçamento da família.

Atualmente, com a internet e os smartphones, a demografia de quem ganha dinheiro com vendas diretas mudou de novo. Os denominadores comuns são um desejo por parte das pessoas de ter mais renda em seus próprios termos, maior flexibilidade e promover produtos e/ou uma oportunidade de negócio que elas amam.

A era da internet

Assim como os vendedores diretos ao consumidor se adaptaram com os anos às mudanças nas comunidades, os comerciantes diretos são um grupo resiliente. Com o passar do tempo, os métodos de vendas se desenvolveram para refletir as tendências da época, assim como as mudanças demográficas.

Desde as práticas de vendas de porta a porta de empresas como Fuller Brush e Avon, que permitiram às pessoas *comprar em casa*, até o surgimento das reuniões em casa, que permitiram aos convidados socializar enquanto compram e são servidos, e uma população crescente de mulheres ansiosas para sair de casa e ganhar seu próprio dinheiro, uma coisa é clara: conforme os tempos mudam, também mudam os métodos do comércio.

Hoje, a reunião em casa está firme devido à sua eficiência, mas as pessoas também podem administrar seus negócios totalmente online (mais no Capítulo 11). Muitos representantes podem gerenciar negócios bem-sucedidos e desenvolver redes e relações pela internet e em seus canais de rede social.

Além de facilitar muito fazer pedidos, enviar diretamente para os clientes, fazer relatórios de vendas e controlar sua renda com o software da empresa, a era digital abriu novos horizontes para se manter conectado, criando impacto e compartilhando informações valiosas (explico mais no Capítulo 11). Nunca houve uma época mais estimulante ou eficiente para se envolver em venda direta.

Novas tecnologias, apps móveis e canais de rede social surgem constantemente e estão mudando a forma como expandimos nossas marcas. As redes sociais, sobretudo Facebook, Instagram e Pinterest, estão mudando o modo como socializamos, compramos, vendemos, ganhamos dinheiro, fazemos negócios, trabalhamos com bancos e fazemos todo tipo de coisa. Posso continuar sem parar, pois, na realidade, as redes sociais estão mudando a maneira como fazemos *tudo*.

Assim, se o cenário comercial está mudando, temos que mudar. É simples. As redes sociais estão se tornando uma parte integrante do setor de vendas diretas, até mesmo no modo como nos comunicamos com o escritório da empresa, as equipes e os clientes.

O surgimento da venda social

Muito parecidas com Groupon, LivingSocial, Uber, Fabletics, Airbnb e vários outros empreendimentos de e-commerce, as vendas diretas são uma forma de *marketing de indicação*. A diferença é que muitas dessas empresas de alta tecnologia são novas no jogo, se comparadas com a venda direta, que conta com o marketing de indicação por décadas. Nos últimos anos, um novo termo vem circulando: *venda social*.

A venda social pode se referir a alguém que só quer vender socialmente para amigos e família, mas costuma ser usada para descrever pessoas que vendem principalmente pela rede social. *Venda social* é o uso das redes sociais para interagir diretamente com clientes e possíveis clientes. Plataformas como Facebook e Instagram dão aos representantes independentes a oportunidade de fazer amizades, ter visibilidade e responder perguntas.

Aprovação social é somente o peso de influência de um grupo de pessoas. Ela pode aparecer em comunidades online, ficar visível e entrar no jogo da venda social. Mas o principal exemplo do poder da aprovação social nas vendas diretas é o modelo *Party Plan*, que se refere a um modelo de vendas diretas focado em vender com eficiência para grupos de pessoas reunidas, ao vivo ou online, por um anfitrião que elas conhecem diretamente (o Capítulo 2 explica um pouco mais sobre os diferentes modelos de venda direta). Isso traz o poder da recomendação pessoal dos anfitriões para os produtos, junto com a captação e a facilitação da aprovação social. No ambiente da reunião, durante uma reunião online no Facebook ou em uma reunião tradicional em casa, assim que uma pessoa decide comprar, aumenta a probabilidade de que o restante dos convidados presentes também fará uma compra.

A venda social continua ganhando destaque e está começando a parecer um jeito moderno de fazer negócio. Com suas vendas diretas, você tem esse poder incorporado diretamente no modelo de distribuição.

> **NESTE CAPÍTULO**
>
> » Considerando os benefícios da venda direta
>
> » Explorando produtos, lucros e programas
>
> » Escolhendo uma startup
>
> » Desmascarando o mito da saturação

Capítulo 2
Escolhendo a Empresa Certa de Vendas Diretas

Ser dono de um negócio é algo com que muitas pessoas sonham; quatro em cinco pessoas (80%) dizem querer ter seu próprio negócio, embora apenas 8% delas consigam. O que impede os outros 72% de sair e se tornar empreendedores? Na maioria das vezes, não é nem a coragem de começar ou a autodisciplina necessária para ter sucesso que segura essas pessoas. Na verdade, em geral é desembolsar dinheiro para as despesas gerais e o tempo que leva até ter receita para essas despesas e um pouco mais que impedem a maioria delas de ter seu próprio negócio.

VENDA DIRETA NO MUNDO INTEIRO

A venda direta é um modelo global de negócios. Isso não significa que toda empresa de vendas diretas opera em todos os países. Quer dizer que o modelo de negócios opera nas Américas do Norte, Central e do Sul, Europa, Ásia, Austrália e África. De fato, as estimativas globais de vendas no varejo superaram US$178 bilhões em 2013, segundo a Federação Mundial de Associações de Venda Direta (WFDSA). Isso foi mais de 8%, em comparação com 2012. A WFDSA também comunicou que há mais de 96 milhões de representantes independentes de vendas diretas no mundo inteiro.

Os EUA são atualmente o mercado líder de venda direta, com uma estimativa de U$32 bilhões em vendas no varejo durante 2013. Veja algo que pode chocá-lo: as vendas diretas geram cerca de um dólar em cada seis de vendas no varejo, globalmente. No Brasil, de acordo com a Associação Brasileira de Empresas de Vendas Diretas (ABEVD), no ano de 2020 foram comercializados bilhões de itens em produtos e serviços por venda direta, totalizando um volume de negócios de R$50 bilhões.

Dependendo da área sobre a qual falamos, iniciar um pequeno negócio tradicional pode custar muito dinheiro. Se você deseja a facilidade de uma franquia, pode precisar de ainda mais dinheiro. Claro, uma vantagem da franquia é o sistema que a empresa tem para dar apoio ao empreendedor. Isso pode incluir tudo, desde compra até marketing e venda. Esses métodos comprovados de operação ajudam a criar um sucesso duradouro para os empreendedores e tornar o ROI (retorno sobre o investimento) mais provável e lucrativo.

O que muitas pessoas não percebem é que as vendas diretas são um modo de baixo risco de iniciar o próprio negócio e oferecem muitas das mesmas vantagens de uma franquia. Como as franquias, os negócios de vendas diretas têm sistemas comprovados para marketing e venda que compartilham com seus representantes independentes. Também ajudam a cuidar do estoque, envio, desenvolvimento de produtos etc.

Mas elas também oferecem algo mais, ou menos. As vendas diretas permitem iniciar com um custo mínimo. De fato, muitos kits iniciais para negócios Party Plan custarão menos de US$200.

O treinamento para representantes também costuma ser de baixo custo ou gratuito. A maioria das empresas de vendas diretas fornece um programa simples, que, quando seguido com atenção, ajuda você a receber comissão (que o ajudará a recuperar o custo de seu kit) e ganhar produtos adicionais para acrescentar ao kit nos três primeiros meses do negócio. Grande parte das empresas geralmente oferece um treinamento gratuito contínuo na forma de teleconferências, webinars e reuniões. E muitas oferecem materiais de marketing, como catálogos, cartões de visita, gráficos de redes sociais, pôsteres, campanhas por e-mail etc.

LEMBRE-SE As empresas de vendas diretas têm interesse em você e no seu sucesso, por isso oferecem treinamento, marketing e outras técnicas vitais para o êxito.

Definitivamente, as vendas diretas são um modelo de negócios poderoso, embora existam algumas diferenças de um modelo de pequeno negócio tradicional. Ambos os modelos terceirizam produtos ou serviços para vender aos consumidores, mas um pequeno negócio tradicional contrata vendedores, lhes fornece materiais de marketing e informa a cada um quando e onde trabalhar. Mesmo que o vendedor tenha uma comissão de 100%, a empresa requer que ele se apresente ao serviço em um horário específico, venda uma quantidade predefinida e informe a um supervisor. Esses vendedores recebem aumentos e promoções com base nas decisões dos supervisores.

Por outro lado, as vendas diretas são muito diferentes em termos de flexibilidade de tempo e trabalho. Quando você inicia um negócio de vendas diretas, ele é seu. Você determina quanto quer trabalhar e receber, e é reconhecido por seus esforços quando atinge certas metas na empresa, como alcançar um nível de vendas e trazer certo número de novos membros para a equipe.

LEMBRE-SE Mesmo que esteja no negócio *por* conta própria, você não está *sozinho*. A empresa está com você em cada etapa do caminho, motivando-o e treinando-o para alcançar o sucesso.

O que Considerar ao Escolher uma Empresa

Hoje, um fluxo extra de renda, a falta de segurança no trabalho e o desejo de ter outros incentivos fiscais tornam um negócio em casa muito interessante. E há muitas empresas ótimas por aí. Você pode gostar de várias linhas de produto, e elas podem ser muito adequadas ao seu perfil. Então, como escolher?

A maioria das pessoas escolhe uma empresa de vendas diretas sobre a qual já ouviu falar ou com que teve algum contato, como cliente ou anfitrião. Outro modo de as pessoas se interessarem por certa empresa é se um amigo ou membro da família se associa e as convida para saber mais sobre a oportunidade.

COMO COMECEI NAS VENDAS DIRETAS

Meu começo nas vendas diretas foi devido a uma combinação da época em minha vida e meu entusiasmo com o produto. Eu tinha 18 anos quando iniciei pela primeira vez no negócio. Eu só queria um modo de complementar minha renda como musicista. Então, quando me convidaram para uma reunião de cristais para ajudar alguém, concordei rápido.

Eu era solteira, fazia parte de uma banda de rock e realmente não tinha grande necessidade de ter cristais na época. Porém, estava muito atraída pelo produto. Eu amava, e mesmo que tenha saído mais tarde e escolhido outra linha de produtos, ainda me sinto atraída pelos belos vidros. Eu amo decorar com eles e adoro as belas peças de serviço de mesa como entretenimento (e atualmente me divirto mais com os cristais do que quando era baterista na banda). Eu ainda fico hipnotizada com a beleza deles.

Enquanto eu organizava uma reunião para ajudar uma amiga, a consultora que fez a reunião me disse: "Você deveria fazer isso! É realmente boa nisso." Nunca teria passado por minha cabeça procurar uma oportunidade para vender cristais, mas como a pessoa acreditou em mim e eu gostava do produto, aceitei.

Após anos de sucesso, me apaixonei pelo setor e acreditava nas oportunidades oferecidas a outras pessoas. Por fim, decidi deixar meu negócio com cristais e mudei para o de joias. Apesar de não *amar*, eu gostava. Também percebi que outras pessoas amavam joias e, na época, fiquei muito interessada em montar uma equipe e conseguir um grande lucro.

A crença no produto, programas e lucros é importante ao decidir se uma empresa é a certa para você. Também é preciso amar o que você oferece aos clientes. Muitas pessoas descobrem essa paixão após ter uma amostra do produto, se tornar um cliente fiel de uma empresa ou organizar a reunião.

Se você estiver interessado em aprender mais sobre quais empresas estão disponíveis para se associar, além das que já conhece, a Associação Brasileira de Empresas de Vendas Diretas (ABEVD) é um ótimo recurso. Ela oferece uma lista de muitas empresas diferentes, organizadas por categoria. Visite www.abevd.org.br para obter mais informações.

DICA

Muitas pessoas me perguntam qual seria a melhor empresa para se associar. Sempre respondo mencionando três pontos: *A melhor empresa é aquela que presta muita atenção nos produtos, nos programas e nos lucros.*

A empresa deve entregar um *produto* de qualidade em tempo hábil. Também deve dar suporte a você como representante com *programas* que o treinam, ajudar a atingir as metas de curto prazo e desenvolver hábitos de longo prazo para alcançar o sucesso. E, claro, *lucro* se refere à compensação, e em venda direta, isso é mais do que apenas comissão. Algumas recompensas lucrativas são, por exemplo, incentivos para a aquisição de carros e viagens.

Para ter lucro, é preciso levar em conta os incentivos e escolher com base no que é importante para você. Algumas empresas pagam uma comissão maior sobre as vendas pessoais, e se é isso o que você busca, então é interessante. Outras focam as recompensas e têm excelentes incentivos de viagem que são fáceis de ganhar. Há ainda as que podem ter um programa simples e fácil para aquisição de carros, portanto, se um carro é seu desejo, pode ser a empresa certa para o seu caso.

Todas as empresas usam o mesmo dinheiro; é a maneira como escolhem dividi-lo que as diferencia. Às vezes o assunto se resume à paixão que você tem pela empresa, produtos e programas, e foco no lucro. As pessoas sempre me perguntam quem tem o melhor programa funcional de compensação. Sempre respondo: *Todos funcionam se você trabalha no programa.*

Um dos principais ingredientes do sucesso é o entusiasmo. As pessoas se atraem por ele, elas querem fazer parte dele. Quando alguém vê que você está entusiasmado ou apaixonado, isso desperta interesse. Portanto, é importante ter entusiasmo.

Pode ser muito difícil disfarçar a empolgação. Ouço pessoas dizerem o tempo todo que você precisa *disfarçar até conseguir.* As pessoas podem dizer isso o dia inteiro, mas não é fácil. Outras pessoas a reconhecem, e você pode não se sentir confortável disfarçando. Gosto da frase *honestidade é a melhor política* e realmente acredito que, quando as pessoas perceberem que você é sincero e está empolgado com o produto, a empresa ou a oportunidade, elas desejarão naturalmente fazer negócio com você.

LEMBRE-SE

A melhor empresa só depende de você, suas preferências, estilo de vida e de encontrar o que é adequado no seu caso.

Três Pontos de Toda Empresa

Existem vários fatores a considerar ao escolher com qual empresa de venda direta você quer lançar seu negócio. É muito importante ver os "três pontos" mencionados na última seção. De fato, eles são tão importantes, que eu os detalharei em uma seção própria aqui.

Produtos

É extremamente importante que você realmente goste do produto que representará, sobretudo se é sua primeira vez em venda direta.

A maioria das pessoas se associa a uma empresa em cujo produto realmente acreditam. Para outras, elas podem ter tido ótimos resultados com um produto, têm uma boa recomendação e de fato querem que outras pessoas passem pela mesma experiência. Então, há aquelas para quem o produto é muito necessário, que usarão e querem ter um desconto permanente. Para algumas pessoas, depende da época da vida, de quais são seus interesses e do círculo de amigos naquele momento. E ainda para outras, alguém simplesmente acreditou nelas e pensou que seria bom fazer algo diferente combinando com a ideia de conseguir uma renda extra.

LEMBRE-SE

Mas ainda é importante você gostar do produto.

Há uma variedade incrível de produtos e serviços no setor de venda direta. De fato, quase todo produto que você pode comprar em um ponto de venda pode ser adquirido com um vendedor direto. É possível escolher suplementos nutricionais, assinaturas com desconto, serviços financeiros, vestuário, acessórios, utensílios de cozinha, decoração, produtos de beleza, entretenimento, óleos essenciais, alimentos e vinho, e muito, muito mais.

Sugiro que escolha um produto que ame ou sabe que muitas pessoas amam. Eu não me preocuparia com "novidade da vez" tanto quanto encontrar um produto que você acredita que outras pessoas desejarão comprar. Ouço recomendarem apenas a venda de produtos de consumo, mas sei por experiência própria e com base em relatos que produtos como joias atraem pessoas que são compradoras apaixonadas, mesmo que não tenham esgotado seu estoque.

Ao considerar um negócio, pense um pouco: você gosta do produto? Acha que o produto é negociável para um grupo grande de pessoas? Dessa perspectiva, realmente não importa de quanto é a comissão; se você não conseguir vender para ninguém, não terá muito sucesso.

Faça estas perguntas a si mesmo:

- » O quanto o produto é negociável?
- » Ele interessa a homens e mulheres, e de várias idades?
- » É de consumo?
- » Você conseguirá atender novamente seus clientes?
- » Há espaço para crescimento?
- » Os clientes continuarão a aumentar a coleção?
- » É um bom preço para a maioria das pessoas com as quais lidará?

Como mencionado antes, eu nunca vendi um produto de consumo, mas sempre tive muito sucesso em repetir o negócio por causa da ênfase que dou em atender de novo os clientes e nos relacionamentos que estabeleço com eles. O Capítulo 13 explica bem esses tópicos.

Outra coisa a considerar é que os produtos que precisam de explicação ou demonstração em geral vendem melhor nos canais de vendas diretas do que simplesmente na prateleira de uma grande loja de ponta de estoque. Portanto, se você adora um produto e sabe que, quando explica seu atrativo, ele vende, pode ter encontrado uma boa empresa para si.

Lucratividade

Lucratividade é a capacidade de um produto ou serviço vender e entregar com consistência uma boa remuneração. Conheci clientes que compravam regularmente a coleção que eu vendia. Também eram pessoas que tendiam a me colocar em contato com outras mulheres que amavam joias ou cristais. Isso ajudava a aumentar a lucratividade.

Ao selecionar para você a empresa certa de venda direta, fique atento à lucratividade. Comissões ou lucros são muito importantes porque 80% das pessoas se associam a uma empresa na esperança de que conseguirão gerar uma bela renda extra.

Ao considerar a empresa de vendas diretas, faça estas perguntas sobre lucratividade:

- » Quanto você receberá pelo trabalho?
- » Qual é a porcentagem que receberá pelas vendas pessoais?
- » Quanto terá que vender pessoalmente para ter algum bônus?
- » O que é necessário para subir na hierarquia?

- » Como é o plano de carreira?
- » Você é recompensado rapidamente por trazer outras pessoas para o negócio?
- » Como a comissão se baseia na porcentagem das vendas? Ela é baseada no valor bruto ou líquido?
- » Se as comissões se baseiam em um modelo de volume, quantos pontos de volume você obtém por cada real em vendas?
- » Qual é a venda média por cliente?
- » Qual é a média da reunião?

Essas são coisas que você precisa saber, porém ainda é possível alcançar o sucesso, contanto que entenda e estrutura de compensação e trabalhe com o programa para atingir essas metas.

Programas

Por fim, considere quais programas existem para você alcançar o sucesso. Determine quais recompensas são oferecidas a você, seus anfitriões e clientes.

É importante descobrir quais programas uma empresa oferece. Faça as seguintes perguntas:

- » A empresa oferece benefícios ou incentivos para as pessoas que organizarão uma reunião em casa?
- » A empresa oferece um programa de indicação em que os anfitriões recebem um produto gratuito quando um dos convidados agenda uma reunião?
- » A empresa oferece uma conta comercial para que você não precise ter uma própria para aceitar pagamento em cartão?
- » A empresa lida com o envio de todos os produtos?
- » Ela fornece um site pessoal? Quais são seus custos contínuos, se houver (por exemplo, taxa mensal do site, taxa de assinatura de *newsletter*, taxa de processamento para cheques de comissão ou depósito direto, taxa de renovação anual, o mínimo mensal etc.)?

Dependendo do que é importante para você, muitos programas podem ser tão importantes quanto o dinheiro ganho. Descubra o seguinte:

> » A empresa oferece um programa para aquisição de carro?
> » Ela oferece incentivos de viagem?
> » Viajar é importante para você?

Um dos fatores mais importantes ao decidir sobre a qual empresa de venda direta se associar é o quanto o programa do kit é interessante e se a associação é fácil e viável. Isso será importante conforme você atrai outras pessoas para o negócio. Você também precisará saber o tipo de treinamento que a empresa fornece e se é acessível.

Outro benefício extra é se a empresa fornece uma newsletter profissional que você pode enviar para os clientes ou uma campanha de e-mail contínua. São apenas alguns pontos que você pode querer ver.

Independentemente da estrutura de venda direta escolhida (Party Plan, Marketing de Rede ou Híbrido), a empresa oferecerá vários tipos de programas. Em primeiro lugar, deve ser um bom programa de treinamento. O treinamento deve incluir um plano para os primeiros meses no negócio e um suporte permanente.

A maioria das empresas tem um programa que oferece outros produtos para adicionar ao seu kit enquanto você recupera seu dinheiro. A maioria inclui programas de noventa dias com metas em trinta, sessenta e noventa dias.

Outros programas o reconhecerão por seu esforço, compensando com funções ou presentes por atingir as metas de vendas ou recrutamento. *Recrutar* significa adicionar representantes à equipe. O Capítulo 14 detalha isso.

Considerações Especiais para Startups

Uma das coisas mais interessantes que você ouvirá em venda direta: *é uma oportunidade desde o início!* Associar-se a uma empresa que está começando pode ser muito recompensador, mas arriscado também.

Os EUA viram um crescimento fenomenal entre as startups de venda direta na última década. Segundo o jornal especializado *Direct Selling News*, uma empresa híbrida fundada em 2011 alcançou vendas de US100 milhões em 2012, então dobrou em 2013, depois mais do que dobrou em 2014. De fato, a lista Global 100 do jornal, que classifica as vendas de varejo das empresas de venda direta no mundo inteiro, citou 11 empresas que cresceram em US100 milhões ou mais em 2014; várias tinham menos de 10 anos de fundação.

Mas há também algumas desvantagens bem reais. Examine tudo com atenção antes de tomar uma decisão.

Vantagens

A principal vantagem de escolher uma startup é que você realmente pode participar de tudo. Eu considero que a associação a qualquer momento nos primeiros cincos anos da empresa o deixa envolvido desde o início. Asseguro que os representantes que se associaram à Mary Kay quando ela era uma empresa jovem, com quatro a cinco anos, e que continuaram trabalhando e expandindo o negócio são pessoas muito realizadas profissionalmente.

Como uma das pessoas iniciais, você estará na interessante posição (Upline) de ter muitos afiliados (Downline) nas linhas descentes a sua, pessoas afiliadas a você na organização, inclusive os membros da equipe que você recrutou pessoalmente e as pessoas que *eles* trouxeram para o negócio) ajudando a aumentar seu pagamento conforme você continua a recrutá-los e ajudá-los a aumentar o pagamento deles.

Outra vantagem é conseguir apresentar um novo produto e suas vantagens às pessoas que não ouviram falar dele ainda ou a quem talvez não tenha visto e nem ouvido a apresentação do negócio. Isso lhe dá uma ótima chance de gerar entusiasmo e dá a eles uma oportunidade de experimentar algo novo.

Desvantagens

Também existem desvantagens de fazer parte de uma startup. Com uma nova empresa que vende novos produtos, leva tempo colocar materiais de marketing eficientes nas mãos dos representantes, ter um site robusto do zero, entregar bons programas de treinamento e resolver os erros na nova operação.

Também é preciso dinheiro. As startups raramente são formadas por uma equipe criativa completa. Elas podem não ter especialização no setor e na empresa, um departamento de contabilidade, equipe de eventos, de marketing, de armazenamento etc. Isso significa que você provavelmente terá atrasos frustrantes em áreas que parecem ser muito importantes para o negócio.

Desmascarando o Mito da Saturação

Costumam me perguntar sobre a saturação de um mercado. Sempre há pessoas preocupadas com isso, e elas perguntam: "Quantos representantes estão na minha área?" Por algum motivo, parecem acreditar que a área delas atinge uma saturação de mercado quando há cinco pessoas vendendo na cidade.

Para aqueles preocupados com a saturação, eu pergunto qual é a população da área. Após me dizerem, digamos, 50 mil, rapidamente calculo. Mesmo que você tivesse 17 representantes, teria que fazer 200 reuniões ao mês por consultor; um número muito irreal e, de fato, inatingível.

Mas mesmo com o jogo de números à parte, veja seus próprios círculos: amigos, família, conhecidos, colegas de trabalho, pais dos amigos dos filhos, médicos, advogados, corretores, instrutores, coaches etc. É provável que a maioria dessas pessoas não esteja vendendo para a sua empresa. Você tem um alcance maior do que pensa, sobretudo quando inclui a rede e os círculos sociais.

Demora muito para atingir a saturação. Muitas vezes falo para as pessoas que uma coisa com a qual elas nunca terão que se preocupar nas vendas diretas é a saturação. Isso porque as empresas de vendas diretas não o limitam a territórios específicos. Portanto, quando você não encontra clientes em sua rua, quarteirão ou mesmo cidade, pode simplesmente contatar amigos em outra área por meio das redes sociais.

E convenhamos, nem todos os que se associam ao negócio ficam. De fato, um terço das pessoas em sua equipe geralmente sai. Isso não é um reflexo negativo seu ou do setor, é apenas elas não se adaptando bem, não se divertindo, ou talvez circunstâncias da vida as fizeram focar a atenção em outra coisa.

DICA

Na verdade, como sempre há vidas e circunstâncias em constante transformação entre os membros da equipe e os futuros, sempre haverá pessoas para quem você pode vender ou recrutar. Todo ano, um grupo novinho de pessoas se forma na faculdade, compra imóvel, se casa, tem filhos etc. As pessoas continuam percorrendo novos ciclos de vida, e eles são oportunidades para você. Há cinco anos, sua melhor amiga pode não ter se interessado em comprar em seu negócio de decoração de casa, mas na nova casa e sob novas circunstâncias, seus produtos se tornarão os favoritos dela.

LEMBRE-SE

O mais importante a lembrar é que estabelecer relações com seus clientes é o segredo. Construa uma forte amizade com suas redes e elas continuarão a comprar com você, recomendando-o a seus círculos de amigos.

> **NESTE CAPÍTULO**
>
> » Entendendo o Marketing de Rede
> » Examinando o Party Plan
> » Concentrando-se no modelo Híbrido

Capítulo 3
Trabalhando com Diferentes Modelos de Venda Direta

Por muitos anos houve uma grande diferença entre os modelos comerciais de Marketing de Rede e Party Plan. Recentemente, os dois modelos começaram a se unir, e, em grande parte, é onde entra o termo *Híbrido*. As empresas pegam os melhores atributos dos dois modelos e os unem em uma. Também ouvi pessoas se referirem à sua empresa como *híbrida* devido ao tipo de plano de compensação que elas criaram. E muitas empresas Marketing de Rede estão se tornando mais focadas em produtos, ao passo que costumavam se concentrar quase exclusivamente na oportunidade de negócio.

No final, o que todas têm em comum é que as vendas diretas são aquelas em que o representante vende direto para o consumidor ou cliente sem a ajuda de um estabelecimento comercial.

Existem muitas opiniões fortes sobre qual modelo é melhor. Portanto, achei importante cobrir um pouco mais sobre as diferenças e qual pode ser mais adequado para você; no decorrer do livro, esclareço alguns mitos sobre a venda direta em geral.

Modelo Marketing de Rede

O Marketing de Rede é caracterizado por vários fatores consistentes nas empresas. Aquelas que usam esse modelo comercializam produtos prontos para o consumo, como vitaminas, produtos de cuidados com a pele e serviços de assinatura, que servem bem para o envio automático. A ideia é gerar pedidos todo mês, ter consistência e crescimento de renda e criar um "cliente para a vida".

A ênfase nessas empresas muitas vezes está na oportunidade de renda, tanto ou mais do que no produto. Como o custo de se associar como "membro" costuma ser bem baixo e pode ser oferecido sem um kit ou produto incluído, muitas pessoas que normalmente seriam apenas clientes se associam como representantes independentes, em geral com seu primeiro pedido. Isso significa que, quando um produto se torna popular, há oportunidade de crescimento exponencial no tamanho da empresa, da equipe e da renda.

Pode haver um benefício significativo ao se associar no início, porque a estrutura da equipe de vendas pode significar que você talvez seja recompensado por "chegar primeiro" quando as pessoas que entram depois são colocadas em sua equipe, às vezes sem nenhum esforço de sua parte. O momento pode ser importante no Marketing de Rede, e você às vezes ouvirá esse processo de "chegar primeiro" referido como *conquistar seu lugar* ou *posição*.

A renda pode parecer baixa no início porque a força desse modelo está na renda residual. A *renda residual* resulta de compras repetidas dos mesmos clientes, geralmente no envio automático. Esses clientes costumam ser seus pequenos clientes e os representantes independentes que compõem sua equipe de consumidores e profissionais de marketing. Devido ao consumo contínuo em sua rede ou equipe, sua renda pode continuar crescendo mesmo que sua venda pessoal e o recrutamento se estabilizem ou caiam.

Existe um componente online forte com um alto nível de e-commerce no modelo Marketing de Rede, portanto, clientes e representantes independentes geralmente farão novos pedidos online ou ficarão no envio automático indefinidamente, dando a você a mesma renda recebida de seus pedidos originais, sem nenhum esforço extra de sua parte.

O MARKETING DE REDE É UM ESQUEMA DE PIRÂMIDE?

Uma das perguntas mais frequentes que me fazem é como lidar com o equívoco de que a venda direta é um esquema de pirâmide. Um *esquema de pirâmide* se baseia em pessoas ganhando dinheiro quando mais pessoas investem no esquema depois delas. Nas vendas diretas, as pessoas ganham dinheiro quando aquelas que se associam depois vendem produtos. Mas um esquema de pirâmide só dá certo por um período limitado de tempo, porque as pessoas recebem pelo investimento de dinheiro das novas pessoas trazidas para o esquema, e, por fim, esse esquema entra em colapso. Na venda direta, você é pago por dar suporte às pessoas que vendem um produto real para consumidores finais e que recrutam outras pessoas para fazerem o mesmo, gerando uma receita que é dividida entre as pessoas que receberam comissões sobre essas vendas em particular e a empresa em si.

A Associação de Venda Direta, organização que defende o modelo de vendas diretas no governo, mídia e clientes, regula duramente os planos de compensação e pagamentos de comissão para garantir que os pagamentos não sejam feitos com base apenas em trazer novas pessoas para as redes. Isso também é um motivo para a associação desencorajar compras de grandes estoques por pessoas que se associam ao negócio (eles chamam isso de *antecipação de estoque* ou *antecipação de despesa*, e geralmente é proibido pelas próprias empresas).

Tem havido empresas fraudulentas afirmando usar o modelo comercial de vendas diretas, quando, na prática, elas não vendem nada. Elas enfatizam um investimento significativo em grandes quantidades de produtos ou serviços e convencem outras pessoas a se associarem à empresa investindo em quantidades parecidas de produtos ou serviços. O treinamento para encontrar clientes para comprar o produto é quase inexistente nessas empresas. Nessas organizações, é possível que um representante compre muitos produtos que ele, de fato, adquire em uma promoção, em vez de ganhá-lo com vendas pessoais ou da equipe (isso também é chamado de *compra bônus*, e a maioria das empresas também proíbe essa prática).

Recrutando no Marketing de Rede

Com um bom foco no negócio e na oportunidade de renda, e como é normal que os clientes sigam em frente e se associem bem no início, no Marketing de Rede é comum oferecer a oportunidade comercial a seus contatos ao mesmo tempo em que oferece o produto. Em geral, nessas empresas, a *oportunidade* é muito vista como *sendo* um dos "produtos" mais atraentes oferecidos. Portanto, às vezes você receberá uma oportunidade de renda antes de eles experimentarem o produto ou logo depois de se tornarem seu cliente.

Ao recrutar para seu negócio Marketing de Rede, você busca pessoas que procuram uma oportunidade comercial, que estão interessadas em ganhar dinheiro e/ou pessoas que amam muito o produto. Devido à natureza de rede de consumidores do seu negócio Marketing de Rede, as pessoas não interessadas em promover o negócio ainda podem oferecer excelentes contribuições à sua rede por causa de mero entusiasmo com o produto. Os *superfãs* que falam sobre o produto e convencem os amigos "por acaso" ou indicam contatos para conversarem com você podem ser tão eficientes para o crescimento da rede quanto as pessoas com intenção de ter uma renda.

DICA

Seu principal objetivo ao buscar novos representantes independentes para sua equipe é ter um acesso natural e simples às redes de outras pessoas, expandindo sua própria rede. Essa expansão para as pessoas que seu contato conhece e as pessoas que *eles* conhecem (etc.) faz parte do que motiva o crescimento exponencial no Marketing de Rede.

Cada uma das pessoas que se associam terá, pelo menos, um pequeno benefício financeiro de seus próprios indicados. Portanto, acaba sendo um ganho mesmo para aqueles que estão na rede apenas para conseguir um desconto ou porque amam o produto para uso pessoal.

Compartilhando produto e oportunidade

Produtos e oportunidade são compartilhados de modos diferentes no Marketing de Rede.

Testemunhos

Os profissionais do Marketing de Rede são motivados a *se tornar um produto do produto*, o que significa que usam o produto regularmente para que possam ter uma opinião própria em relação aos benefícios. Com tantos produtos para cuidados com a pele, perda de peso, bem-estar, serviços comerciais e públicos, acredita-se que, quando a pessoa usa o produto da empresa em sua "dosagem" máxima recomendada, isso fica claro na aparência física ou na vida dela.

Imagens de antes e depois, assim como histórias, são uma marca da abordagem de vendas Marketing de Rede, porque, como é muito repetido nessas empresas, *os fatos contam, as histórias vendem*. Portanto, em vez de falar sobre detalhes e particularidades do produto que a empresa oferece, os representantes independentes são encorajados a compartilhar suas experiências positivas individuais e a deixar que a emoção e a autenticidade desse compartilhamento atraiam vendas e recrutas.

Apresentações

Em vez de contar com anfitriões que reúnem amigos para uma apresentação (como nos modelos do Party Plan e Híbrido, explicados a seguir), a maioria das apresentações do Marketing de Rede é feita individualmente, seja por telefone, usando ferramentas de apresentação online ou ao vivo, como uma apresentação comercial. Também são geralmente chamadas de *consultas*. Nessas apresentações, muitas vezes a oportunidade comercial é enfatizada tanto quanto produtos ou serviços.

Nos últimos anos, muitas empresas Marketing de Rede e líderes têm promovido o valor de ter novos representantes independentes iniciando seus negócios com um evento "Reunião de Lançamento" ou "Grande Estreia". Eles descobriram que os eventos em casa para lançar o negócio de alguém são simples, acessíveis, eficientes e um modo divertido para o novo membro da equipe apresentar com eficácia os produtos e a oportunidade para um grande grupo de amigos, família e associados de uma só vez.

Sistemas, ferramentas e amostras

O Marketing de Rede também é conhecido pela prática de contar com *amostras* para despertar o interesse nos produtos e usar *ferramentas* para compartilhar informações, inclusive sobre a oportunidade comercial. Essas ferramentas costumam ser sites, vídeos, revistas, gravações de áudio e até apps de smartphone e tablet. Acreditando que a pessoa comum pode ter sucesso ao seguir um sistema, o Marketing de Rede encoraja o representante independente a deixar o produto e as ferramentas falarem. Isso é bem adequado para o recrutamento e as vendas de longa distância, assim como depende muito da internet e do telefone para vendas pessoais e recrutamento.

Você pode enviar amostras para qualquer lugar e acompanhar online ou por telefone para pegar os pedidos, indicar às pessoas interessadas a direção das ferramentas para responder suas perguntas ou apontar um site para elas se associarem. Os profissionais do Marketing de Rede geralmente têm produtos suficientes em mãos para abastecer seu uso pessoal e amostras, em geral enviando para suas casas por meio de um programa de envio automático.

CUIDADO

Os pedidos do cliente costumam ser enviados diretamente pela empresa após serem feitos online, portanto, o estoque dos representantes não é mais necessário, sendo muito desestimulado. De fato, as empresas famosas de Marketing de Rede proíbem a prática de comprar produto suficiente para ganhar uma promoção ou conseguir um cargo (ou *posição*) mais alto e fazem o que podem para punir os representantes com esses tipos de pedido (também chamados de *compra bônus*).

Anos atrás, as empresas começaram a reconhecer que, embora possa parecer que aumenta as vendas, uma alta porcentagem de vendas vindo de representantes que compram um estoque de produtos que fica parado, em vez de vendê-lo para os consumidores finais, dificulta o trabalho da equipe de vendas e enfraquece a empresa. Agora as empresas medem a proporção de clientes varejistas e representantes independentes e usam essa medida como um indicador de crescimento saudável.

Para quem é mais adequado o modelo Marketing de Rede?

O modelo Marketing de Rede é mais adequado para as pessoas que se encaixam no seguinte perfil:

- » Gostam do networking individual.
- » Gostam de, com o tempo, desenvolver relações.
- » Sentem-se à vontade ao seguir um sistema muito específico.

As melhores pessoas nesse modelo são aquelas que se sentem à vontade em permitir que o produto e a oportunidade comercial sejam protagonistas, então elas se veem mais como *mensageiras* das ferramentas que compartilham informações, não como estrelas, especialistas ou fonte de informação.

Isso não quer dizer que elas não têm desejo de reconhecimento, mas que podem contar com um sistema que já existe e tem um histórico comprovado. Muitas vezes, o processo de criar uma rede com eficiência envolve concordar com a expertise de outras pessoas, tendo a única finalidade de demonstrar o "sistema" para os futuros clientes.

DICA

O segredo de um sucesso duradouro e satisfatório no Marketing de Rede é a arte da duplicação. Para atrair muitos recrutas e estimular a duplicação em sua rede, suas práticas comerciais devem ser duplicadas. Ser o *especialista* não pode ser duplicado com facilidade, porque atrai apenas pessoas que já acreditam ser capazes de ser o especialista ou rapidamente se tornar um também. Isso desacelera o recrutamento e crescimento da rede.

As pessoas que precisam "saber tudo" (e muitos de nós se encaixam nessa categoria) se saem melhor nesse negócio quando podem preservar seu conhecimento para dar suporte à sua equipe na criação de negócios. A equipe, também conhecida como *afiliaados* (downline), é sua linha de patrocínio que busca orientação com você, considerado por eles como seu *upline* ou *patrocinador*. Você pode compartilhar sua sabedoria, dicas, seu grande conhecimento do produto e muito mais ao dar suporte a ela.

Outras características boas para o Marketing de Rede:

» Desejo de um fluxo de renda residual, entregue regularmente (muitas vezes por semana) via depósito direto

» Desejo de correr um pequeno risco agora para ter um bom ganho em potencial mais tarde (que é real para todo vendedor direto, não importa o tipo de modelo)

» Capacidade de adiar a gratificação financeira e trabalhar mais agora por uma pequena renda inicial que pode aumentar no futuro

O que é preciso para ser bem-sucedido?

Você é uma pessoa que toma atitude? Você corre riscos com uma conduta positiva e acredita profundamente que terá êxito? Se a palavra *não* não o intimida, se você é decidido e se as pessoas ficam atraídas por sua energia, você pode ser a pessoa ideal para o sucesso no modelo Marketing de Rede.

Dito isso, muitas pessoas estão equivocadas quanto a precisar *ser* certo tipo de pessoa para se envolver no Marketing de Rede. A verdade é que você não precisa. As pessoas comuns podem se sair bem no Marketing de Rede, assim como as que estão focadas em melhorar, as que precisam de encorajamento para sair de suas zonas de conforto e as que tendem a ficar tímidas em grupos.

Parte do que torna o Marketing de Rede um sucesso é que ele é tão focado no sistema, que as pessoas comuns podem experimentar resultados melhores do que a média. A carga não fica toda em *seus* ombros para ser um apresentador incrível ou um grande vendedor. O modelo em si é planejado para contar com ferramentas, relações e redes existentes para que possa montar um negócio seguindo os passos das pessoas antes de você.

DICA Você pode recrutar para cobrir seus pontos fracos. Se você é o "sabe-tudo" dos "sabe-tudo", pode recrutar alguém que seja mais comedido, mais fácil de treinar e queira muito respeitar o sistema; ela pode se tornar um ímã de recrutamento em sua equipe, e *você* se beneficia. Tem horror de falar diante de grupos? Recrute um amigo que seja um anfitrião nato e bom em se relacionar, faça uma parceria, e, quando perceber, sua equipe dobrou de tamanho.

LEMBRE-SE No Marketing de Rede, assim como no Party Plan e no modelo Híbrido, o mais importante é um grande desejo de sucesso, boa ética no trabalho, persistência e resiliência. Use as ferramentas e o sistema existentes e mantenha disciplina para ficar firme.

Modelo Party Plan

O Party Plan enfatiza menos o recrutamento de novos membros da equipe que os outros dois modelos. Em geral, as mulheres, que compõem a grande maioria dos representantes independentes do Party Plan, anfitriões e convidados normalmente ficam mais à vontade compartilhando produtos para ter renda do que recrutando. Por sorte, encontrar recrutas interessados se torna quase um bônus secundário e natural de uma reunião bem organizada em casa. Ficando diante de mulheres o bastante por horas suficientes, você encontrará muitas que procuram algo como esse modelo.

Assim, apesar de um desconforto comum ao recrutar, quando treinadas corretamente, as mulheres costumam descobrir que ajudar outras mulheres a terem sucesso recrutando e treinando traz grande satisfação, além de impulsionar a renda do negócio.

O Party Plan é caracterizado por inúmeros fatores consistentes nas empresas. Primeiro, a maioria das vendas de produtos e dos recrutamentos ocorre durante os eventos (reuniões), ao vivo e online, onde grupos de pessoas (chamados *convidados*) foram reunidos por um anfitrião que elas conhecem pessoalmente.

A ênfase nessas empresas geralmente está nos produtos e nas reuniões em si. Os organizadores agem como parceiros do representante independente para aumentar a participação e as vendas. As reuniões são a fonte primária de novos contatos e perspectivas de venda.

As reuniões têm duas finalidades:

- » Gerar vendas.
- » Apresentar regularmente o representante independente a contatos novos.

Muitos representantes ganham o dinheiro que querem com reuniões e novos pedidos de clientes. Eles acham que podem continuar fazendo negócios com sucesso pelo tempo que quiserem com pouco ou nenhum recrutamento. Suas comissões sobre vendas pessoais muitas vezes são bem satisfatórias, mesmo no começo.

As ofertas apresentadas aos clientes e as vantagens oferecidas aos anfitriões das reuniões geralmente são dadas sem custos para o representante e podem ser utilizadas para agendar mais reuniões e aumentar as vendas iniciais e novos pedidos.

Em vez de receber um depósito direto periódico de comissões pelas vendas pessoais, os representantes do Party Plan geralmente recebem as comissões das vendas diretamente na noite da reunião ou dentro de alguns dias após o envio da venda, dependendo da estrutura de pedidos da empresa.

Recrutando no Party Plan

O ciclo de vida natural dos novos recrutas no Party Plan é iniciar como convidado e cliente, se tornar o próximo anfitrião e, depois, se associar como representante. É comum encontrar recrutas em potencial na reunião e convidá-los para ser anfitriões a fim de que aprendam mais antes de oferecer a eles uma oportunidade de negócios.

Recrutar no Party Plan é um conjunto de habilidades que funciona em conjunto na estrutura da reunião. Cada reunião bem organizada, além de ser um evento de vendas, é um *evento de oportunidade*. A reunião é o lugar ideal para mostrar exatamente como é seu negócio. Dá a cada convidado que possa estar interessado em ganhar dinheiro a chance de ver como isso pode ser simples, fácil e divertido.

Nos últimos anos, o recrutamento no Party Plan aumentou exponencialmente devido à introdução da venda social via plataformas online e redes sociais. Veja o Capítulo 11 para ter mais informações sobre como administrar um negócio online de sucesso.

Compartilhando produto e oportunidade

Os produtos e a oportunidade para se associar são compartilhados de modos diferentes no Party Plan.

Apresentação da reunião e novos pedidos do cliente

A apresentação do produto na reunião é a fonte primária de vendas para o representante independente. Ela é onde se encontram os novos clientes, e, por meio de uma atenção contínua ao cliente e estabelecendo uma relação com ele, os representantes coletam futuros e novos pedidos, além de agendarem futuras reuniões.

Convidados como seus melhores clientes

Um representante independente atende poucas ou muitas pessoas novas em cada reunião, o que gera vendas imediatas e uma oferta constante de futuros clientes e anfitriões. Apresentar produtos uma vez para um grupo de pessoas é um modo eficiente de vender, e a energia do grupo leva os clientes a fazerem pedidos maiores do que fariam se fossem abordados isoladamente. Como os convidados na reunião são um grupo autosselecionado que escolheu aparecer após o convite, eles são abertos à linha de produtos antes de o representante começar a apresentação.

Convidados como novos recrutas em potencial

As reuniões também significam um fluxo constante de novos olhares e novos membros da equipe em potencial. Estruturando a reunião para incluir um convite para ver mais de perto o potencial do negócio, um representante independente aumenta deliberadamente seu pool de possíveis recrutas. Essas possibilidades são maiores porque eles já foram expostos à sua função comercial básica e até começaram o treinamento inconscientemente observando-o em ação. Veja o Capítulo 9 para saber mais sobre a estrutura da reunião e o Capítulo 14 para saber tudo sobre recrutamento.

Anfitriões como o próximo recruta mais provável

Uma marca registrada do Party Plan é que o representante ajuda o anfitrião a ter uma reunião bem-sucedida por meio de coaching (chamado *coaching do anfitrião*, assunto do Capítulo 10). O anfitrião ganha vantagens e recompensas com base nos resultados do evento, agradecendo pelo suporte e com um incentivo para promover a reunião. O processo de preparar uma ótima reunião (Capítulo 9) costuma revelar quais anfitriões seriam bons representantes e serve como uma oportunidade para o anfitrião aprender mais sobre o negócio, o que normalmente desperta seu interesse em se tornar representante.

Para quem é mais adequado o Party Plan?

O Party Plan é ótimo para aqueles que gostam de ajudar outras pessoas a descobrir coisas novas, pessoas que amam compartilhar coisas pelas quais são apaixonadas e aquelas interessadas em apoiar o sucesso dos outros.

Há dois tipos de personalidades que tendem a ter sucesso no modelo Party Plan da venda direta. O primeiro é aquele que provavelmente você imagina: confiante, sociável, nunca fica sem palavras, tem uma personalidade forte e não tem medo de falar em público. O segundo pode ser uma pequena surpresa: o introvertido que quase parece evitar os holofotes, possivelmente fala manso, mas tem paixão pelo produto e o desejo de compartilhá-la.

DICA Para ter sucesso no modelo Party Plan, é preciso conhecer o produto, mas você não tem que memorizar cada detalhe. É perfeitamente correto dizer: "Eu não tenho essa resposta, mas posso ligar para meu superior ou a empresa para saber. Posso ligar para você amanhã e contar o que descobri?"

Outro fator que ajudará a ter sucesso no modelo Party Plan é querer interagir com pessoas em conversas significativas. Conversa *significativa* quer dizer descobrir o que é importante para a pessoa a fim de ajudá-la a alcançar o que ela define como sucesso. Ser alguém que ela procura para ter orientação e expertise nas áreas relacionadas à sua linha de produtos também é a chave.

Como no modelo de Marketing de Rede, ser apaixonado pelo produto é importante para ter sucesso na estrutura Party Plan.

Veja algumas outras características boas para o Party Plan:

» Desejo de ter um fluxo de renda de meio expediente sem um trabalho formal de meio expediente.

» Necessidade relativamente imediata de ter renda (os novos representantes do Party Plan podem começar a ter renda nas primeiras reuniões e geralmente recebem comissões na noite da reunião ou logo depois).

» Sentir-se à vontade sendo o "especialista" ou o assistente de compras e consultor.

» Desejo de sair de casa e socializar.

» Ama o produto e se diverte falando sobre a linha de produtos.

» Tem talento para entreter e demonstrar.

Modelo Híbrido

Como o nome sugere, o modelo Híbrido é uma combinação, em práticas de estrutura de pagamento e comerciais, do Marketing de Rede e do Party Plan. Nas empresas híbridas, como nas empresas do modelo Party Plan, grande parte do produto é vendida com encontros aos quais os anfitriões convidaram seus contatos, ao vivo ou online, para saberem mais sobre um produto e a oportunidade de renda.

LEMBRE-SE

Com foco frequente nas demonstrações online e vídeos passo a passo, além da dependência do e-commerce e do envio automático, o modelo Híbrido é o mais flexível em relação a agendar e estruturar um negócio em torno de outras prioridades, ainda recebendo pagamento basicamente por vender produtos por meio de apresentações para várias pessoas de uma só vez.

CAPÍTULO 3 **Trabalhando com Diferentes Modelos de Venda Direta** 53

Os métodos de recrutamento híbrido contam com a abordagem de reunião e a ênfase da oportunidade de negócio, além de produtos durante as reuniões. O uso de testemunhos, ferramentas e sistemas é quase idêntico ao modo como as coisas são feitas no Marketing de Rede.

Como o modelo Híbrido combina alguns dos melhores recursos dos outros dois modelos, ele parece atrair homens e mulheres da mesma maneira. Também é interessante para casais que querem trabalhar juntos no negócio.

Esse modelo parece atrair todas as faixas etárias. Em geral, os da geração Baby Boomers não estão tão familiarizados com o modelo quanto estão com os outros dois, portanto, tendem a interagir com entusiasmo, porque parece ser algo diferente sobre o qual eles ainda não desenvolveram uma opinião forte. Os adultos da Geração X parecem gostar da autenticidade da ênfase do produto que também permite ganhar uma renda significativa bem rápido. Os Millennials, também conhecidos como Gen Y, gostam do equilíbrio entre produto e oportunidade, que parece real e interessante, assim como da dependência de novas tecnologias.

Se ter renda é importante para você, mas ainda quer ficar focado e é apaixonado por um produto que atende a uma necessidade real, você pode preferir uma empresa híbrida. Se gosta de reuniões sem muita pressão, online e ao vivo, que podem oferecer uma aprovação social que encoraja compras e mostra os benefícios de um novo empreendimento em um ambiente confortável e casual, no seu caso o Híbrido pode ser melhor do que o Marketing de Rede direto, que conta mais com apresentações individuais. Se consegue se conectar rápido com outras pessoas devido à sua paixão por um interesse ou um produto que ama, ou por meio das possibilidades de uma oportunidade lucrativa e estilo de vida como consequência, talvez prefira o modelo Híbrido.

Esse modelo é uma combinação tão natural do Marketing de Rede e do Party Plan, que, se você acredita ter algumas características de sucesso para um ou ambos modelos, uma empresa híbrida também pode ser boa para você.

Como as coisas mudam rápido nas empresas de vendas diretas, cada vez mais organizações são de natureza híbrida. Há muitas do tipo Party Plan que desenvolveram programas de envio automático, e existem as de Marketing de Rede que adotaram o método Reunião, mesmo que nenhuma possa se referir como sendo Híbrida.

2
Habilidades para Montar um Negócio de Sucesso

NESTA PARTE . . .

Entenda a importância de permanecer positivo a todo custo.

Defina metas e melhore sua produtividade.

Prepare-se para fazer negócio o tempo todo.

> **NESTE CAPÍTULO**
> » Entendendo que o sucesso está na atitude
> » Parando de duvidar de si mesmo
> » Evitando a autossabotagem

Capítulo 4
Mantendo uma Atitude Positiva

Quando você inicia pela primeira vez um negócio, quer ver o máximo de pessoas possível. E quando as vê, precisa ficar entusiasmado com seu novo empreendimento porque elas espelharão a energia que você coloca para fora. Se quer que os outros sejam atraídos até você, seus produtos e serviços oferecidos, deve ser positivo.

Ter uma atitude positiva o torna agradável e faz com que as outras pessoas sintam confiança em fazer negócio com você. Mesmo em épocas desafiadoras e com obstáculos, é preciso se desafiar a pressupor o melhor sobre sua empresa, seus produtos e sua capacidade de ser bem-sucedido.

Sendo Bem-sucedido: Atitude É Tudo

Para quase tudo, estimo que 80% de seu sucesso depende de sua atitude. E tenho certeza de que a atitude que você escolhe ter atrairá as pessoas ou fará com que elas não queiram fazer negócio com você.

CUIDADO

Toda manhã, ao acordar, você tem o poder de decidir o tipo de dia que terá. Se acordar pensando que terá um dia horrível, então terá um dia horrível. Se diz coisas como "Nada acontece. Não tenho reservas, vendas nem perspectivas de recrutamento", então se sentirá assim, e isso se manifestará em sua vida.

DICA

Você sempre deve agir de modo a atrair pessoas. Escolha ver seu dia de um modo positivo. Diga para si mesmo: "É um ótimo dia! Meu negócio está indo muito bem e minha agenda já está quase na metade." A escolha é sua se deseja ser otimista ou pessimista. Sua vida será o que você imaginar, portanto, seja sempre positivo e cheio de energia.

Compartilhando seu entusiasmo com todos

O entusiasmo contagia. As pessoas espelharão sua atitude, seu tom de voz e sua linguagem corporal. Se você está entusiasmado, as pessoas ficarão entusiasmadas junto; se sentir confiança, as pessoas se sentirão assim também; se está inseguro, elas estarão inseguras; se está hesitante, elas também estarão. Você entendeu.

Por isso, é importante sempre permanecer empolgado com seu negócio. Fique apaixonado e tenha confiança no que está fazendo, em seu sucesso e no seu negócio, porque as pessoas irradiarão essa mesma reação.

Se você liga para uma anfitriã que já conhece e diz: "Oi, Maria, é Belinda. Faz um tempo que não fazemos uma reunião, mas gostaria que você soubesse que tenho um catálogo novo. Queria mostrá-lo. Que tal?"

Provavelmente Maria responderá algo como: "Mande para mim e vou perguntar às pessoas. Se houver interesse, ligo para você."

Por outro lado, se você liga para Maria já decidida que está empolgada com o novo catálogo, em vez de parecer indiferente, sua conversa poderia ser assim: "Ai, meu Deus, Maria, mal posso esperar para mostrar nosso novo catálogo. Seus amigos vão amar! Temos muitos produtos novos e incríveis que você vai adorar. Minha agenda está esgotando rápido! Você não pode perder. Tenho apenas terça, 5 de maio, e sábado, 23 de maio, em aberto. Alguma data é boa para você?"

A reação dela provavelmente será "Tudo bem, vamos reservar o dia 23!", em vez de ficar insegura e hesitar. Se você mostrar a Maria que está empolgada, ela ficará empolgada.

Muitos representantes novos ficam nervosos ao tentarem garantir reservas ou fazer novos negócios. É por que lhes falta confiança. Eles ficam inseguros e não querem parecer insistentes. Em vez de manter uma atitude positiva e compartilhar seu entusiasmo pelo negócio, um novo representante geralmente diz algo como:

> Oi, Sandra, aqui é Carol." (*Muitos rodeios.*) "Bem, eu não quero atrapalhar. Sei que você está ocupada... e pode não estar interessada... mas fui a uma reunião _____ e gostei muito dos produtos, então decidi me associar à empresa. Tenho que organizar seis reuniões para realmente iniciar o negócio. Não sei se conseguirei reservas depois disso. Se não puder, tudo bem. Não gosto de pressionar meus amigos, você sabe, mas se quiser me ajudar, seria demais."

Essa representante parece tímida, com medo e insegura sobre como lidar com o negócio. Ao recordar o motivo para ter entrado no negócio, continuando empolgada e positiva, a conversa com outras pessoas seria muito diferente.

DICA Pergunte a si mesmo por que iniciou. Queria pagar o acampamento de verão? Ter as férias merecidas? Talvez pagar uma dívida? Seja qual for o motivo para entrar no negócio, lembre-se dele sempre. Anote sua visão e meta e guarde em um lugar acessível. Coloque na geladeira, no espelho, na mesa de trabalho e em qualquer outro lugar visível. Manter-se focado no que deseja e continuar comprometido em conseguir ajudará a permanecer positivo e empolgado enquanto trabalha com os clientes.

Quando se comprometer a ter uma atitude positiva no negócio, suas conversas começarão a ser assim:

> "Ainda bem que encontrei você. Sei que está ocupada e não quero atrapalhar. Tenho grandes novidades. Fui a uma reunião _____ na quinta e fiquei muito impressionada com os produtos. Era algo que pude me ver compartilhando com outras pessoas, então decidi me associar à empresa como um modo de conhecer novas pessoas e ter uma renda extra para nossa família. Sandra, eu adoraria que você reunisse seus amigos para uma reunião divertida. É algo que acho que eles vão adorar e também lhe dará uma oportunidade de receber alguns brindes de agradecimento. Isso me ajudaria muito. O que você acha?"

Depois de uma conversa que começa assim, não só você se sentirá diferente consigo mesmo e com seu negócio, mas também os anfitriões se sentirão assim. Mesmo que a anfitriã concorde com uma reunião quando você parece inseguro, é provável que a pessoa não esteja entusiasmada e terá a mesma atitude ao convidar os amigos. É possível que a ligação dessa pessoa seja assim:

PARA CONSEGUIR COISAS BOAS, ESPERE COISAS BOAS

Na vida, você precisa esperar que coisas boas aconteçam. Muitas pessoas acreditam na lei da atração, isto é, que focando pensamentos positivos ou negativos, você obtém resultados positivos ou negativos. As pessoas também desejam se conectar e fazer negócios com pessoas afins. Sua marca pessoal e comercial sempre deve ajudá-lo a se conectar com seu público-alvo. É importante ser o tipo de pessoa que você deseja atrair, e a maioria é atraída por pessoas positivas com ótima atitude.

Quando acordar de manhã, ou antes de sair, precisa esperar que algo bom acontecerá. Tenha a expectativa de que começará a conversar com alguém no banco, no salão de beleza ou no mercado. Espere fazer uma venda, reservar uma reunião ou encontrar um possível recruta.

Esperando algo e permanecendo positivo, você se desafia a estar preparado. Talvez decida levar cinco cartões de publicidade ao sair, porque espera encontrar cinco pessoas incríveis. Quando sai de casa com essa atitude, é muito provável que comece a conversar com pessoas e dê o pontapé inicial. Você sentirá mais confiança em relação ao negócio e ao que oferece, assim como às pessoas que encontra.

> "Olá Joana, aqui é Sandra. Vou fazer uma reunião para minha amiga Carol para ajudá-la em seu novo negócio de vendas diretas. Você não precisa comprar nada. Só venha pela comida."

Com certeza não é como quer que alguém fale sobre você ou seu negócio. Pelo contrário, permanecendo positivo e compartilhando seu entusiasmo e empolgação com as perspectivas de venda, terá uma maior chance não só de reservar reuniões, como também de ter reuniões de sucesso, porque sua anfitriã ficará empolgada também.

Empolgação fora de casa

É importante ficar empolgado com o novo negócio, e isso significa ficar entusiasmado quando está na rua. Veja três coisas muito importantes a lembrar antes de sair:

» **Tenha a melhor aparência possível:** Quando sua aparência é boa, você se sente melhor. Ficar empolgado com o negócio assegura que sempre esteja preparado para fazer negócio, e isso significa parecer profissional. Lembre-se, muitas pessoas o convidarão para suas casas para fazer reuniões com elas e o apresentarão aos amigos, por isso é importante estar apresentável.

Se você administra um mercado usando calças de moletom e camiseta e ouve alguém falando sobre precisar de algo que você vende, quais são as chances de que abordará a pessoa? Provavelmente mínimas. Não só você não se aproximará da pessoa, como é provável que passe o resto do dia reclamando por ter perdido a possibilidade de venda. Se ficar empolgado com o negócio, então viverá em uma área interessante. Você se arrumará para ir trabalhar e dirá: "Hoje será um grande dia! Tenho cartões de publicidade na bolsa e catálogos no carro. Conseguirei uma venda hoje!" (Cartões de publicidade são também conhecidos como cartões promocionais, ou seja, cartõezinhos contendo informações do produto sobre um item ou linha de produtos popular, assim como informações sobre a oportunidade de negócio; veja o Capítulo 12 para saber mais.)

» **Prepare-se com seu comercial de trinta segundos:** Você coloca uma blusa limpa, arruma o cabelo e se maquia. Você se sente bem e fica otimista em relação ao seu dia. Mas tenha certeza de estar preparada para um novo negócio. Tenha seu comercial de trinta segundos pronto para ser usado em qualquer oportunidade (o Capítulo 6 explica mais sobre isso). Resumindo, esse comercial é para compartilhar com suas possíveis vendas exatamente o que você oferece, despertando desejo pelos itens. Quanto mais empolgado parecer em relação ao seu negócio, mais empolgada a pessoa ficará.

» **Aprenda a participar de uma conversa:** É importante estar cheio de energia e fazer networking, e isso significa começar a conversar com pessoas. Um modo fácil de iniciar uma conversa com alguém é elogiando-a por algo. Um elogio faz as pessoas se sentirem bem consigo mesmas e mais inclinadas a continuar a conversa.

Iniciar uma conversa pode ser difícil, com certeza, mas você precisa se esforçar, porque, quando consegue, tem a oportunidade de conseguir resultados surpreendentes.

DICA Se você usa seu produto ou o leva com você, ótimo. Do contrário, pode querer usar uma roupa ou bolsa com seu logotipo (o Capítulo 6 explica mais sobre a importância de usar o logotipo, e *usá-lo para compartilhá-lo*).

Aprendendo a lidar com o não

Algo que você precisa aprender rápido em qualquer negócio é que as pessoas lhe dirão não.

Existem pessoas que não gostarão ou não desejarão seu produto. Elas não reservarão uma reunião e pensarão que as vendas diretas não são para elas. E tudo bem. Você não pode deixar que o desanimem, pois receber um não realmente significa que você está mais perto de conseguir um sim.

Quando alguém disser não, lembre-se de que essa pessoa não está dizendo isso por não gostar de você. Está dizendo não para a experiência ou o produto, talvez até porque não tenha entendido.

LEMBRE-SE

Às vezes, acho que as pessoas estão tão receosas de que receberão um não, que isso as impede de buscar um sim. A verdade é que, para conseguir um sim, é preciso receber vários nãos. Se você pergunta a dez pessoas e uma diz sim, isso significa que nove disseram não. Portanto, quando receber o não, fique empolgado, pois sabe que um sim está logo ali!

Muitas pessoas tendem a levar a rejeição para o lado pessoal e permitem que isso afete como pensam sobre o negócio. Nas primeiras vezes em que ouvir um não dos seus amigos, da família e dos colegas de trabalho, ou se ninguém aparecer em sua reunião de lançamento, você pode querer abandonar seus sonhos. Desejará perder sua atitude positiva. Começará se convencendo de coisas como:

» Bem, eu só queria mesmo os produtos no kit.
» Acho que não era para ser.
» Eu estou muito ocupado com meu outro trabalho.
» Recuperei o custo do kit, portanto, sem problemas.

De fato, muitas pessoas se convencem a sair do negócio mesmo antes de começar. É por isso que você precisa permanecer positivo e comprometido com sua meta. Para obter os resultados que deseja com o negócio, tem que ficar focado, dar o tempo e a atenção que o negócio merece, e não se deixar abater com os nãos.

Como em qualquer trabalho novo, haverá vezes em que se sentirá desconfortável e inseguro, sobretudo no começo. Mas, contanto que permaneça positivo em relação ao negócio, mesmo com os nãos, acabará atraindo as pessoas que deseja.

Vendo o lado bom em tudo

Aprender a ver o lado bom significa aprender a ver o melhor em tudo que acontece. Se você fizer seu melhor e buscar o lado bom em toda situação, então surgirão coisas boas.

Lembro-me de quando eu estava no campo, agendei uma reunião com uma mulher que tinha mais de 90 anos e morava a duas horas de distância. Fui até lá, e ninguém apareceu. Percebi que ela ficou chateada, então fiquei lá por duas horas vendo fotos de antigas férias e coisas que os netos tinham feito para ela. Eu podia ter ficado chateada e descrito a noite como horrível, dinheiro perdido.

Ao contrário, coloquei meu foco nela, fazendo com que se sentisse bem. Tinha esperanças de que algo bom resultaria da situação, e aconteceu. Ela não só recolheu inúmeros pedidos externos, como também me ajudou a criar a maior cadeia de reservas daquele verão.

Às vezes, quando fazemos algo, queremos uma troca pelo esforço ou um resultado imediato. Se você faz o bem e ajuda as pessoas, isso retorna em outras áreas de sua vida. Pode não voltar naquele exato momento, mas você verá os frutos de seu trabalho.

Buscando soluções

Você *terá* problemas no seu negócio em algum momento. Em vez de focar o que está errado, foque o que pode fazer para corrigir. Sempre que vir um problema, faça de imediato com que sua meta seja encontrar uma solução.

Certa vez, quando fui a Toronto, lembro-me de que me sentei ao lado de um casal cujo voo havia acabado de ser cancelado. Ouvi eles dizerem: "O que faremos agora? Não acredito que nosso voo foi cancelado. Agora não conseguiremos pegar Jacob." De maneira automática, eles viram a situação com uma atitude negativa e começaram a listar como isso estragaria todo o resto.

Sempre busquei soluções, portanto, já estava propondo algumas para eles. Interrompi, me desculpei por ouvir e lhes dei algumas opções. Informei que o aeroporto Windsor ficava a apenas 45 minutos de distância e que, talvez, eles pudessem conseguir um voo lá. Eu os lembrei que de Detroit a Toronto era uma viagem de apenas quatro horas e, portanto, uma possibilidade seria alugar um carro. Depois que mencionei as opções, eles se acalmaram, e a atitude mudou.

O fato é que a maioria das pessoas não pensa buscando soluções. Muitas deixam de avançar em direção à meta delas. Ao contrário, elas desistem no primeiro sinal de problema e deixam uma coisinha acabar com o dia.

Deixando de lado o que não pode ser mudado

Por vezes, as coisas não devem acontecer, e não há nada que você possa mudar, não importa o quanto busque uma solução. É preciso seguir em frente e encontrar o lado positivo.

Não fique chateado com as coisas que não pode mudar. Algo como um atraso no envio de um pedido está totalmente fora de seu controle. Mas sobre *o que* você tem controle? Você pode contatar o cliente e garantir que o pedido está chegando. Em nove de dez vezes o cliente entenderá. Se não, você pode trabalhar no caso e deixá-lo feliz.

As pessoas gastam muito tempo e energia com coisas sobre as quais não têm controle, por isso é importante encontrar o lado bom e se manter positivo em relação a tudo.

Sendo positivo nas redes sociais

As pessoas veem o que você faz e o que diz nas redes sociais. Elas decidem o tipo de pessoa que você é, se gostam e confiam em você e se querem fazer negócios com você.

Suas plataformas de rede social não devem ser lugar para lavar roupa suja, reclamar sobre seu dia nem para ser pouco profissional. Quando você faz algo assim, se mostra como uma pessoa negativa, e as pessoas não querem fazer negócio com gente negativa.

⚠️ CUIDADO

Mesmo que você escolha usar as redes sociais apenas para uso pessoal, e *não* para negócios, nunca se esqueça de que ainda há clientes, anfitriões e recrutas em potencial vendo você online. Alguém interessado em seu produto ou negócio geralmente verificará suas redes sociais para decidir se você é ou não alguém com quem fazer negócios.

Independentemente de como administra o negócio (passatempo, meio expediente ou tempo integral), é importante sempre estar pronto para fazer negócio, porque isso pode acontecer em qualquer lugar. Por isso é importante sempre ser profissional, respeitoso e positivo em suas redes sociais. Mostre a amigos e seguidores que você é simpático e acessível e é alguém com quem as pessoas adorariam fazer negócios como cliente, anfitrião ou membro da equipe.

⚠️ CUIDADO

Você também não quer fugir dos comentários negativos. Excluir um comentário negativo nas redes sociais sobre seu negócio é uma das piores coisas a fazer, porque mostra ao seu cliente (e a outras pessoas) que você não tem confiança o bastante para lidar com a situação. E mais, você faz o cliente sentir que a opinião dele ou a situação não importa.

Em vez disso, use um comentário negativo como uma oportunidade para mostrar um incrível serviço de atendimento ao cliente (o Capítulo 11 explica mais sobre como usar as redes sociais nas vendas diretas).

Sendo um modelo forte para sua equipe

Como patrocinador ou líder, é importante ser um exemplo para a equipe. Você deseja criar espaço para as pessoas serem positivas, edificantes e motivadoras. Muitas vezes, os membros da equipe estão lutando contra um pensamento negativo e insegurança, por isso, é importante ter uma atitude positiva.

DICA Você também nunca deve se envolver em fofoca. Se alguém da equipe tem problemas, ajude a encontrar uma solução sem piorar a situação ou se envolver na negatividade. Discutir sobre a situação com outras pessoas quebra a confiança e, em muitos casos, a produtividade. Ao contrário, mostre sua atitude positiva e ajude a pessoa a voltar aos trilhos.

PARADOXO DA RECUPERAÇÃO DO SERVIÇO: QUANDO OS ERROS SE MOSTRAM ÓTIMOS

Paradoxo da recuperação do serviço é a ideia de que os clientes ficarão mais fiéis após você cometer um erro e compensar isso com um ótimo atendimento. No final, os clientes entendem que você e sua empresa cometem erros. O que a maioria das pessoas busca é ser validada e ouvida. Elas querem ter certeza de que são importantes e você fará o necessário para corrigir a situação.

Certa vez, fui jantar com um grupo de amigos em um restaurante. Mesmo com uma reserva, levou mais de uma hora para nos sentarmos e jantarmos. Lembro-me de como estávamos famintos, sem mencionar como eu estava chateada e frustrada. Enquanto esperávamos pela garçonete, minha amiga virou para mim e disse: "Bem, com certeza nunca voltaremos aqui!"

Quando a garçonete chegou, ela veio acompanhada do gerente. Ele se desculpou pela espera e nos trouxe uma degustação de praticamente todos os petiscos do menu. Ele queria assegurar que nos sentíssemos cuidados e desfrutássemos o restante da noite. A comida era incrível, e ficamos tão impressionados pelo serviço, que até hoje o restaurante ainda é um lugar que recomendamos a todos.

Esse é o paradoxo da recuperação do serviço. Eu me tornei uma cliente *mais* fiel depois que a equipe compensou o erro, porque vi o modo profissional como eles lidaram com uma situação negativa e a rapidez com que viraram o jogo. O gerente acreditou na experiência e na comida; ele sabia que gostaríamos dos petiscos que nos trouxe. É preciso ter essa mesma atitude em relação ao seu negócio, aos produtos e, o mais importante, a si mesmo.

Como o restaurante, você também cometerá erros. Pedirá o produto errado, algo chegará danificado, um produto se perderá nos correios ou, se entregue, o cliente não gostará. Quando essas coisas acontecerem, use-as como oportunidades para mostrar ao cliente que você tem um atendimento incrível, está dedicado a deixá-lo feliz e pode encontrar uma solução de modo confiante e com facilidade para o problema.

Superando a Insegurança

A verdade é que nenhum de nós supera totalmente a insegurança. Mesmo os melhores atletas, músicos, atores e líderes políticos costumam ser paralisados pela insegurança. O truque é reconhecê-la, porque, quanto antes isso acontecer, mais cedo você sairá desse estado. Se reconhece o que faz você duvidar de si mesmo, é mais provável que evite esses sentimentos e mantenha uma atitude positiva sobre seu negócio e suas habilidades.

LEMBRE-SE

Não se martirize com a insegurança. Basta se lembrar de que, quanto antes a reconhecer, mais cedo poderá trabalhar na superação dela.

Muitas pessoas duvidam de si mesmas no setor de vendas diretas. Elas duvidam se são adequadas para o negócio ou de suas capacidades quando as vendas e o recrutamento diminuem. Elas se convencem de que não tinha que ser e realmente começam a pensar em sair do negócio.

Para se ajudar e ajudar os membros da equipe a superar a insegurança, é importante analisar os quatro pilares da confiança.

Os quatro pilares da confiança

São as quatro áreas principais do negócio em que você deve manter uma atitude positiva e se lembrar quando sentir insegurança:

» **Confiança no setor:** Você acredita que o setor de vendas diretas é um bom modelo que oferece horário flexível e boa compensação pelo trabalho? Acredita que é um ótimo modo de as pessoas complementarem sua renda, realizarem seus sonhos, atenderem pessoas diferentes e parecidas e fazerem algo divertido? Lembre-se de todos os motivos pelos quais você acredita nas vendas diretas.

» **Confiança na empresa:** Você acredita que sua empresa lhe dá cobertura, fornece produtos bons e de qualidade e tem programas para você alcançar o sucesso? Pode contar com a empresa para lhe dar o suporte necessário para alcançar seus objetivos? Veja sua empresa, líderes corporativos e da área, e lembre-se de todas as coisas incríveis que eles fazem todos os dias para ajudá-lo a ser bem-sucedido.

» **Confiança no produto:** As pessoas podem se beneficiar com seu produto? Ele é fácil de comercializar? As pessoas o querem e gostam dele? As pessoas o comprarão? Pergunte a si mesmo: eu amo o produto porque o vendo? Ou eu o vendo porque o amo? Lembre-se do que o atraiu nos produtos em primeiro lugar.

» **Confiança em si mesmo:** Você acredita que merece ter sucesso? Acredita que pode alcançar seus objetivos e sonhos? Acredita que pode ganhar o dinheiro que deseja se trabalha com vontade? Lembre-se de que seus sonhos importam e você pode conseguir qualquer coisa.

Começando com um diálogo interno

Acreditar em si mesmo começa com um diálogo interno. O que você diz para si mesmo durante o dia? Espero que não diga coisas como:

» "Não sou muito bom nisso."

» "Não sou organizado."

» "Estou muito estressado."

Quanto mais você tem esse tipo de diálogo interno e repete as mesmas palavras dia após dia, mais acaba acreditando nelas.

DICA

Pelo contrário, diga coisas que encorajam acreditar em si mesmo. Em vez de dizer como está estressado, diga: "Agora estou um pouco sobrecarregado com meus compromissos. O que faço para resolver isso? O que posso tirar do caminho?" Para não ficar estressada, aprendi a dividir as coisas em pequenas partes, em vez de ver tudo o que tenho que fazer. Isso me permite focar algumas coisas de cada vez e me sentir realizada com o que concluo.

Também cabe a você saber como se sente em relação ao seu negócio e à sua vida. Por exemplo, tenho uma agenda muito ocupada com viagens. Posso dizer "nem acredito que preciso sair de novo. Estou muito cansada. Estou farta de viver em hotéis e passar meu tempo voando", ou posso dizer "estou muito empolgada por fazer o que amo! Adoro compartilhar com muitas pessoas minha paixão e meu conhecimento do setor".

Você controla seu diálogo interno e tem o poder de permanecer positivo. Tudo começa com você. Se disser que ninguém quer comprar nem quer reservar uma reunião, então nada acontecerá. É importante acreditar em si mesmo e falar positivamente sobre si mesmo e seu negócio porque, se permanecer positivo, trabalhará para ter resultados positivos.

Desenvolvendo confiança e autoestima

As próximas seções foram inspiradas no livro *Stop Self Sabotage* [Pare a autossabotagem, em tradução livre], de Pat Pearson (sem publicação no Brasil).

Confiança vem do conhecimento e da prática. Quanto mais experiência você tiver, mais confiante será. Quanto mais reuniões fizer, mais aprenderá e melhor se sairá nelas. Suas reservas aumentarão, você manterá vendas altas todos os meses e recepcionará novos membros na equipe. Mesmo que tenha uma reunião sem sucesso, ainda aprenderá com seus erros e apontará as coisas que deseja mudar. Ter uma mentalidade de aprendiz no negócio, sempre se esforçar para aprender mais e ser melhor ajudará a aumentar sua confiança.

Por outro lado, a *autoestima* acontece com base nas relações que você tem e nas pessoas à sua volta. Cercar-se de pessoas que são muito positivas ajuda a desenvolver a autoestima e a confiança em si mesmo. Sua autoestima lhe dá o empurrão necessário para aprender mais, buscar novas oportunidades e fazer networking com outras pessoas.

Não continue indo atrás de pessoas que falarão de modo negativo com você. Encontre pessoas inspiradoras no setor e siga-as. Cerque-se de pessoas bem-sucedidas que são positivas e o motivam a querer alcançar maior sucesso com seu negócio.

Sua confiança e autoestima combinadas são a receita perfeita do sucesso.

Saindo de Seu Caminho

Como tentei deixar claro até agora neste capítulo, a principal força que limita seu sucesso provavelmente é você mesmo. É importante descobrir o que o impede de alcançar o sucesso desejado. Para cada pessoa, alguns motivos podem ser mais fortes ou dominantes que outros.

Quanto antes você reconhecer qual é seu calcanhar de Aquiles, mais cedo poderá corrigir isso. Esta seção cobre alguns dos modos mais comuns de as pessoas evitarem conseguir tudo o que poderiam ter.

Contentando-se com pouco

Isso acontece quando você avança e quase chega no seu objetivo, mas decide que já ganhou o bastante. Por exemplo, digamos que você queira agendar seis reuniões no próximo mês. Você liga para os anfitriões que conhece e os possíveis clientes em sua agenda de prováveis vendas (veja o Capítulo 7 para ter mais informações sobre como criar uma agenda de prováveis vendas), e tem boas conversas para fazer reuniões. Tudo isso resulta em cinco reuniões agendadas. Você decide parar nessas cinco porque está convencido de que fez o suficiente. Essas cinco reuniões são *quase* seis, então você relaxa um pouco em relação a conseguir a última.

Por quê? Por que você se contenta com pouco quando queria seis reuniões? Essa sexta reunião pode ajudá-lo a ter a renda que deseja para aquele mês, ganhar um incentivo ou conseguir uma promoção.

DICA Em vez de se satisfazer com menos do que realmente queria, trabalhe para avançar e conseguir os objetivos definidos inicialmente.

Evitando a resignação

Evitar resignação é quando você se convence de que não conseguirá o que está tentando. Você decide que não fará diferença, mesmo que se esforce muito. Você diz coisas como:

> "Não vou me importar em ligar para esses possíveis clientes. Eles não eram bons mesmo."

> "Posso muito bem não ir. Ninguém que eu conheço irá."

> "Vou faltar a esse evento, tenho certeza de que ninguém está interessado em meus serviços."

> "Mesmo que eu consiga aquela captação de recursos, será muito trabalhoso para mim no momento."

DICA É importante ter confiança em suas habilidades, no negócio e de que as coisas funcionarão e você terá sucesso.

Gerenciando o perfeccionismo e a procrastinação

Outra coisa que impede as pessoas de conseguirem um verdadeiro sucesso é ser perfeccionista. Esse é *meu* calcanhar de Aquiles. Eu decido que quero fazer algo, mas, antes de começar, penso em todas as coisas que preciso fazer primeiro para que seja perfeito.

Pensei em escrever um livro por muitos anos e iniciei o processo mais de doze vezes. Mas nunca concluí porque ficava muito envolvida em como seria a capa, qual seria o título, quais capítulos incluiria etc. Chegou ao ponto em que havia tantos detalhes no processo, que eu nunca iniciava. Mas quando chegou o momento de escrever este livro, com a ajuda do meu editor na Wiley, estabelecemos metas pequenas, possíveis e com prazo. Portanto, em vez de me sentir sobrecarregada escrevendo um livro inteiro, foquei apenas escrever um capítulo por vez e editar um capítulo por vez. (E *voilà*! Aqui está!)

Você pode decidir, por exemplo, fazer ligações de agendamento, mas antes disso precisa criar os arquivos, depois precisa ter uma planilha e ir à loja para comprar marca-texto, em vez de ficar sentado, trabalhando muito e só fazendo ligações.

Outras pessoas sofrem com a procrastinação. Elas pensam: "Bem, ainda tenho um dia e meio para fazer isso. Vou esperar. Se eu espero um pouco para ligar, mais pessoas estarão em casa; estou realmente cansado agora. Vou esperar até amanhã quando me sentir mais disposto."

Levei muito tempo para perceber que perfeccionismo e procrastinação andam de mãos dadas. Mesmo que eu nunca tenha me considerado procrastinadora, meu perfeccionismo me fazia procrastinar. Quando finalmente percebi isso, tive que parar, porque não queria ser procrastinadora e nem sentir que eu era incapaz de cumprir a tarefa.

DICA

Eu não superei esse defeito por completo, mas agora, quando me pego dizendo "primeiro preciso fazer isso", analiso o que estou fazendo e me esforço para começar a examinar o projeto.

Ficando longe da negação e da culpa

É de nossa natureza querer que tudo fique bem, por isso, a negação funciona como uma maquiagem sobre as duras realidades da vida. Quando ignoramos ou nos recusamos a acreditar no que acontece à nossa volta e dentro de nós, a negação entra em nossa vida. Negar é se recusar a aceitar a realidade ou uma situação pelo que ela é. Como uma estratégia de autossabotagem, a negação opera em nosso detrimento. Quanto mais você teme não merecer algo que deseja, mais negação precisa usar.

Veja alguns exemplos de negação:

> Eu como alimentos muito saudáveis na maioria das vezes, não sei por que não consigo perder peso.

> Eu não queria ganhar aquela viagem. Teremos férias em família muito boas de qualquer modo.

> Tudo bem se eu não for promovido no próximo mês. Se tiver de ser, será.

As pessoas que sofrem de negação se convencem de que fizeram tudo o que podiam para conseguir um resultado bom ou positivo, quando, na verdade, elas podem ter medo demais para tentar tudo. Elas também negam que queriam algo em primeiro lugar, assim podem evitar o sentimento de decepção.

Culpar, ou *projetar*, é sustentar que a responsabilidade do comportamento está em outro lugar, não em você. Você não nega o comportamento, mas coloca sua causa "fora", não em si mesmo. Vejo isso o tempo todo nas vendas diretas. As pessoas são muito rápidas em culpar outra pessoa pelos erros e pelas ações que elas mesmas cometeram:

Se meu superior me desse mais apoio, eu estaria melhor.

Se meu marido me desse apoio, eu teria sucesso.

Se meu trabalho fosse mais estruturado, eu teria mais tempo para focar meu negócio.

Eu não moro em um bairro bom.

Meus amigos não ganham dinheiro suficiente para comprar o produto.

Eu não tenho ninguém para ficar com as crianças para fazer uma reunião.

Se a empresa conseguisse promoções mais rápido, eu poderia fazer mais agendamentos.

Nunca tive o treinamento correto.

Você é responsável pelo negócio. Você precisa decidir dar os passos para alcançar suas metas e não deixar que seus medos atrapalhem seu sucesso.

Correndo riscos: Superando o medo

Normalmente, o medo é temer o desconhecido. As pessoas ficam paralisadas se não conhecem o resultado. Parte de superar o medo é perceber que você não conhecerá o resultado, e o único modo é pular e experimentar.

De novo, é onde a busca de soluções entra em cena. Quanto mais você busca soluções, mais provavelmente correrá riscos, porque sabe que no final do dia conseguirá encontrar uma solução. Você precisa dizer para si mesmo: "Não importa o que aconteça, descobrirei uma saída."

Uma das coisas que sempre faço se realmente fico com medo de avançar ou de correr risco é criar uma lista de prós e contras. Vejo qual é a pior coisa que poderia acontecer e qual seria a melhor possível. Na maioria das vezes, a melhor coisa supera de longe a pior. Mas se vejo a pior e me pergunto "Posso viver com isso? Posso mudar?" e minha resposta é *sim*, sigo em frente.

Comparando-se com os outros

Muitas pessoas sabotam seu sucesso comparando-se com os outros. Aquela pessoa tem o que você realmente quer? Ela mora onde você realmente quer morar? Você quer aquele tipo de casa? Quer a mesma carga de trabalho?

Lembre-se de que *você* define o que é sucesso e faz o que é necessário para consegui-lo. Você não pode comparar seu sucesso com o de outra pessoa, assim como não pode comparar o começo de sua jornada em vendas diretas com o de alguém que está no setor há anos.

Outro modo de não se comparar com outras pessoas e manter uma atitude positiva é ter gratidão. Sempre fique focado no que tem e no que é capaz. Anote todas as coisas boas em sua vida. Liste as coisas pelas quais é grato. Começar um diário é uma ótima maneira de fazer isso.

> **NESTE CAPÍTULO**
>
> » Entendendo a diferença entre visão e metas
>
> » Participando dos programas de incentivo da empresa
>
> » Explorando meu sistema de produtividade comprovado: *Power Hour*
>
> » Desenvolvendo outras habilidades úteis

Capítulo **5**

Criando Visão, Definindo Metas e Aumentando Sua Produtividade

O *sucesso* é medido de modos diferentes por pessoas diferentes. O significado de sucesso é pessoal. O sucesso é uma jornada, portanto você não deve comparar sua jornada com a de outra pessoa.

Seja o que for sucesso para você, há componentes quase certos para se chegar aonde deseja. Este capítulo visa dar sugestões sobre como melhorá-los em seu negócio:

> » **Visão** é a imagem geral de onde você se vê e o que o motiva. Manter sua visão em destaque pode ajudar a diferenciá-lo; poucas pessoas desenvolvem uma visão.
>
> » **Metas** são passos práticos e mensuráveis que o levam até sua visão.
>
> » **Programas de incentivo** são criados por empresas de vendas diretas para aumentar a produtividade. Você pode usá-los para aumentar suas próprias vendas e ter mais renda.
>
> » **Produtividade:** Criar e manter um horário consistente é uma das coisas mais difíceis para a maioria das pessoas, sobretudo as que nunca foram autônomas antes. Aprender a definir um horário certo para gerenciar seu tempo contribuirá muito para seu sucesso. Chamo meu sistema de *Power Hour* [Hora de Eficiência Máxima, em tradução livre], e acredito que você o achará muito útil.
>
> » **Conjuntos de habilidades práticas:** Trabalhar em seu foco, compromisso, consistência e organização pode ajudar seu negócio a dar o próximo passo.

Antes de detalharmos esses componentes, quero mencionar outros dois muito rapidamente: hábitos saudáveis e pensamento positivo.

DICA Qualquer pessoa que conseguiu sucesso em algo (finanças pessoais, saúde e bem-estar, relacionamentos ou administrando um negócio) fez isso criando hábitos saudáveis. Seus hábitos são coisas que você faz dia após dia, repetidamente, que de alguns modos o definem. Os maus hábitos, claro, podem impedi-lo de ter sucesso. Os bons hábitos ajudam seu caminho até o sucesso. É importante desenvolver hábitos saudáveis para que se tornem coisas que você faz naturalmente, que não hesitará em fazer.

DICA Ter o estado de espírito certo e uma atitude positiva são essenciais para seu sucesso. Você atrai aquilo que lança no mundo. Sempre veja seu copo como meio cheio e encontre o lado bom em toda situação. Isso pode parecer um pouco cafona, mas garanto que o pensamento positivo o ajudará a se tornar um dono de negócios bem-sucedido, desenvolvendo pensamento crítico e habilidades para solucionar problemas. Ter uma atitude positiva é também fundamental ao tentar chefiar outras pessoas e montar uma equipe.

Visão: Panorama Geral do Motivo

Sua *visão* é o panorama do que deseja na vida. Grande parte do que faço como consultora de venda direta é fazer pesquisas e relatórios para aprender mais sobre o setor e reunir estatísticas para ajudar a desenvolver meu treinamento. Por meio de pesquisas e grupos de estudo, descobri que apenas cerca de 3% das pessoas têm uma visão para a vida. Segundo Brian Tracy, especialista em definir metas e autor do livro *Flight Plan* [Plano de voo, em tradução livre], essa estatística é válida para pessoas em geral.

Para ter sucesso em vendas diretas, você *deve* ter uma visão clara do que deseja, porque enfrentará desafios frequentes, e se for como todos os vendedores diretos bem-sucedidos, ficará desencorajado. Tudo bem. Toda pessoa que teve sucesso em venda direta se questionou, e a maioria dirá que ficou tentada a desistir. Ter uma visão pela qual lutar pode ajudá-lo a seguir em frente.

DICA

Imagine o que você realmente quer na vida. Torne essa imagem muito clara. Não visualize apenas mais tempo livre e mais dinheiro. Acrescente detalhes. Pinte a imagem do que realmente quer *para* o tempo e o dinheiro. Talvez queira comprar uma casa nova, se livrar das dívidas ou ajudar seu cônjuge a se aposentar. Escrever sua visão e colocá-la em destaque em um quadro de avisos é uma boa maneira de mantê-la viva.

Minha visão em vendas diretas

Ganhei dezenas de milhares de dólares por mês em venda direta (que era uma bela quantia nos anos 1980) e conheço dezenas de pessoas que ganharam tanto ou mais. Porém, se eu não tivesse uma visão muito boa do que queria e por que queria ter sucesso, teria desistido. Se você não tem uma visão clara do motivo para continuar a superar os desafios, ficará tentado a parar também.

Quando iniciei pela primeira vez minha carreira em vendas diretas, vendendo cristais, minha visão era ser uma estrela do rock. Sei que parece engraçado, mas é verdade. Eu era baterista em uma banda de rock e nossas apresentações não pagavam minhas contas, então decidi ganhar dinheiro trabalhando em um horário flexível que não interferisse na banda e também me permitisse dormir um pouco de manhã depois de tocar. A venda direta se encaixava nisso e pagava as contas.

Anos depois, troquei o sonho de ser estrela do rock pelo sonho de ficar em casa com minha filhinha. Comecei a levar as vendas diretas mais a sério para continuar contribuindo com a renda familiar e ter condições de comprar alguns luxos, como roupinhas fofas para ela. Mais uma vez, a venda direta coube no meu horário e me ajudou a ganhar dinheiro nas horas em que meu marido podia ficar em casa com nossa filha. Ela nos permitiu economizar um bom dinheiro para coisas como viagens em família, mercado e, sim, roupinhas fofas.

Após dois filhos, minha visão de mim mesma e do negócio era atingir o topo do plano de carreira da empresa, ganhando um salário de seis dígitos ao chegar nos 30 anos. Quando eu tinha 28, mudei de empresa e tive que começar meu negócio do zero. Minhas metas mudaram (falo mais sobre metas na próxima seção), mas não minha visão. Três meses antes do meu aniversário de 30 anos, fui promovida ao topo da empresa, ganhando US$10 mil por mês.

Minha visão atual do negócio é montar minha empresa de treinamento e consultoria, Step Into Success, um só lugar onde atendemos todas as necessidades de venda direta e marketing de escritórios, líderes de venda direta e representantes. Minha visão é continuar desenvolvendo minha empresa, já bem-sucedida, para passar mais tempo com meu marido, filhos e netos.

Sua visão mudará

Sua visão mudará, portanto, não se preocupe em tentar criar uma visão que endereçará cada possível mudança que pode ocorrer em sua vida. Na verdade, sua visão continuará a mudar durante a vida conforme atingir marcos importantes. Assim que alcança um marco, você define uma nova visão para o que deseja na vida e nos negócios.

Sempre atualizei minha visão de 10 em 10 anos, quando estava com 20, 30, 40 etc. Nem sempre atingi toda meta e nem sempre cheguei lá como tinha imaginado. Com certeza tive alguns percalços e mudanças pelo caminho, mas quase sempre cheguei aonde queria chegar.

A fim de ter êxito em venda direta, você deve ter uma visão do motivo para querer ser bem-sucedido no negócio.

Sendo um líder e ajudando outras pessoas com a visão delas

De acordo com meus grupos de estudo e pesquisas do setor, apenas cerca de 1% das pessoas nasce com a habilidade natural de ajudar outras pessoas a criarem uma visão. O restante precisa desenvolver a capacidade de orientar por meio da prática.

Quando você entrar em uma empresa, seu chefe sentará com você e discutirá sobre o plano de carreira e posições na empresa, assim como as qualificações para consegui-las. Segundo o plano de carreira da empresa, você se torna tecnicamente chefe quando começa a colocar outras pessoas no negócio e consegue uma posição de liderança no plano de carreira/compensação.

Mas ser chefe não acontece automaticamente ao chegar nessa posição no plano de carreira da empresa. Parte do que significa ser chefe é a capacidade de inspirar outras pessoas a descobrirem a visão e história de sucesso delas. Você deve se tornar aluno e ajudar outras pessoas a encontrar o motivo delas. Encontre sua chama interior e ajude os outros a encontrar a chama *deles*. Veja o Capítulo 17 para saber mais sobre o que significa ser chefe.

DICA

O verdadeiro presente quando se trata da sua visão é quando você domina a arte de ajudar os outros a alcançar a visão deles. Começar a ver resultados nas vidas das pessoas que você toca e inspira verdadeiramente é a sensação mais gratificante do mundo, muito além de qualquer medida financeira.

Desenvolver a visão em outras pessoas é importante, porque as ajuda a lembrar o motivo de valer a pena passar por desafios. Como chefe, você sabe que sempre haverá desafios para montar seu negócio, seja uma agenda pessoal cheia, desorganizada ou situações pessoais!

Quando surgirem esses desafios, seus representantes precisarão conseguir focar a visão pela qual trabalham, colocando os desafios em perspectiva. A maioria dos membros de sua equipe pode não ter uma visão clara do que deseja na vida, então, quando aparecem desafios, concentram-se neles. Ajudando-os a criar uma visão, você lhes permite *ficar no controle.*

Metas: Marcos para o Sucesso

Visão e metas contribuem para o sucesso, mas não são a mesma coisa. Sucesso é conseguir sua visão atingindo as metas definidas. Metas são os marcos no caminho até o sucesso.

Sempre que pergunto a alguém como é o sucesso, a maioria responde com "Eu não sei". A maioria dos representantes se sente bem seguindo o fluxo e pegando qualquer negócio que recebe. Isso porque, em grande parte, as pessoas não sabem o que sucesso significa para elas. Se você não sabe o que é, então como sabe o que está lutando para conseguir? Se não sabe pelo que luta, como saberá quando conseguiu? Se não sabe que conseguiu, como se sentirá bem-sucedido? E se não sente isso, como fará uma projeção?

Até onde consigo me lembrar, venho definindo metas. Para mim, é difícil seguir em frente em um dia normal sem definir uma meta e atingi-la — falando ao telefone com um cliente, fazendo exercícios físicos ou escrevendo dez páginas deste livro.

Quando eu era jovem, minhas metas eram coisas como a rapidez com que poderia andar de bicicleta no quarteirão ou quantos discos de vinil podia colecionar. Quando comecei a tocar bateria, aos 10 anos, uma meta era tentar dominar a técnica ou tocar certa música. Tudo sempre era relacionado a atingir uma meta. Agora, como adulta, esse hábito entrou na minha vida sem pensar. Não importa se minha visão é grande ou pequena, sempre defino minimetas para me ajudar a chegar onde quero estar.

As metas não precisam ser assustadoras

Talvez você tenha medo de definir metas porque receia que sejam intimidantes ou desafiadoras demais. Besteira! Para começar, as metas não precisam ser estupendas. As pessoas acham que as metas precisam ser uma mudança de vida. Isso não poderia estar mais distante da verdade.

As metas são exatamente o que precisar que sejam. Podem ser criar uma conta no Instagram, ligar para cinco pessoas ou recrutar um novo membro da equipe. Você pode estar nesse setor por hobby ou para ter uma renda de meio expediente para ajudar a pagar as coisas habituais em sua vida, como aulas de dança, gás, mercado etc. A sua visão do negócio e suas metas se alinharão com isso.

LEMBRE-SE

Se você não atinge uma meta, isso não significa que fracassou. No meu modo de pensar, não há fracassos nos negócios ou na vida, só quando falha em tentar de novo. Se está dirigindo e perde um retorno, por exemplo, ou pega o caminho errado, não desiste de chegar no destino. Se usa GPS, ele levará um tempo para dizer "recalculando a rota". Ele não diz: "Tudo bem, você é um perdedor, pegou o caminho errado, volte e vá para casa." Você segue o novo cálculo e volta para a rota.

As metas não são assustadoras. O medo paralisa as pessoas e, na maioria das vezes, é ele que as impede de definir metas. Medo de falhar e do que os outros pensarão. Agora, se eu disser que nunca senti medo, bem, isso não seria verdade. Mas não deixo ele que me paralise. Eu me pergunto: qual é a melhor coisa que poderia acontecer? E a pior? Se posso conviver com o pior, então sigo em frente e luto pelo melhor. Em grande parte das vezes, fico no meio-termo. Tudo na vida é uma bênção ou uma lição, como se costuma dizer.

DICA — As metas não precisam ser uma mudança de vida. Podem ser passos simples, práticos e mensuráveis que o manterão no caminho para sua visão. E você sempre pode redefini-las com base em sua situação pessoal. Não deixe que as opiniões dos outros o aborreçam, sobretudo se não atinge uma meta. A maioria irá admirá-lo por fazer algo, porque essas pessoas ainda estão paradas no mesmo lugar.

Definindo metas realistas: Os cinco Ds

Suas metas podem mudar com o tempo. Você pode precisar fazer coisas de modo diferente, as metas podem não funcionar mais ou você pode encontrar melhores formas de chegar ao fim da corrida. As metas ajudam a medir o sucesso no caminho até sua visão.

Acredito que quando você bota sua visão para fora ou a diz em voz alta para si mesmo, é quando as coisas realmente começam a acontecer. Alguns chamam isso de Lei da Atração, a ideia de que as semelhanças se atraem e pensamentos positivos trazem coisas positivas.

DICA — Independentemente de a Lei da Atração ter efeito ou não, quando você está mais consciente do que quer, busca com maior determinação. Portanto, saber de fato o que quer da vida e do negócio pode ajudá-lo a desenvolver seu compromisso com o negócio e sua história de sucesso.

As metas são um modo de dividir sua visão em etapas gerenciáveis. Observe com atenção sua visão. Quais etapas, ou metas, serão necessárias para chegar lá? Por exemplo, se você quer levar as pessoas que ama à Disney, precisa determinar quanto custará a viagem. Assim que souber a quantia em dólar, poderá planejar facilmente como conseguirá isso em comissão.

Pense em quantas reuniões precisa agendar, quantas vendas precisa fazer, quantos outros produtos precisa vender e quantas consultas individuais precisa marcar. Isso pode se transformar em metas.

DICA — Atos aleatórios geram resultados aleatórios. Tenha um propósito. Se você for específico quanto a suas metas, terá um propósito. Faça as coisas acontecerem, em vez de esperar que aconteçam.

Siga minhas metas dos "Cinco Ds para Ter um Propósito" a fim de ajudá-lo a criar as etapas que levarão à sua visão e desenvolverão sua história de sucesso.

Decisão

Primeiro, você precisa tomar uma decisão sobre o que quer. Por exemplo, seus filhos devem frequentar a escola pública, privada ou ter aulas particulares? Quer se mudar para um bairro novo ou uma casa maior? Encarar escolhas difíceis pode fazer você hesitar entre duas opções. Como se sente quando está indeciso? Ansioso, frustrado, sobrecarregado? Quem escolheria viver assim diariamente? Mas, sem tomar decisões, não é o que você está fazendo? Quando toma uma decisão clara, mesmo com consequências, fica aliviado, como se um enorme peso saísse de seus ombros. É um lugar muito melhor para viver e é o único modo de conseguir o que você deseja.

DICA Muitas vezes, se ficar ansioso, pense naquilo de que precisa para tomar uma decisão. Assim que tem a decisão ou clareza, começa a ficar empolgado. Você terá um desejo de ação e entrará no modo de ação. Irá se sentir empoderado e no controle. Agora você está de volta ao controle de sua vida!

Desejo

Quando tomar uma decisão, o desejo de agir crescerá. Muitas pessoas adiam uma decisão e dizem para si mesmas que sentirão um desejo irresistível de seguir na direção certa quando acordarem de manhã. Se você espera que o desejo o domine, esperará por muito tempo. Sem definir metas, você *nunca* acordará de manhã e, de repente, será dominado pelo desejo de seguir em frente com seu negócio. Mas assim que toma uma decisão clara, o desejo vem. Quase sempre, a ação anda lado a lado com o desejo. Quando você decide e diz *tudo bem, vou me mudar*, fica empolgado. Você chama um corretor e começa a preparar sua casa para a venda.

Detalhes

Os detalhes são mais conhecidos como *listas diárias de tarefas*. A maioria das pessoas faz listas de tarefas normais. Você precisa saber a razão da lista. Precisa saber aonde irá. Pergunte a si mesmo: *de quatro a seis coisas, quais são as que posso fazer que me aproximarão de minhas metas?* Os detalhes são o que você faz para chegar lá.

DICA Mantenha a lista diária limitada ao que pode conseguir de modo realista. Quando cortar todos os itens, não vire a página e comece outra lista, *comemore*. Coloque os pés para cima e relaxe com uma xícara de café ou taça de vinho.

Destino

Vamos recapitular: quando você toma uma decisão, o desejo aumenta, você cumpre os detalhes e chega ao seu destino. Pode ser que precise parar e pedir informação até seu destino (pode precisar da ajuda de seu superior ou amigo de confiança), mas não desiste nunca.

DICA

O sucesso é uma jornada, uma estrada percorrida. Você terá percalços, obstáculos e desvios ao longo do caminho. Se não souber aonde está indo, os desvios encontrados na vida poderão levá-lo a direções diferentes. Com o destino em mente, além de escrito e afixado em sua casa ou escritório como lembrete, conseguirá passar pelos desvios e desafios, e ainda irá na direção desejada.

Determinação

Tudo isso requer determinação. Diga para si mesmo que não desistirá. Não mesmo. Quando uma reunião é cancelada, não pense "Ah, bem, acho que tenho a noite de folga", para então relaxar assistindo TV. Ao contrário, faça algumas ligações e agende outra reunião (ou duas). Se você tem poucas metas de vendas para uma viagem, não relaxe assistindo TV; pelo contrário, recupere as vendas com mais agendamentos, reuniões individuais ou novos atendimentos.

Recompensas: Lute pelos Programas de Incentivo da Empresa

Muitas empresas oferecem programas e incentivos para ajudá-lo a se motivar e mantê-lo consistente na administração do seu negócio. É importante para seu sucesso e ritmo, sobretudo no início do negócio, ter em vista como ganhar esses incentivos e programas.

A maioria das empresas oferece programas nos primeiros noventa dias (normalmente chamados de Início Rápido, Partida Rápida, Caminho Rápido etc.) O programa do tipo caminho rápido é uma ótima maneira de ganhar produtos extras para seu kit, conseguir itens para seu uso pessoal e, claro, estabelecer bons hábitos de negócios e padrões. Por experiência própria como treinadora e coach, descobri que aquilo com o que você inicia é provavelmente aquilo com o que continuará. Portanto, se você começar seu negócio de modo saudável e bem-sucedido, esforçando-se em vendas e recrutamento, é provável que desfrutará um sucesso prolongado.

VIAGENS DE INCENTIVO DA EMPRESA

Agora que sou palestrante e treinadora em tempo integral, as pessoas sempre me perguntam se sinto falta de estar em campo. Minha resposta é sempre não, porque ainda consigo fazer o que amo e treino milhares de pessoas para se tornarem bem-sucedidas nos negócios de vendas diretas. Mas sinto falta das viagens de incentivo. Não há nada como receber uma viagem de incentivo da empresa.

Muitas oferecem *viagens de incentivo*, em que é possível ganhar férias gratuitas em qualquer lugar do mundo só por atingir certas qualificações no negócio. As viagens de incentivo da empresa o mantêm focado por um longo período de tempo. Alguns programas levam de seis meses até um ano. Lutar muito por algo ensina a ser consistente todo mês e se esforçar para manter o negócio expandindo.

Você não só recebe férias pagas, como fica com outras pessoas que ganharam também. Ficar cercado de pessoas afins, quando é possível trocar ideias, fazer uma imersão na cultura da empresa e ter uma noção maior do que está envolvido, é um ótimo motivador. Nada como estar em uma recepção com trezentas outras pessoas empolgadas exatamente com as mesmas coisas que você.

Quando você ganha viagens de incentivo, há uma sensação enorme de reconhecimento, e reconhecimento é um dos principais motivos para as pessoas se associarem ao setor. Você pode dizer que ganhou férias com todas as despesas pagas para você e seu cônjuge, e as pessoas se sentirão atraídas. Isso o ajudará a desenvolver sua história de sucesso com o negócio, o que aumentará os resultados em seus esforços de recrutamento.

É importante se familiarizar com o programa, os requisitos exatos e as qualificações necessárias para ganhar. Conquistar o programa não só lhe dará um ótimo início e uma bela recompensa da empresa, como também você será pago.

DICA

As empresas oferecem incentivos contínuos porque querem mantê-lo focado, empolgado e envolvido no negócio. Assim, sempre que sua empresa patrocinar um programa ou um incentivo, torne isso uma prioridade.

Produtividade e *Power Hour*

Você tem uma hora livre? Claro que não. Ninguém tem. Mas tem quinze minutos livres aqui e ali? Meu sistema, chamado *Power Hour*, usa uma hora apenas para produzir resultados. *Power Hour* significa pegar uma hora do dia e dividi-la em quatro atividades rentáveis, ou principais, que você quer realizar nessa hora.

Usando a *Power Hour*, você pega bloquinhos de tempo e obtém resultados extraordinários com eles. Assim que dominar o conceito para seu negócio de venda direta, descobrirá que pode aplicar a *Power Hour* em praticamente todas as áreas de sua vida. Até na boa forma. Você sabia que 3 sessões de 15 minutos de exercícios cardiovasculares têm o mesmo benefício para o coração que uma sessão de 45 minutos? É verdade.

Alguma vez já esteve muito atarefado, mas sentiu que realmente não conseguia fazer nada porque não tinha disponível um dia, uma tarde ou nem mesmo uma hora? Então você adorará as *Power Hours*.

Power Hour significa passar 15 minutos em uma tarefa e, então, ir para a próxima. A ideia, como você está focando apenas uma coisa, realmente rende mais do que se tentasse passar uma hora inteira distraído por outras coisas.

Para a venda direta, você precisará passar uma *Power Hour* em quatro atividades: marcando reuniões ou consultas, fazendo o coaching do anfitrião, recrutando e acompanhando o cliente. Mas também pode usar o conceito de *Power Hour* para fazer tudo, desde trabalhar nas finanças até limpar a casa.

Para assegurar que conseguirá focar sua *Power Hour* de venda direta, é uma boa ideia remover as distrações. Você pode querer desativar os alertas das redes sociais ou até mesmo silenciar o celular.

No sistema *Power Hour*, você cria quatro pastas em seu computador ou usando pastas de papel reais. Identifique-as assim:

- » Coach do anfitrião.
- » Agendar possíveis vendas.
- » Recrutar possíveis clientes.
- » Acompanhamento do cliente.

Se você é como a maioria das pessoas, tem pilhas sobre a mesa: notas adesivas e pedaços de papel com anotações rabiscadas. Durante a *Power Hour*, você coloca suas informações em uma das pastas, para que sejam fáceis de encontrar. Quando estiver na rua e perguntarem por que está vestindo o logotipo ou acabar conversando sobre um produto ou uma oportunidade, coloque essas possíveis vendas na pasta correta. Qualquer possível venda ficará em uma das pastas.

DICA Ao praticar a *Power Hour*, não precisa fazer isso sete dias por semana para ter resultados. Quatro dias produzirão resultados surpreendentes; três dias trarão resultados ótimos; dois dias, bons resultados; e um dia ainda terá resultados.

Se você procura expandir seu negócio, quinze minutos ao telefone são menos assustadores do que passar horas nele tentando fazer agendamentos ou repetir vendas. Mesmo que você só consiga alguns pedidos, no final da semana terá de dez a quinze pedidos extras. Nada mal para quinze minutos e um pouco de consistência!

Não é preciso uma hora livre para ficar obstinado com o que está fazendo para ter sucesso em criar um hábito. Passe quinze minutos em cada tarefa e poderá rapidamente transformar isso em resultados e recompensas. E com o tempo, isso se tornará um hábito de recompensa e o sucesso.

Quinze minutos treinando o anfitrião

Muitas vezes os anfitriões reclamam que agendaram uma reunião e o representante não fez contato até dois dias antes, então passe quinze minutos fazendo contato para assegurar que o anfitrião fique empolgado, engajado e informado.

Uso um sistema de tempo com dez contatos para treinar o anfitrião (veja o Capítulo 10) que pode ser utilizado com a *Power Hour*. Use pastas para ajudá-lo a organizar os anfitriões pendentes e sempre ficar atento em quem você está contatando. Quando se tem diversos agendamentos, é fácil esquecer quem e quando contatou os anfitriões. E é assim que as pessoas são postas de lado.

Quinze minutos agendando

Agora você está pronto para passar quinze minutos apenas focado em contatar pessoas para agendar uma reunião com você. Agendando durante a *Power Hour*, logo aprimorará suas habilidades falando a linguagem do agendamento, fazendo diversas ligações de reserva em um curto espaço de tempo.

Sempre que você adicionar um nome às pastas Possíveis Agendamentos (ou Possíveis Recrutas), anote as circunstâncias. Por exemplo, se sua possível cliente disse que fará uma reunião quando a reforma da cozinha terminar em seis semanas, anote os detalhes e mencione-os durante a ligação. O telefonema deve seguir estas linhas:

> "Oi, Maria! Aqui é Belinda. Está desocupada? Ótimo! Na última vez em que conversamos, você estava reformando a cozinha. Como as coisas estão indo? Maravilha! Estou muito animada para ver. O motivo do meu contato é que você me pediu para ligar quando a cozinha estivesse terminada para podermos seguir em frente e definir uma data para sua reunião. O que seria melhor: durante a semana ou no fim de semana?"

DICA — Quando você der seguimento ao possível cliente, faça uma referência sobre o motivo de ele ter adiado. Isso mostra que não só se lembra dele, como também se importa. Então isso parecerá uma ligação cordial, e não de vendas. E lembre-se: o segredo é construir relações com clientes existentes e futuros.

Quando conseguir um agendamento, faça imediatamente outra ligação para agendar. Ainda não é hora de comemorar! O entusiasmo com o *sim* anterior está vivo em você, e você descobrirá que a linguagem usada na última ligação surgirá com maior facilidade. Isso lhe trará confiança, e as pessoas notarão. Elas sempre espelharão a energia que você passa; se parecer hesitante, nervoso ou desesperado, elas captarão isso também. Na verdade, é possível se referir à ligação anterior para mostrar ao novo cliente que você está ocupado, cheio de energia e com alta demanda. Pode dizer algo como:

"Acabei de falar com uma anfitriã, e ela fará uma reunião com margueritas e manicures. É algo que suas amigas curtiriam também?"

Quinze minutos recrutando

Recrutar é uma área do negócio em que tempo é tudo. Quando alguém expressa interesse, mas diz não, isso não significa uma negativa para sempre ou que a pessoa não gosta de você. Apenas quer dizer que agora não é a hora certa.

A vida das pessoas muda, é por isso que o acompanhamento é tão importante. Os possíveis clientes anteriores mostraram interesse na oportunidade, por isso estão em sua agenda de possíveis vendas. Mas só porque o momento não era o certo não significa que será igual no futuro. Se você recebe um *não* ou *agora não*, não responda apenas "tudo bem" e esqueça o caso. Pergunte se você pode manter a pessoa informada sobre as ofertas, sobretudo as relacionadas ao kit. Diga algo como:

Entendo *com certeza*, Sara. Quero que sinta confiança quando começar. Tudo bem se no momento eu mantiver você na minha lista? Eu adoraria mantê-la informada sobre as próximas ofertas que temos, em especial as ofertas do kit inicial.

DICA — Quando falar com os possíveis recrutas com simpatia e de modo casual, exatamente como você faz durante o atendimento ao cliente, crie uma relação. Isso significa que eles o conhecerão e confiarão em você, em vez de parecer que você os está incomodando.

Quinze minutos atendendo o cliente

Nesses quinze minutos, basta contatar as pessoas que fizeram um pedido antes e perguntar se estão gostando dos produtos comprados. Depois de elas dizerem *sim*, pergunte se gostariam de acrescentar outro produto específico à coleção. Informe sobre a promoção ou oferta atual ou pergunte se elas precisam pedir de novo algo da compra original. É uma boa ideia saber o que foi pedido por último, e você deve estar preparado para informar quais são as ofertas do mês.

> "Com o Dia das Mães se aproximando, gostaria de saber se eu poderia ajudar com alguma mulher especial em sua vida, inclusive você."

As empresas de vendas diretas dizem que apenas de 1% a 3% dos vendedores diretos ligam para um novo atendimento. Quando você não faz essas ligações, está deixando o dinheiro escapar. Alguém, seja outro representante ou concorrente, pegará esse dinheiro. Um bom atendimento ao cliente é muitíssimo importante não apenas para suas vendas, mas também para seus agendamentos e recrutamento. Portanto, ligue. Os resultados documentados indicam que isso pode aumentar seu negócio em até 50%.

Meu programa 2+2+2 (explicado no Capítulo 13) ensina que você deve entrar em contato dois dias depois de uma compra para agradecer o cliente, duas semanas depois para perguntar se a pessoa está gostando do produto e dois meses depois para saber se ela gostaria de pedir de novo. É importante acompanhar os clientes e continuar em contato com eles. Isso ajuda a criar fidelidade.

DICA: Contudo, não exagere! Você quer que os clientes gostem quando você liga, que é um atendimento, algo que eles valorizem.

Desenvolvendo Habilidades Importantes

Há outros quatro conjuntos de habilidades que quero que você desenvolva para seu negócio de venda direta. É possível usar cada uma delas durante uma *Power Hour* para ter resultados incríveis:

- » Foco
- » Comprometimento
- » Consistência
- » Organização

O poder do foco

Para muitas pessoas, a ideia de *focar* algo com total atenção parece quase impossível. Há tanto a fazer e tantas interrupções!

No negócio, normalmente você se encontra em uma das duas situações:

> » **Situação um:** "Céus, preciso ligar para este possível recruta, fazer este pedido e instruir por telefone meus três anfitriões." Há tanta coisa acontecendo, que você não consegue se concentrar em terminar nenhuma delas. Nesse caso, você não está focando nada e nem produzindo nenhum resultado.
>
> » **Situação dois:** "Sem negócios. Não sei por onde começar. Eu me sinto muito mal. Não tenho nenhuma possível venda boa." Você deixou o medo paralisá-lo. Em vez de se sentir sobrecarregado com todas as tarefas que precisa fazer, o resultado final é tão estressante, que você nem sabe por onde começar, então nunca começa.

Com a *Power Hour*, você aprende a pegar cada tarefa e dividi-la, tornando-a fácil e bem priorizada, conseguindo um ponto de partida.

Não tem jeito: foco requer foco. Tudo em sua vida precisa ficar de lado por quinze minutos para que você possa focar sua atenção total na prioridade em mãos. É mais fácil do que parece. Você pode fazer *qualquer coisa* por quinze minutos! Faça isso com o prêmio em mente; no final, terá conseguido o que queria. Você terá resultados, e os próximos quinze minutos serão ainda mais fáceis.

O que você foca é o que consegue ter

A maioria das pessoas tende a passar seus dias focada no que *não* quer:

> "Não gosto de como me vejo nisso. Não quero ir trabalhar hoje. Odeio lidar com essa pessoa. Não gosto de fazer ligações. As pessoas não são abertas. As crianças não me ouvem. Não quero que meu relacionamento seja assim."

LEMBRE-SE

Na vida e nos negócios, com certeza você consegue aquilo que foca. Se foca o fato de que não se sente bem, continuará não se sentindo bem. Se foca como o negócio é ruim, o negócio continuará sendo ruim. Mas se foca o ótimo produto e a família incrível que tem, ficará animado, e o negócio provavelmente terá sucesso. Todo dia você tem a escolha de ver o copo como meio cheio ou meio vazio. Escolha com sabedoria.

Quando seu ponto forte é o foco

Adquira um hábito, pratique o foco e será recompensado com resultados jamais esperados.

A maior qualidade de algumas pessoas é a capacidade de focar. Elas são boas *nisso*, decidir suas metas e cumpri-las. Mas também há uma pequena fraqueza. Às vezes elas ficam tão hiperfocadas, que não veem o quadro geral, por isso não veem os detalhes e o planejamento. *Lembra alguém que você conhece?*

Em geral, as tarefas dessas pessoas são assim. Sábado de manhã elas pensam: *certo, vou limpar a garagem*. Ficam animadas e passam o dia todo fazendo isso. Quando terminam, oito horas depois, está tudo impecável e parece um showroom. As ferramentas estão penduradas, roscas, parafusos e pregos estão em potinhos separados, e as ferramentas de jardinagem, em um espaço próprio. Um lugar para tudo e tudo em seu lugar.

Claro, elas precisaram ir à loja de ferramentas três a quatro vezes naquele dia porque não anteciparam e planejaram o que precisariam. Mas para elas, a questão não é essa. A intenção é a garagem ficar espetacular.

Quando você acha que seu ponto forte é a multitarefa

Muitas pessoas pensam que sua maior qualidade é a multitarefa, mas pode ser mais um ponto fraco. Algumas podem planejar o dia inteiro, mas muitas vezes perdem de vista o que queriam fazer.

Muitas vezes começam o dia pensando: *Preciso fazer ligações para marcar agendamentos*.

Mas antes de pegar o telefone para ligar, fazem café, limpam a cozinha e começam a colocar roupa na máquina. Então sentam para fazer as ligações, mas é quase hora de pegar as crianças, e elas não querem começar essa tarefa importante até voltar para casa. Assim que pegam as crianças, decidem passar em algumas lojas e fazer compras. Agora é hora do jantar, e nem mesmo começaram o que queriam fazer em primeiro lugar. O maior problema é que pessoas assim se iludem pensando que tiveram um ótimo dia... mas nunca fazem o que planejaram fazer.

Há pessoas multitarefas como ninguém, e muitas vezes isso pode ser um ponto forte e favorecê-las. Mas às vezes é difícil parar de se concentrar no panorama geral, então ficam perdidas em pequenos detalhes importantes.

O poder do comprometimento

Comprometimento é uma das promessas mais importantes feitas para tudo e todos na vida e no negócio. Você precisa se comprometer a chegar em algum lugar, e com certeza precisa se comprometer em ter sucesso com seu negócio de venda direta.

Comprometimento significa dizer o que fará, e fazer. Significa respeitar sua relação consigo mesmo, e com os outros, o bastante para prosseguir com o que prometeu. Haverá dias em que estará cansado e talvez até queira que o anfitrião ligue e cancele a reunião. Você mesmo ficará tentado a cancelar.

Sua reputação como empresário está sempre em jogo. Honrar seu compromisso significa que os clientes nunca precisarão questionar se podem contar com você para fornecer os produtos e os serviços que eles compraram.

DICA

Jogue para ganhar. Seu comprometimento com sua visão é poderoso. Seu comprometimento para aparecer quando na verdade quiser desistir é o segredo para tornar sua visão realidade. O sucesso não acontece da noite para o dia nas vendas diretas, portanto, continue vendo pessoas, abastecendo a cadeia e fazendo ligações. É preciso estar comprometido para atingir esses objetivos.

LEMBRE-SE

Você terá reuniões ruins. Seu anfitrião pode não convidar as pessoas. Seu melhor recruta pode desistir. São motivos para abandonar seus sonhos? De jeito nenhum. Você precisa estar comprometido com sua visão sobre o motivo de entrar nas vendas diretas. Não deixe que as circunstâncias o desencorajem e roubem seu comprometimento. Você volta e melhora o dia seguinte. Não fale sobre isso por dias. Quanto mais fala, mais vive essa realidade. Lembre-se: o que você foca é o que consegue ter.

O poder da consistência

Consistência é fazer algo repetidamente. É tornar seu esforço um hábito. A consistência pode ajudar a tornar seu negócio bem-sucedido.

Os hábitos são consistentes. São apenas coisas feitas de maneira contínua. Um dia, provavelmente muito tempo atrás, você escolheu fazer algo de modo consciente, gostou da recompensa o bastante para repetir e continuou fazendo até se tornar parte do fluxo natural. Seja um hábito bom ou ruim, se a prática for consistente, você terá êxito.

Venda direta é um negócio simples, e você pode ter muito sucesso aprendendo e praticando algumas habilidades básicas, repetindo-as sempre até se tornarem um hábito (um dos melhores hábitos que pode adquirir é a *Power Hour*).

E SE EU NÃO TIVER UM ESCRITÓRIO?

Um belo escritório mobiliado seria ótimo e é o sonho de qualquer pessoa. Muitas vezes, um escritório grande e bem localizado em casa não está ao alcance. Não se preocupe, não é preciso um escritório para ter sucesso. Improvise!

Quando comecei, meu escritório era a mesa da minha sala de jantar e duas prateleiras do meu armário. Seja criativo. Tente colocar todos os arquivos e materiais em um pufe baú, levando-o para a mesa da cozinha quando for trabalhar. Ou, talvez, coloque uma prateleira de canto na altura da mesa na sala de estar.

O *home office* é incrível, mas não é necessário. Você não precisa ter um escritório totalmente mobiliado em casa para começar a ter sucesso com venda direta.

DICA

Se sua meta for trabalhar meio expediente ou em tempo integral no negócio, terá que marcar um horário para fazer ligações, acompanhar as possíveis vendas e fazer reuniões. Uma das coisas mais importantes que você pode fazer é definir uma agenda de trabalho e segui-la. Reserve a hora apropriada em sua agenda para trabalhar no negócio. Marque a hora do negócio e anote na agenda, como faria para uma consulta no médico ou no dentista.

Um motivo para eu ter tanto sucesso como vendedora direta é que tenho um cronograma regular e o sigo como se um chefe o tivesse definido para mim. Às segundas, treino minha equipe. Às terças, faço ligações de acompanhamento. Às quartas, faço compras e lido com assuntos pessoais. Às quintas, sextas e sábados, tenho reuniões. Meu cronograma sempre foi consistente e ajudou a evitar a procrastinação.

LEMBRE-SE

Não se esqueça da *Power Hour*, vista antes. Ela ajuda você a se concentrar quinze minutos por vez ao administrar seu negócio. A consistência é mais fácil ao perceber que não precisa ser consistente o dia inteiro. Em pequenas ações, algo pode se tornar um hábito. Toda vez, comece com sua visão e meta em mente, veja a recompensa à frente e tenha foco total... com *consistência*.

Houve momentos, até dias inteiros, em que eu não queria fazer nada. Nessas horas, tenho que ser honesta comigo mesma. Tenho que me perguntar: e se eu desistisse hoje? Eu quero ficar onde estou, tendo o que sempre tive, ou prefiro me empoderar e me manter consistente para atingir minhas metas e alcançar minha visão?

É importante aceitar que você terá dias assim. Você é humano e seu cérebro quer seguir os caminhos já percorridos. Mas se você já decidiu seguir um novo curso, tem o mapa e partiu para seu destino, só resta ser consistente.

Veja algumas coisas que pode fazer para ser mais consistente:

- » **Ligue para um amigo de confiança.** Sua melhor aposta é ligar para um amigo que seja ótimo ao *disciplinar com carinho* e peça que ele o direcione. É alguém que garantirá que você não ouça a parte de seu cérebro que tenta convencê-lo a não fazer algo.

- » **Entenda as implicações de sua escolha:** Você pode não fazer hoje e terá que recomeçar amanhã sem receber a recompensa ou pode empoderar seu sentimento inconsistente e simplesmente fazer, recebendo a recompensa.

- » **Faça a si mesmo algumas perguntas:** O que alguém que você admira faria nessa situação? O que aconteceria se atletas olímpicos faltassem ao treinamento nos dias em que não querem treinar? Pense em quem o admira. Seus filhos terão um bom exemplo se virem que você decide que "não quer fazer isso" hoje?

- » **Analise:** Reveja suas metas, sua visão e seu progresso até o momento. Vale a pena colocá-los de lado porque você não sente que terá resultados hoje?

LEMBRE-SE

Você pode pagar o preço da disciplina ou do arrependimento. Sim, significa ser consistente, fazer isso hoje e sempre. Mas não significa o que você tem hoje. É o que se tornará: bem-sucedido.

O poder da organização ou a falta dela

Muitas pessoas temem ouvir isso, mas organização é essencial para o sucesso em venda direta. A falta dela roubará mais de seu tempo do que qualquer outra coisa. A boa notícia é que a organização não precisa ser nata e não requer métodos sofisticados para funcionar bem.

Quanta organização é suficiente? Você é organizado o suficiente quando tem um método para controlar o que precisa ser feito e o que foi feito. Também deve saber quais materiais você tem atualmente, o que está acabando e o que precisa adquirir. E é preciso acessar com rapidez e facilidade os registros de seus possíveis contatos, vendas anteriores, anfitriões e clientes antigos.

LEMBRE-SE

Organização vai além de ajudar a controlar o que precisa ser feito. Também permite desfrutar por completo o que você está fazendo, sem sentir a pressão de outras tarefas.

Se há uma coisa que sugiro para organizar primeiro é a sua agenda. Pelo menos para os próximos três meses, marque na agenda os compromissos familiares e os dias em que planeja fazer reuniões. Também sugiro sempre saber quais são as próximas três datas disponíveis. Assim, se estiver conversando com uma amiga e ela mencionar (acontecerá com certeza) que está interessada em fazer uma reunião ou ouvir sobre a oportunidade, você poderá dizer: "Que ótimo! Tenho quinta-feira, dia 3, sábado, dia 5, e sexta-feira, dia 11. O que você prefere?"

DICA

Sempre tenha os pacotes Anfitrião e Recrutamento preparados ou em uma pasta no PC, para não ficar correndo, tentando organizar um quando surge um ótimo cliente em potencial(veja o Capítulo 6).

A venda direta é um negócio de muito contato. Embora você use tecnologia para fazer pedidos e controlar os sistemas comerciais, seus clientes valorizam o atendimento pessoal e o conhecimento sobre o produto que você tem. Você oferece um serviço de excelência quando a área do escritório e arquivos estão bem organizados.

Ter um *home office* organizado tornará o trabalho com venda direta mais agradável. Tenho um sistema simples (é muito comum, e a ideia não foi minha) para organizar uma área. Classifico tudo em três pilares:

» Pilha de coisas para manter.
» Pilha de coisas para descartar.
» Pilha de coisas para doar.

Na verdade, tenho uma regra de que posso tocar em apenas um item uma vez, portanto, não me permito ter uma pilha para "Decidir Depois"; foi assim que a bagunça começou em primeiro lugar.

No espaço do *home office*, você deve ter uma política rígida para a organização. Números de telefone, arquivos do anfitrião e registros do cliente devem sempre estar em locais confiáveis e de fácil acesso. São informações de que você precisa com frequência, por isso é importante ter em mãos.

DICA

Sua falta de organização roubará seu tempo mais do que qualquer outra coisa.

> **NESTE CAPÍTULO**
>
> » Entendendo as práticas comerciais recomendadas
> » Pronto para o negócio aonde for
> » Aprendendo etiqueta profissional para vendedores diretos
> » Assegurando interesses e possíveis vendas

Capítulo **6**

Sempre Pronto para o Negócio

Em vendas diretas, estar *pronto* é uma das coisas mais importantes para você. Infelizmente, às vezes há um pequeno obstáculo para isso, que é não levar o negócio a sério. As vendas diretas são um negócio, mesmo que você as considere seu negócio "de meio expediente". E "meio expediente" pode significar grande lucro, se levado a sério. Este capítulo mostra como estar pronto e preparado para o negócio ajuda a aproveitar as oportunidades que surgirão durante o dia.

Estar preparado para o negócio não significa estar sempre atrás da próxima venda ou recruta, nem vestir a camisa do negócio 100% do tempo. Você se ocupa também com o restante de sua vida: filhos, escola, outro trabalho, compromissos sociais etc. As pessoas sempre me dizem que, quando estão fora de casa, só querem relaxar. Elas não querem pensar no trabalho o tempo todo.

Mesmo que você esteja buscando esse negócio em meio expediente, é importante sempre estar *pronto*, porque nunca se sabe quando surgirá uma oportunidade para agendar ou recrutar. Estar pronto não significa apresentar o negócio para cada pessoa que encontra no mercado, mas quer dizer que, se o negócio surge de modo autêntico em uma conversa casual, você está preparado para dar ao possível cliente informações sobre os serviços e as oportunidades oferecidas. E pode fazer isso tudo sem ficar exausto.

Em geral, quando estou na rua e encontro alguém com quem quero manter contato, pergunto: "Você tem cartão de visita?" A pessoa costuma responder algo como: "Ah, está na outra bolsa" ou "Acabei de dar o último" etc. Às vezes estou conversando com um representante de vendas diretas e digo: "Adoraria ver um catálogo. Você tem um aí?" E ele responde: "Não, mas posso enviar ou você pode ver um online."

Não seja assim! Sempre que for pego sem material, como cartões de visita ou catálogos, você não está:

» **Pronto fisicamente para o negócio:** Isso significa que não está pronto para pegar um pedido, marcar uma consulta ou compartilhar a oportunidade comercial.

» **Engajado mentalmente:** É importante sempre se preparar mentalmente para sair de casa com a expectativa de que pode encontrar alguém ou pode fazer algum negócio hoje.

As oportunidades dessas conversas podem acontecer a qualquer momento. Podem acontecer, sim, enquanto está no mercado, no consultório do médico ou no jogo do campeonato infantil. Podem acontecer em uma reunião de pais e professores ou quando está no restaurante. É preciso sempre estar pronto para compartilhar seu negócio, produtos e oportunidade, porque nunca se sabe quando momentos assim acontecerão. Quando acontecem e você não está pronto, perde uma venda, agendamento ou até um novo recruta para a equipe.

Você diz que *deseja* negociar e gostaria de *fazer* mais negócios. Você quer outros agendamentos, mais recrutas e vendas melhores. Precisa conseguir oferecer coisas para as pessoas enquanto está na rua. Pare um minuto agora e pergunte a si mesmo: "O quanto estou preparado?"

Use as sete dicas para estar sempre preparado para o negócio que explico neste capítulo. Prometo que você se sentirá pronto e confiante e terá resultados.

Sempre Pronto para Dar um Cartão de Visita

Não basta estarem na bolsa ou na pasta. Você sabe *exatamente* onde estão? A última coisa que você quer fazer é ficar procurando na bolsa dizendo: "Sei que tenho um em algum lugar aqui" ou, pior, começar a despejar tudo enquanto procura.

LEMBRE-SE

O cartão de visita é uma extensão sua, é o que você deixa com as pessoas. Sempre tenha um cartão pronto para mostrar profissionalismo e preparo para alguém. É algo que as pessoas esperam que os profissionais tenham o tempo todo. *Você sempre leva cartões de visita consigo?*

Veja quatro dicas para tornar os cartões de visita mais eficientes:

» **Diga o que você quer dizer *antes* de entregar o cartão.** Quando alguém o elogiar sobre as joias, a bolsa, a loção que está usando, diga que isso faz parte da linha que você representa. É provável que a pessoa perguntará se você tem um cartão de visita.

Assim que entrega o cartão, normalmente a conversa acaba. Portanto, antes de passá-lo, aproveite para dizer: "Uma ótima maneira de ver os produtos é reunindo algumas amigas para uma noite divertida só para garotas", "Adoro esse produto. Ele facilitou minha vida..." ou "Esse negócio é incrível. Fico muito animada em ver como as pessoas adoram..." Assim que o cartão é entregue, a pessoa pega e normalmente se afasta.

Quando as pessoas pedirem seu cartão, informe o que você faz e explique os serviços oferecidos (reunião em casa, online, individual etc.). Diga por que seria divertido para ela e as amigas. Comece uma conversa autêntica e, então, encerre com o cartão, esperando fazer um agendamento.

» **Consiga em troca informações de contato.** Sempre diga algo como: "Com certeza tenho cartão, mas eu adoraria ter seu contato para dar continuidade e responder qualquer pergunta que possa ter." Ou diga algo assim: "Adoraria ter seu contato para lhe enviar um link para meu site, onde poderá ver o catálogo." Se você não tem informações de contato da pessoa, é provável que nunca a verá e nem falará com ela de novo.

» **Mantenha-os no mesmo lugar.** Tenha o hábito de sempre colocar os cartões de visita no mesmo lugar. Você deseja pegá-los de imediato, sem precisar procurar. Adquira o hábito de verificar antes de sair para saber se precisa repor.

CUIDADO: Não há nada pior, garanto, do que uma pessoa pedir um cartão e você não ter. Ninguém se importa com o motivo de você não tê-lo, por isso não se incomode em dar uma explicação. Tudo o que as pessoas sabem e se importam é que você não tem um cartão. Fim de papo. Então, esteja preparado.

» **Veja se estão limpos.** Guardo meus cartões de visita em um saquinho plástico dentro do bolso interno da minha bolsa. Do contrário, eles ficam soltos no fundo, podem ficar gastos e dobrados, sujos de maquiagem ou, pior, pastilha para tosse, ou um pedaço de doce pode grudar neles. Não é como eu gostaria de ser lembrada.

E, meu senhor, não coloque os cartões no bolso de trás! Ninguém quer receber algo no qual você se sentou o dia todo. Guarde-os no bolso da camisa ou da jaqueta.

Se você não tem um cartão de visita e a empresa não os fornece de graça, mande fazer alguns agora. Atualmente é fácil e barato. Há muitos recursos disponíveis online (muitos oferecem descontos ou são gratuitos com a compra); faça uma busca em seu navegador.

Leve Catálogos com Você

Seu catálogo é outra ferramenta ótima para mostrar seu negócio e os produtos que você representa. Sem um catálogo, fazer negócio pode ser difícil. Se o catálogo é grande ou muito caro, uma opção é levar um minicatálogo ou brochura que a empresa oferece. Ou carregar uma bolsa maior, sacola grande, de ombro ou qualquer outra coisa. Independentemente do catálogo, ele é sua loja, seu estoque, sua lista de serviços e seu marketing.

Mais do que levar o catálogo com você, é o que faz com ele que realmente importa. Veja duas coisas importantes que você não pode deixar passar:

» **Suas informações de contato:** Verifique se as informações de contato estão no catálogo e se estão claramente visíveis. Muitos catálogos têm um local na página de trás onde você coloca um carimbo ou etiqueta. Você quer ter certeza de que os clientes, atuais e futuros, possam encontrar rápido as informações.

CUIDADO: Quero enfatizar mais uma vez: carimbar suas informações ou colocar uma etiqueta nos catálogos é muitíssimo importante. Nem consigo dizer quantas pessoas me dão catálogos e, mais tarde, quando quero fazer uma compra, não tenho como acessar a pessoa porque ela não colocou uma etiqueta lá.

Não deixe que isso aconteça com você. Primeiro, você perde oportunidades de vendas, agendamentos e recrutas em potencial. Segundo, perde a chance de passar uma ótima primeira impressão porque não estava pronto para o negócio.

DICA Identifique com etiquetas seus catálogos assim que os receber pelo correio. Torne isso um hábito!

» **As informações de contato da pessoa:** É importante ter as informações de contato do possível cliente também. Nem sempre você conta com essas pessoas entrando em contato, e como você é responsável pela renda que o negócio gera, não deve contar com a iniciativa delas.

DICA Costumo colar uma nota no canto direito superior de meus catálogos. Então, quando estou na rua e dou um catálogo a alguém, posso dizer: "Você se importaria em colocar seu contato aqui para eu poder dar continuidade? Isso seria incrível." Sempre tenha uma caneta à mão também. A pessoa fica com o catálogo, e você tem o contato dela para adicionar à sua agenda de possíveis vendas e poder dar continuidade.

LEMBRE-SE Conveniência é tudo. Quando as pessoas precisam aguardar por informações, a fila anda, e elas contatam outra pessoa.

Tenha à Mão Pacotes de Anfitrião e Oportunidades

Os pacotes de anfitrião e oportunidades (também chamados de recrutamento) são como confeitos no sundae. Os cartões de visita e os catálogos podem ser o sorvete, mas a cobertura extra aumenta o nível do negócio. Esses pacotes realmente mostram a um cliente em potencial que você não está brincando. Um pacote de anfitrião é para pessoas interessadas em organizar uma reunião ou para quem você já agendou como anfitrião. Os itens nesse pacote cobrirão mais informações sobre os produtos, programa de anfitrião da empresa, ofertas e informações de coaching do anfitrião (Capítulo 10). Um pacote de oportunidades foca compartilhar a oportunidade comercial com possíveis clientes. Em geral, consiste em itens que discutem os benefícios de se associar ao negócio, assim como informações sobre o plano de compensação e a estrutura salarial.

Se sua empresa oferece tais planos para aquisição, ótimo! Se não, você mesmo pode montá-los facilmente.

Em geral, você só precisa de algumas coisas nos pacotes:

- » Catálogo (nos pacotes de anfitrião e oportunidades).
- » Alguns cartões de visita (nos pacotes de anfitrião e oportunidades).
- » Sua carta de apresentação (nos pacotes de anfitrião e oportunidades).
- » Planejamento do anfitrião (no pacote de anfitrião).
- » Brochura de recrutamento (no pacote de oportunidades).
- » Um panfleto do kit inicial que mostra o conteúdo que um novo membro da equipe receberia após se associar (no pacote de oportunidades).
- » Ofertas mensais e, talvez, um panfleto sobre o futuro incentivo da empresa (nos pacotes de anfitrião e oportunidades).

Você deve imprimir grande parte disso a partir do escritório virtual. Mantenha os materiais breves e simples, para não sobrecarregar seu possível cliente.

LEMBRE-SE

As informações reais nesses pacotes são secundárias em relação à finalidade que eles oferecem: a oportunidade de marcar um horário individual para conversar com o possível cliente sobre como organizar uma reunião e montar um negócio.

Você sempre deve ter, pelo menos, seis pacotes montados e prontos. Não é necessário tê-los na bolsa o tempo todo, mas devem estar à mão, como no carro, por exemplo. Quando eu estava em campo, sempre tinha seis em minha pasta para as reuniões e seis no porta-malas do carro, dentro de um contêiner. Usar um contêiner assegurava que ficariam secos, limpos e prontos para dar a anfitriões e recrutas em potencial. Quando você está na rua trabalhando ou em uma reunião e surge uma oportunidade para agendar ou compartilhar a oportunidade, pode dizer: "Tenho um pacote no carro. Vou pegar." Ou diga: "Tenho um aqui." Com as informações à mão, você demonstra visivelmente para o possível cliente que *o negócio é simples* e *organizar uma reunião é fácil.*

CUIDADO

Você não quer ser pego sem pacotes. Se as pessoas tiverem que esperar pela informação, elas seguirão com outra coisa ou outra pessoa.

Sem se preparar, você corre o risco de perder *o momento.* Para muitas pessoas, elas estão interessadas porque algo lhes chamou a atenção. Talvez estejam querendo comprar um presente para alguém, queiram ter um dinheirinho extra e você apresenta a oportunidade perfeita, ou talvez pensem que uma reunião seria uma ideia perfeita para a despedida de solteiro planejada. É o momento em que você pode ser uma solução para o problema. E como o que você oferece atende a situação, as pessoas querem interagir, *naquele momento.* Se você deixa o momento passar, pode não conseguir de novo o interesse futuro.

Planeje Sua Exposição Móvel

A miniexposição móvel é uma ótima oportunidade para você enquanto anda por aí. Um passeio com as crianças em uma festinha pode bem rápido se tornar uma venda, agendamento ou novo recruta para sua equipe. É uma oportunidade que, se você estiver preparado, pode ser muito bem-sucedida.

Sua exposição móvel é como um minikit que você carrega em uma bolsa grande contendo itens que podem ser mostrados com uma pequena reunião. Andar por aí com o kit grande que você leva para suas reuniões não é prático, mas ter alguns itens em uma bolsinha é um modo fácil de mostrar seus produtos quando está na rua.

Veja o que colocar na sua exposição móvel:

- Dois ou três catálogos.
- Um pacote de anfitrião.
- Um pacote de oportunidades.
- Pequena coleção de produtos.

  Você sempre deve ter uma pequena coleção de produtos para seus clientes verem, experimentarem e terem uma amostra. Se você representa uma linha de cuidados com a pele, pode carregar os produtos mais populares e algumas novidades, junto com alguns aplicadores para as pessoas usarem o produto. Nos casos em que os produtos são muito grandes ou você não consegue carregá-los, sempre deve ter amostras. Também pode carregar alguns produtos menores para mostrar a qualidade.

- Toalha de mesa.

  Uma toalha de mesa pode melhorar a aparência de sua preparação e agir como um pano de fundo para seus produtos, em especial se você está em um local pouco adequado. Compre uma pequena toalha preta ou vá a uma loja de tecidos e adquira algo apresentável, com uma cor sólida (estampas podem ser uma distração e desviar a atenção dos seus produtos).

  Escolha uma toalha ou um tecido que não fique amassado depois de dobrado na bolsa.

CUIDADO

Um exemplo de como pode ser uma exposição móvel:

Quando está na piscina ou no parque com seu filho, você conversa com alguém. Cedo ou tarde, a pessoa pergunta o que você faz.

Você: Ajudo mulheres a escolherem ótimos acessórios para diversificar o guarda-roupa.

Mulher: Parece incrível! É algo em que eu preciso de ajuda.

Você: Acontece que tenho algumas de minhas peças favoritas e mais versáteis aqui. Se quiser, posso mostrar a você agora.

Você abre sua minitoalha de mesa e seleciona as peças mais versáteis.

Isso pode acontecer praticamente em qualquer lugar. Comigo já aconteceu em uma reunião de família.

Membro da família: Ei, você ainda vende joias?

Você: Sim, vendo!

Membro da família: Ah, adoraria ver o novo catálogo.

Você: Bem, na verdade tenho algumas peças novas aqui comigo. Vou pegar.

Esses são exemplos de oportunidades de fazer uma miniapresentação ali mesmo. Inúmeras representantes compartilharam comigo que fizeram uma reunião de US$400 à beira da piscina, em pleno verão, enquanto relaxavam em uma tarde divertida com as crianças.

LEMBRE-SE

Se você quer fazer negócio, tem que sair e ver pessoas. E se estiver preparado, negociará.

Sempre existe uma oportunidade para fazer uma conexão, encontrar um possível cliente ou ter uma venda. Quando as pessoas veem o produto, elas têm a chance de tocar nele, experimentá-lo e segurá-lo. É quando ele se torna real. É quando as pessoas podem se imaginar o tendo para si. É quando elas investirão no produto e em você como uma pessoa interessante e íntegra, alguém com quem querem negociar.

Não importa o quanto o catálogo é bonito. É quando elas têm o produto real em mãos que veem como a qualidade é incrível ou os benefícios são bons. E elas o querem. Você não consegue produzir a mesma empolgação, animação ou interesse em seus produtos usando outros meios.

Claro, você ainda pode *usar* outros meios. As redes sociais desempenham um grande papel no modo como os vendedores diretos trabalham, agendam e recrutam (veja o Capítulo 11). Mais uma vez, repito sempre, se você quer fazer negócio, precisa sair e ver pessoas. Hoje, as pessoas estão mais engajadas na tecnologia e menos envolvidas umas com as outras. Isso significa que as interações F2F (*face to face* — cara a cara) estão ficando ainda mais importantes. Se as pessoas não veem, experimentam ou entendem seu produto, é provável que sigam em frente.

Se você está em uma empresa de marketing de rede ou marketing multinível (veja o Capítulo 3 para saber mais) que não oferece catálogos e nem tem produtos fáceis de mostrar, então tenha disponível um pacote com material impresso sobre recrutamento e amostras. Como sempre, o importante aqui é *assegurar* que suas informações de contato estejam anexadas à amostra com uma etiqueta, cartão de visita ou outros meios que ficarão na amostra até depois de ser usada.

DICA

Hoje, as pessoas são *hi-tech* para praticamente todo produto ou serviço que desejam: Amazon.com, grandes varejistas e até pequenos negócios atualmente têm sites e apps que oferecem um produto parecido com o seu. O que eles não conseguem ter com facilidade é o *hi-touch*, ou seja, a experiência de interagir com o produto e um representante bem informado. Estando pronto para o negócio, você oferece o que outros negócios não têm.

DICA

Se você faz uma exposição móvel, uma consulta individual ou reunião em casa, é importante aperfeiçoar o fechamento da compra. Enquanto cria interesse pelo produto, você quer assegurar a venda. Quer evitar a "Síndrome da Melhor Compra", em que as pessoas pesquisam, experimentam seus produtos, então tentam encontrá-lo mais barato em outro lugar. Para saber mais sobre como fazer um fechamento bem-sucedido, veja o Capítulo 9.

LEMBRE-SE

Se não se lembra de nada mais, guarde isto: quando você não tem material à mão (cartões de visita, catálogos, pacotes e uma miniexposição móvel), perde a oportunidade.

Crie Seu Comercial de Trinta Segundos

Muitas vezes chamados de *conversas de elevador*, o que chamo de *comerciais de trinta segundos* são essenciais para seu negócio. É a resposta que você dá quando alguém pergunta o que faz, onde trabalha ou o que anda fazendo. Na verdade, são apenas alguns segundos para fazer alguém perguntar mais sobre o que você faz.

Há dois tipos de comerciais:

> » O que diz quando está em um evento de networking ou reunião e as pessoas perguntam o que você faz.
>
> » O que diz quando as pessoas elogiam seu produto ou mencionam algo relacionado ao logotipo em sua roupa, mais referida como traje para usar e compartilhar.

Sua resposta é algo que você deve realmente aperfeiçoar. Assim, quando alguém perguntar, saberá exatamente o que quer dizer e como dizer. Nesta seção, dou alguns exemplos e diretrizes para criar suas próprias respostas.

Muitos profissionais não têm muita certeza em relação ao que dizer sobre o negócio. Eles querem fazer isso direito, mas quando alguém pergunta o que fazem, fica claro que não treinaram nada para dizer.

Um conhecido que trabalhou com serviços financeiros certa vez me ouviu falar sobre ter um ótimo comercial de 30 segundos. Mais tarde ele me contou que, quando perguntavam o que fazia na vida, costumava dizer que trabalhava no planejamento financeiro e investimentos na(o) (nome da empresa). A outra pessoa na conversa geralmente não sabia o que significa ou não encontrava nada para se apegar e continuar conversando, então, a conversa seguia outro rumo. "Depois de você ter falado sobre comerciais de 30 segundos", ele me contou, "mudei: eu ajudo pessoas a fazer poupanças e economizar nos impostos anuais. Agora as pessoas respondem me pedindo para falar mais. Estou conseguindo muito mais clientes com essa simples mudança!"

Uma mulher que conheço, quando perguntavam o que ela fazia, simplesmente dizia que tinha uma loja de cupcakes. Agora, depois de conhecer a importância do comercial de 30 segundos, ela consegue mais clientes dizendo: "Crio cupcakes bonitos e deliciosos para cada ocasião da sua vida!"

Também há pessoas que ficam claramente empolgadas com seus negócios, mas passam por cima da pergunta real sobre a linha de trabalho onde atuam. O comercial de 30 segundos delas pode ser como:

"Ai, meu Deus, você não vai acreditar. Estou nessa empresa incrível e, aliás, distribuímos mais de US$200 em produtos gratuitos se algumas pessoas forem até sua casa. Devíamos fazer isso. Aqui, minha agenda está na bolsa. Quando você está livre?"

A possível cliente acabou de receber muita informação em um curto espaço de tempo, mas ainda não tem certeza sobre para quem esse representante trabalha, quais são os produtos ou o que significa a experiência para ela.

Por fim, existem muitas pessoas que fazem negócio há um tempo e aprenderam a dizer algo intrigante em poucas frases curtas. Elas diriam algo assim:

"Eu empodero mulheres. Mudo as vidas delas pessoal e financeiramente."

Isso parece dramático e impressionante, mas não há uma continuação na conversa, não é muito útil. Esses representantes acham que estão dando uma ideia do que fazem, mas estão conseguindo? Se a possível cliente encontrar com uma das amigas e perguntar "Ei, você tem visto Belinda? Qual é a dela?", as amigas dirão que não têm ideia.

LEMBRE-SE

Seu comercial de trinta segundos é o que você faz, não quem é. O maior erro que as pessoas cometem é não deixar claro o que elas poderiam fazer pelo futuro cliente.

Outro erro é iniciar dizendo sua função. Em geral as pessoas não sabem o que significa sua função, sobretudo se a empresa tem cargos incomuns, como *estrelas diamante duplas*.

Veja como é um bom comercial de trinta segundos:

» **Ele dá uma ideia de seu produto ou serviço.** Você mostra aos clientes os benefícios do produto ou dos serviços, e eles ficam sabendo o que seus produtos fazem, não apenas o que são.

» **Ele impressiona.** Seu comercial de trinta segundos deve despertar interesse e mostrar um benefício que o torna atraente.

» **Ele atende uma necessidade.** Seu comercial de trinta segundos deve fazer as pessoas pensarem: *preciso ter isso.*

Vejamos alguns bons exemplos de comercial de trinta segundos:

» Beleza

"Mostro a mulheres como apagar as marcas da idade cuidando da pele."

"Ajudo mulheres a ter unhas com qualidade de salão por uma fração do preço."

» Spa

"Eu mimo as mulheres e as ajudo a ter a experiência do spa na privacidade do lar."

» Joias

"Ajudo as mulheres a compartilhar sua história e criar medalhões personalizados para elas e amigos."

"Posso ajudar as mulheres a atualizar por completo seu guarda-roupa com as últimas tendências do design de joias."

> Saúde

"Ajudo as pessoas a terem o estilo de vida que desejam compartilhando produtos que promovem saúde e boa forma em geral."

"Ajudo mulheres a atingir suas metas de perda de peso."

> Decoração de casa

"Ajudo pessoas a modernizar suas casas eliminando a frustração da decoração e lhes fornecendo as tendências mais recentes e populares."

> Alimentos e bebidas

"Elimino o estresse de planejar as refeições para ter pratos simples e fáceis em uma questão de minutos."

"Posso ensinar como se tornar um *chef gourmet* simplesmente abrindo um pote."

"Proporciono uma experiência divertida de degustação de vinhos na qual ensino como harmonizar vinhos com seus alimentos favoritos, acabando com o estresse de escolher o vinho perfeito para sua refeição."

> Utensílios de cozinha

"Posso ajudá-lo a entrar e sair da cozinha, fazendo refeições maravilhosas em menos de trinta minutos, facilitando muito o preparo e a limpeza com os utensílios mais incríveis e inovadores no mercado atualmente."

Vista-se para o Sucesso

Você chegou até aqui e está pensando: *tudo bem, tenho tudo aqui. Coloquei meus cartões de visita em um belo porta-cartões, peguei minha exposição móvel e sei exatamente o que direi. Estou pronto para fazer negócio!* E segue para a rua.

Chega ao mercado, começa a comprar e encontra a professora de dança da sua filha. Vocês começam a conversar, você faz tudo certo, ela pega seu cartão, agradece e vai embora. Você fica pensando: *o que houve?* ou *poderia ter sido melhor*. Então olha para baixo e percebe que está usando calças de moletom e sandálias, camiseta, seu cabelo está preso em um rabo de cavalo e está sem maquiagem. Não é à toa que ela foi embora! Você faria negócio com alguém assim? É provável que não.

As pessoas costumam me perguntar: "Posso usar jeans?" Eu sempre digo: "Você fica bem usando jeans?" Algumas pessoas ficam incríveis usando jeans com uma bela blusa, algumas joias e maquiagem. Se não é o seu caso, você pode querer pensar em usar outra coisa. Muitas vezes as pessoas vão à loja vestidas como acabei de descrever e, claro, é quando encontram alguém que está procurando para fazer negócios.

DICA

Antes de sair de casa, olhe-se no espelho e pergunte: "Alguém gostaria de me convidar para sua casa?" Se a resposta for não, provavelmente você deve parar um pouco, se trocar e ter uma aparência adequada.

Decerto não leva muito tempo para se aprontar. Algumas pessoas ficam prontas em cinco minutos. Outras levam mais tempo, claro, mas você sabe como se sente quando está bonita. Sabe como se sente quando sua aparência impressiona. Encontre uma roupa bonita e profissional, faça a maquiagem e arrume seu cabelo. Provavelmente você fica fabulosa quando vai a uma reunião ou uma consulta. Use o mesmo tempo para se arrumar no dia a dia também. Quanto melhor for sua aparência, mais oportunidades terá nos negócios.

Vestir-se de manhã é um dos detalhes mais importantes que podem determinar o resultado do seu dia. Não só é bom para você quando está fazendo uma tarefa, como também muda sua mentalidade, mesmo que não saia e trabalhe em casa o dia inteiro. Você pode pensar: *ah, não vou sair de casa, ficarei de pijama o dia todo* ou *estou sem vontade de me vestir, não vou a nenhum lugar hoje*.

Você nem imagina quantas vezes as pessoas me dizem que trabalham em casa, ficam de pijama o dia inteiro, mas não fazem nada. Eu respondo: "Primeiro vista-se, então veja como se sente." Na maioria das vezes, me procuram e dizem que se vestir fez a diferença no dia delas. Elas se sentem melhor e mais profissionais quando falam ao telefone. Isso as faz querer trabalhar mais e conseguem manter o foco.

Uma representante me procurou depois de ouvir meu treinamento sobre como se vestir para o sucesso e compartilhou uma história:

> "Eu estava fazendo uma captação de recursos para minha comunidade. Tinha uma reunião na qual tudo o que deveria fazer era entrar e deixar um pacote de captação de recursos com a secretária na escola. Era só isso. Então, dirigindo, percebi que minhas roupas não eram apropriadas.

> "Eu pensei: devo ir assim? Era apenas para deixar com a secretária. Então me lembrei do que você disse, voltei para casa, me troquei e fui dirigindo para a escola. Quando entrei, não estava lá apenas o diretor da escola, mas também o supervisor. Consegui conversar com eles sobre a captação de recursos que eu estava fazendo e agendei uma captação para todas as escolas na região."

CAPÍTULO 6 **Sempre Pronto para o Negócio**

Se ela *não tivesse* voltado para se trocar, a situação teria um fim muito diferente. Quando você está na rua, quer estar apresentável e parecer profissional. Quando sabe que sua aparência é boa, caminha com animação. Anda com segurança e se sente bem.

Embora não seja algo que eu geralmente faça, tenho uma amiga que tem um chapéu bonito, brincos de argola, batom e óculos escuros à mão o tempo todo. Se precisa ir ao mercado correndo ou dividir uma carona, ela se sente confiante de que está apresentável e se esforçou para ter essa aparência.

LEMBRE-SE As pessoas podem respeitar as diferenças de estilo, mas raramente respeitam uma total falta de cuidado com quem querem fazer negócios.

Conheça Suas Próximas Datas Disponíveis

Nunca saia de casa sem conhecer suas próximas duas datas disponíveis para fazer uma reunião ou uma consulta individual. Por quê? Talvez esteja pensando: *não posso ir para casa, pesquisar e ligar para a pessoa?* Bem, pode. Porém, novamente, quando você tem um cliente em potencial — não importa se é uma venda, agendamento ou recrutamento —, perderá a oportunidade se precisa voltar para casa para ver sua agenda.

Se você souber suas próximas datas disponíveis no planejamento, muito provavelmente fará a venda ou o agendamento, marcará a consulta, agendará a entrevista ou contratará o novo recruta, diferente de quando não tem ideia do que se passa no seu planejamento.

DICA Sempre tenho o hábito de olhar minha agenda logo de manhã para, quando estiver ao telefone, saber minhas próximas duas datas disponíveis. Ao sair de casa, eu sei as próximas duas datas. Eu treino nesse negócio desde cedo. Costumo anotar minhas datas disponíveis em um papel e o coloco no bolso antes de sair de casa, para caso precise consultá-lo.

Passado um tempo, isso se tornou um hábito que guardei na memória. Eu conhecia minha agenda, portanto, não precisava mais carregá-la comigo. Você pode fazer o que for preciso para ajudá-lo a oferecer às pessoas uma data para se reunir e fazer negócio com você.

Ainda uso essa prática quando tendo montar minha agenda de palestras. Toda manhã, antes de sair de casa, sempre vejo a agenda para saber quando são as próximas datas disponíveis. Se encontro alguém ou converso com uma pessoa naquele dia com interesse em fazer um agendamento, posso assegurar rápido o horário e marcar na agenda enquanto ela está empolgada. Então mantenho essa empolgação durante o processo de acompanhamento (veja o Capítulo 13 para saber mais sobre acompanhamento).

Veja um ótimo exemplo do que significa conhecer suas próximas datas disponíveis. Eu estava falando em um evento sobre liderança, e, no almoço, uma das líderes me abordou. Nossa conversa seguiu assim:

Líder: Não sabia que nós mesmos poderíamos contratar você!

Eu: Ah, sim! Além de convenções e eventos corporativos, faço reuniões regionais, lançamentos de produtos e workshops o ano inteiro.

Líder: Bem, queremos você no próximo com certeza.

Eu: Você quer no sábado?

Líder: Sim. Vamos receber pessoas de várias áreas diferentes.

(Era fevereiro e eu conhecia muito bem minha agenda.)

Eu: Bem, meu único sábado disponível entre agora e 23 de setembro é no dia 16 de abril.

Líder: Está brincando?

Eu: Não, sinto muito. É o que tenho disponível.

(A mulher saiu da fila e voltou alguns minutos depois.)

Líder: Ficaremos com a data.

E foi assim. Um agendamento na fila do bufê.

DICA

Conhecer suas próximas datas disponíveis também significa decidir quando você está aberto para fazer negócio. Se quer agendar reuniões às terças e às quintas, então precisa ver esses buracos na agenda e ter a meta de preenchê-los. Quando estiver na rua e conversar com alguém, terá esses buracos em mente e conseguirá oferecê-los rapidamente à pessoa, assegurando o agendamento de modo proposital. Circular os dias quando quer trabalhar também ajuda, porque elimina a necessidade de lembrar cada dia. Você ficará tão familiarizado com sua agenda, que logo conhecerá cada disponibilidade em intervalos de tempo cada vez maiores.

Estar pronto para negociar é realmente ter vontade de *querer* fazer negócio. É levantar e dizer para si mesmo: *quero fazer negócio hoje!* O poder está em suas mãos. O bom das vendas diretas é que você pode decidir como e quando trabalha no negócio. Se estiver mentalmente preparado e tiver todo o material pronto, estará pronto para o negócio.

3
Colocando em Prática as Estratégias de Vendas

NESTA PARTE...

Tenha muitos agendamentos, muito mais.

Lance seu negócio com reunião ou apresentação.

Descubra como organizar reuniões de sucesso.

Ajude no sucesso dos anfitriões.

Venda online e nas redes sociais.

Venda individualmente.

Acompanhe com um ótimo atendimento ao cliente.

> **NESTE CAPÍTULO**
>
> » Mantendo sua agenda, seus horários e seu planejamento
>
> » Garantindo e marcando agendamentos
>
> » Superando as objeções comuns
>
> » Mais dicas sobre como fazer agendamentos e mais negócios

Capítulo **7**

Consolidando Seu Negócio com Agendamentos

No mundo atual das vendas diretas, há muitos modos de conduzir o negócio. A melhor e mais eficiente maneira é com apresentações ao vivo ou *reuniões*. Em geral, elas são feitas por *anfitriões* em suas casas, mas agendamentos para apresentações em escritórios, cafés e vários outros locais também estão se popularizando.

CUIDADO

Os agendamentos são a pulsação do seu negócio, e sem eles, o negócio *morre*.

Tudo bem, pode ser que não *morra*, mas certamente não viverá em seu total potencial. Um dos objetivos mais importantes de um representante de vendas diretas ou do Marketing de Rede é *ver pessoas*. Você quer colocar seu produto e negócio diante do máximo de pessoas possível. E o modo de fazer isso, claro, é com agendamento de reuniões em casa, reuniões online e consultas individuais (sempre equiparo três consultas individuais a uma reunião em casa).

LEMBRE-SE Se você tenha agendamentos ou consultas marcadas e confirmadas, tem os ingredientes para montar um negócio de sucesso e duradouro.

Agendando uma reunião (apresentação, demonstração, degustação, mostruário de joias, reunião do Facebook etc.), você consegue ver muitas pessoas em um local. Você apresenta o produto e mostra como seu trabalho é divertido e fácil. As reuniões online são ótimas, porque você pode se conectar potencialmente a muito mais pessoas de uma só vez, sobretudo com quem não mora em sua área (veja o Capítulo 11 para saber mais sobre as reuniões online). Conseguir se conectar com pessoas de forma direta é um aspecto importante das vendas diretas. Se você fizer da maneira certa, elas acreditarão na sua personalidade e no seu produto. As reuniões em casa e consultas também são importantes, porque os convidados experimentam o produto em primeira mão.

DICA Quando as pessoas interagem com você diretamente, sentem confiança e simpatia, e as pessoas fazem negócio com quem elas conhecem, gostam e confiam.

Este capítulo mostra a importância dos agendamentos, controle da agenda, modos de fazer agendamentos, como superar as objeções e coisinhas em geral.

A Importância dos Agendamentos

Se você atingir suas metas de agendamento (veja o Capítulo 5 para saber sobre metas), terá a renda que deseja. Simples assim. E imagino que você entrou no negócio para ganhar dinheiro (pelo menos era um dos motivos), então o que poderia ser mais importante do que lutar por seus objetivos?

Recolher os pedidos de amigos, colegas de trabalho e contatos das redes sociais é uma ótima maneira de fechar seus pedidos mensais e se aproximar da sua meta de vendas mensais. Mas os *agendamentos*, online ou ao vivo, são um modo certo de gerar a renda que você quer e deseja.

Por que os agendamentos são tão importantes? Bem, eles lhe dão a oportunidade de fazer o seguinte:

» **Ter renda vendendo produtos.** Você conseguirá apresentar o produto aos clientes e eles experimentarão os benefícios em primeira mão. Conseguindo ver e interagir com mais pessoas de uma só vez, você terá mais vendas em um local, conseguindo mais renda.

» **Montar uma base de clientes para novo atendimento.** O novo atendimento é uma parte importante do negócio e lhe dará um fluxo extra de renda. Fazendo mais agendamentos, você rapidamente contatará mais pessoas, criando um *pool* maior de clientes para ver regularmente.

» **Marcar novos agendamentos depois de cuidar dos convidados.** Os clientes se tornam os melhores anfitriões nas reuniões, porque já viram a reunião em primeira mão. As pessoas ficam mais inclinadas a agendar sua própria reunião naquela noite enquanto se divertem com os amigos, o que é melhor que aguardar uma ligação para agendar em uma data posterior.

» **Encontrar membros da equipe em potencial.** Alguns dos melhores recrutas em potencial estão na reunião, porque eles veem seu trabalho em ação e entendem a descrição do trabalho, portanto, tenha certeza de que seu trabalho pareça divertido, fácil e viável. Você descobrirá que as pessoas que encontra nas reuniões são mais produtivas porque tendem a fazer negócios, assim como você.

Você potencializa seus resultados com apenas uma ação. Quão importante (e incrível) é isso?

Controlando Sua Agenda

LEMBRE-SE

É importante que você seja a pessoa controlando sua agenda, não seus clientes.

Decida sobre a abertura do negócio. Você trabalhará nos fins de semana? Durante a semana à noite? A escolha é sua. Um dos benefícios incríveis das vendas diretas é a capacidade de montar seu próprio planejamento e trabalhar segundo as prioridades existentes. Tenha um propósito. Tome uma decisão sobre quando abre o negócio, então oriente os clientes para essas datas.

Gerenciar a agenda é um dos fatores mais importantes para um sucesso contínuo. Tudo começa agendando suas 6 primeiras reuniões (online ou em casa) em um período de 30 dias (veja a seção "Pratique, pratique, pratique" para saber mais sobre o porquê de 6 reuniões ser o número mágico).

Quando estiver iniciando seu negócio, ter 6 reuniões agendadas no período de 3 semanas (21 dias) é ainda melhor! A primeira ou a segunda pode ser sua reunião de lançamento (veja o Capítulo 8 para saber muito mais sobre reuniões de lançamento). Você deseja ganhar força e criar uma base sólida para o novo negócio. Quando começa com apenas uma ou duas reuniões, a maioria das pessoas realmente não continua comparecendo, e o negócio vai se arrastando.

DICA

Pense em duas reuniões para as primeiras semanas e estará preparado para o sucesso imediatamente. Em geral, você chegará ao final do primeiro mês com o investimento pago, dinheiro no bolso, mais confiança e um número saudável de agendamentos para começar a definir seu próprio horário.

Definindo um horário

Primeiro, o mais importante. Decida quantas reuniões por semana você deseja fazer. Se quer apenas uma, abra sua agenda e marque claramente o dia ou a noite em que deseja trabalhar. Se quer fazer duas reuniões toda semana, decida quais dias ou noites, então marque as datas na agenda. Para três reuniões, marque três dias, e assim por diante.

DICA Ao ter uma ideia de quando trabalhar, fica muito mais fácil agendar do que preencher as datas aleatoriamente à medida que avança. Seja proativo, não reativo. Montar um horário definido também criará consistência e ajudará a formar hábitos que tornarão seu negócio mais bem-sucedido.

Quanto antes, melhor

Sempre tente agendar nas próximas quatro semanas (ou antes, se a reunião é online), a menos que sua agenda já esteja completa. Quando você agenda muito para a frente, as pessoas têm a tendência de cancelar ou perdem a empolgação com a reunião. Lembre-se de que elas agendam as reuniões porque tiveram uma experiência divertida. Elas estão animadas com os produtos e entusiasmadas em oferecê-los às amigas. As pessoas têm o estímulo e o desejo de conseguirem produtos gratuitos e com desconto.

Ao agendar muito para a frente, o entusiasmo do anfitrião diminui e ele pode perder a vontade de fazer a reunião. O agendamento pode não ser feito, então você terá que lutar para preencher o buraco na agenda deixado pela reunião cancelada. E claro, muitas vezes as reuniões são canceladas no último minuto.

DICA Quando tenho um cancelamento, eu o substituo imediatamente por três consultas individuais.

É muito importante manter os agendamentos no intervalo de quatro semanas para aproveitar o entusiasmo do anfitrião e ganhar força no negócio.

Definindo metas para a agenda

DICA Quando eu fazia reuniões, costumava me desafiar a tornar minha noite "igual a três". Minha meta era conseguir três agendamentos toda noite, com uma reunião. Quando não acontecia, eu pegava o telefone no dia seguinte e ligava para minha lista de possíveis agendamentos. Se conseguia dois agendamentos na reunião, ficava determinada a ter mais um por telefone. Se tinha apenas um agendamento na reunião, me desafiava a garantir mais dois por telefone no dia seguinte. Essa estratégia resultava em um monte de agendamentos e me permitia manter meu planejamento desejado de três reuniões por semana. Também me ajudava a fazer o serviço enquanto estava no trabalho.

Se sua meta é fazer duas reuniões toda semana, se desafie a tornar sua noite "igual a dois". Assim, nunca se sentirá sobrecarregado.

LEMBRE-SE

É muito mais fácil fazer uma ligação para fechar uma lacuna após uma reunião do que fazer seis ligações em pânico porque sua agenda está vazia. Quando fizer ligações de acompanhamento, parecerá muito mais entusiasmado se a agenda estiver cheia. Quando está vazia, a pessoa pode parecer desesperada.

LEMBRE-SE

Como dono do negócio, cabe a você (não a seus clientes) controlar seu tempo e sua agenda. Estabeleça as horas do seu negócio e dê opções de consulta para clientes e anfitriões. Quando encontrar alguém, ofereça *apenas* as datas que deseja. Não pergunte quando a pessoa quer agendar. Pense no seu cabeleireiro, médico ou dentista; eles têm total controle de suas agendas. Quando você liga para marcar um horário, eles oferecem as datas e os horários a escolher, e você opta pelo mais conveniente. E se eles dissessem para vir para a consulta sempre que quiser? Tenho certeza de que você acharia que provavelmente o negócio não está indo bem. É assim com seu negócio.

Suas próximas datas disponíveis

Para oferecer datas, é preciso conhecê-las, claro. Torne um hábito ver sua agenda todo dia. Mentalmente, você deve visar uma meta e conhecer suas próximas datas disponíveis a todo momento. Sempre saiba sua posição, de quantos agendamentos precisa nas próximas quatro semanas e as datas disponíveis. Se sempre souber suas próximas datas disponíveis, muito provavelmente poderá oferecer uma data, sem hesitar, e marcar com alguém na hora enquanto está na rua. Tenha um propósito! Atos aleatórios geram resultados aleatórios. Se você age com um propósito, consegue os resultados desejados.

Costure as datas em sua agenda

DICA

Estudos do setor mostram que quase 20% dos anfitriões trocam as datas ou cancelam, portanto, para controlar a agenda, experimente *costurar as datas*. Se quer fazer uma reunião por semana de maneira consistente, "costure" agendando uma reunião uma semana e duas na seguinte. Se quer duas reuniões por semana com consistência, agende duas em uma semana e três na seguinte, etc. Assim, se uma reunião da semana com três for remarcada, você ainda terá duas reuniões. Conseguirá atingir sua meta mensal de oito reuniões (ou qualquer que seja sua meta pessoal), e se tiver uma reunião extra, terá uma renda adicional.

Marcando Consultas e Agendamentos

Se você é um representante novo ou alguém que está no ramo há um tempo, nunca é tarde para recomeçar e controlar seus horários e agendamentos. Esta seção detalha isso um pouco mais.

Dando início aos agendamentos

Como mencionei, seu primeiro objetivo ao iniciar o novo negócio (ou relançar seu negócio) é agendar seis reuniões (em casa ou online) em um período de trinta dias. Chamo isso de *dando início ao negócio*.

Outro modo de começar é agendar três reuniões em sequência. Isso pode ter grandes benefícios: o representante médio que faz três reuniões consecutivas gera sete novos agendamentos para marcar no calendário. Isso gera força, aumenta a confiança e produz dinheiro de imediato. E mais, seu entusiasmo cresce e você se sente ótimo no negócio. Como bônus, conseguirá fazer referência à reunião anterior na nova reunião, dizendo algo como:

> "Certo, meninas, noite passada nosso [produto] foi o mais popular! Com certeza é algo que vocês não podem deixar de ter. Todos ficaram muito empolgados com ele porque... Muitas pessoas marcaram agendamentos na noite passada só para conseguirem esse item pela metade do preço."

Poder dizer algo assim indica algumas coisas:

> » **Seu negócio está bombando com agendamentos.** As pessoas verão que todos querem organizar uma reunião com você e ela deve ser divertida e agradável. Começarão a pensar se as amigas gostariam também.
>
> » **O produto é incrível.** As pessoas verão que tem alta demanda, e elas querem o que os outros desejam.
>
> » **O conceito funciona.** As pessoas notarão que sua agenda está cheia e irão supor que o negócio deve estar indo muito bem. Parece divertido e, o mais importante, fácil e legal. Muitas considerarão uma oportunidade e, possivelmente, desejarão entrar para a equipe.

Você pode dizer: "Bem, eu entrei no negócio para fazer apenas uma reunião por semana" ou "Entrei nisso só em meio expediente". Tudo bem. O negócio é seu afinal. Mas, para realmente se estabelecer no comecinho, é muito importante que você faça seis reuniões em um período de três a quatro semanas. Quanto mais se aproximar desse intervalo de tempo, melhor. Nada melhor do que começar com o pé direito.

Pratique, pratique, pratique

O único meio de se manter no negócio é praticando online, ao vivo ou individualmente. Quanto mais agendamentos tiver, melhor ficará e mais se sentirá à vontade. É possível dominar rápido, mas envolve repetição. Em geral, das seis primeiras reuniões, algumas são fantásticas, outras não dão muito certo e há aquelas que ficam na média. Assim que você terminar as seis primeiras, conseguirá olhar para trás e avaliar honestamente a experiência inteira.

Quanto mais metas tiver, mais atingirá. Na fase inicial das vendas diretas, quando eu estava em campo, era *obrigatório* ter seis reuniões marcadas em um período de *duas semanas* para receber o kit. Naquela época, o representante médio fazia oito reuniões por mês. Muitos anos depois, era uma exigência na maioria dos contratos registrar as seis reuniões marcadas em um período de trinta dias. O representante médio na época fazia cerca de cinco reuniões por mês. Hoje, normalmente *não* há exigências para se inscrever e receber o kit, e o representante médio atualmente no setor faz... apenas duas ou três reuniões ao mês.

Normalmente, você começa com aquilo que manterá com facilidade. Portanto, se alguém começa com duas ou três reuniões no primeiro mês, é isso que provavelmente manterá. Essas duas a três reuniões por mês não gerarão uma renda significativa, e com isso, a maioria dos iniciantes não fica empolgada com o negócio ou o sucesso. Se você começou com seis, conseguirá manter o ritmo. Seis resultam em mais renda, e você terá uma história de sucesso. Quando sentir que tem uma história de sucesso, rapidamente a compartilhará com outras pessoas, atraindo mais delas para você e sua oportunidade de negócio.

Um período de "treinamento" concentrado como esse ajuda a pegar o jeito de verdade e ganhar confiança. Em cada reunião, você terá algo para comparar com a última: do que gostou ou não e como faria diferente.

CUIDADO

Se não tiver outra reunião marcada por quatro semanas após uma reunião abaixo da expectativa, não terá nada para ajudá-lo a se recuperar e preencher sua agenda. Isso pode gerar falta de confiança, uma bola de neve diminuindo o sucesso, porque fica mais difícil pegar o telefone para garantir mais agendamentos. Assim, dê a si mesmo uma boa chance de alcançar o sucesso divulgando e alinhando as seis primeiras reuniões desde o começo.

DICA

Ganhar dinheiro logo o deixará se sentindo bem consigo mesmo e com o novo negócio. Se após as primeiras reuniões você decidir que não é para você, o que perdeu? Absolutamente nada! Você pode sair do negócio dizendo: "Foi uma experiência muito positiva, só não era para mim." Também está em posição de avaliar o negócio a partir de um ponto de vista favorável.

Ganhando impulso para o futuro negócio

Ter várias reuniões em um mês gera impulso. Essas seis primeiras reuniões darão futuro ao seu negócio, e você poderá marcar novos agendamentos como quiser em sua agenda: uma, duas ou até três reuniões por semana.

Quando chegar no fim do primeiro mês, seu treinamento ou período de teste, se preferir, terá mais agendamentos e poderá planejar seu negócio para se adequar a seus desejos e suas metas. É muito mais fácil manter as coisas seguindo em frente e continuar ganhando dinheiro quando você chega no fim do mês com novos agendamentos marcados. Suas novas habilidades o deixarão mais confiante, e você terá a sensação de sucesso.

DICA

A maioria das empresas tem algum tipo de programa de incentivo (em geral chamado "Início Rápido", "Partida Rápida" ou algo parecido) que o auxilia a ganhar produtos, recompensas ou ajuda comercial durante os primeiros noventa dias. Elas fazem isso para ajudá-lo a estabelecer bons hábitos comerciais. Descubra qual é o programa e foque atingir essas metas. Os empreendedores rápidos normalmente têm maior retenção e sobem no plano de carreira mais depressa.

Sua Agenda de Possíveis Marcações

Quando você é novo, também fica muito empolgado; é da natureza humana querer correr para o telefone, ligar para todos que conhece e tentar explicar tudo sobre o negócio. Mas como é novo, a melhor coisa a fazer é criar uma lista de todos que conhece e colocá-los na Agenda de Possíveis Marcações. Você pode manter sua agenda em um bloco de notas físico, em um documento no computador ou em um app organizacional, como o Evernote (visite www.evernote.com para saber mais sobre essa ferramenta popular).Você conhece muitas pessoas, e provavelmente elas se dividem em mais categorias do que imagina. Veja algumas ideias para a lista:

» **Todos os lugares onde você já morou:** Pense nos vizinhos atuais e antigos, conhecidos, pessoas na comunidade, senhorios, corretores com quem trabalhou etc.

» **Todos os lugares onde já trabalhou:** Considere colegas de trabalho, sócios, antigos chefes, funcionários antigos, de outras empresas com quem fez negócio, clientes e revendedores.

» **Todos os lugares onde estudou:** Isso pode incluir os ensinos fundamentais I e II, ensino médio e universidade. Pense nos velhos amigos nas aulas ou seminários dos quais participou, as pessoas que encontrou nas aulas de natação, ioga, colagem e decoração de bolos. Não se esqueça dos antigos professores, administradores e equipes.

- » **Amigos e família:** É a categoria mais fácil de pensar, mas, ironicamente, são as pessoas que podem não estar tão ansiosas para ajudá-lo. Portanto, quando seu melhor amigo de longa data decidir não fazer uma reunião para você, esqueça e tente o próximo. Descobri que as pessoas que agem como melhores anfitriãs são os amigos mais distantes (as pessoas que você não vê com frequência, mas que estão em sua lista de cartões de Natal).

- » **Organizações, comitês e afiliações:** Podem incluir conhecidos ou membros da igreja, pessoas nas atividades recreativas, como boliche e/ou ligas de futsal, e pessoas na academia ou ginásio onde você se exercita. Você pode conhecer pessoas nas atividades esportivas das crianças, como futebol, campeonato infantil, dança ou ginástica. Pense nos comitês ou nos grupos aos quais pertence, como escoteiros, organizações políticas, grupos de senhoras, clubes de oportunidades ou grupos de negócios para mulheres.

- » **Contatos relacionados às crianças:** Pais dos amigos dos filhos, treinadores, professores, médicos, tutores etc.

Existem algumas maneiras de organizar sua lista. Além de cada nome, você pode classificá-las como 1as, 2as ou 3as, com 1as sendo as pessoas com alta probabilidade de fazer uma reunião (normalmente classificadas como amigos e família), e 3as as que você considera estar menos interessadas. Sua inclinação seria iniciar com as 1as porque acha que podem ajudá-lo, mas nem sempre é assim. Às vezes, suas melhores amigas ficam mais à vontade em encerrar o assunto e dizer não.

Acho que as 2as e as 3as são as melhores candidatas. São seus amigos mais distantes, antigos amigos do ensino médio etc. Esse grupo realmente fica feliz com seu contato e provavelmente dirá sim. Então, pense em começar com eles primeiro.

Quando começamos pelos amigos e pela família e recebemos respostas negativas, ficamos desencorajados e nunca passamos para as 2as e as 3as. Por isso, acho importante iniciar a lista pelas 2as e 3as, depois passar para as 1as.

Outro modo de organizar sua lista é escrever C, A ou R ao lado de cada nome. C para os prováveis clientes, A para os prováveis anfitriões e R para os recrutas, as pessoas que poderiam ser as certas para o negócio. Essa lista o ajudará a ter um maior propósito em suas conversas quando estiver contatando sua lista.

Não importa como classifica os possíveis clientes, o objetivo é fazê-los ver o produto ao vivo, ou se você administra seu negócio todo online (veja o Capítulo 11), enviar para eles um vídeo ou compartilhar fotos do produto. Depois, a meta é assegurar uma data para a reunião nos primeiros trinta dias.

Para os iniciantes nas reuniões, é importante criar várias *cadeias* de negócio, ou seja, ter pessoas de tantas categorias diferentes quanto for possível. Isso o expõe a muitos círculos e áreas diferentes, o que contribui para um início saudável e diversificado para seu novo negócio.

Imagine uma roda. Os raios representam as diferentes categorias de pessoas que você conhece. Suas primeiras reuniões são feitas com sua irmã, mãe, tia e prima, que parece muita gente, mas todas elas ainda só representam um raio da roda (o raio da "família"). Com apenas um raio, a roda entra em colapso.

Por outro lado, se as primeiras reuniões incluem um membro da família, uma amiga da igreja, uma vizinha e uma colega de trabalho, você terá um grupo maior de pessoas. Os raios são distribuídos, e a roda gira com sucesso.

Assim que seus seis agendamentos são garantidos e marcados na agenda, você deve continuar consultando a lista original na Agenda de Possíveis Marcações para continuar agendando. Não se esqueça de adicionar a essa lista as pessoas que você encontra no caminho.

Agendamentos ou Consultas

Quando você tenta assegurar agendamentos, precisa falar sobre seu negócio. Não pode esperar apenas que as pessoas desejarão agendar com você ou que elas o abordarão por conta própria. É preciso falar sobre o que você oferece, como reuniões, produtos e oportunidade de negócios, aonde quer que vá.

É importante aprender a ser sociável e confiante com os clientes, mas você não quer se tornar um ator. Aprimorar suas técnicas de vendas é usar sua personalidade. Você quer ser autêntico com os clientes, parecendo simpático e acessível. As pessoas querem fazer negócio com alguém de quem gostam e possam ser amigas. Ser insistente ou agressivo com os clientes é um modo certo de receber um não.

Esta seção explica algumas das muitas maneiras de apresentar sua oportunidade de agendamento.

Abordagem casual

Seja casual nas conversas casuais. Você nem precisa usar o termo *reunião em casa*. Ofereça aos clientes "uma noite divertida para se reunir com as amigas". Simples assim.

Certo dia, eu estava no shopping, quando uma mulher elogiou meu colar. Agradeci e disse que fazia parte de uma linha de joias que eu representava. Ela disse: "Ah, sou louca por joias." Expliquei com entusiasmo o que eu fazia e perguntei se ela não estaria interessada em organizar uma reunião. Ela respondeu: "Não gosto de reuniões em casa."

Agora, muitas representantes aceitariam esse não e se afastariam, sentindo-se desencorajadas. Mas eu sabia que ainda havia uma oportunidade para conquistar essa mulher como cliente. Em vez de aceitar a derrota, informei que eu também fazia consultas individuais indo à casa da pessoa, levando minhas joias e ajudando-a a combinar com suas roupas. A mulher adorou a ideia, e adivinha o que ela me perguntou em seguida? "Você se importaria se eu convidasse minha filha e algumas amigas?" E o que estamos fazendo agora? Acertou: uma reunião! Às vezes, as pessoas têm ideias próprias sobre o setor e o que significa organizar uma reunião ou mesmo ser um representante.

LEMBRE-SE

Você não oferece apenas reuniões em casa. Oferece infinitas maneiras para os clientes comprarem com você (veja o Capítulo 3 para ter outros modos de contato, ou interação, com seu negócio).

Sempre fale com as possíveis anfitriãs sobre os benefícios para as amigas delas.

Uma das melhores habilidades que você aprenderá como empreendedor é ouvir. Ouça o que os clientes, atuais e futuros, e a equipe estão dizendo. Eles podem ainda estar interessados no que você tem a oferecer, talvez não do modo exato como você oferece. Portanto, ouça e comece a conversar. Você precisa conhecer e entender o cliente para vender com eficiência.

Veja as pessoas

Neste negócio, é importante *ver pessoas*, ou seja, você e seus produtos desejam estar diante do máximo de olhos possível. Você quer que amigos, família e clientes experimentem o produto em primeira mão. Isso cria um desejo maior pelo produto e uma sensação de posse.

Pense em como os corretores o levam para ver a casa que você deseja comprar. Eles sempre se referem como *sua* suíte, *sua* cozinha, *seu* quintal. Eles querem que tenha a sensação de posse em relação à casa para que comece a imaginar como seria viver nela, com suas coisas. É igual nas vendas diretas. Fazer os clientes segurarem o produto é melhor do que mostrar uma foto no Facebook.

Usando sua Agenda de Possíveis Marcações, explicada antes, você desejará ligar para alguns amigos, familiares e conhecidos para definir uma hora para mostrar os produtos. Na primeira vez que ligar, pode iniciar a conversa assim:

> "Oi, Jéssica, aqui é Belinda. Gostaria de saber se você estará em casa este fim de semana (à noite ou de tarde)." (Espere uma resposta.) "Ótimo! Adoraria passar aí e fazer uma visita rápida. Tenho algo muito interessante para lhe mostrar!"

Talvez algo como:

> "Oi, Jéssica, é Belinda. Mal posso esperar para lhe mostrar o novo negócio que decidi montar." (Espere uma resposta.) "Incrível! Adoraria passar aí para mostrar alguns produtos maravilhosos. Sei que você vai amar."

Ou até:

> "Iniciei meu próprio negócio e gostaria muito de sua opinião. Posso praticar com você falando sobre o negócio? Há um dia desta semana que eu poderia aparecer aí?"

Se a pessoa perguntar "Que tipo de produto?", apenas diga "Ah, é uma linha incrível de _____. E eu sei que você vai amar!" Depois de mostrar o produto, ele também desperta animação nas pessoas, que acabam fazendo reuniões porque já viram seu produto incrível e têm conhecimento para compartilhar com as pessoas que convidarão.

É muito importante sair e mostrar pessoalmente o produto o máximo possível ao agendar suas seis primeiras apresentações. Despertar entusiasmo apenas por telefone ou online é muito difícil, portanto saia e *veja as pessoas.* Mostre a elas o que o deixou tão empolgado! Deixar que amigos e a família vejam o produto por si mesmos e como você está empolgado também diminui a necessidade de "vender" a ideia para eles.

Assim que chegar, reserve alguns minutos para relaxar e bater papo sobre amigos em comum, família etc. Quando estiver pronto para falar sobre seu novo negócio, comece dizendo algo como:

> "Eu quis aparecer para falar sobre meu novo negócio e mostrar alguns produtos."

Mostre alguns de seus produtos favoritos e o catálogo atual. Envolva a pessoa e informe a ela que organizar uma reunião seria uma ótima maneira de iniciar no novo negócio. Em troca, ela ganhará uma maratona incrível de compras e terá a oportunidade de comprar com desconto.

"Melissa, esse é um dos meus favoritos também. Você pode ganhar um se trouxer algumas amigas. Você seria uma ótima anfitriã! E seria muito bom para mim se me ajudasse a organizar uma das minhas primeiras reuniões."

Informe as datas que você precisa preencher com suas primeiras reuniões e peça à pessoa para ajudá-lo em uma delas. As pessoas gostam de fazer parte do sucesso de quem está à sua volta. Você ficará surpreso com quantos amigos desejarão ajudá-lo, se pedir. Quando a pessoa disser "Sim!", passe a treiná-la para ter uma ótima reunião (veja o Capítulo 10 para saber mais sobre como treinar um anfitrião).

"Brigite, eu adoraria iniciar meu negócio da melhor forma possível. Você gostaria de me ajudar nisso?" (Espere uma resposta.) "Muito obrigada! Sei que suas amigas vão amar e gostar de aprender sobre esses produtos incríveis. Tenho alguns dias vagos para reuniões na minha agenda; qual dia é melhor para você, quinta-feira ou sábado?"

Mobilize os amigos

Quando estiver iniciando seu negócio, não hesite em pedir ajuda. Os amigos costumam surpreender com seu desejo de ajudá-lo a ter um grande começo no negócio.

Informe a eles o que você precisa para ter sucesso e que precisa praticar; em geral, eles ficarão ansiosos para saber exatamente como podem ajudar:

"Oi, Sara. Aqui é Melanie. Tem alguns minutos? Estou montando um novo negócio e pensei se você poderia reunir algumas amigas para uma noite divertida e me ajudar a organizar uma das minhas primeiras reuniões?"

Ou poderia dizer:

"Oi, Sara. Tudo bem? Estou ligando para falar sobre meu novo negócio. Acabei de começar e mal posso esperar para compartilhar com você nossos produtos incríveis. Sara, você é uma grande amiga. Prometo uma noite divertida para suas amigas e haverá ótimos benefícios para você. Posso contar com você para reunir algumas amigas para uma noite divertida?"

Às vezes, as pessoas hesitam sobre ter tempo suficiente para organizar uma reunião para você. Elas não entendem bem que não é muito trabalhoso organizar uma reunião. É possível diminuir as preocupações e superar as objeções (mais sobre objeções posteriormente neste capítulo) dizendo:

"Oi, Kátia. Pode falar? Sim? Ótimo. Estava pensando se você poderia me ajudar a fazer uma reunião para eu iniciar meu novo negócio. Preciso fazer três reuniões grandes e três pequenas. Poderia me ajudar nisso? Você terá o benefício de ter algumas coisas gratuitas e comprar com 50% de desconto."

Afinal, para você, reunião é reunião, mas a escolha ajuda as pessoas a sentirem que o compromisso não é tão grande quanto seria fazer uma grande reunião. Elas sentem que não há problema se recebem apenas de três a cinco amigas.

Independentemente da abordagem adotada, são seus amigos e familiares que o ajudarão a começar seu negócio fazendo reuniões. O desejo deles em ajudar só porque se importam muito com você é uma grande vantagem no começo do negócio, portanto, não subestime isso.

Mas não são apenas sua família e amigos que o ajudarão a expandir o negócio. Por isso é importante, mesmo nas reuniões com amigos, realizar um bom trabalho e fazer os amigos *deles* reservarem em sua agenda (veja o Capítulo 9 para saber mais sobre como treinar o agendamento de uma reunião).

Então, faça sua lista, contate todos e permita às pessoas que se sintam bem fazendo algo por você. As reuniões iniciais ajudam a praticar, conseguir vendas iniciais e conhecer novas pessoas. Quanto mais reuniões você agendar nas primeiras semanas do negócio, melhor. Então, pegue o telefone!

Organize sua própria reunião

É a oportunidade perfeita para mostrar a seus amigos e sua família o que você está fazendo, portanto, é preferível que sua reunião de lançamento (veja o Capítulo 8 para saber mais sobre reuniões de lançamento) seja uma de suas primeiras reuniões. Assim, quando estiver despertando interesse vendo pessoas e pegando o telefone para mobilizar a ajuda dos amigos, terá algo divertido para convidá-los caso não escolham agendar uma reunião de imediato com você.

As pessoas para quem liga que não podem ou não agendarão sua própria reunião com você ainda querem participar de uma reunião em sua casa. Quando um de seus contatos disser que não pode organizar uma de suas primeiras reuniões, por qualquer motivo, seja gentil. Ele pode realmente ter bons motivos! É apenas um não momentâneo. Ele pode fazer uma reunião no futuro. Você poderia dizer:

> "Lisa, eu entendo mesmo. É realmente uma hora ruim." (Diga algo que valide o motivo da pessoa.) "Organizarei minha própria 'grande estreia' do negócio no próximo domingo e adoraria que participasse e me dissesse o que acha. Será muito divertido, e eu gostaria muito que você participasse."

Faça convites sinceros e deixe claro o quanto você gostaria de ver a pessoa lá:

> "Adoraria que viesse à minha reunião na próxima sexta-feira para lançar meu novo negócio. Será muito divertido, e vamos experimentar produtos maravilhosos. Estou confiante de que há itens que você vai amar. Você acha que consegue vir?"

E envie lembretes como este para as pessoas que confirmaram a presença:

> "Oi, Lisa! Eu gostaria muito de seu apoio no início do meu negócio. Estou ansiosa para vê-la sábado à noite, às 19h, para meu lançamento. Será muito divertido! Se você tiver dúvidas ou precisar de instruções, ligue para mim."

Sua reunião de lançamento é uma ótima oportunidade para seus amigos e sua família verem os produtos, se divertirem e ficarem empolgados com uma reunião. E também é um modo muito natural e eficiente de ter futuros agendamentos. Você aprenderá que deve organizar mais de uma reunião, para dar às pessoas que não participaram de sua primeira reunião uma chance de ir e conhecer o que você está fazendo, ou se tiver vários grupos de amigos distintos.

Sua reunião de lançamento é o pontapé inicial para o novo negócio. Você desejará incluir toda sua família e seus amigos na comemoração.

Por que as Pessoas Agendam, ou Não

Suas reuniões são o melhor lugar para você conseguir novos agendamentos. É mais fácil e eficiente ter agendamentos na reunião do que tentar mais tarde.

Uma boa meta é, pelo menos, conseguir de dois a três agendamentos a cada reunião:

» Um agendamento para substituir o que você fez.

» Um agendamento para expandir o negócio.

» Um agendamento por garantia (no caso de um dos anteriores ser cancelado).

Há três motivos principais para as pessoas agendarem e três que explicam por que não agendaram. Primeiro, vejamos por que elas *gostariam* de fazer uma reunião:

» **Diversão:** As convidadas adoram sair à noite com as amigas para comprar. Nas reuniões, é essencial assegurar que todas as convidadas se divirtam muito. Isso as fará pensar em organizar uma reunião própria com as amigas.

Sempre enfatize a diversão; é o principal motivo para as pessoas agendarem.

» **Produtos gratuitos e com desconto:** As pessoas agendam por causa dos incentivos incríveis para o anfitrião, inclusive itens gratuitos e pela metade do preço. Estudos mostram que a maioria das anfitriãs fica tão empolgada com produtos com descontos quanto com itens que receberão de graça.

» **Desejo de ajudar um amigo:** Algumas empresas dão um presente ao anfitrião se um convidado da reunião organizada por ele agenda também. Os convidados na reunião querem que a amiga (anfitriã) receba o presente e, portanto, pensam em fazer sua própria reunião. Se você os lembrar sobre o quanto as próprias amigas apreciarão o evento, normalmente isso pesará na balança. Eles costumam concordar em fazer a reunião.

Veja três grandes motivos para *não* agendarem:

» **Você não perguntou:** É tão simples, mas costuma ser negligenciado. As pessoas acham que perguntar é somente dizer: "Ei, se você quiser fazer uma reunião, fale comigo." Mas perguntar vai além de uma conversa para agendamento efetiva (veja a seção "Conversa para Agendamento", posteriormente neste capítulo). Você sempre quer mostrar suas reuniões como algo que as pessoas desejarão organizar. Sempre deve perguntar: "Por que você não gostaria de organizar? Terá momentos agradáveis com suas amigas e conseguirá desfrutar alguns produtos gratuitos e com desconto."

A "pergunta" também ocorre na hora de pagar. É quando você se senta com um cliente enquanto ele decide quais produtos quer. O que descobrimos é que as pessoas pensam bem nesse momento. Elas ponderam sobre suas escolhas e quanto dinheiro querem gastar. O lado esquerdo do cérebro, o lado analítico e dos cálculos, fica a todo vapor.

Enquanto a pessoa pensa, você pode dizer: "Então, Laura, gostaria de fazer uma reunião?" Como ela está absorta no pensamento analítico, muito provavelmente olhará para você e dirá: "Não." Ela também pode dizer algo como: "Não, estou bem" ou "Não, já terminei". Depois disso, sua resposta típica é: "Tudo bem, se você chegar em casa e mudar de ideia, fale comigo."

O que você quer é fazer as pessoas usarem o lado direito do cérebro, e consegue isso elogiando-as pelas escolhas, fazendo com que se sintam bem. "Laura, você fez uma ótima escolha. Sei que realmente gostará muito disso."

As pessoas começam a se sentir validadas pela compra, gostam do fato de que fizeram uma boa escolha. Isso as faz se sentir bem, e muito provavelmente considerarão fazer uma reunião.

» **As pessoas são ocupadas e não conseguem tomar uma decisão:** É o segundo motivo para dizerem não para a reunião. Elas dizem não porque a negativa é fácil para elas. Para superar isso, é bom você fazer três perguntas poderosas que resultarão em três respostas positivas rápidas em sequência: "Você se divertiu? Tem algum produto que deseja, mas não conseguiu hoje? Você acha que suas amigas gostariam da experiência?" A próxima seção detalha essas perguntas.

> **Medo de que as pessoas não comparecerão:** O terceiro motivo para as pessoas dizerem não é o medo de que as amigas não aparecerão. O que sabemos nos grupos de estudo é que, na verdade, não é medo de que ninguém virá, mas medo de que as pessoas não *desejarão vir*.
>
> Elas também temem o sentimento de obter algo gratuito à custa das amigas. É por isso que você nunca foca muito os produtos gratuitos e com desconto. O modo de superar esse medo é lembrar os convidados, durante a reunião, que as amigas adorariam e gostariam que eles organizassem uma reunião. Lembre os convidados de que suas amigas gostarão de passar a noite fora, comprando e aprendendo (qualquer coisa que o produto ofereça).

LEMBRE-SE Sempre esteja pronto para agendar. Pense grande e terá um maior sucesso.

Três Perguntas Poderosas para o Relutante Dizer Sim

Se alguém parece inseguro sobre o agendamento, você deve fazer três perguntas poderosas em série que o ajudará a dizer sim. Essas três respostas afirmativas lembrarão seu convidado sobre o quanto ele se divertiu e ajudará a dizer sim para agendar uma reunião:

> - Você se divertiu?
> - Tem algum produto que deseja, mas não conseguiu hoje?
> - Você acha que suas amigas gostariam da experiência?

Quando a pessoa responder sim para as perguntas, queremos ajudá-la a decidir dando opções. Por exemplo, pergunte à cliente o que é melhor para ela: finais de semana ou durante a semana à noite? E continue a limitar uma data a partir desse ponto. O objetivo é ter três confirmações:

"Certo, Michelle, se você fizesse uma reunião, o que seria melhor: durante a semana ou no fim de semana?"

"Fins de semana são perfeitos. Você prefere sexta à noite, sábado de manhã ou domingo à tarde?"

"Domingo à tarde? Seria melhor 13h, 14h ou 15h?"

"Às 15h? Ótimo! Tenho domingo, 25 de janeiro e 8 de fevereiro. O que é melhor?"

"Certo, parece que dia 25 às 15h é melhor para você. Farei a maior parte do trabalho, portanto, por que não agendamos? Ajudará Karla, a atual anfitriã" (diga isso se sua empresa oferecer presentes de agendamento para anfitriões cujos convidados marcam uma reunião), "e suas amigas vão adorar."

Seguindo esse processo de opções, os clientes chegam a suas próprias conclusões com pouca ajuda de sua parte.

Todas essas sugestões serão úteis para manter sua agenda, controlar seu negócio... e seu pagamento.

Plantando Sementes de Agendamento

Sementes de agendamento são um modo sutil de plantar ideias para o motivo de um convidado querer fazer uma reunião sem dizer nada.

Veja esses exemplos a seguir:

"Meus clientes escolheram esse item gratuitamente mais do que qualquer outro produto."

"É uma de nossa seleção mais popular pela metade do preço."

"No momento, muitas pessoas estão agendando reuniões para adquirir este produto. É um item muito popular agora."

"Acabei de fazer uma reunião em uma sala de professores após a aula, e esse foi o item mais vendido."

"Fiz uma reunião no escritório outro dia, e as meninas ficaram doidas por esse produto."

"Esses itens são sempre os mais vendidos nas minhas reuniões de despedida de solteiro/chá de bebê."

"É um dos meus produtos favoritos e realmente o mais popular em nosso pacote de captação de recursos."

Espalhar sementes de agendamento em suas reuniões, consultas individuais e até postagens em redes sociais é uma ótima maneira de fazer as pessoas pensarem em agendar uma reunião com você.

Mostre às clientes que, sendo anfitriãs, elas terão alguns dos produtos mais cobiçados gratuitamente e se divertirão com as amigas. Você também pode lhes mostrar que as reuniões não precisam ser em casa e que há inúmeras maneiras de organizarem uma, inclusive começando uma captação de fundos com você (veja o Capítulo 3).

CUIDADO

Você quer criar relações com as clientes. Nunca queira parecer uma vendedora. Os vendedores pensam neles mesmos: o que podem conseguir com a reunião, quanto dinheiro podem ganhar etc. *Você* quer ser autêntica e incorporar suas técnicas de vendas em conversas casuais.

DICA

Você deve sempre se oferecer para servir. Por exemplo: "Deixe-me ajudar. É como ajudarei seus convidados." Nem sempre você precisa realmente perguntar sobre a reunião. Inclua com sutileza essas sementes em suas conversas e deixe que o agendamento seja uma ideia da pessoa.

Conversa para Agendamento

Durante a noite, você plantou a ideia de organizar uma reunião. Mas uma conversa para agendamento é um dos aspectos mais importantes de sua reunião para encorajar as pessoas a fazerem uma.

Essa conversa costuma ocorrer no final da apresentação dos produtos, antes de você iniciar a experiência de compra. É um pequeno comercial e uma chamada para a ação a fim de que as pessoas agendem uma reunião. Não deve passar de noventa segundos. Veja o Capítulo 9 para ter mais informações sobre como aperfeiçoar isso.

Quando tiver uma conversa eficiente para agendamento, combinada com sementes de agendamento disseminadas durante sua apresentação, terá muitos agendamentos nas reuniões. Em particular no começo do negócio, essa é sua meta básica: conseguir mais agendamentos. Muitos representantes novos, ou seus *patrocinadores* (alguém que recebe outra pessoa no negócio), focam apenas conseguir vendas, portanto, levam produtos demais para mostrar e às vezes se esquecem da conversa para agendamento.

LEMBRE-SE

Mais uma vez: seus agendamentos são a pulsação do seu negócio.

Sua meta para as primeiras reuniões é praticar e se sentir à vontade, e, sim, fazer agendamentos. Eles agregarão ao seu negócio, levando a muito mais vendas conforme avança.

Quando você é novo, normalmente pensa: "Vou ficar sem tempo. Tenho certeza de que, se as pessoas quiserem agendar, entrarão em contato." Então, sua conversa para agendamento consiste em:

"Tenho um plano de anfitrião maravilhoso e adoraria fazer uma reunião para você. Se quiser marcar, entre em contato."

Isso não é uma conversa para agendamento!

CUIDADO

No lado oposto estão as pessoas que vão em frente com uma conversa para agendamento que é uma apresentação longa, cheia de pontos sobre o plano de anfitrião, mostrando porcentagens com itens pela metade do preço e gratuitos. Não faça nenhum dos dois. Um dos maiores erros cometidos é começar a dar detalhes sobre o plano de anfitrião. Por quê? Entra por um ouvido e sai pelo outro, e você perde. Você está treinando o anfitrião antes mesmo de ter um.

Sua conversa para agendamento não é sobre o que um anfitrião conseguirá; é sobre o motivo de ele querer marcar uma reunião. Sua mensagem de agendamento deve deixar os convidados pensando que marcar uma reunião será divertido. Por que não agendar, afinal? Seria loucura não aproveitar isso.

Um modo de iniciar sua conversa para agendamento é abrir os trabalhos agradecendo à anfitriã e mencionar sua generosa maratona de compras e produtos com desconto. Faça a apresentação mostrando conjuntos e vários produtos.

Agora, conforme você mostra os produtos, as pessoas ficam imaginando como fazer a maratona de compras. Depois de terminar a exposição, continue com a conversa para agendamento:

"Meninas, sei que todas amaram muitos produtos maravilhosos esta noite e provavelmente estão imaginando se não poderiam adquirir tudo hoje, e essa maratona generosa seria ótima. Bem, deixe-me dizer como é fácil. É preciso uma noite fora de sua rotina atribulada e muitas amigas.

"E, meninas, por que vocês não fariam uma reunião, afinal? Farei todo o trabalho; não precisa de mais tempo do que gastaram hoje. É fácil e divertido! Vocês não se divertiram aqui? É essa diversão que teremos com suas amigas.

"Eu apareço, entretenho suas amigas, dou ótimas ideias" (alimento, avalio, ensino, etc.). "Suas amigas agradecerão vocês e amarão. E de novo, por que vocês não fariam uma reunião, afinal? Não dá para imaginar! Portanto, estimulo que cada uma diga sim, e escolheremos juntas uma data adequada à sua agenda."

É o motivo e o fator surpresa que você compartilha com as convidadas: "Seria loucura não fazer" e "É o que você terá. É a experiência que você terá." Etc.

LEMBRE-SE: Aprender a ter uma conversa para agendamento eficiente fará uma enorme diferença no negócio. Para saber mais sobre essas conversas, veja o Capítulo 9.

Dicas para Ter Mais Agendamentos

Se você fizer tudo apresentado a seguir, aumentará muito suas chances de conseguir novos agendamentos nas reuniões:

» **Converse sobre agendamento.** Não ignore isso. Quando você inclui uma conversa eficiente para agendamento na reunião com uma boa abertura citando os benefícios, desperta o interesse em organizar uma reunião bem antes de falar com cada convidado diretamente. Você quer que os convidados comecem a pensar sobre o motivo de *eles* terem sua própria reunião enquanto se divertem com as amigas. Suas outras técnicas (como perguntar a todos, fazer jogos de agendamento ou datas bônus de agendamento; tudo explicado a seguir) são muito mais eficazes quando você já explicou as vantagens de organizar e despertou um desejo.

» **Pergunte a todos.** Sim, mais uma vez. Que seja uma meta pessoal falar sobre a oportunidade de organizar uma reunião com cada convidado. "Adriana, você se divertiu muito hoje e ficou muito empolgada com nossos produtos. Consegue ver por que seria divertido organizar sua própria reunião? Acho que suas amigas adorariam a experiência tanto quanto você."

» **Não saia sem uma data.** Mesmo que seja apenas uma data provisória. Faça seu serviço enquanto está no trabalho; rever os detalhes enquanto está com o novo anfitrião em potencial economizará muito tempo e energia no futuro.

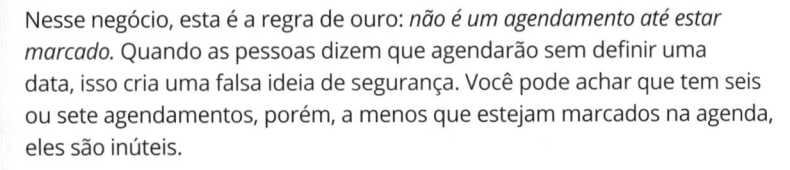

CUIDADO: Nesse negócio, esta é a regra de ouro: *não é um agendamento até estar marcado*. Quando as pessoas dizem que agendarão sem definir uma data, isso cria uma falsa ideia de segurança. Você pode achar que tem seis ou sete agendamentos, porém, a menos que estejam marcados na agenda, eles são inúteis.

» **Defina datas bônus de agendamento.** Isso encoraja as pessoas a agendarem para receber um presente extra de sua parte. Suas *datas bônus de agendamento* são sempre suas datas mais próximas. Você não precisa oferecer presentes para agendar outras noites, porque o programa de anfitrião da empresa costuma ser suficiente.

» **Mostre seu esquema de agendamento.** Mostre individualmente suas próximas datas disponíveis. Isso permite às pessoas que vejam as datas enquanto você ajuda outros clientes. Deixe que os convidados saibam que eles podem ver as datas disponíveis e escolher uma durante o processo de fechamento das compras. Vi representantes usarem molduras de fotos para exibir isso.

» **Faça jogos de agendamento.** Nunca fui fã de jogos, mas fiz muitos jogos de agendamento quando minha agenda estava abaixo do necessário. Para algumas pessoas, um jogo facilita incorporar a conversa para agendamento no roteiro da reunião. Há vários jogos diferentes de agendamento; alguns durante a reunião, outros antes da conversa para agendamento, e às vezes, tal conversa é incorporada no jogo. Algumas empresas encorajam certo jogo ou os chefes recomendam um que acham um sucesso. Nunca treinei jogos de agendamento porque não são algo de que eu gostava pessoalmente, mas se seu chefe viu algum fazer sucesso e você se sente mais à vontade incorporando o jogo, vá em frente!

Estudos que fiz por anos mostram que quase metade dos participantes gosta de jogos em reuniões, e metade não gosta. Portanto, decida o que funciona melhor no seu caso. Se você fizer um jogo, obtenha os resultados desejados, ou seja, ele deve atrair agendamentos.

LEMBRE-SE

Não ofereça algo por nada. Um exemplo de jogo de agendamento seria fazer uma cliente escolher uma caixa para ter um prêmio. E para receber o prêmio, ela precisa concluir a ação na ficha, que é agendar uma reunião, claro. Seja o que for, precisa ser simples e curto.

» **Conheça suas datas.** Conheça as datas em que você quer trabalhar e ofereça apenas essas datas aos clientes. Como mencionei, não deixe as coisas em aberto. Pergunte: "Você gostaria de sexta-feira, dia 14, ou terça-feira, dia 18?"

Superando as Objeções Comuns

Escolher as palavras mais convincentes e saber quando usá-las é imperativo para superar as objeções comuns e manter sua agenda cheia.

"Vou ver com minhas amigas primeiro"

É a objeção mais comum para agendar uma reunião. Mas o que a pessoa realmente está dizendo é: "Não quero escolher uma noite em que ninguém virá." É o maior medo das pessoas. Ninguém quer organizar uma reunião em que ninguém aparece. Mas a realidade é que a pessoa não pode "ver com as amigas" sem uma data.

Em resposta a essa objeção, você diria:

> "Entendo mesmo onde você quer chegar, mas para ser honesta, se você fizer uma pergunta sem compromisso às suas amigas, terá uma resposta sem compromisso. Exemplo: meninas, vocês querem ir a uma reunião de joias? E elas perguntarão quando será. Você dirá: bem, não sei. Se você lhes der uma data, como dia 21, elas dirão sim ou não.
>
> ",E Amanda, se muitas pessoas não puderem vir nesse dia, podemos mudar. Então por que não continuamos e escolhemos o dia 21 como opção para você oferecer às amigas?"

"Minhas amigas estão cansadas de festa"

É uma hesitação muito positiva, porque significa que elas e as vizinhas são muito receptivas a compras em reuniões em casa e adoram esse tipo de entretenimento. Em resposta a essa objeção, você diria algo como:

> "Ótimo! Parece que suas amigas amam esse tipo de entretenimento. Talvez eu possa fazer algo especial na sua reunião. Somos novos nessa área e a maioria das pessoas não foi a uma reunião _____ ainda." Ou "Vamos marcar sua reunião assim que possível antes que alguém na vizinhança agende outra coisa."

"Minha casa não é muito grande"

Você pode ter essa resposta se a casa onde a reunião atual é feita for muito grande. Sua possível cliente pode se sentir inadequada, por isso é importante fazer com que ela sinta que o que tem a oferecer é exatamente o que você quer.

> "Não precisa de muito espaço, Maria. Posso adaptar a qualquer ambiente. E acho que, quando a pessoa se diverte com as amigas, nenhum lugar é pequeno. E mais, torna a reunião íntima e aconchegante!"

"Não tenho tempo, sou muito ocupada"

Essa é outra objeção muito comum. A primeira resposta seria para ajudar a pessoa a tirar a ocupação da cabeça. Você pode querer conversar para descobrir o que a possível cliente faz para ser "muito ocupada". Por exemplo, talvez ela trabalhe meio expediente e na próxima semana ou mais estará trabalhando em tempo integral (ou fazendo hora extra), portanto, se sente sobrecarregada. Se ela souber que não precisa marcar nessa semana imediata, talvez seja mais receptiva:

"Eu adoraria ter você como anfitriã! Na verdade, pessoas ocupadas são ótimas anfitriãs porque fazem as coisas, são mais organizadas e geralmente conhecem mais pessoas. Mas não se preocupe, farei a maior parte do trabalho. Tudo que peço é que você reúna algumas amigas para um momento agradável. E, sendo sincera, não levaria mais tempo do que você gastou aqui esta noite."

"Prefiro fazer uma reunião de catálogo"

Reunião de catálogo é quando uma anfitriã recolhe os pedidos das amigas usando um catálogo, em vez de organizar uma reunião em casa. Na maioria das vezes, a anfitriã deixará catálogos no local de trabalho da pessoa e outros lugares, como estúdio de dança, caratê, futebol etc. As amigas verão os catálogos, experimentarão as amostras dadas à anfitriã e farão os pedidos.

Em geral, as reuniões de catálogo não alcançarão os totais de uma reunião em casa. Se um convidado na reunião solicitar uma reunião de catálogo, sua meta é transformá-la em uma minirreunião:

"Ah, Melissa, que ótima ideia! Conheço muitas pessoas que fazem reuniões de catálogo. Você conhece muita gente no trabalho que gostaria de pedir?"

Sempre quero concordar com minha cliente, mas ajuda colocá-la em uma direção diferente:

"Por que não definimos uma data em que posso sair e recolher os pedidos? Você pode escolher produtos gratuitos. Enquanto eu estiver lá, por que não convida algumas vizinhas ou amigas para ver a coleção?"

Assim que você colocar dessa forma, provavelmente a pessoa escolherá uma data. Isso fornece uma data próxima para a reunião e uma oportunidade para você conseguir mais pedidos. As pessoas que querem organizar reuniões de catálogo normalmente têm medo de que ninguém apareça. Portanto, quando ouvem que só precisam convidar algumas amigas, elas se sentem melhor quanto a dizer sim para a organização.

As duas saem ganhando. A anfitriã gostará de se reunir com as amigas, e você terá vendas extras com uma reunião em casa. Mesmo com um grupo presencial menor, a reunião em casa ainda recebe mais pedidos, em comparação com o que sua anfitriã recolhe com a reunião de catálogo.

Já tive uma anfitriã que morava no campo. Ela não queria organizar uma reunião porque achava que não teria muitas pessoas, mas conhecia pessoas no trabalho que estavam interessadas. Usei o roteiro anterior com ela, que concordou em receber poucas amigas semanas depois. Ela só teve quatro convidadas na noite da reunião, mas a reunião teve vendas mais altas que os oito pedidos externos que ela recolhia com o catálogo. O maior bônus foi que eu consegui usar minha conversa para agendamento e marquei com duas das quatro convidadas para fazerem suas próprias reuniões. O resultado foi que a reunião dobrou o tamanho que teria se ela tivesse feito apenas uma reunião de catálogo.

Dicas para Achar um Novo Negócio

Há novos negócios por toda parte. Existem muitos lugares diferentes onde você pode interagir com novas pessoas, expandir sua rede, encontrar recomendações e obter possíveis anfitriões e recrutamento. Esta seção dá algumas ideias sobre como atrair um novo negócio.

Rede social para ter recomendações

O primeiro passo para achar um novo negócio é usar sua rede social. Acesse a rede social e pergunte quem as pessoas conhecem nessa área. Não tenha medo de pedir ajuda e recomendações. Use sua Agenda de Possíveis Marcações. Quando alguém fizer uma recomendação ou sugerir um possível cliente, coloque na agenda.

Descobri que o melhor modo de montar um negócio é usar quatro palavras simples: *quem você conhece que?* Como em "Quem você conhece que poderia gostar deste produto?" Baseei não apenas meu negócio de vendas diretas nesse modelo, como também minha carreira de palestrante. Outra estratégia é oferecer um presente pela recomendação. Se alguém que a pessoa conhece agenda uma reunião ou se associa ao negócio devido à recomendação dela, eu sempre lhe dou um presente especial de agradecimento.

Quando falar com suas recomendações, sempre mencione quem recomendou:

"Oi, Maria! Temos uma amiga em comum, Cátia, e ela me deu o seu número. Recentemente fui transferida, e Cátia achou que você estaria interessada em ajudar a me estabelecer nessa nova área. Cátia tem certeza de que você vai adorar nossos produtos.

Use minhas dicas sobre como assegurar um agendamento na seção "Agendamentos ou Consultas", anteriormente.

Indicações com possíveis clientes

Se sua possível cliente hesita, informe que você valoriza o tempo dela e entende que não é a melhor hora para organizar uma reunião para você. Mas, antes de desligar o telefone, pergunte se ela conhece alguém interessado em organizar uma reunião ou que poderia gostar do produto.

LEMBRE-SE Sempre peça indicações aos possíveis clientes.

Informe às pessoas que você está tentando montar uma equipe e um negócio na área, portanto, se elas tiverem alguém em mente que possa se interessar, você gostaria de ser apresentado. Descobri que uma abordagem de terceiros realmente funciona melhor, sobretudo nas áreas de recrutamento (veja o Capítulo 14 para saber mais sobre recrutamento).

Continue no caminho de *quem você conhece que* e trabalhe nisso diariamente.

Vá ao lugar em que os clientes estão

Outra ótima maneira de achar um novo negócio é frequentar lugares onde é provável que os clientes estejam. A maioria da venda direta, sobretudo no plano de reunião, é direcionada a mulheres. Portanto, pergunte a si mesmo: *quais locais as mulheres frequentam?*

>> **Salões de beleza:** Donos de salão e cabeleireiros são recursos incríveis. Eles conhecem muitas pessoas e têm relações próximas com a maioria das clientes habituais. Eu era dona de algumas franquias Curves e estava abrindo uma em certa área onde não conhecia ninguém. Quando fui para a cidade, minha primeira parada foi em um salão. Eu me apresentei, informei à proprietária que estava abrindo uma Curves e perguntei se ela conhecida alguém interessante que pudesse administrar e gerenciar a unidade. Ela imediatamente me deu o número de três pessoas. E a melhor parte sobre essas três possíveis clientes? Só levou quinze minutos. Então, sempre pergunte *quem a pessoa conhece que* pode estar interessada em organizar uma reunião. Eu acabei contratando uma das três indicadas!

Você também pode sugerir uma reunião no salão de beleza. Se a pessoa hesitar, pergunte se você pode, pelo menos, deixar alguns catálogos na recepção. Mas apenas em último caso. Use sua melhor conversa para agendamento e compartilhe como a reunião seria divertida para as convidadas e as clientes do salão.

Eu tinha uma grande amiga no negócio de vendas diretas, mas que precisou se mudar de repente. Assim que se mudou, começou a fazer as unhas e o cabelo a cada duas semanas em um lugar diferente, para encontrar pessoas novas. A meta era se restabelecer na cadeia de engajamento.

LEMBRE-SE Nas redes sociais, você tem muitas opções, mas nada mais eficiente do que vender sua personalidade ao vivo.

>> **Academias:** Converse com as academias locais, em especial as que oferecem um centro para mulheres, e pergunte se pode preparar um estande e passar informações.

- » **Grupos de mães/jogos:** Dependendo da idade das crianças, procure grupos de mães locais ou de jogos para fazer parte. É uma ótima maneira de fazer novos amigos e encontrar anfitriãs, clientes e recrutas em potencial.

- » **Grupos de networking:** São uma ótima maneira de se estabelecer como dono de negócio em sua comunidade local. As pessoas nos networkings estão sempre querendo compartilhar possíveis clientes e recomendações.

- » **Clubes:** Clubes do livro, de mulheres, de corrida etc. são outros lugares ótimos para encontrar mulheres.

- » **Restaurantes locais:** Frequente os restaurantes locais e informe-os de que você tem um novo negócio na área. Faça amizades. Se você se tornar um cliente habitual, muito provavelmente eles o ajudarão também.

- » **Shoppings:** Um dos modos de montar meu negócio foi indo a shoppings. Eu tinha uma pequena bolsa, equipada com minha exposição móvel (veja o Capítulo 6 se não sabe o que isso significa) e saía para ganhar o dia. Sempre verifiquei se minha aparência era profissional e apresentável. Entrava em lojas e, quando perguntavam se eu precisava de ajuda, respondia que precisava de uma roupa para convenção, reunião de negócios ou gala. Sempre respondia algo relacionado ao meu negócio. É claro que eles tentavam fazer uma venda, portanto, também sondavam para ter mais informações. Isso me dava uma excelente oportunidade para informar o que eu fazia e mencionar que estava buscando expandir meu negócio naquela área, e perguntava se eles conheciam alguém interessado.

    Muitas vezes, a *própria* vendedora queria informações sobre a reunião ou a oportunidade de negócio. Eu perguntava qual era a hora do intervalo e encontrava a pessoa na praça de alimentação para beber algo. Falava sobre meus três pontos importantes: produtos, lucros e programas (veja o Capítulo 2). Expunha algumas amostras e pacotes de anfitrião e recrutamento.

- » **Igreja:** Em geral, os grupos de igreja e pequenos grupos parecem uma comunidade e estão ansiosos para ajudar, sobretudo se você foi à igreja por um tempo e começou se relacionar com as pessoas. Se você é novo na área, uma igreja que seja nova para você costuma ser um bom lugar para começar. Depois de ir várias vezes, começará a fazer novas amizades e vínculos.

- » **Escola:** Se você tem filhos, a escola pode ser um ótimo lugar para encontrar outras mães e professoras. Veja como pode participar da escola e faça amizades com algumas outras mães.

- » **Corretores:** Se você procura um novo negócio porque se mudou, pergunte ao corretor que vendeu o imóvel se ele está interessado em ajudar a lançar seu negócio ou conhece alguém interessado. Como são vendedores que também trabalham por comissão, em geral conhecem os melhores networkings na cidade. Pergunte sobre possíveis clientes e grupos para se associar.

> **Novos vizinhos:** Seus novos vizinhos são anfitriões, clientes e recrutas em potencial. Apresente-se às pessoas na rua e (não canso de dizer) faça amizades. Informe que você está iniciando seu negócio na área e pergunte se eles estariam interessados em fazer uma reunião para ajudá-lo no começo.

DICA

Sei que no mundo agitado de hoje, com toda a tecnologia disponível na ponta dos dedos, algumas sugestões anteriores parecem ultrapassadas ou antigas. Mas lembre-se de que há várias maneiras de contato no negócio (Capítulo 1). Com certeza as redes sociais oferecem ótimos recursos inacessíveis de outro modo, mas saiba que essas estratégias comprovadas o ajudarão a encontrar clientes de qualidade em potencial. Mesmo que o processo possa demorar mais, as possíveis vendas geralmente são mais concretas e dão às pessoas a chance de se conectar com você em um nível mais pessoal do que poderiam online. É mais provável também que as pessoas recomendem um amigo se encontraram você pessoalmente e sentiram uma conexão.

LEMBRE-SE

O mais importante é que você não consegue montar um negócio da noite para o dia. É um dia de cada vez e atitude positiva. Use a abordagem de *quem você conhece que*. É mais provável que as pessoas recomendem alguém, em vez de se sentirem pressionadas para elas mesmas tomarem uma decisão. Mas se você seguir meu treinamento e mostrar seu comercial com paixão e entusiasmo, na maioria das vezes, recomendarão *elas mesmas*.

ACHANDO UM NEGÓCIO APÓS SE MUDAR

Assim que montar uma equipe e uma grande lista de clientes, mudar-se pode ser um grande desafio. Você está lidando com muitas emoções e o sentimento de que precisa começar de novo.

O segredo é continuar positivo e ver isso como uma nova oportunidade em uma área diferente. Você realmente tem a oportunidade de *expandir* seu negócio. Mas não importa, mudar-se pode ser difícil. Portanto, precisará de garantias:

- **Tranquilize sua equipe.** Um primeiro passo importante que você dará quando decidir se mudar é tranquilizar sua equipe de que você ainda estará por perto e não os abandonará. Informe que tudo ficará bem e implemente alguns sistemas concretos para manterem contato. A melhor coisa que você pode fazer é encontrar alguém que seja o chefe ou esteja perto de uma promoção e lhe dar certo controle naquela área. Treine a pessoa para ser chefe e a instrua sobre como lidar com as reuniões mensais. Muitas vezes, ao receber essa responsabilidade de repente, a pessoa está à altura do desafio e se torna o chefe que você sempre soube que ela poderia ser. Escolha com sabedoria e converse com ela para que todos na equipe saibam sobre a mudança e as expectativas.

- Telefone e videoconferência por Skype ou pelo Zoom, por exemplo, são ótimos para manter contato com a equipe. Se você não tem ainda, criar um Grupo do Facebook para todos os subordinados é algo desejável. Postar dicas de treinamento, novidades e reconhecimento nesse grupo aumentará a confiança em sua equipe de que você não a abandonou ou perdeu o interesse.

- **Tranquilize-se.** Muitas pessoas falam que tiveram depressão e tendem a não saber por onde começar. Isso pode ser assustador, e muitas vezes é, então primeiro vamos ao que interessa. Dê pequenos passos. Tranquilize-se de que você pode continuar aumentando sua equipe em casa e expandir seu negócio na nova área.

    Tente definir metas simples diárias, como encontrar uma nova pessoa por dia ou fazer cinco ligações. Não sinta que precisa montar um novo negócio em um novo local da noite para o dia. E mais, dependendo do seu nível de liderança e do tamanho da equipe, você pode ter mais uma mentalidade para liderança ou gerência, significando menos negócio pessoal.

- **Finja ser novo.** Talvez o modo mais fácil de começar de novo é do princípio. Pode ser um desafio assimilar as coisas, mas agir como se fosse um novo representante é a maneira mais fácil de iniciar seu negócio em um novo local. Finja ser um novo representante e continue a se promover de novo na hierarquia da empresa. Além de precisar fazer isso devido à transferência, esse exercício pode desafiá-lo e deixá-lo empolgado com o negócio novamente. Dessa vez, você conseguirá promoções com mais rapidez, em comparação com quando iniciou no negócio.

- **Ofereça um excelente atendimento aos clientes existentes.** Com a internet e as redes sociais, administrar um negócio longe dos clientes é muito viável. Não apenas viável, mas também pode ser um sucesso. O segredo é manter as relações com os clientes por telefone, e-mail e redes sociais. Continue a atendê-los como faria na área local anterior, e eles farão pedidos continuamente (veja o Capítulo 11 para saber mais sobre como administrar um negócio online). E não se esqueça de perguntar aos clientes existentes se eles conhecem alguém na área para onde se mudou que estaria interessado em seu produto ou serviço.

- **Encontre um novo negócio.** As sugestões em "Dicas para Achar um Novo Negócio" são um ótimo recurso ao montar de novo um negócio.

NESTE CAPÍTULO

» Entendendo a importância de uma reunião de lançamento

» Planejando e realizando um lançamento bem-sucedido

» Fazendo uma reunião de lançamento de reforço

» Marcando reuniões com o método de dois agendamentos

Capítulo **8**

Planejando uma Reunião de Lançamento ou Apresentação

Uma *reunião de lançamento* é um evento presencial em que você lança o novo negócio para amigos e família. Essa reunião dá o tom e um impulso ao negócio. Algumas empresas chamam de *grande estreia, inauguração, pontapé inicial* ou *reunião de apresentação*. Seja qual for o nome dado, é o melhor modo de apresentar o novo negócio a um grande grupo de pessoas.

As pessoas na reunião de lançamento são o que chamamos de *mercado quente*. É provável que seus amigos e sua família sejam seus primeiros clientes, assim como os primeiros anfitriões.

LEMBRE-SE Lembre-se de que, mesmo que seus amigos e sua família o ajudem nas primeiras reuniões, são os agendamentos feitos *nessas* reuniões que o ajudarão a expandir o negócio.

Uma reunião de lançamento mostra a seus amigos e a sua família exatamente o que você está fazendo e lhes permite experimentar os produtos em primeira mão.

DICA Conseguir compartilhar o novo negócio com o máximo de pessoas possível ao mesmo tempo produz entusiasmo, economiza tempo e ajuda a construir rápido uma base de clientes. É uma parte do negócio que você não deve mesmo deixar de fora.

Você deve definir uma data para seu lançamento assim que compra o kit. Ter uma data ajuda nas preparações física e mental.

» **Preparação mental:** Uma reunião de lançamento o ajuda a se sentir no negócio e você começará a traçar metas para si mesmo. Cria foco nos primeiros estágios do negócio. Seu entusiasmo aumentará conforme contar para as pessoas sobre o novo negócio e você terá um lugar para convidá-las, para que possam se familiarizar com o que está fazendo.

» **Preparação física:** Quando você tem uma "data inicial" definida para seu negócio, trabalha para essa data. Começa a aprender o máximo que pode sobre seus produtos e planeja como fazer uma apresentação. Começa a convidar pessoas para seu evento e organiza suas próximas reuniões/consultas. Você passa a ter a atitude de *fazer as coisas acontecerem*, em vez de *esperar para ver*.

Recomendo fazer uma reunião normal em casa para seu lançamento, se possível. Em geral, tais reuniões resultam em maiores vendas, agendamentos e possíveis recrutamentos. Mas há outros tipos que você pode considerar. Existem quatro tipos principais de reunião de lançamento:

» **Reunião em casa (recomendada):** Você realiza a reunião como uma reunião normal, exceto que nesse caso age como anfitrião e representante (veja o Capítulo 9 para saber como realizar uma reunião de sucesso). Você cumprimenta os convidados, abre os trabalhos, faz uma apresentação, conversa sobre agendamento, planta sementes de recrutamento e ajuda os convidados na experiência de compra. Seus convidados terão uma oportunidade para socializar e você conseguirá fazer uma apresentação em um grupo reunido pela primeira vez. As reuniões em casa começam em uma hora específica e são bem estruturadas, ainda sendo divertida para os convidados. Você pode conversar com cada pessoa individualmente durante o processo de fechamento das compras.

» **Open house:** É onde você tem seu kit preparado para as pessoas verem e experimentarem. Esse tipo de lançamento é mais flexível que uma reunião em casa. Você trabalha individualmente com as pessoas, em vez de fazer uma apresentação completa para um grupo. Em geral, você tem um espaço de tempo definido, e as pessoas aparecem segundo a conveniência delas, como uma *open house* que um corretor prepara quando vende sua casa.

Quando você deixa o horário livre para as pessoas, elas podem não se comprometer em aparecer, e essa falta de compromisso pode reduzir a presença em geral. Mas também permite que apareça alguém que não conseguiu participar de uma reunião em casa, que inicia em certa hora.

» **Reunião online:** Os representantes que administram seus negócios quase exclusivamente online podem optar por uma reunião virtual. É importante notar que, ao fazer uma reunião online, você desejará seguir os mesmos princípios básicos da reunião em casa. Para a reunião online, siga o formato exposto no Capítulo 11. Convide amigos e a família para um evento online, no qual você mostrará os produtos e o novo negócio. Sugiro publicar vídeos de você demonstrando o produto online.

» **Oportunidade de negócio:** Esse evento é mais utilizado para empresas Marketing de Rede. Um lançamento da oportunidade de negócio é quando você fala sobre os produtos em um grupo, em geral acompanhado de um vídeo, mas foca compartilhar a oportunidade e o potencial de renda para as pessoas que se tornam representantes. Esse tipo de lançamento costuma levar a mais recrutamentos, mas pode não gerar tantas vendas ou futuras consultas. Porém, muitos profissionais do Marketing de Rede bem-sucedidos ainda encorajam os convidados não interessados no negócio a se tornarem clientes, o que pode levar a vendas imediatas. Talvez esses clientes recomendem mais negócios ou façam parte da equipe posteriormente.

Se seu chefe mora na região, ele pode querer ajudá-lo na reunião de lançamento, responder perguntas e ajudar com agendamentos e possíveis recrutamentos.

Entendendo Por que a Reunião de Lançamento É Tão Importante

Sua reunião de lançamento pode conseguir o seguinte:

» **Apresentar seu negócio ao mercado:** Sua reunião lança seu negócio para amigos e família, além de permitir a eles que experimentem seus produtos em primeira mão. Isso ajudará a aumentar as vendas, agendamentos da reunião (online ou em casa), assim como possíveis recrutamentos.

» **Aumentar sua confiança:** Sua reunião de lançamento oferece a prática e a confiança necessárias para seguir em frente nas próximas reuniões agendadas. O único modo de melhorar no negócio é praticando. Pratique, pratique, pratique. Como mencionado no Capítulo 7, sempre sugiro agendar seis reuniões nos primeiros 30–45 dias. Isso lhe dará o impulso necessário para manter sua agenda cheia todo mês.

» **Recuperar seu investimento:** Durante sua reunião de lançamento, você age como representante e anfitrião. Portanto, você não só recebe comissão com a reunião para ajudar a recuperar o custo do kit, como também pode receber produtos gratuitos e com desconto, que poderá usar a fim de adicionar mais produtos ao kit para mostrar nas futuras reuniões.

» **Levar a mais agendamentos:** Sua reunião de lançamento também pode ajudar a conseguir mais agendamentos. Quando as pessoas se divertem e veem a reação dos outros convidados na reunião, ficam mais inclinadas a agendar naquele momento, em vez de mais tarde, por telefone. Pratique sua conversa para agendamento, como explicado nos Capítulos 7 e 9. É importante tentar agendar logo de cara com a família e os amigos, para que possa aumentar os agendamentos com essas reuniões. Mesmo que seus amigos e sua família não sejam o grupo mais provável para ajudá-lo no longo prazo, essas primeiras reuniões o ajudarão a expandir sua rede e seu alcance, e você agendará pessoas que não encontraria de outro modo.

LEMBRE-SE

Sua meta é sempre transformar um convidado em seu próximo anfitrião ou novo recruta.

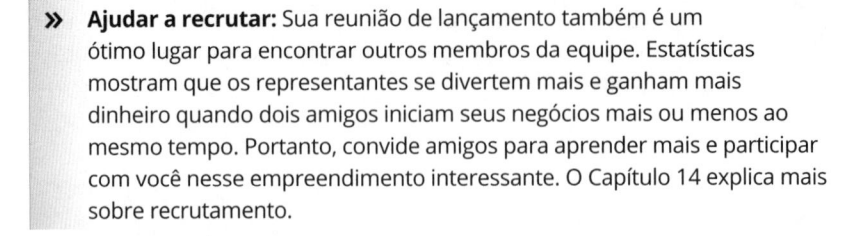

» **Ajudar a recrutar:** Sua reunião de lançamento também é um ótimo lugar para encontrar outros membros da equipe. Estatísticas mostram que os representantes se divertem mais e ganham mais dinheiro quando dois amigos iniciam seus negócios mais ou menos ao mesmo tempo. Portanto, convide amigos para aprender mais e participar com você nesse empreendimento interessante. O Capítulo 14 explica mais sobre recrutamento.

- » **Aumentar a base de clientes:** Estar diante de um número maior de pessoas permite aumentar sua base de clientes e começar a desfrutar os benefícios de atender novamente os clientes. Verifique meu método "Acompanhamento 2+2+2", no Capítulo 13.

- » **Possibilitar um início rápido:** Vendas, agendamentos e recrutamentos obtidos na reunião de lançamento também o ajudarão a ter o Início Rápido da sua empresa (Partida Rápida ou algo parecido; a maioria das empresas no modelo Party Plan tem um programa com incentivos nos primeiros 90-100 dias do negócio. As empresas Marketing de Rede costumam ter prazos menores para seus programas Início Rápido, em geral com prazos que ocorrem nos primeiros 30-45 dias). Esses programas de Início Rápido ajudam a criar hábitos saudáveis para seu negócio, dão impulso para atingir metas de vendas e recrutamento e são planejados para fazer você ganhar dinheiro rápido; veja o Capítulo 5 para obter mais detalhes.

Preparando Seu Lançamento

Sua reunião de lançamento dará o tom do negócio e mostrará a seus amigos e familiares o que significa organizar uma reunião, participar e fazer negócio com você. Mesmo que seja novo e sua reunião de lançamento não seja perfeita (Tudo bem! É a primeira!), é importante se preparar o melhor possível. Assim você pode causar empolgação e preencher sua agenda com marcações, sua equipe com recrutas e seu bolso com vendas.

Como mencionado antes, agora é um ótimo momento para contatar seu chefe ou patrocinador. Ele o ajudará a planejar sua reunião de lançamento, dará dicas sobre como utilizar melhor seu kit inicial e ajudará em seus esforços de agendamento e patrocínio.

Veja algumas dicas para planejar seu lançamento:

- » **Escolha uma data e hora assim que puder.** Você pediu seu kit e está animado com o novo empreendimento. Nos dois ou três dias seguintes, marque a data da reunião de lançamento na agenda, assim como a data do segundo lançamento (de reforço); veja a próxima seção para saber mais sobre essa reunião de reforço.

- » **Convide a mais.** O segredo de um lançamento bem-sucedido é *ter o máximo de participantes possível*. Apenas cerca de um terço dos convidados geralmente comparecem. O ideal é ter de dez a quinze convidados. Comece fazendo a lista de convidados usando a lista de contatos do celular e sua listas de amigos no Facebook.

DICA — Provavelmente, a melhor maneira de convidar é ligando. Por telefone, a pessoa do outro lado pode sentir sua empolgação, o que leva a uma maior participação. Confirme com os passos 1-2-3 do convite (veja a próxima seção).

» **Aumente o desejo e crie interesse.** As redes sociais são uma ótima maneira de aumentar a empolgação para seu novo negócio. Anuncie para a família e os amigos que você iniciou um novo negócio e criou uma fanpage (Facebook Business Page) onde compartilha informações sobre os produtos (Capítulo 11). Comece expondo no mercado seus produtos com postagens de fotos, status, blogs e vídeos bem antes da reunião de lançamento.

» **Explore seu kit inicial.** O kit adquirido quando se inscreveu tem tudo de que você precisa para realizar uma reunião de sucesso, consulta ou apresentação. Familiarize-se com os produtos no kit e com os benefícios ao usá-los. Você usará esse kit para a reunião de lançamento, portanto, é importante aprender o máximo que puder sobre os produtos contidos nele. Mas não se preocupe, seu chefe poderá ajudá-lo com as perguntas que os convidados têm sobre os produtos e que você não consegue responder.

» **Estude o catálogo.** Mesmo que foque a demonstração dos produtos disponíveis no kit inicial, é importante se familiarizar com o catálogo. Usando o catálogo, os convidados da reunião conseguirão comprar os itens adicionais que você não cobriu de maneira específica na apresentação. Se há um item que você sabe que os convidados amarão, avise-os de que o item pode ser visto no catálogo. Priorize também suas próprias compras no catálogo; você conseguirá obter outros produtos para seu kit inicial por meio dos benefícios do anfitrião recebidos na reunião de lançamento. Se há certo item que você não tem, mas em que um cliente está interessado e quer ver ao vivo primeiro, informe que irá selecioná-lo como um de seus itens de benefícios do anfitrião e estimule a pessoa a organizar sua própria reunião, onde poderá compartilhar o produto com as amigas.

» **Pratique, pratique, pratique.** Leia todo o Capítulo 9 e pratique. Nesse capítulo, explico os principais elementos de uma reunião de sucesso, assim como o roteiro. Use o capítulo para aprender a realizar uma reunião e criar suas próprias falas, e então, pratique, pratique, pratique.

» **Participe de uma reunião com sua chefe.** Outra ótima maneira de ganhar prática antes da reunião de lançamento e depois de ler o Capítulo 9 é participando de uma reunião com sua chefe. Você provavelmente ficou interessado em se associar à empresa depois de participar de uma reunião. No entanto, você tem uma perspectiva diferente da noite ao atuar como convidado ou anfitrião. Vá a uma das reuniões da sua chefe e observe como ela abre os trabalhos, demonstra os produtos, compartilha as oportunidades de anfitrião e de negócios e conclui com um fechamento do serviço.

> **Aprenda com sua chefe:** É ótimo se sua chefe puder participar de seu lançamento. Assim, ela poderá ajudá-lo na conversa para agendamento e recrutamento, responder perguntas para as quais você ainda não tem resposta e ajudá-lo durante o processo de fechamento das compras (veja o Capítulo 9 para saber mais). Porém, se não for possível, deixe que sua chefe o oriente, oferecendo expertise e conhecimento antes e depois da reunião. Com antecedência, você praticará o que dizer para se familiarizar com a demonstração dos produtos e a apresentação das três partes da reunião: abertura, agendamento e recrutamento.

> **Examine o treinamento da empresa.** Quero que você tenha sucesso. Sua chefe quer seu sucesso. E a empresa quer isso também. Sua empresa disponibilizou informações de treinamento, em geral online ou na forma de um guia que você pode ter em seu kit inicial. Examine as informações, sobretudo o treinamento específico para reuniões de lançamento, reuniões em casa e online.

Passos 1-2-3 do Convite

Chamar convidados para sua reunião de lançamento é tão fácil quanto 1-2-3. Siga estas três dicas fáceis para aumentar a participação em sua reunião de lançamento:

1. **Pegue o telefone e convide pessoalmente cada contato.** Informe como é importante para você que ele venha. Encoraje-o a reservar a data e trazer uma amiga. Pense em uma amiga que o contato pode conhecer e sugira que traga essa pessoa. As pessoas costumam participar mais de uma reunião se uma amiga estiver presente.

2. **Envie o convite sete a dez dias antes da reunião de lançamento.** Você pode enviar convites virtuais, convites pelo Facebook ou até pelo correio. Há muitos recursos para isso, inclusive RedStamp, Canva, MarGo e Pic Collage. O Capítulo 22 explica esses e outros recursos.

3. **Ligue para lembrar.** Alguns dias antes da reunião, ligue ou envie uma mensagem de texto para lembrar os convidados de que você está ansiosa para vê-los. Você pode dizer algo como: "Estou muito ansiosa para encontrar você na minha reunião de lançamento! Você vai adorar os produtos, e será divertido. Vai trazer uma amiga?"

Fazendo um Lançamento de Reforço

Uma das melhores coisas que você pode fazer por seu negócio é ter *duas* reuniões de lançamento dentro de três dias. A segunda reunião age como um reforço. Fazer duas reuniões permite receber mais convidados e colocar seus produtos diante de mais pessoas. Como apenas cerca de um terço dos convidados conseguem participar da sua primeira reunião de lançamento, conseguir oferecer uma data de reforço imediatamente é essencial para assegurar que certo convidado ou cliente poderá ver seu produto.

DICA Marcar duas reuniões de lançamento muito perto uma da outra também lhe dá uma prática imediata, aumenta sua confiança e ajuda a se familiarizar com a linha de produtos. E mais, ver as reações dos convidados cria entusiasmo.

Se alguma convidada diz que não pode ir à primeira reunião, basta dizer: "Tudo bem, Michelle! Farei uma segunda no dia _____ para as pessoas que não podem vir. Fica melhor para você?"

DICA Para ter melhores resultados, não mencione o lançamento de reforço até um convidado dizer que não pode participar do primeiro.

Dependendo das vendas, você pode combinar as duas reuniões em ordem ou dividi-las em duas ótimas reuniões. Essas duas reuniões serão o caminho certo para você ganhar as recompensas do programa Início Rápido da empresa.

Após o Lançamento: Apresentando Meu Método de Dois Agendamentos

Esta seção descreve o que chamo de meu *método de dois agendamentos* para marcar suas seis primeiras reuniões.

Suas duas primeiras reuniões

Suas duas primeiras reuniões serão (sem nenhuma surpresa) as reuniões de lançamento e reforço já explicadas. Elas criam a base para gerar interesse e desejo por seus produtos, conseguindo vendas, agendamentos e recrutamentos.

Suas duas segundas reuniões

Você espera até depois das reuniões de lançamento e reforço para marcar a terceira reunião? Não. Você deve marcar duas reuniões extras na agenda mesmo antes de ter as reuniões de lançamento. Isso começa a preencher sua agenda e dá continuidade ao seu início bem-sucedido.

Se alguém não consegue ir às suas duas reuniões de lançamento, basta dizer:

> "Amanda, a maneira como você poderia me ajudar é organizando uma das minhas primeiras reuniões! Suas amigas vão amar. É muito divertido, e elas experimentarão produtos incríveis. Você ajudará a me estabelecer no meu novo negócio enquanto consigo a prática de que preciso. Em troca, você terá uma maratona de compras generosa para adquirir produtos gratuitos e com desconto! Acha que poderia me ajudar?"

Agendando duas reuniões extras, você também pode implementar rapidamente o que descobriu nas duas primeiras reuniões em relação às técnicas que funcionaram melhor, com quais produtos os convidados ficaram empolgados e quais foram os itens mais populares comprados. Isso também lhe permite atingir o primeiro nível de seu Início Rápido!

Suas duas terceiras reuniões

Suas reuniões de lançamento e reforço são também excelentes lugares para conseguir dois ou mais agendamentos extras (lembre-se, é provável que consiga outros dois agendamentos com pessoas que não puderam participar das reuniões de lançamento).

LEMBRE-SE Um dos segredos para fazer os convidados desejarem organizar uma reunião é seu entusiasmo e sua empolgação. As pessoas gostam de ficar cercadas de pessoas animadas em compartilhar sua paixão pelo novo negócio.

Enquanto todos se divertem na reunião, você terá uma oportunidade para pedir a cada convidado que organize sua própria reunião para ajudar seu negócio a ter um ótimo começo e obter alguns produtos incríveis absolutamente de graça. Quando passar um tempo com cada convidado, poderá dizer algo assim:

> "Karina, não foi divertido? Você pensaria em organizar sua própria reunião? Tenho certeza de que suas amigas adorariam e me ajudaria muito a ter um ótimo começo no negócio. Tratamos nossas convidadas de modo muito especial; as recompensas são incríveis mesmo."

Você também pode convidá-la para ver a oportunidade de negócio:

> "Karina, descobri que amigas que entram juntas no negócio se divertem mais e têm mais sucesso. Você deveria pensar em fazer isso comigo; adoraria trabalhar com alguém como você!"

LEMBRE-SE Sempre verifique em sua reunião se está oferecendo todos os serviços para comprar, organizar ou se associar. Várias pessoas enfatizam muito as vendas, e por mais que isso seja empolgante, marcar agendamentos e fazer alguém se associar a você criará um negócio sustentável. Mesmo que a meta que dei neste capítulo seja conseguir, pelo menos, dois agendamentos, seu objetivo final é sempre agendar o máximo possível de reuniões ou consultas individuais.

AGENDANDO INDIVIDUALMENTE NO LUGAR DE REUNIÕES

Sempre equiparo três consultas individuais a uma reunião, portanto, você poderia agendar três consultas individuais no lugar de uma de suas seis primeiras reuniões.

O Capítulo 12 explica mais sobre as consultas individuais. É quando você se reúne com um cliente em potencial ou membro da equipe para debater sobre o negócio e compartilhar produtos. As consultas individuais são populares nas empresas Marketing de Rede e, às vezes, necessárias ao estabelecer seu negócio ou aprofundar sua relação com um novo contato.

No geral, uma reunião de lançamento em casa é onde você faz vendas acima da média, consegue o agendamento de duas a quatro reuniões extras e encontra pessoas interessadas em se associar à oportunidade de negócio. Você não conseguirá sempre, mas se entrar com essa expectativa, a probabilidade é muito maior. Não só para si mesmo, mas também quando trabalha com novos membros da equipe e os ajuda a iniciar seus negócios com sucesso.

O maior benefício de ter seis reuniões nos primeiros trinta dias é que você começa seu negócio em bases firmes. Você ganha dinheiro de imediato, consegue a prática necessária e cria impulso. Além disso, se sentirá bem consigo mesmo e com seu negócio. Seus amigos, familiares e possíveis clientes verão em primeira mão que o negócio é divertido, fácil e compensa financeiramente. Em geral, você consegue recuperar o custo do seu kit inicial nos primeiros trinta dias, se não no final de suas reuniões de lançamento.

Você pode dizer: "Bem, entrei no negócio para fazer apenas uma reunião por semana" ou "Entrei nisso em meio expediente". Tudo bem. É seu negócio, afinal. Ma, assim que treinar e se sentir à vontade com o que está fazendo, poderá marcar as reuniões segundo suas necessidades.

LEMBRE-SE

Como em qualquer trabalho, sobretudo em uma posição de vendas, há um período de treinamento. Em geral, o treinamento não tem comissão. Nas vendas diretas, você estará treinando e ganhando uma renda ao mesmo tempo.

Essas seis primeiras reuniões lhe proporcionarão um novo negócio e ajudarão a preencher sua agenda para os próximos meses. Será muito mais fácil manter as coisas funcionando e continuar ganhando dinheiro quando chegar no final de trinta dias com reuniões ou consultas na agenda, confiança adquirida com as novas habilidades e uma sensação de sucesso.

> **NESTE CAPÍTULO**
>
> » Explorando os seis elementos-chave de uma reunião de sucesso
>
> » Falando em reuniões, com exemplos de roteiro
>
> » Aumentando o desejo por produtos, organização e oportunidade

Capítulo **9**

Organizando Reuniões de Sucesso

Com meus muitos anos de experiência em vendas diretas, participei de milhares de reuniões em casa e tive o privilégio de fazer parte de várias pesquisas e grupos de estudo. Na época, descobri por que as pessoas querem organizar e participar de reuniões em casa e os melhores modos de fazer isso. Este capítulo tem um resumo do meu conhecimento sobre esse importante tópico.

Ao contrário do que se possa pensar, a reunião em casa é animada e saudável. As pessoas gostam dela como uma forma de entretenimento. Uma reunião em casa é um bom motivo para reunir amigos e socializar. No mundo agitado e estressante de hoje, é uma boa oportunidade para as pessoas se reunirem e relaxarem.

Exceto por sua reunião de lançamento, quando está fazendo uma reunião em casa (também conhecida como *apresentação*, *workshop*, *aula*, *hora de produtos naturais*, *exposição especial* etc., dependendo da empresa), você costuma precisar de outra pessoa para organizar o evento. Se é em casa, no local de trabalho ou outro tipo de estabelecimento, essas pessoas são geralmente chamadas de anfitriões. Os *anfitriões* são pessoas que querem convidar um grupo para ver ou experimentar os produtos.

Seu anfitrião pode ser visto como o parceiro comercial da noite. Normalmente, ele recebe algum tipo de recompensa da empresa por tirar um tempo para apresentar a linha de produtos ou a oportunidade de negócio a um novo grupo de pessoas. Essa relação é importante, portanto, é essencial que você trate os anfitriões com profissionalismo e gentileza. Também é muito importante entender por que alguém escolheria fazer um evento com você.

Breve História das Reuniões em Casa

Voltando aos primeiros dias do Tupperware, o produto não tinha muito sucesso nas prateleiras de uma loja. Ele precisava ser apresentado e comentado. Assim que o produto fez parte de uma demonstração, começou a vender muito, e assim começou a popularidade da reunião em casa ou apresentação.

Nos anos 1950, 1960 e 1970, a reunião em casa significava socializar. Era um modo de a dona de casa sair para se divertir com amigas e vizinhas, e ver o que a anfitriã serviria de sobremesa. E como grande parte das mulheres não tinha trabalho ou renda independente, a ideia de ter produtos gratuitos era atraente. Resumindo, elas se divertiam visitando amigas, vendo produtos e comprando.

Nos anos 1980, 1990 e início dos anos 2000, a reunião em casa focou mais a instrução e o aprendizado sobre produtos. O aumento no número de produtos distribuídos por vendas diretas foi surpreendente. Você conseguia praticamente qualquer coisa que quisesse para sua casa, sobretudo em relação a saúde, beleza e guarda-roupa. Foi uma época em que as pessoas ainda queriam socializar, mas estavam muito interessadas em conseguir coisas para suas casas gratuitamente ou com um bom desconto.

As reuniões em casa eram muito populares. As apresentações ficaram maiores, e as(os) anfitriãs(ões) (sim, sem sexismo aqui) eram encorajadas(os) a pegar muito leve nas comidas. Você não queria dar muito trabalho para elas(es). As(os) anfitriãs(ões) queriam ser as(os) primeiras(os) no círculo de amigas(os) a apresentar uma nova empresa e seus produtos.

Nos últimos dez anos, as reuniões em casa voltaram ao ponto inicial. Com a correria da vida, as amigas raramente se encontram hoje. Elas querem a experiência de socializar, assim como a possibilidade de comprar em um local. As reuniões em casa oferecem ambas.

O Apelo das Reuniões em Casa

O que as pessoas querem em uma reunião em casa? Socializar. Elas se divertem comendo e bebendo, querem socializar com aqueles com quem se importam. Também querem que sua apresentação seja muito curta, não passando de 20-25 minutos.

Elas não querem muitos detalhes sobre todos os produtos. Preferem que os benefícios e as características dos itens mais populares sejam destacados, então partem para a experiência de compra. Não querem ouvir sermões o tempo inteiro. Querem participar, interagir na experiência. Desejam ser atendidas ou auxiliadas na experiência de compra e esperam que os representantes tenham experiência e sejam profissionais em sua conduta.

As anfitriãs querem proporcionar às amigas uma noite divertida. Querem entreter e oferecer comidas leves aos convidados. Em primeiro lugar, fazem isso para que as pessoas possam passar o tempo socializando. Querem dar às amigas uma experiência de compra conveniente, na qual podem experimentar os produtos antes de comprá-los. As anfitriãs também não querem que as amigas fiquem sentadas durante uma longa apresentação. Elas só querem os pontos principais da empresa e os benefícios do produto para que as amigas possam se envolver e interagir.

LEMBRE-SE

Qualquer coisa feita para envolver os convidados será um sucesso.

Há três motivos principais para as pessoas decidirem organizar uma reunião:

» **Diversão:** As pessoas gostam de ser entretidas e instruídas ao mesmo tempo. As anfitriãs gostam de interagir com os convidados e experimentar o produto.

» **Produtos gratuitos e com desconto:** As pessoas gostam de coisas gratuitas, claro, mas também dizem que não querem fazer uma reunião às custas das amigas. Elas realmente gostam de produtos gratuitos e com desconto *sem* a ênfase de que conseguirão algo gratuito ou o fato de que estão fazendo uma reunião para obter produtos gratuitos.

» **Ajudar uma amiga:** As pessoas gostam das amigas, e a maioria diz que organizaria uma reunião para que elas possam se divertir. Ao falar sobre agendar uma reunião, é preciso dizer coisas como:

> "Suas amigas vão amar. Elas gostarão que você apresente esses produtos incríveis, e você conseguirá muitas ofertas ótimas para elas."

É importante ter em mente algumas metas para suas reuniões. Assim como uma anfitriã tem metas — a diversão das amigas, por exemplo —, você também precisa definir metas para poder medir o sucesso de sua reunião. Elas devem incluir gerar vendas, agendamentos e possíveis recrutas.

LEMBRE-SE Sem dúvida, a diversão é a grande prioridade para sua anfitriã e amigas. Mas você tem metas para expandir seu negócio. Uma reunião é considerada um sucesso quando você consegue vendas na média e acima, dois ou três agendamentos, duas ou três pessoas pegando informações sobre a oportunidade de negócios. Você sempre deve se esforçar para isso.

Se é uma reunião em casa, de lançamento (Capítulo 8) ou uma consulta (Capítulo 12), seis elementos-chave são necessários, e o restante deste capítulo detalha isso:

» Despertar desejo.

» Abrir os trabalhos.

» Fazer sua apresentação.

» Falar sobre agendamento.

» Falar sobre recrutamento.

» Fechar as compras dos clientes.

Despertando Desejo

Seu real objetivo em uma reunião é *despertar desejo*. Se você desperta desejo pelo produto, faz uma venda. Se desperta desejo pela organização, faz agendamentos. E se torna seu trabalho desejado, consegue possíveis recrutas.

DICA Mantenha o foco na anfitriã. Ela é a pessoa mais importante no ambiente. Tudo depende dela. Se ela está se divertindo e sabe que as amigas se divertem, conseguirá direcionar as vendas, ajudará nos agendamentos e sugerirá uma ou duas pessoas que amariam a oportunidade.

O despertar do desejo começa bem no início. A diversão começa no minuto em que os convidados passam pela porta, portanto, é extremamente importante que você tenha preparada e pronta toda a sua exposição e papelada antes de a campainha tocar pela primeira vez. Você está criando um ambiente divertido, por isso é importante encontrar e cumprimentar os convidados da anfitriã. Não erre nessa parte da reunião, pois ela dará o tom para o restante da noite. Deixe sua anfitriã focar o entretenimento.

Enquanto os convidados socializam, é a hora perfeita para você circular e conhecer todos. Informe o que eles podem esperar da noite e conheça a experiência deles com o produto.

Quando se aproximar das pessoas, estenda a mão, faça um bom contato visual e sorria. Uma conversa como a seguinte funcionará em qualquer reunião:

Você: Oi, meu nome é Maria, e você é...?

Melissa: Sou Melissa.

Você: Melissa, é sua primeira vez em uma reunião de spa?

Melissa: Sim, nunca estive em uma antes.

Você: Bem, muito obrigada por vir. Hoje vamos mimá-la, e mal posso esperar para mostrar nosso spa natural e produtos de banho. O que você acha?

Melissa: Parece ótimo!

Você: Vamos começar daqui a pouco. Fique à vontade para olhar a mesa.

Se a pessoa esteve em uma reunião antes, você pode dizer algo assim:

Você: Bem, Melissa, você gostará de saber que acabamos de lançar nosso catálogo e temos produtos novos e incríveis. Eu os trouxe hoje, e você será uma das primeiras a vê-los. Sei que vai amar.

Melissa: Certo, ótimo!

Lembre-se de focar sua anfitriã. Você também pode perguntar a Melissa como elas se conheceram.

Para um formato *open house*, você pode dizer:

"Oi, Sara. É sua primeira vez em uma exposição de joias? Maravilha! Eu adoraria que você começasse circulando a mesa para examinar algumas dessas belas peças. Sugiro circular três vezes, porque pode ser difícil ver tudo na primeira vez. Sinta-se à vontade para experimentar qualquer coisa, porque ficará melhor em você do que na mesa. Estarei aqui socializando, caso tenha dúvidas. O que acha?"

DICA

Se os convidados não foram a uma reunião antes, eles vieram porque os amigos convidaram e porque têm interesse no produto. Se foram à mesma reunião várias vezes, é porque não só gostaram do produto como também amaram a reunião. E esse é o critério número um para qualquer pessoa decidir experimentar o negócio.

Sua recepção e seu cumprimento devem envolver as pessoas e atraí-las. Também desenvolve uma relação e simpatia. Você deve fazer a pessoa pensar *ela é agradável* ou *acho que será muito divertido*. Se as pessoas acham que você é agradável, gostarão de você. E se gostam de você, é mais provável que o apresentem ao grupo de amigas.

LEMBRE-SE: As pessoas fazem negócio com quem elas *conhecem*, de quem *gostam* e em quem *confiam*.

Abrindo os Trabalhos

A abertura é uma das partes mais significativas e importantes de uma reunião de sucesso. É onde você causa as primeiras impressões e tem a atenção total e completa dos convidados.

Sua abertura não deve ser muito longa; ela dura apenas alguns minutos. Você dá aos convidados uma visão geral da noite, os informa sobre o que esperar e o que ganham com isso.

LEMBRE-SE: Mas a abertura deve ser realmente forte. É preciso saber exatamente o que dizer. Se há uma parte do roteiro que você deve memorizar, é esta. Claro, você quer se sentir à vontade com a apresentação inteira da reunião, mas quer muito ter segurança na abertura.

Por fim, quando começar a mostrar os produtos, quer que os convidados se envolvam, riam e façam comentários; agora é o momento em que você quer que eles prestem atenção e digam para eles mesmos: "Nossa, estou feliz por estar aqui. Será muito divertido!"

O que não fazer

Quando você sabe exatamente o que dizer, fica muito confiante. Mas se não sabe e não teve tempo para memorizar, tende a cometer erros, dar informações erradas e pode até se esquecer de agradecer à anfitriã. Você aparenta nervosismo.

Quando as pessoas ficam nervosas ou não pensaram no que querem dizer, tendem a limpar a garganta e gaguejar:

> "Ah, eee, ah, meu nome é Beto e, ah, obrigado, Antônio, por me convidar para esta noite, ah..."

Provavelmente, isso não será bem recebido por seus convidados.

Em geral, pessoas nervosas e despreparadas acrescentam um som agudo no final das frases, quase cantado. Chamo isso de *improviso*:

> Oi, meu nome é Maria... Farei a reunião... Quero agradecer a Marta... pela reunião... e *improviso, improviso, improviso.*

Veja outro modo como as pessoas perdem esse precioso momento, dizendo:

> "Oi, sou Maria e gostaria de começar falando um pouco sobre a empresa" ou "Oi, sou Maria e gostaria de começar falando um pouco sobre mim."

Na abertura, você quer chamar a atenção com algo sobre *elas*. Veja o próximo exemplo de como se apresentar e introduzir a empresa.

Criando uma abertura poderosa

Algumas dicas para criar uma abertura poderosa:

- **Pratique seu nome.** Pode parecer bobo, mas pratique dizer seu nome antes da reunião. Você quer parecer confiante quando se apresentar.

- **Faça uma afirmação positiva.** Sempre faça afirmações positivas para os convidados. Dependendo da linha de produtos, você pode dizer coisas como: "Será muito divertido", "Você ficará muito feliz por ter vindo" ou "Vamos nos divertir muito hoje à noite". Isso dá o tom para como seus convidados se divertirão pelo restante da noite.

- **Compartilhe o que você fará pelas pessoas.** Cause impacto com, pelo menos, três coisas que elas conhecerão:

    "Vou mostrar como fazer refeições simples e fáceis em menos de trinta minutos."

    "Vou mostrar como criar refeições que a família inteira amará."

    "Vou ajudar a cortar pela metade a lista do mercado com receitas de quatro ingredientes."

    E assim por diante. Você também pode mencionar como será a reunião, fazendo uma apresentação curta, distribuindo catálogos e auxiliando as pessoas individualmente no processo de fechamento da compra.

- **Plante sementes de agendamento.** Os agendamentos estão entre as coisas mais valiosas obtidas nas reuniões. Você falará sobre agendamento um pouco mais tarde, mas na apresentação, pode começar a plantar sementes.

    "Fazer uma reunião é muito divertido, e espero que vocês pensem sobre como suas amigas se divertirão em suas próprias casas."

    Não é preciso entrar em detalhes aqui, basta plantar uma semente e despertar o desejo. Plante sementes cinco vezes durante toda a apresentação.

> » **Plante sementes de recrutamento.** Os três serviços mais importantes que você pode oferecer são comprar como cliente, economizar como anfitrião e ganhar como representante. Você quer assegurar que também plantará essas sementes no início da reunião, para que as pessoas possam ponderar pelo restante da noite. Mais uma vez, não entre em muitos detalhes aqui, basta descrever como seria a renda extra para as pessoas e a família.
>
> » **Agradeça à anfitriã.** Sempre reconheça o esforço da anfitriã e agradeça por oferecer a casa, e agradeça também aos convidados por comparecerem.

Exemplo de abertura

Sua abertura pode ser assim, podendo ser modificada para qualquer reunião:

"Oi, meu nome é Maria e farei a reunião esta noite. Levantando rápido as mãos, quantas de vocês já foram a uma reunião de joias antes?

"Ótimo! Vocês vão se divertir de verdade, porque tenho muitas joias de designer para compartilhar esta noite. Tenho um pouco de tudo para vocês, dependendo do estilo, da personalidade e do orçamento. Vocês se apaixonarão tanto por nossas belas peças e estilos, que o maior desafio da noite será o que escolher. Se não conseguirem ter tudo que desejam hoje, o melhor modo de resolver isso é organizando sua própria reunião, como Sara está fazendo esta noite.

"Nós realmente valorizamos nossas anfitriãs e gostamos de tratá-las com uma maratona de compras generosa de itens gratuitos e com desconto, além de uma noite divertida com as amigas.

"Como podem observar na reunião desta noite, é divertido e muito simples. Se alguém quiser um modo de adicionar uma renda extra ao orçamento doméstico, ficará contente em saber que, em média, ganhamos cerca de R$800 a R$1.000 em uma noite." (Seja qual for a média da empresa.) "Se quiserem informações, eu ficaria contente em enviá-las para a casa de vocês.

"Com isso, gostaria de agradecer a Sara por abrir para mim sua casa, e também agradeço a cada pessoa por ter vindo. Agora quero apresentar a vocês o maravilhoso mundo do(a) _____ (sua empresa)."

Como pode ver, a abertura é muito curta e simples. Se você aprimorar essa parte da reunião, o resto será moleza.

Fazendo Sua Apresentação

Você deseja que a apresentação inteira do produto seja curta, simples, empolgante e consistente. De fato, deve ser divertida e instrutiva ao mesmo tempo. Não deve entrar em muitos detalhes sobre a linha de produtos e deve ficar longe da história detalhada da empresa. Poderia acabar perdendo a atenção dos convidados.

Dicas de apresentação

Veja algumas dicas para criar uma apresentação imbatível:

» **Mantenha-a curta.** Para manter sua apresentação dentro de 20–25 minutos, você deseja mostrar seus produtos em grupos ou conjuntos. Parece que está mostrando um produto, mas na verdade mostra quatro. Basicamente, isso pode ajudar a aumentar a média da reunião.

» **Use testemunhos, porque eles vendem.** Quanto mais histórias e testemunhos você conseguir usar na reunião, melhor. Eles mostram que seus produtos são amados e usados por muitas pessoas. Se a anfitriã já tem alguns produtos ou se há convidados que compareceram antes, você pode pedir que eles falem sobre seu produto favorito. Os testemunhos são o único ingrediente poderoso que leva as pessoas a tomarem uma atitude.

» **Venda benefícios, não detalhes.** Atenha-se aos benefícios do produto e ao que ele pode fazer pelas pessoas. Não entre em detalhes sobre como ou onde os produtos foram feitos etc. Se sua empresa tem muito conteúdo concreto, você pode reuni-lo em um fichário e informar aos convidados que você tem mais detalhes para eles verem enquanto compram, caso queiram.

Mostre valor compartilhando os benefícios. Seus clientes precisam entender como os produtos irão impactá-los e como farão diferença na vida deles. *Como isso facilitará minha vida? Como economizará tempo e dinheiro?* Valor também significa mostrar versatilidade, caso os produtos possam ser usados de vários modos. "Meninas, nenhum guarda-roupa está completo sem _____. Nenhuma cozinha está completa sem _____."

» **Plante mais sementes de agendamento e recrutamento.** Você precisa plantar sementes durante a reunião. Deve plantar três em sua apresentação. Para os agendamentos: "Isso é algo que você pode escolher como seu item com 50% de desconto quando organizar sua própria reunião." No recrutamento, você pode compartilhar por que iniciou na empresa e o que o negócio fez por você e sua família. De novo, você não deve entrar em muitos detalhes. Lembre-se de que quer manter a apresentação fluindo em um ritmo suave.

Sua apresentação focará o produto, com pitadas de informações sobre agendamento e recrutamento, e com o valor no topo. Lembre-se, se as pessoas veem o produto e gostam dele, provavelmente compram.

Despertando mais desejo pelo produto

Você deve reforçar o produto para que qualquer pessoa que ouça se sinta compelida a comprar. Ela terá um desejo, uma vontade e uma necessidade. Evite descrever os produtos. Se você segura uma bolsa azul, não descreva a cor nem o tamanho. A aparência é óbvia. Ao contrário, venda os benefícios. Informe o que a bolsa pode fazer pela pessoa. O quanto é funcional? É perfeita para uma roupa casual ou para uma ocasião?

Veja dois exemplos de venda de castiçais. Primeiro, como não fazer:

> "Este próximo item, meninas, é de nossa coleção vintage. É nosso belo vaso vintage. Vocês podem colocar flores e velas nele. Podem colocar frutas."

Em vez disso, crie uma imagem:

> "Este próximo item, meninas, é de nossa coleção vintage. E tem um vaso com castiçais combinando. Fui à casa de minha anfitriã outro dia e ela tinha nosso belo vaso no centro do console da lareira, com um grande buquê de flores caindo sobre ela. De um lado, ela acentuava com nossos lindos castiçais. Preciso dizer que estava sensacional."

Você precisa compartilhar histórias.

DICA: Veja se está usando muitos adjetivos, em vez de apenas um. Uma ideia é fazer uma lista de todos os produtos e, ao lado, escrever uma descrição. Assim, durante a apresentação, não usará as palavras *meu favorito*, *tão incrível* ou *especial* para cada produto apresentado.

Falando sobre Agendamento

Uma conversa para agendamento é essencial para o negócio fluir. No Capítulo 7, fiz referência aos agendamentos como *a pulsação do negócio*. Eles auxiliam a manter a agenda cheia e ajudam você a ver mais pessoas e, claro, a conseguir a comissão desejada.

Escolhendo o que dizer

A maioria dos consultores não tem uma conversa para agendamento convincente ou não praticam. Você precisa fazer ambos. De novo, é importante memorizar seu roteiro. Do contrário, é provável que fique perdido e seja difícil ir direto ao ponto. É preciso ter uma conversa para agendamento convincente sem entrar muito em detalhes. Pegue leve com o que a anfitriã recebe e equilibre com o que as amigas recebem.

Vi e ouvi muitos exemplos. Veja os dois mais populares. Algumas pessoas dizem apenas algo assim:

> "Então, meninas, se vocês quiserem fazer uma reunião, me informem."

Isso faz você querer fazer uma reunião? Provavelmente não. Você não compartilhou os benefícios de organizar e nem despertou desejo. Você está passando para elas a responsabilidade por tomarem a decisão, provavelmente não marcando uma data em sua agenda.

A outra conversa para agendamento que ouço com frequência é exatamente o oposto e segue assim:

> "Meninas, gostaria de falar um pouco sobre o que Sara está fazendo hoje. Como anfitriã, Sara ficará com muitos produtos gratuitos. Vou dar um exemplo de como funciona. Em primeiro lugar, ela pode ganhar 20% de suas vendas em produtos gratuitos. Agora, a apresentação média gira em torno de R$3.700,00 em vendas, de modo que ela receberá cerca de R$740,00 para gastar como quiser. Não é só isso. Sara também foi beneficiada com quatro itens pela metade do preço, podendo ser qualquer coisa em nossa linha. De fato, ela também pode ter um bônus do anfitrião. Para cada agendamento que ela fizer, receberá este item. Com três agendamentos, poderá ter aquele. Não é tudo! As anfitriãs também aproveitam nossos produtos exclusivos para quem organiza a reunião."

E assim continua. Esse tipo de conversa para agendamento também não funciona. É demais, dá muita informação e parece complicado ser uma anfitriã. Você não quer treinar a anfitriã antes de ter uma.

O segredo é fazer as reuniões parecerem divertidas para as amigas e fáceis de organizar. Você deve falar com as pessoas no ambiente, não com a anfitriã atual. Como acontece com os produtos, o foco está nos benefícios, não na descrição. Você deve fazer as pessoas pensarem: *Afinal, por que eu não desejaria organizar uma reunião?*

Algumas coisas que você pode trabalhar na conversa para agendamento:

- » É fácil fazer uma reunião.
- » Suas amigas gostarão que você faça uma.
- » É muito divertido.
- » Farei grande parte do trabalho.

> Como um agradecimento meu e da empresa, as anfitriãs se beneficiam com produtos gratuitos e com desconto.

> Suas amigas aproveitarão nossas ofertas.

> Os convidados gostarão de conhecer nossos produtos.

Veja um exemplo de conversa para agendamento eficiente:

"Meninas, tenho certeza de que vocês se divertiram muito hoje e possivelmente não adquiriram tudo o que queriam esta noite. Devem estar pensando: *Nossa, uma maratona de compras de R$500 parece ótimo.* Deixe-me dizer como é simples e fácil, e realmente tem a mesma duração desta noite.

"Vocês todas não se divertiram aqui hoje? É a mesma diversão que terão em casa com suas amigas. Elas gostarão que você as convide para uma noite de garotas, apresentando esses produtos incríveis.

"Farei grande parte do trabalho, e tudo que vocês precisam fazer é reunir algumas amigas e ter uma ótima noite socializando e comprando. Então, para ser sincera, por que não organizar sua própria reunião?

"É por isso que encorajo que todas vocês hoje digam sim, e trabalharei com vocês em uma data adequada em sua agenda."

Se você começar com confiança e entusiasmo sobre o negócio e os produtos, os convidados espelharão essa mesma energia.

Despertando desejo para organizar

Há maneiras de despertar o desejo para organizar durante sua apresentação ou na conversa para agendamento. O mais importante a lembrar é que as *histórias vendem*. E mais, quando estiver falando sobre o produto, pode soltar coisas sobre agendamento. Novamente, plantando sementes. Veja alguns exemplos:

"Este próximo item, meninas, é muito popular em nossa linha e costuma ser distribuído gratuitamente mais do que qualquer outro. Acho que grande parte das minhas anfitriãs escolhe esse item com o crédito dado a elas do que qualquer outro em nossa linha. É uma das opções mais populares pela metade do preço."

Outra ideia quando planto uma semente de agendamento, mesmo falando sobre um produto:

"Este próximo item, meninas, é um dos mais populares. Na verdade, fiz uma apresentação na sala dos professores depois do horário semana passada e vendi seis."

Agora estou falando sobre o produto, mas o que estou dizendo de fato? "Fiz uma apresentação na sala dos professores depois do horário." Existe uma ideia aqui, e ela dá às pessoas opções para fazer uma reunião em um lugar que não em casa.

Conversa para Recrutamento

Sua conversa para recrutamento será curta e simpática. Você não quer pressionar as pessoas, mas mencionar o que o negócio pode fazer por elas. Se há benefícios para recrutamento ou ofertas na empresa, você pode mencionar isso também. Veja um exemplo de conversa para recrutamento:

> "Meninas, vocês me observaram fazendo a reunião hoje e puderam ver como é fácil. Provavelmente estão pensando que R$3.000,00 extras por mês seriam ótimos. Bem, deixe-me dizer como é fácil começar a trabalhar em nossa empresa."

Você pode ser breve. Então:

> "Se estiverem interessadas ou conhecerem alguém interessado no negócio, e quiserem um pacote de informações, ficarei feliz em enviar um para sua casa."

Há muito mais além disso. Você plantará sementes durante a apresentação. O Capítulo 14 detalha bem o recrutamento. A principal ideia é mostrar às pessoas que seu trabalho é fácil. Você não veio com muitas bolsas, não passou muito tempo apresentando e fará com que as pessoas sintam que seu trabalho também é divertido.

LEMBRE-SE

Quando as pessoas observam seu trabalho em ação e começam a se apaixonar por muitos produtos, fica fácil se verem vendendo para as amigas.

Como mencionado antes, seu principal objetivo na reunião é despertar desejo. Metade das pessoas em uma reunião tem algum nível de interesse. É seu trabalho criar uma atmosfera segura e relaxada em que as pessoas possam mostrar interesse sem pressão para se associarem.

Venda Adicional, Encerramento e Fechamento

Você fez uma apresentação incrível, todos estão engajados e se divertindo. Você plantou sementes de agendamento e recrutamento e está pronto para começar o processo de encerramento. Continue engajado durante o encerramento. É importante estar presente e no ambiente enquanto os convidados olham a mesa de produtos e o catálogo. Você diz algo como:

> "Muito bem, pessoal, por que vocês não se aproximam da mesa? Vocês podem experimentar alguns produtos sobre os quais falei esta noite, assim como outros que não mencionei. Não se preocupem se a mesa ficar desarrumada!"

Fique perto da mesa para responder às perguntas. Isso lhe dará a oportunidade de falar sobre mais produtos do que conseguiu na apresentação. Assim que as convidadas começarem a voltar para seus lugares verificando os catálogos, diga algo assim:

> "Certo, meninas, vejam o catálogo, e, antes de começarem a comprar, informarei sobre as ofertas do mês." (Cite as ofertas e coloque panfletos no local, se ainda não o fez.) "Vou circular para ajudar nas compras de hoje, para que se sintam à vontade para fazer perguntas."

Quando as pessoas estiverem prontas, você estará preparada para começar a fechar o serviço. Se elas não tiverem um formulário de pedido para preencher, comece ajudando-as. Também descubra o melhor preço para elas, caso a empresa ofereça um plano econômico. Se elas já preencheram o formulário, repasse os produtos com elas para ter certeza de que têm tudo de que precisam. Não foque o total. Veja os produtos pedidos. Está faltando um produto que tornaria a experiência melhor? Por exemplo, se elas têm tudo para fazer uma pizza, mas não um cortador, pergunte se gostariam de adicionar um ao pedido.

Muitas vezes, é fácil ficar empolgado com o total. Mas é sua responsabilidade atender as clientes e assegurar que tenham tudo de que precisam. Quanto mais atender as clientes e criar experiências positivas, mais elas continuarão a fazer negócios com você e recomendarão seus serviços a outras pessoas.

Alguns anos atrás, fui convidada para uma reunião de velas que uma amiga estava organizando. Meu filho, que havia acabado de se mudar para seu próprio apartamento, me pediu para escolher algumas velas para o novo lugar. Acabei pedindo três castiçais para ele e um para minha cozinha. Meu pedido total ficou em cerca de R$900,00. A representante ficou muito feliz e me agradeceu emocionada.

Quando meu filho apareceu para pegar o pedido, abriu a sacola e disse: "São lindos, mas onde estão as velas?" Eu me concentrei tanto em escolher os castiçais, que esqueci as velas. A representante deixou escapar esse detalhe, porque também ficou muito animada com o total do pedido. Se ela tivesse assegurado que eu teria tudo de que precisava, teria notado, e isso acrescentaria R$200,00 ao meu pedido.

A *venda adicional* melhora sua relação com os clientes, oferecendo-lhes outros produtos. Veja dois modos de fazer tal venda:

» **Venda de benefício *versus* venda descritiva:** A *venda descritiva* explica o que o produto é sem focar os benefícios. Sempre compartilhe com os clientes os benefícios dos produtos. Como eles se sentirão? Como facilitará a vida deles? Mostre aos clientes o valor que eles terão com os produtos.

» **Sempre apresente em grupos:** Se você apresenta um produto, vende um produto, portanto, sempre mostre os produtos em grupos. Se você é representante de unhas, ao mostrar embalagens de unhas, sempre complemente mostrando um kit de aplicação, miniaquecedor e creme para as mãos. Assim, quando as pessoas comprarem um item, irão associá-lo a comprar os outros três. Aprender a agrupar e ter um preço final é essencial para ajudar a aumentar as médias da reunião. Algumas pessoas compram o que está no manequim porque não têm criatividade para montar o look. Mostre itens em grupos para oferecer criatividade.

DICA

Você também sempre deve elogiar as pessoas quanto às escolhas do produto. Elas querem sentir que fizeram boas escolhas e receberam um bom valor pelo dinheiro gasto. Isso deixará as pessoas com uma atitude positiva para pensar em agendar sua própria reunião com você.

Assim que fechar o pedido, agradeça à pessoa e pergunte se ela se divertiu na reunião. Também é onde desejará perguntar se ela pensaria em fazer sua própria reunião com as amigas (detalho isso no Capítulo 7). Então, como um fechamento final do serviço, pergunte se ela está interessada em levar para casa alguma informação sobre a oportunidade de negócio e o que a empresa tem a oferecer.

> **NESTE CAPÍTULO**
>
> » Entendendo a principal função das anfitriãs no negócio
>
> » Descobrindo por que as anfitriãs fazem o que fazem
>
> » Treinamento presencial
>
> » Mantendo-se animado e engajado
>
> » Mantendo a anfitriã informada
>
> » Treinamento online

Capítulo 10
Treinando a Anfitriã

Quando você quer abordar novas pessoas com seus produtos, serviços e oportunidade, o modo mais eficiente é uma reunião (às vezes chamada de *apresentação*, *workshop*, *aula* ou *exposição especial*). Quando as pessoas recebem seu evento em casa, no local de trabalho ou em um estabelecimento, emprestam o entusiasmo e o círculo de amigos delas naquela noite. Isso significa que, naquele momento, se tornam seus parceiros comerciais. Em geral, a empresa lhes dá recompensas pelo tempo e por apresentarem a linha de produtos a um novo grupo.

Sua anfitriã deve, mais do que você, ter uma noite de sucesso; afinal, você está investindo suas horas de trabalho, mas ela investe em você horas recreativas muito limitadas. E mais, a pessoa confia em você para ajudá-la a ter uma noite divertida com as amigas. É um fato importante, que retomarei posteriormente neste capítulo.

Para ajudar suas anfitriãs a ter noites de sucesso, da perspectiva delas e da sua, você precisa encorajá-las e instruí-las. O *coach do anfitrião* faz parte do negócio. Ele pode, literalmente, ajudar ou acabar com sua reunião. É sua responsabilidade treinar a anfitriã sobre como ter sucesso no evento. Você não precisa passar *muito* tempo no coach, mas é importante se conectar com a pessoa e prestar bastante atenção nos detalhes.

LEMBRE-SE — Uma anfitriã que tem ótimas experiências com você é o melhor membro da equipe no futuro. Ela gosta do método de vendas, fica entusiasmada com os produtos e, o mais importante, gosta de você.

Entendendo a Motivação da Anfitriã

O principal motivo para as pessoas agendaram reuniões hoje é a diversão. Se os convidados se divertirem, é muito provável que eles mesmos agendarão reuniões, e se você mencionar "Quando fizer uma reunião, suas amigas gostarão, e eu asseguro que se divertirão", é muito possível que despertará o interesse de alguém.

DICA — As anfitriãs gostam de produtos gratuitos e com desconto, mas preferem oferecer aos convidados um benefício. Como elas estão interessadas em tornar a reunião divertida e uma experiência positiva para as amigas, converse sobre os benefícios. Veja se ela sabe quais são as ofertas daquele mês e treine a pessoa para dizer aos convidados o que aprenderão naquela noite, bem como o valor que receberão apenas por irem.

Algumas empresas têm programas de agendamento nos quais uma anfitriã recebe um presente caso certo número de pessoas também agende sua própria reunião. As pessoas querem ajudar os amigos, portanto, se sabem que o anfitrião receberá algo extra, poderão estar mais inclinadas a marcar uma data com você.

LEMBRE-SE — Mas, na verdade, o aspecto mais importante ao vender suas reuniões é a diversão que os convidados terão.

Com todos meus anos de experiência e minha participação em muitas reuniões, pesquisas e grupos de estudo, consegui reunir informações valiosas que o ajudarão a entender por que alguém organizaria uma reunião com você e o que motiva (ou não) a pessoa. Nos últimos anos, entrevistei grupos de representantes independentes sobre qual era o maior desafio no negócio. Muitas vezes, eles respondem rápido: "Não consigo fazer agendamentos." Então corrigem, dizendo: "Na verdade, faço agendamentos, mas não consigo mantê-los."

Perguntei a inúmeras anfitriãs por que elas agendam uma reunião e depois cancelam. Veja uma resposta típica:

> Quando agendei, estava na casa da minha amiga, nos divertíamos, e a representante disse que seria fácil e divertido, e minhas amigas adorariam. Eu pensei: *certo, vou fazer*. No dia seguinte, a representante ligou e disse que eu precisava fazer uma lista de quarenta pessoas e precisava conseguir cinco pedidos externos. Se alguém não pudesse vir, teria que fazer com

que essa pessoa reservasse um agendamento antecipado. Ela queria que eu fizesse uma lista de tudo o que precisava e queria a certeza de ter pessoas suficientes para conseguir tudo o que desejava. Então decidi que era muito trabalho. Eu queria uma reunião para me divertir com as amigas, não apenas para ter coisas gratuitas.

Embora as solicitações que essa pessoa menciona tenham sido técnicas eficientes para reuniões de sucesso no passado, o grande número de etapas e o volume de trabalho podem crescer demais e muito rápido para a anfitriã de hoje.

Em minha pesquisa no grupo de estudo, o principal motivo para as pessoas *não* quererem agendar é que elas não querem fazer uma reunião e ganhar recompensas às custas dos amigos. Elas estão mais preocupadas com o que os amigos terão.

LEMBRE-SE Ao treinar uma anfitriã, enfatize os benefícios para os amigos dela, não apenas o que ela receberá.

Treinamento Presencial e Pedidos Externos

Conseguir um agendamento é ótimo, mas, claro, é só o começo. Grande parte do trabalho começa depois de fazer o agendamento, e boa parte desse trabalho está em ajudar a anfitriã a entender o que ela deve fazer para ter uma reunião de sucesso.

CUIDADO Independentemente da simplicidade do processo, se você não conversa com a anfitriã entre o momento que agendou e a noite da reunião, a participação será baixa e haverá poucos *pedidos externos* (pedidos das pessoas que não conseguiram comparecer), se houver algum.

Sobre tornar a reunião divertida, lembre-se: *quanto mais, melhor*. Para ajudar alguém a ter sucesso convidando as amigas, dê a ela coisas que podem ser ditas, ou seja, roteiros sobre o que os convidados podem esperar. Assim, quando ela convidar as amigas, se sentirá bem ao informar o que as aguarda.

Ao solicitar a ela que convide uma amiga e encorajar que o convidado traga outra amiga, peça à anfitriã que pense em uma pessoa que seja uma grande amiga da amiga dela e sugira usando o nome: "Oi, Carol, você devia pedir à Débora para vir com você." Isso faz as pessoas se sentirem especiais, lhes dando uma ideia com que agir, e provavelmente aumentará a participação.

DICA — Outro modo de aumentar a participação é passar exemplos de textos para a pessoa enviar às amigas, assim como informar quando enviá-los. Faça com que ela envie o texto no dia seguinte ao agendamento, mencionando: *reserve a data para uma ótima Noite de Meninas.*

Em seguida, dê a ela um texto de exemplo para que possa enviar uma semana antes, lembrando as convidadas: *estou ansiosa em ver você na minha reunião semana que vem! Traga uma amiga.*

Depois, no dia antes ou no dia da reunião, faça com que ela envie um texto informando: *não esqueça! Hoje é nossa noite de diversão! Espero você.*

CUIDADO — A anfitriã deve enviar o texto para uma amiga por vez. Peça a ela para usar o recurso "copiar e colar" do telefone para enviar esses textos com facilidade em mensagens individuais. Enviar um texto de grupo ou uma mensagem de grupo do Facebook é uma ducha de água fria, porque os convidados em potencial receberão múltiplas respostas com certeza destinadas unicamente à anfitriã. Os textos de grupo também fazem os convidados sentirem que a anfitriã se importa apenas com o número de convidados, não necessariamente com quem irá.

Além de ajudá-la a ter uma grande participação, treine-a sobre como conseguir pedidos externos, isto é, pedidos de pessoas que não podem participar da reunião. Isso pode incluir colegas de trabalho ou amigos e parentes fora do estado. Sua anfitriã pode enviar aos não participantes um link do catálogo online e do site pessoal. Esses pedidos externos podem ser sua conexão para repetir os pedidos, e até novos agendamentos e membros da equipe.

Informe à anfitriã que ela pode conseguir pedidos externos:

> "Nunca há uma noite perfeita para todos, portanto, se alguém não conseguir participar ou você quiser incluir convidados fora da cidade, envie a eles meu site, onde poderão encontrar um link para seu evento. Qualquer pedido feito contará para as vendas da sua reunião. E se você precisar de catálogos extras para seu local de trabalho, basta me dizer."

DICA — Dizendo isso, você está enfatizando a conveniência, em vez de parecer exigir mais trabalho por parte da anfitriã.

Mantendo a Anfitriã Animada, Engajada e Informada

O coach do anfitrião é um ingrediente da receita de uma reunião bem-sucedida. De fato, pode ser a contribuição mais importante para o sucesso do negócio.

Os motivos mais importantes para treinar as anfitriãs são mantê-las animadas e engajadas. Elas também querem estar informadas para que saibam o que esperar. Isso aumenta a confiança e a forte parceria com suas anfitriãs, o que geralmente leva a mais agendamentos e vendas, assim como vendas repetidas.

Quanto mais animadas ficarem, mais os convidados se empolgarão e melhor será a participação. Quanto mais engajadas as anfitriãs estiverem, mais motivadas estarão para tornar a reunião um sucesso. Quanto mais informações tiverem, mais poderão se preparar e mais inclusivo será o processo para elas.

Aumentando a animação

É importante aumentar a animação da anfitriã. Por quê? A animação é contagiosa. Se você está animado, a anfitriã fica animada, e os convidados também.

Veja exemplos do que dizer a uma anfitriã:

"Mal posso esperar para encontrar suas amigas!"

"Suas amigas vão amar você pela noite divertida de compras."

"Nada melhor do que uma noite com as amigas comprando produtos incríveis."

LEMBRE-SE

O principal motivo para as pessoas agendarem reuniões é a diversão, tanto para elas mesmas quanto para as amigas. Portanto, sempre leve para esse lado. Quanto mais diversão as anfitriãs e as convidadas têm, mais provável conseguir agendamentos e recrutas extras.

Você também pode deixar a anfitriã animada conversando sobre os produtos. Lembre-se, suas anfitriãs se apaixonam pelos produtos o suficiente para organizarem sua própria reunião. Se as anfitriãs ficam animadas com os produtos, falam sobre eles com as amigas. Isso deixará as convidadas animadas quanto a falar com as amigas e experimentar sua linha de produtos.

Dar às anfitriãs algumas ideias sobre o que dizer para as amigas pode ajudar a garantir uma maior animação:

"Será muito divertido, você vai amar."

"Maria, você não acreditará na qualidade dos produtos. Sei que vai amar a máscara e o lip tint. Pensei em você na hora!"

"Vou reunir as meninas para uma tarde no spa! Acho que está na hora de sermos um pouco mimadas."

"Farei uma degustação de alimentos hoje à noite, aqui em casa! Vamos aprender como preparar refeições rápidas, fáceis e deliciosas em menos de quinze minutos. A empresa tem coisas incríveis acontecendo este mês que sei que você não quer perder."

As anfitriãs venderão essa animação, contanto que você continue a passar empolgação para elas.

Mantendo a anfitriã engajada

Mantenha a anfitriã engajada e comprometida em colocar a reunião em movimento. Encoraje-a sobre postar e criar um evento no Facebook, levar catálogos para o trabalho, recolher pedidos externos e enviar mensagens de lembrete. Mantenha-a circulando e engajada com diferentes tarefas durante o processo. Dando a ela algumas responsabilidades simples, ela trabalhará com você para criar uma reunião bem-sucedida. Quanto mais engajada estiver, mais provavelmente estará comprometida em criar a melhor reunião possível.

DICA

Um jogo que muitas representantes acham eficiente é a rifa com 50 números. Você pega uma folha com 50 quadrados numerados de 1 a 50. Cada quadrado vale R$2,00. Antes da reunião, a anfitriã vende os quadrados. No final, um número é sorteado e alguém ganha R$100,00 de crédito em produtos. Isso não só aumenta a média da reunião em R$100,00, como também mantém a anfitriã em contato com as amigas, falando sobre o produto.

Outro jogo que certas representantes jogam para manter a anfitriã participativa é o bingo. A anfitriã pega uma cartela de bingo com várias tarefas (e um espaço vazio no meio), e se ela ganhar o bingo, recebe um presente adicional. Algumas tarefas são coisas como conseguir dez convidados, dois pedidos externos, postar seu evento no Facebook etc.

Mantendo a anfitriã informada

Você deve manter as anfitriãs informadas. Compartilhe a logística, como: *vou chegar meia hora antes*, *faremos isto na reunião* e *em qual área da casa posso ficar?*

CUIDADO

Verifique esses detalhes com as anfitriãs, porque, sem eles, elas não saberão o que dizer às convidadas; também não saberão o que devem fazer ao se preparar para a reunião. Se não mantiver as anfitriãs informadas e não falar com elas até o dia da reunião ou um dia antes, é provável que quebre a confiança de que podem contar com você. Então elas podem pensar em cancelar, o que não ajudará seus futuros agendamentos e nem inspirará a ajuda delas para conseguir mais agendamentos.

Esta seção mostra dicas que o ajudarão na comunicação de treinamento da anfitriã. Você não passará muito tempo em nenhum desses contatos. Pelo contrário, focará a tentativa de aproximação e "contato" com a anfitriã dez vezes. Esses dez contatos são dados aqui em ordem, desde o dia que você marca com a anfitriã até o acompanhamento depois da reunião.

O dia em que você agenda com a anfitriã

Se seu agendamento é de uma reunião anterior, a anfitriã já sabe um pouco sobre o que esperar durante a reunião. Você também deve ter pacotes de anfitrião à mão para dar a ela (o Capítulo 6 examina esses pacotes). Portanto, forneça um pacote de anfitrião e repasse um pouquinho na noite:

> "Leve para casa, examine e comece a convidar as amigas. Criarei um evento do Facebook para você, portanto, me adicione a sua lista de amigos para eu poder convidá-la. Depois disso, poderá convidar suas amigas para a página de evento também."

Informe que você registrará a reunião na empresa e colocará todas as informações de contato na sua agenda na data marcada (é um bom exemplo da importância de ter uma agenda).

LEMBRE-SE

Tente conseguir para ela uma amostra do produto e informe o quanto gostaria da ajuda para iniciar seu negócio. Consiga um pacote de anfitrião assim que possível, pessoalmente ou por e-mail.

O dia após o primeiro contato

Fazer contato com sua anfitriã nesse dia é fundamental. Ainda não há muito a dizer, mas é importante que diga algo. Tudo o que precisa fazer é enviar um pequeno e-mail:

> Querida Maria,
>
> Muito obrigada por agendar sua reunião em _____ (data). Serão momentos incríveis. Leia o pacote de anfitrião, e ligarei para você em alguns dias. Se não começou a fazer sua lista de convidados, comece a trabalhar nisso. Também lembre suas convidadas de trazerem uma amiga, isso ajudará na presença. Quero que seja uma experiência maravilhosa para você e suas amigas.

Se está enviando mensagem de texto, pode diminuir:

> Muito obrigada por agendar. Estou ansiosa para sua reunião em _____ (data). Não se esqueça de enviar uma mensagem gentil para suas amigas avisando para reservar a data.

De novo, esse contato é rápido. O que ele faz é informar à anfitriã: *nossa, essa garota sabe o que faz, ela está no controle.* Ou *nossa, está ficando sério, é melhor eu começar. Vamos realmente fazer isso!*

A primeira ligação

Em geral, essa ligação ocorre de três a cinco dias após a anfitriã agendar:

> "Oi, Maria, gostaria de falar sobre a reunião. Tomarei pouco do seu tempo. Penso que seria uma boa hora para escolher os produtos que deseja mostrar na reunião e queria saber se você tem dúvidas após analisar o pacote de informações que lhe dei. Além disso, queria ter certeza de que você se sente à vontade e não está confusa."

Esse é o momento de entrar em detalhes. Lembre-se, essa ligação é curta e simpática, portanto, as anfitriãs não ficam sobrecarregadas com muita informação. Deve durar pouco tempo. O principal foco durante a ligação é convidar as pessoas.

> "Coloquei uma folhinha no pacote de anfitrião sobre convidar as pessoas. Informe a elas que tenho ótimas ofertas a caminho."

Mencione rapidamente todas as maravilhas que tem para as convidadas. Coloque algumas informações no pacote de anfitrião sobre associação. Pergunte se ela teve oportunidade de ver e se é algo que pensaria em fazer. Se a pessoa responder não, diga a ela que se sinta à vontade para passar as informações a uma amiga. Se ela responder sim ou começar a fazer perguntas, prossiga desse ponto (veja o Capítulo 14 para saber mais sobre como atrair novos membros da equipe).

Quando os convites são enviados

A maioria das empresas fornece convites para você dar às anfitriãs. Há cartões de convite que você pode enviar pelo correio e convites online usados para o Facebook, mensagens de textos e e-mail.

A combinação de convite digital e convite de papel é muito eficiente, em especial agora, quando as caixas de entrada das pessoas ficam tão cheias. As pessoas realmente gostam de convites pelo correio, e há uma maior probabilidade de que os leiam e respondam.

Após o envio dos convites, informe o seguinte à anfitriã:

> "Todos na sua lista de convidados foram informados, mas não espere que todos respondam (RSVP). Acompanhe com uma ligação entusiasmada, perguntando se as convidadas receberam. Pergunte se podem vir e informe que você mal pode esperar para mostrar os produtos incríveis."

Você também pode dar exemplos de mensagens a enviar para as amigas:

"Olá, Cristina! Só queria lembrar sobre a noite das meninas nesta sexta-feira! Vamos experimentar um vinho ótimo! Não se esqueça de levar uma amiga."

"A reunião de culinária é na minha casa, terça-feira, às 20h! Vamos aprender a congelar refeições!"

"Júlia, mal posso esperar para vê-la domingo, na minha reunião de spa! Você podia trazer Patrícia. Ela vai amar!"

Isso é muito importante para criar mais empolgação para sua reunião.

Ligação de incentivo

Essa ligação ocorre cerca de cinco dias antes da reunião, no exato momento em que a anfitriã começa a entrar em pânico. Isso acontece porque começou a ouvir que algumas convidadas não podem vir, e ela começou a duvidar de si mesma. A pessoa fica um pouco nervosa, sobretudo se tem a presença de apenas quatro amigas. Se ela estava mesmo ocupada no trabalho, começa a se perguntar por que concordou com uma reunião.

Como coach, você a encoraja e informa que ela consegue. Então, quando ligar para a anfitriã e ela se sentir desanimada, incentive-a. Se ela só tem quatro convidadas, diga para pedir a cada uma para trazer uma amiga. Sugira uma das amigas que você conhece ou mencione, talvez, uma vizinha. Fazer a anfitriã contatar as convidadas contribui muito, em especial se ela sabe que esse é o modo de ter sucesso.

Assegure à anfitriã que todos passarão momentos fantásticos e que ela não precisa se preocupar. O mais importante: diga que vocês se divertirão com todos que participarem.

LEMBRE-SE

Seu trabalho é animá-la, fazer com que se sinta bem com a reunião, aumentando o entusiasmo.

É nessa ligação que você também repassa a logística. Informe à anfitriã quando chegará e diga se ela precisa fornecer algo para a reunião.

O dia da reunião

Confirme o caminho. Mesmo com um GPS ou sistema de navegação do celular, as pontes somem e a construção da estrada aparece quando menos se espera ou deseja. Também gosto de usar essa ligação para fazer a anfitriã se preparar de novo para a reunião. Às vezes, o que acontece entre a ligação de incentivo (cinco dias antes) e agora é que antes ela tinha apenas quatro pessoas comparecendo, mas agora tem quinze! Confirmar o número é importante. Você precisa assegurar que terá catálogos suficientes e outros materiais prontos. E mais, agora ela está animada novamente com a reunião.

Chegue cedo, com tempo suficiente para preparar tudo. Meia hora é o ideal, deixando tempo para você ficar pronta, conversar com a anfitriã e estar preparada para quando as pessoas chegarem, para que pareça profissional. Isso também ajuda a evitar a correria no último minuto. Também é aí que a anfitriã faz mais perguntas sobre a oportunidade de negócio.

Você quer estar equilibrada e capaz de receber e cumprimentar as convidadas. Informe a cada uma que está feliz por ela ter vindo. Pergunte se ela conhece os produtos e a empresa. Verifique se as interações aqui são animadas e sinceras.

Encerrando a reunião

Encerrar a reunião é o processo de terminar oficialmente quando você recebe pedidos para a reunião de certa anfitriã. O horário em que você encerra a reunião pode depender da anfitriã. Algumas querem encerrar no final da noite, mas em geral elas querem manter a reunião *aberta* por alguns dias. Recomendo escolher certo dia da semana para encerrar todas suas reuniões. Para mim, é sempre na sexta-feira. Se eu fiz uma reunião na segunda, simplesmente informo à anfitriã que fecharei na sexta.

LEMBRE-SE

Independentemente de quando encerra, antes de sair, passe uma *meta*. Diga à anfitriã quais são as vendas no momento e o que ela ganhou até agora. Informe quanto falta para o próximo nível de recompensas e que ela faria pouco esforço para conseguir ofertas adicionais, crédito gratuito ou itens pela metade do preço. Se a anfitriã disser que espera mais dois pedidos, anote os nomes para, quando fizer o acompanhamento, poder perguntar sobre os pedidos externos que restam. Isso torna o encerramento mais eficiente.

DICA

Se sua anfitriã deseja encerrar a reunião na mesma noite, informe com antecedência para recolher os pedidos externos antes da reunião.

Nota de agradecimento imediatamente depois

Envie pelo correio uma nota escrita à mão após cada reunião. Você não *precisa* fazer isso, mas o gesto contribui muito. Inclua um ímã (algumas empresas oferecem) ou cartão de visita com um lembrete para novos pedidos. Diga à anfitriã que foi uma reunião agradável com as amigas e foi maravilhoso.

Outra boa ideia é digitar uma carta genérica e juntá-la à nota de agradecimentos. Essa carta será sobre a logística. Ela deve ter algo como: *muito obrigada por fazer a reunião. Você ainda tem tempo para fazer outro agendamento* (se a empresa tem um programa bônus de agendamento). *Seu pedido de reunião deve chegar em cerca de ___ dias úteis, e você receberá uma nota fiscal junto com os pedidos.*

Essa carta é para informar à pessoa o que fazer quando o pedido chegar, assim, ela não fica perdida. Você também pode pedir para ela ligar fazendo perguntas que possa ter enquanto verifica os pedidos.

Duas semanas após a reunião

É uma ligação de acompanhamento para perguntar à anfitriã se os produtos chegaram, se gostou e se as convidadas gostaram. Também pergunte se ela teve feedback. As convidadas podem ficar mais à vontade falando para ela sobre algo que não disseram a você.

Então poderá acompanhar as convidadas e dizer que ouviu que amaram um produto específico. Talvez consiga mais pedidos assim (se alguma convidada ou a anfitriã ficou sem o produto ou quer saber sobre as ofertas especiais do mês) e pode até conseguir um agendamento ou dois (se você sabe que o produto não chegou ainda, ajuste um pouco a data desse acompanhamento, mas que seja, mais ou menos, dentro de duas semanas).

A ligação de acompanhamento demonstra que você é cuidadosa e simpática, e lembra não apenas à anfitriã, mas também às convidadas, que você é uma representante independente profissional que se importa com elas.

Treinamento Online

O treinamento online da anfitriã acontece quando a reunião é feita em uma plataforma online (o Capítulo 11 detalha as reuniões online). Por exemplo, uma reunião do Facebook. Você treina basicamente da mesma maneira, embora grande parte do contato seja por e-mail, mensagem de texto ou Facebook.

Escolher quais amigas convidar e saber como convidá-las são duas considerações importantes. Primeiro, você não quer que as anfitriãs convidem todas as 467 amigas do Facebook. É demais e não é muito acolhedor quando todos recebem o mesmo pop-up no computador.

DICA

Uma boa regra prática é ficar em torno de cinquenta amigas.

Independentemente de como será a reunião, todos que a anfitriã convida devem receber uma mensagem pessoal dela. Você pode ajudar sua anfitriã a digitar isso, mas deve ser bem pessoal:

> *Oi, Mara. Farei uma reunião online em* _____ *(data) e adoraria que você participasse. Vamos* _____ *e* _____ *(liste algumas coisas divertidas que acontecerão). Espero sinceramente que você participe.*

LEMBRE-SE

Não envie isso como uma mensagem de grupo. Tal mensagem para cinquenta pessoas será irritante quando as pessoas começarem a responder. Você pode copiar e colar a mesma mensagem nas mensagens de texto individuais.

Por fim, peça à anfitriã que pegue o máximo possível de telefones, assim, poderá também acompanhar por telefone ou mensagens de texto. E pegue o endereço para onde enviar a nota de agradecimento à anfitriã. Você pode tratar isso como uma reunião normal feita em casa, mas lembre-se de que grande parte da conversa com a anfitriã talvez seja online.

O treinamento da anfitriã deve ser divertido. A maioria dos "dez contatos" acontecerá muito rápido, mas é importante fazê-los. Você ficará feliz porque terá uma reunião bem-sucedida, e sua anfitriã ficará contente porque sentirá que você se importa com ela.

> **NESTE CAPÍTULO**
>
> » Escolhendo a rede social certa
> » Iniciando uma página do Facebook
> » Compartilhando fotos no Instagram e no Pinterest
> » Criando conteúdo no Twitter e em blogs
> » Explorando os melhores apps para seu negócio

Capítulo **11**

Venda Social: Venda Direta na Rede Social

Nos últimos anos, um novo termo em vendas diretas vem circulando: *venda social*. Pode se referir a alguém que só quer vender socialmente para amigos e família, mas costuma ser usado para descrever pessoas que vendem principalmente nas redes sociais. *Venda social* é o uso das redes sociais para interagir diretamente com clientes existentes e futuros. Plataformas como Facebook e Instagram dão aos representantes independentes a oportunidade de interagir com clientes, fazer amizades, responder perguntas e oferecer conteúdo interessante e atraente, tudo online.

Novas tecnologias e apps de redes sociais surgem constantemente e estão mudando como você expande sua marca. Redes sociais e apps como Facebook, Instagram e Pinterest estão mudando como socializamos, compramos, vendemos, ganhamos dinheiro, fazemos negócio, usamos o banco etc. Posso continuar sem parar, pois a rede social está mudando como fazemos *tudo*.

Portanto, se o cenário comercial está mudando, temos que acompanhar. Simples assim. As redes sociais estão se tornando uma parte essencial das vendas diretas, desde o modo como você se comunica com a empresa e equipes até com clientes. Mas não para por aí. Não é mais suficiente ter uma conta. Você precisa ser atual e consistente, ultrapassar os limites com informações interessantes para seu público. Seus fãs o assistem e veem o que você diz. Eles decidem quem você é como empresa e marca, podendo decidir com base em uma postagem se querem ou não fazer negócio com você.

E não é só isso, redes sociais como o Facebook estão decidindo se *elas* querem fazer negócio com você. O algoritmo do Facebook (não se preocupe, não entraremos em detalhes técnicos) determina se seu conteúdo entra nos feeds de notícia dos fãs com base em suas postagens serem interessantes e atraentes.

O modo como minha equipe explica a rede social é comparando-a com uma rodovia. Digamos que nessa rodovia exista um cartaz para uma empresa de sabão. Qualquer profissional de marketing dirá que o cartaz precisa de um bom CTA (*Call to Action* — chamada para ação). Conforme você passa pelo cartaz enquanto dirige, pode olhar para ele, mal vendo com o canto dos olhos, ou não notá-lo. Um bom CTA significa que, quando vê o anúncio, você sabe exatamente o que a empresa de sabão quer que faça, ou seja, comprar o sabão.

O problema com a rodovia é que ela não monitora quantas pessoas realmente olham o cartaz. Ela não presta contas claramente à empresa de sabão além de informar quantas pessoas usaram aquela determinada rodovia em um dia típico. Além de a rodovia não conseguir informar quantas pessoas viram o cartaz, ela também não se importa. Ela não retira o cartaz e o substitui por outro porque pessoas não estão vendo o bastante nem comprando sabão.

É aí que a rede social se diferencia completamente. As plataformas de rede social se importam mesmo com quem está vendo a publicação. Elas podem dizer quantas pessoas viram o conteúdo e removê-lo se os fãs não o acharem muito interessante.

Mas como as plataformas de rede social medem o engajamento? Por meio de curtidas, comentários e compartilhamentos. Isso significa que você precisa oferecer um conteúdo interessante e exclusivo que seja fácil de compartilhar, links para artigos divertidos, vídeos e fotos chamativas.

LEMBRE-SE O segredo é ser consistente. Uma boa postagem não chamará a atenção de milhares de pessoas. É preciso continuar postando todo dia, criando o hábito para si mesmo e seus fãs. Isso garantirá que eles voltarão para verificar o que você oferece, recomendando você e seu negócio aos amigos.

Enquanto você aprende sobre seu novo negócio, não deseja ficar sobrecarregado entendendo a rede social. Siga as dicas deste capítulo e, em grande parte, faça seu negócio de vendas online como faria offline. Neste livro, dou exemplos excelentes de como aumentar as vendas, os agendamentos e o recrutamento. Aplique as mesmas técnicas nessas plataformas e começará a ver o sucesso.

Este capítulo ensina a utilizar a rede social no negócio, aumentar seu alcance, aumentar seu número de fãs e conduzir as pessoas para onde mais importa: seu negócio.

Escolhendo a Rede Social Certa para Seu Negócio

Novas plataformas de rede social surgem o tempo todo, portanto, pode ser difícil decidir sobre em qual investir seu tempo. O fato é que você não consegue dominar com sucesso todas as plataformas para seu negócio.

DICA Escolha uma ou duas plataformas de rede social para usar no começo do negócio. Aprenda o máximo que puder sobre elas, teste o negócio nelas, e então decida se terá retorno no tempo investido.

Para alguns, os negócios de vendas diretas podem não ser um trabalho em tempo integral. Podem ser de meio período, um modo de complementar a renda mensal ou talvez só uma diversão. Claro, se você é como a maioria, é importante passar um tempo em atividades que geram renda. *Atividades que geram renda* são coisas que você faz no negócio para ganhar dinheiro.

DICA Foque seu tempo nas plataformas que dão mais resultado. Não consegue interesse no Twitter? Vá para o Instagram. A página do Facebook não funciona? Tente o Pinterest. Não se prenda a algo que não funciona para você ou o negócio.

As plataformas de rede social não operam todas do mesmo modo ou com a mesma finalidade. Algumas são melhores para comunicação, outras, para vendas, e há ainda aquelas que são melhores para se conectar com a comunidade.

Portanto, antes de escolher a certa para seu caso, determine seu objetivo. Está tentando aumentar as vendas todo mês? Encontrar novos clientes e possíveis vendas? Aumentar o reconhecimento da marca? Desenvolver uma lista de e-mails/newsletter? Captar fundos? Pare por um segundo e anote seus objetivos.

DICA Lembre-se de criar uma lista viável de objetivos. Todo dono de um empreendimento quer ser bem-sucedido em cada aspecto do negócio, mas é importante começar com um ou dois objetivos de rede social. Assim que tiver dominado e criado um sistema para mantê-los diariamente, poderá adicionar outros. Aqui, tente anotar dois objetivos para seus esforços de rede social:

1. _____

2. _____

Cinco Pontos da Rede Social

Os "Cinco Pontos da Rede Social" da minha equipe digital são importantes para descobrir em quais redes sociais você deve estar e o motivo. É claro que há muito mais por aí, mas prefiro focar essas cinco áreas principais para os vendedores diretos (as próximas seções detalham cada uma):

» **Conversa e comunicação no Facebook:** O Facebook é uma ótima maneira de comunicar um conteúdo atraente e interessante para os clientes. A capacidade que os fãs têm de compartilhar suas postagens da página comercial é muito poderosa. Você deseja estar diante dos amigos deles para transformá-los em possíveis clientes. O Facebook opera de modo muito parecido com uma reunião em casa. Quando você agenda uma reunião em casa com uma anfitriã, um dos objetivos é transformar uma das convidadas na próxima anfitriã. É igual no Facebook. Sua intenção é transformar uma das amigas da sua fã na próxima cliente.

Mas você quer ter conversas autênticas. Fique longe dos discursos de vendas e da venda agressiva. No Facebook, é preciso apagar do seu vocabulário a mensagem "Compre meu produto" ou "Fazendo um pedido hoje à noite" e "preciso ter R$___ para atingir minha meta! Ajude!" Ao contrário, tente oferecer dicas, truques, receitas, avaliações, artigos etc. relacionados ao seu tipo de negócio. Vende joias? Publique as últimas tendências e dicas de design. Vende utensílios de cozinha ou alimentos? Publique receitas deliciosas que todos querem compartilhar com a família e os amigos. Vende produtos para a saúde? Compartilhe artigos, vídeos de exercícios físicos e fotos de "antes e depois". Não é preciso compartilhar seus *produtos*. Compartilhe os benefícios dos produtos e o estilo de vida da empresa. As pessoas querem fazer negócio com alguém com quem podem ter amizade. Posicione-se como alguém que é conhecedor e sabe quais produtos são os mais novos e os melhores. Isso ajudará muito nas vendas e nos esforços de recrutamento, assim como aumentará o reconhecimento geral da marca.

- **Vendas ao consumidor no Pinterest:** Costumo explicar o Pinterest como um lugar onde as pessoas vão para sonhar. Elas sonham com casas onde querem morar, roupas que querem usar e comida que desejam preparar. Mas o Pinterest está se tornando muito mais do que isso. Agora as pessoas o acessam para comprar, e é hora de você aproveitar. Cole fotos de seus produtos nas páginas do Pinterest com um link direto para seu site online e carrinho de compra.

  Sua empresa oferece um site pessoal com um carrinho de compra para pedidos online e clientes. A empresa e o chefe fornecerão informações de treinamento sobre como utilizar o site.

- **Despertando desejo no Instagram:** O poder das fotos e vídeos curtos não pode ser ignorado. O Instagram permite despertar desejo por seu produto mostrando fotos e pequenos vídeos de demonstração. Você vende maquiagem? Experimente um tutorial de quinze segundos. Que tal produtos para casa? Tire uma foto e mostre o produto na sala de estar. Se você publicar fotos chamativas e interessantes, muito provavelmente as pessoas investirão em você, comprarão sua marca e produto.

- **Criando uma comunidade no Twitter:** Interaja e participe de sua comunidade local. O Twitter é ótimo para oportunidades de captação de fundos, assim como para se informar sobre feiras locais e eventos do revendedor. Muitas comunidades usam hashtags para marcar sua comunidade (como `#Campinas`), portanto, encontre e comece a conversar! O Twitter é ótimo para conversas rápidas com pessoas afins. Acho que programas e eventos focados na comunidade (como grupos de networking locais, eventos de restaurantes, feiras, caridades etc.) funcionam melhor nessa plataforma. Mas seja autêntico: ofereça os serviços da rede para resolver um problema, não para spam.

- **Conteúdo via blogs:** Um blog dá a oportunidade de criar conteúdo relevante e interessante para seus clientes. Também é uma ótima maneira de melhorar a otimização de seu motor de busca (a facilidade de encontrar você no Google), tudo enquanto direciona mais tráfego para seu site. Os blogs são um modo barato de atrair mais clientes, desenvolver relacionamentos com eles, posicionar-se como especialista no setor e criar oportunidades para compartilhamento.

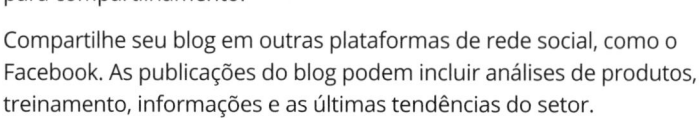

  Compartilhe seu blog em outras plataformas de rede social, como o Facebook. As publicações do blog podem incluir análises de produtos, treinamento, informações e as últimas tendências do setor.

Agora veja seus dois objetivos e os Cinco Pontos e escolha uma ou duas plataformas nas quais iniciar o negócio. Lembre-se: todas podem parecer atraentes e podem ajudar a impulsionar o negócio, mas fique com apenas uma ou duas, para não se sobrecarregar. É melhor fazer uma ou duas coisas muito bem do que ser medíocre em muitas.

Facebook para Vendedores Diretos

As mulheres são a maioria dos clientes em vendas diretas. Grande parte dos usuários do Facebook são mulheres. Essa é uma combinação incrível de sucesso.

Eu disse para ir onde estão os clientes, e adivinha? Eles estão no Facebook (www.facebook.com). Hoje, *não* aproveitar o poder do Facebook é impensável. Atualmente, muitos vendedores diretos contam com essa rede social como um meio de transformar seu negócio de vendas diretas em uma máquina online de ganhar dinheiro. A poderosa plataforma oferece a capacidade de aumentar a visibilidade da marca, vendas, treinamento e recrutamento, estabelecendo boas relações com o cliente.

DICA

O segredo para aproveitar o doce sucesso do Facebook? Engajamento. Na terra do Facebook, o engajamento é rei. Seu objetivo é sempre atender os clientes com conteúdo personalizado que gerará três ações de ouro: curtidas, comentários e compartilhamentos.

Esta seção examina por que você deve estar no Facebook e o que fazer. Então, preparar, apontar, fogo!

Analisando os pontos fortes do Facebook

Ficar visível no Facebook é importante por vários motivos. As vantagens e os pontos fortes a seguir o ajudarão a decidir se o Facebook é a rede social certa para você e seu negócio.

Autenticidade: Conhecendo seu público

O Facebook promove a autenticidade. Muitas plataformas de rede social permitem que os usuários se inscrevam com um nome de usuário, por exemplo, no Twitter, em que você pode ser @stepintosuccess, @sarautensilioscozinha, @jenifermanicure etc., mas os usuários do Facebook são identificados por nomes reais. Isso dá autenticidade às pessoas que se conectam nele. É muito útil quando você tenta iniciar conversas significativas e relações com os clientes, equipes e recrutas em potencial. Se você criar uma fanpage, ela também usará o nome real do negócio.

CONHECENDO AS POLÍTICAS E OS PROCEDIMENTOS DA EMPRESA

É importante conhecer as políticas e os procedimentos da empresa quanto a suas estratégias de marketing online. As empresas têm políticas diferentes ao criar páginas do Facebook, publicidade, uso de imagens etc.

Leia os documentos da empresa antes de planejar sua estratégia de venda social. Sempre verifique com o patrocinador ou o escritório no caso de dúvidas sobre o que é ou não permitido fazer.

Veja algumas perguntas a fazer ao escritório ou ao chefe:

- Tenho permissão para usar o logotipo da empresa? Há um logotipo independente disponível para mim?
- Tenho permissão para criar minhas próprias fotos e usar o nome da empresa nas imagens?
- Todas as imagens precisam ser aprovadas pela empresa?
- Tenho permissão para ter uma fanpage (Business Facebook Page)?
- Tenho permissão para anunciar na rede social?
- Tenho permissão para ter um blog onde vender os produtos da empresa?
- Há alguma restrição para nomes da URL (como www.MeuNome-NomeEmpresa.com)?
- Há alguma reivindicação específica que não tenho permissão de fazer?
- Há frases de marca registrada que não tenho permissão de usar no meu marketing?
- Tenho permissão de usar fotos, vídeos, artigos e outras postagens feitas pela empresa em suas páginas de rede social?

Encontrando seu público

Ao passo que algumas plataformas de rede social só permitem visar o público por categorias ou hashtags, o Facebook permite restringir a um cliente exato. As seções sobre e informações pessoais detalhadas do Facebook permitem visar por gênero, idade, raça, sexualidade, interesses, hobbies, localização, instrução, profissão e outros.

Desenvolvendo uma base de fãs

Por meio de coisas como *hypertarget* (conseguir segmentar grupos específicos com anúncios da rede social) e hashtag, o Facebook oferece aos negócios a capacidade de desenvolver bases de fãs fiéis. Compartilhando conteúdo e informações relevantes e úteis com um público, você começará a criar uma comunidade de embaixadores naturais da marca. *Embaixadores da marca* são seus clientes de elite, de primeira linha. São as pessoas que provavelmente recomendarão seu negócio a amigos, compartilharão seus produtos e promoverão sua marca no geral.

Laços fracos

O Facebook permite que você se conecte a pessoas com as quais perdeu contato. Um amigo de infância, colega da faculdade, até a antiga cabeleireira agora são pessoas com as quais pode se relacionar. Os chamados laços *fracos* são importantes para seu negócio porque você se conecta com mais regularidade e facilidade com os clientes.

Criando conteúdo

O Facebook permite compartilhar vários conteúdos com diversas pessoas ao mesmo tempo. Digamos que você esteja no ramo de alimentação e tenha vários grupos de interesse: pessoas preocupadas com a saúde, que gostam de cozinhar e aquelas que buscam conveniência. Uma publicação no Facebook sobre ingredientes orgânicos e naturais em seus produtos pode intrigar apenas os clientes preocupados com a saúde. Receitas deliciosas em menos de dez minutos podem apenas despertar o interesse daquelas pessoas cuja prioridade seja a conveniência. Se você estivesse pessoalmente com todos os clientes em uma sala, seria difícil compartilhar informações que atendessem a cada uma das necessidades deles. Com o negócio no Facebook, você ainda tem os clientes em um espaço, mas pode dividi-los em categorias e compartilhar um conteúdo diferente com cada categoria.

Viralizando

O boca a boca e as recomendações são muito poderosos em aumentar suas vendas e o reconhecimento da marca no geral. Se você publica um conteúdo interessante, atraente e fácil de compartilhar (fotos e vídeos funcionam bem), então pode alcançar milhares de pessoas rapidamente.

DICA Uma consultora no setor que conheço postou um vídeo curto compartilhando um treinamento que fiz e o adaptou à empresa dela. O vídeo viralizou na empresa (mais de 20 mil visualizações), e em três dias ela teve mais de mil novas solicitações de amizade. Com essa atenção, ela conseguiu uma nova promoção naquele mês, ganhou uma nova base de clientes e se relacionou com muitas outras pessoas na empresa.

Sendo perspicaz

Você pode examinar como seus fãs interagem em sua página. É possível medir as curtidas, o acesso, o engajamento e o desempenho da página no geral. Você tem a opção de visualizar os insights assim que a página atinge trinta curtidas. *Insights* são a análise do Facebook de sua página, por exemplo, quantas pessoas suas publicações atingiram, em qual dia e hora as pessoas normalmente veem sua página, em qual faixa etária sua página é mais popular etc. Os insights são úteis quando você leva em consideração quando publicar, quais publicações estão funcionando e se elas estão atingindo seu público-alvo.

Observando a concorrência

Quando você tiver uma fanpage (veja a seção "Preparando uma Fanpage" posteriormente neste capítulo), o Facebook mostrará os negócios semelhantes ao seu. Você conseguirá visualizar os concorrentes e adicionar sua própria concorrência à "observação". Conseguirá ver se estão conseguindo muito engajamento e quais publicações são as melhores na página deles. É uma ótima maneira de comparar o que você faz e ver o que funciona melhor para eles.

Aprimorando o atendimento ao cliente

O Facebook permite interagir com os clientes continuamente. Ele facilita conversar com os clientes em tempo real, acompanhá-los nas compras e contatar clientes em potencial. Você pode ter conversas individuais com mensagens privadas e criar relações pessoais por meio de mensagem instantânea.

Vivenciando o paradoxo da recuperação do serviço

Onde as pessoas postam a insatisfação com um produto ou serviço? No Facebook, claro. As postagens negativas dos clientes nem sempre precisam ser negativas para você ou seu negócio. Mostrar aos clientes como você lida bem com situações estressantes pode torná-los clientes melhores e mais fiéis, um fenômeno conhecido como paradoxo da recuperação do serviço.

DICA: Jamais apague um comentário negativo. Foque o cliente, corrija o problema e mostre como seu atendimento ao cliente é incrível.

Anunciando

Seu negócio no Facebook não está limitado apenas a uma fanpage ou um grupo. A rede social também oferece uma chance de ganhar seguidores e clientes com anúncios pagos. Você pode criar seus anúncios e definir seu próprio orçamento. Pode usar o hypertarget para mostrar seu anúncio para as pessoas mais interessadas no negócio.

Usando grupos e eventos

Você não precisa usar apenas as fanpages para promover seu negócio. É possível criar eventos do Facebook para reuniões online e em casa, lançamentos de produtos, *open houses* e eventos do revendedor (veja a seção "Preparando um Evento do Facebook", mais adiante neste capítulo, para obter detalhes). Os grupos do Facebook são uma ótima maneira de criar uma comunidade online em torno de certo assunto. Você pode usar os grupos para treinar sua equipe, anfitriões VIP e ofertas para datas comemorativas. Nesses grupos, você compartilha dicas, vendas, treinamento e outros.

Aumentando sua otimização para motores de busca (SEO)

SEO é um aspecto importante para qualquer pessoa que deseja ter uma presença online significativa. Ter uma página do Facebook para seu negócio pode ajudar a aumentar suas chances de ser encontrado nos motores de busca, como o Google. Portanto, publique links e conteúdos interessantes em suas páginas do Facebook e lembre-se de usar sempre palavras-chave populares no setor! Por exemplo, *cozinhando, receitas caseiras, receitas de cozimento lento, refeições congeladas* etc.

DICA: Você pode usar uma ferramenta online, como o WordStream (www.wordstream.com — conteúdo em inglês), para ajudar a descobrir as palavras-chave populares do setor.

Economizando dinheiro

O Facebook é gratuito. E mesmo que você invista um pouco de dinheiro nele em termos de anúncios, tem total controle sobre seu orçamento. Muitos vendedores diretos têm fanpages muito eficientes sem gastar nada.

LEMBRE-SE

Não se trata do número de curtidas. É mais importante se conectar sinceramente com as pessoas com quem você interage na rede social. Se conseguir, elas contarão sua história. Qualidade acima da quantidade.

Preparando uma Fanpage

Uma fanpage (Facebook Business Page) é importante quando você tem seu próprio negócio. As pessoas utilizam a barra de pesquisa do Facebook para encontrar mais informações sobre negócios, empresas e produtos, e também usam motores de busca como Google e Yahoo!. Se alguém procurar seu negócio, encontrará você?

Preparar uma fanpage é fácil, e o link `www.facebook.com/help` sempre mostrará as informações mais corretas e atualizadas sobre como criar uma. Quando escrevi este texto, criar uma página do Facebook não requeria mais do que algumas etapas simples.

Em `www.facebook.com/pages/create` você pode escolher um tipo de negócio. Sugiro selecionar Negócio Local ou Local, Marca/Produto. O Negócio Local permite que os clientes enviem avaliações, que é uma vantagem. Mas lembre-se de que você deve colocar um endereço físico.

Assim que selecionar o tipo de negócio, pode preencher as informações e os detalhes sobre ele.

DICA

Ao criar sua fanpage, pense em que seus clientes acham interessante. Experimente diferentes tipos de publicações. Siga a regra 90/10, em que 90% das publicações devem ser sobre estilo de vida e só 10% devem ser sobre seu produto e oportunidade de negócio, portanto, cause impacto com um conteúdo interessante. Sempre seja autêntico e pessoal, visando iniciar conversas com os fãs.

Sugiro postar uma vez ao dia. Experimente postar em horas diferentes para ver o que funciona melhor no seu caso.

Você deve estar perguntando: *mas o que devo postar*, certo? Veja algumas ideias:

» **Conteúdo personalizado:** Você deseja publicar para ser único, pessoal e verdadeiro com sua marca. Planejar suas próprias fotos, postagens de blog, avaliações ou dicas manterá a página do negócio atual e os clientes engajados.

» **Fatos interessantes:** As pessoas compartilham coisas que desejam que os amigos saibam. Artigos interessantes, dicas, truques e outros conteúdos são um modo fácil de acabar nos feeds de notícias de mais pessoas.

» **Perguntas A ou B:** Perguntas que requerem uma resposta fácil aumentam o engajamento. Use fotos e peça aos fãs para votarem na opção A ou B. Sempre os encoraje a compartilhar o post para que os amigos possam votar também.

» **Vídeos:** Os vídeos chamam muita atenção no Facebook; a rede social os envia para mais feeds de notícias e permite que você reproduza o vídeo na própria página, porque a empresa não quer que as pessoas saiam do Facebook e vão para o YouTube. Seus vídeos devem durar de 15 a 45 segundos. Poste vídeos na fanpage sobre seus produtos, como usá-los etc.

Os vídeos também são uma ótima maneira de fazer reuniões online (veja a próxima seção "Organizando reuniões do Facebook" para saber mais). Minha filha é chefe no setor de vendas diretas, e para uma de suas reuniões do Facebook, no início de 2014, gravou um vídeo dela mesma fazendo uma reunião em casa. As convidadas não só amaram a reunião online interativa, como isso chamou muita atenção de outros clientes e vendas em potencial. Os agendamentos dela aumentaram por causa da diversão apresentada na reunião, e o recrutamento subiu devido à facilidade mostrada no trabalho. Ela desperta interesse com o vídeo até hoje.

» **Links para o site:** Os links para seu site são ótimos CTAs (chamadas para ação). Eles dão aos fãs um lugar para ir depois de assistirem aos vídeos, curtirem ou comentarem suas postagens. Postar links no Facebook também ajuda a aumentar a otimização para motores de busca, como o Google.

» **Testemunhos pessoais:** Compartilhe o que seus clientes pensam sobre você. Mostre testemunhos de anfitriões e clientes anteriores. Quando as pessoas sabem que outras pessoas amam seu produto ou serviço, ficam mais inclinadas a fazer negócios com você. Também é possível postar status e fotos onde pede aos fãs que avaliem seu produto comentando no status.

» **Agendando as postagens:** Torne as postagens do Facebook gerenciáveis. Escolha uma hora por semana para decidir o que postará no Facebook todo dia e agende-as na página do Face. Isso permitirá manter um fluxo consistente de conteúdo em sua página de negócio.

FORA DA PRISÃO DO FACEBOOK

Cada vez mais consultores de vendas diretas estão indo para a "prisão do Facebook" ou "castigo do Facebook". Isso significa que muitas pessoas, em especial no setor de vendas diretas, ficam impedidas de ações como adicionar amigos, enviar mensagens privadas, participar de grupos, curtir páginas e comentar nas publicações. O nível mais severo da prisão do Facebook é ter sua página excluída.

Por que o Facebook o coloca na prisão? Ele acha que você é um spammer ou um bot de spam gerado pelo computador. Você deve evitar a todo custo a prisão do Facebook. Desenvolver sua marca pessoal é muito importante para seu sucesso na rede social, portanto, é essencial sempre ser autêntico online e evitar enviar spam com discursos de vendas.

Quatro modos de ficar fora da prisão e parar de ser rotulado como spammer:

- **Crie um conteúdo personalizado.** Se o Facebook nota certa imagem ou palavras exatas sendo usadas muitas vezes em perfis pessoais, essas imagens e postagens são marcadas como spam. Poste muitas vezes e vá para a cadeia.

- **Não adicione pessoas que você não conhece.** Se você começa a adicionar pessoas que não conhece e as pessoas marcam você como alguém que elas não conhecem, o Facebook o marcará. Se acontecer muitas vezes, cadeia.

- **Não adicione muitas pessoas de uma só vez à página, ao perfil ou aos Eventos.** Se você segue adicionando sem freio, o Facebook pressupõe que você não é uma pessoa real. Adicione muitas pessoas de uma só vez com frequência, e cadeia.

- **Você está em muitos grupos?** O Facebook pressupõe que é possível você não estar interessado em muitas coisas e decide que sua finalidade é o spam. Portanto, se está em muitos grupos, cadeia.

Resumindo, seja autêntico. Tenha amizades reais e relacionamentos com clientes, e sempre siga a regra 90/10 de compartilhamento: 90% de publicações de estilo de vida e apenas 10% de publicações de produtos.

DICA — Sempre peça uma *chamada para engajamento*. Você tem que pedir literalmente que os fãs curtam, comentem ou compartilhem uma postagem para aumentar o alcance da publicação. Por exemplo: "Curta esta foto se você concorda", "Comente abaixo com sua resposta" ou "Compartilhe com amigos e família!"

Curtidas, comentários e compartilhamentos ajudam a fazer seu conteúdo ser visto pelos clientes.

Usando sua conta pessoal do Facebook para a marca pessoal

Usar sua conta pessoal para o networking profissional também é uma ótima maneira de aumentar sua presença online e divulgar seu negócio.

As pessoas costumam falar sobre conseguir um equilíbrio saudável entre trabalho/vida pessoal, mas, com a mudança do cenário tecnológico, é praticamente impossível deixar o serviço no trabalho. Estamos em constante contato com pessoas à nossa volta devido aos celulares e às redes sociais. Então, em vez de tentar manter separadas a vida pessoal e a profissional, cada vez mais pessoas buscam integrá-las.

Quando você é mais sincero e permite que sua personalidade se misture ao networking profissional e às conversas, pode conseguir popularidade, confiança e respeito dos clientes. As pessoas querem fazer negócio com aqueles com quem desejam fazer amizade, e você pode usar esse marketing de atração para aumentar sua base de fãs fiéis.

LEMBRE-SE — Quanto à sua marca pessoal, você deseja mostrar o tipo de pessoa que sua empresa o torna, não os produtos que vende. Lembre-se da regra 90/10: 90% de suas publicações devem ser relacionadas ao estilo de vida, e apenas 10% devem ser sobre o produto ou a oportunidade.

As pessoas são mais atraídas pelo estilo de vida e pelo encanto que os produtos lhes passam. As mulheres não querem comprar cosméticos. Elas querem adquirir confiança, beleza e autoestima. É importante, ao publicar em sua página pessoal, que você compartilhe a vida que o negócio lhe proporciona.

DICA — Não duplique o conteúdo no mural pessoal e na fanpage. Lembre-se: seus amigos e familiares provavelmente estarão em ambos. Prefira focar o mural pessoal em como o negócio afeta sua personalidade e contribui para seu estilo de vida, e mantenha a fanpage mais sobre o produto e o setor.

Mas o que é sua marca pessoal? É o compromisso que você assume para se definir. Faça a si mesmo estas perguntas:

Que tipo de pessoa eu sou?

Que tipo de chefe eu sou?

Que tipo de amigo, pai/mãe ou cônjuge eu sou?

Quais palavras me definem?

Em que sou ótimo?

O que me torna único?

O que me torna cativante?

Respondendo a essas perguntas, você descomplica o compartilhamento de sua marca pessoal com outras pessoas. Em troca, quando seus clientes entendem quem é, facilita que se relacionem com você.

LEMBRE-SE

Sua marca pessoal é um ótimo trunfo. É como você se apresenta e como as pessoas o identificam. Mas não confunda isso com ação. Você quer que sua marca seja quem você é naturalmente.

Outras coisas que você pode fazer para melhorar sua página pessoal do Facebook:

» **Atualize sua ocupação:** Na seção Trabalho e Educação da guia Sobre, atualize sua ocupação no negócio. Você também deve ter um link para sua fanpage.

» **Proteja sua lista de amigos:** Sua lista de amigos do Facebook é como a lista de newsletter. Você tem a opção, em Configurações, de ocultar a lista de amigos. A ocultação protege os clientes e impede que outros representantes contatem seus possíveis clientes e banco de dados.

» **Comemore os momentos:** Conseguiu uma nova posição na empresa? Ganhou um incentivo ou recompensa? Comemore! Mostre aos amigos, à família e aos clientes o quanto a empresa o valoriza como vendedor. E quando as pessoas virem seu sucesso, começarão a imaginar se podem ter êxito também.

» **Seja seguido:** Permita às pessoas que sigam suas publicações sem fazer amizade com elas ou ver as atualizações delas em seu feed de notícias. Isso é muito importante se ficar sem espaço na lista de amigos (atualmente o Facebook limita a 5 mil amigos).

» **Reconhecimento:** Reconheça as outras pessoas! Converse com elas. Comente as fotos. Curta as atualizações do status. Envie mensagens privadas perguntando sobre a reforma da cozinha. As pessoas querem ser notadas. E quanto mais você interage com elas, mais interação haverá entre vocês.

» **Seu "motivo" ou sua história de "sucesso":** Compartilhe com os amigos, familiares e clientes no Facebook detalhes do motivo para ter iniciado seu negócio. Mostre aos amigos como o negócio mudou sua vida.

» **Listas do Facebook:** À esquerda da página inicial, você tem a opção de criar listas. Elas dão a oportunidade de filtrar os clientes. Em vez de ver as atualizações do status de todos na lista, você pode escolher ver apenas aqueles de um grupo de pessoas. As listas facilitam curtir, comentar e compartilhar publicações com as pessoas mais relevantes para o negócio.

Organizando reuniões no Facebook

As reuniões virtuais no Facebook *não* devem substituir as reuniões em casa, mas podem ser uma ótima opção para agendar reuniões e organizá-las com amigos e familiares que moram longe.

Não pense muito sobre suas reuniões no Facebook ou nas redes sociais. Faça exatamente como seria em casa. A única diferença é a plataforma.

Preparando um evento do Facebook

Vi vendedores diretos fazendo reuniões em grupos do Facebook porque os convidados são adicionados automaticamente aos grupos, ao passo que os eventos requerem uma resposta. Mas você forçaria um convidado a participar de uma reunião em casa? Não! Então não os force em um grupo também. Pelo contrário, prepare todas as reuniões como eventos do Facebook (note que você e seu anfitrião devem ter uma conta no Facebook para isso).

Crie o evento de sete a dez dias antes. Siga estas etapas, mas lembre-se de que o Facebook muda constantemente sua interface e seu funcionamento, portanto, o método exato de preparar um evento provavelmente mudará também. Veja como funcionava quando escrevi este texto:

1. **Clique em Eventos no menu à esquerda, na página inicial.**
2. **Clique em +Criar.**
3. **Preencha os detalhes.**

    Inclua o nome do evento, local, detalhes, hora etc. na caixa Criar Evento Privado que aparece.

CUIDADO

A seção de detalhes é muito importante! Veja se os convidados entendem que estão sendo convidados para um evento *online*, *não* para uma reunião em casa. Muitas pessoas usam a opção de eventos no Facebook para eventos ao vivo, portanto, especifique na seção de detalhes que a reunião será inteiramente online.

Você também desejará compartilhar com os convidados o que eles devem esperar: as melhores dicas no setor, informações divertidas e outros. Muitos vendedores diretos propõem um jogo para encorajar a participação. Se você decidir fazer isso, mencione aqui. Lembre-se: o segredo das estratégias de rede social bem-sucedidas, inclusive reuniões, é o engajamento e a participação do público.

4. **Clique em Criar.**

   Você vai para o evento, onde pode compartilhar publicações, enviar fotos, chamar mais convidados e editar os detalhes do evento.

5. **Faça o upload de uma foto de capa.**

   Deve ser uma foto de seus produtos e do nome da empresa, para que todos saibam de que tipo de reunião estão participando.

Publicações e convites antes da reunião

Quando a página estiver preparada, você escreverá e enviará sua primeira postagem antes da reunião. Faça isso antes de convidar a anfitriã para a página, para que as amigas dela saibam exatamente o que esperar quando forem adicionadas.

A primeira postagem antes da reunião deve ser algo como:

> "Bem-vindas! Esta reunião online começará dia 15 de junho, às 21h!"

DICA

Se puder, sugiro a criação de um gráfico, para que ele destaque todas as pessoas que conferem o evento. Para ajudar no gráfico personalizado, veja a seção "Existe um App para Isso", posteriormente neste capítulo.

Agora é hora de convidar a anfitriã. Assim que ela se associar ao evento (veja se ela sabe selecionar "Participando"; isso fará parte da sua seção de treinamento do anfitrião também), você poderá torná-la a anfitriã clicando em Editar na região direita superior e digitando o nome da pessoa na seção Organizador. Isso permitirá que ela adicione as amigas e também informe a todos quem é a anfitriã da reunião.

Antes da reunião, é preciso fazer mais publicações antecipadas para ajudar a encorajar a participação. Treine sua anfitriã para comentar nessas postagens.

Então você publicará seu sistema de pontos. O *sistema de pontos* é um tipo de jogo que pode ser usado para encorajar o engajamento e a participação. São oferecidos "pontos" para coisas como se associar ao evento, fazer um pedido antecipado, agendar uma reunião depois, pedir ou agendar uma reunião após o evento, convidar uma amiga e marcá-la, todo item comprado que você apresentou durante o evento etc. No final da reunião, você usará esses pontos como votos para um brinde.

Checklist da anfitriã da reunião no Facebook

Antes de chegarmos à noite da reunião, o próximo passo importante que você precisa dar é treinar a anfitriã (para mais informação sobre o treinamento do anfitrião, veja o Capítulo 10):

- » **Reserve uma data.** Sempre reserve uma data quando uma cliente mostra interesse em organizar uma reunião online, mesmo que seja apenas provisória.

- » **Envie à anfitriã uma solicitação de amizade e adicione-a ao evento.** Se você ainda não fez amizade com ela no Facebook, usando a barra de pesquisa no topo da página, pesquise o nome dela. Sempre confirme com ela a escrita correta do nome, assim como a foto de perfil. Selecione sua anfitriã e clique em Adicionar como Amigo. Adicione-a à reunião usando a página Evento.

- » **Compartilhe seu entusiasmo com a anfitriã.** Toda anfitriã merece a melhor reunião possível. Compartilhe sua animação com ela. Se ela sabe que você pensa que será um ótimo evento, ela também achará. Não deixe de lembrá-la sobre como é fácil uma reunião no Facebook. Tente fazer com que ela agende outra data para outro evento real realizado em casa. Informe como as reuniões em casa são divertidas e lembra-a de que as convidadas poderão tocar e sentir o produto, assim como interagir com ele.

- » **Registre sua reunião ou prepare um evento online no escritório virtual/administração da empresa.** Prepare sua reunião online usando o site pessoal para pedidos externos e de antes da reunião. É tão importante, que pode aumentar as vendas! (Contate sua empresa ou chefe para ter ajuda sobre como preparar um evento online.)

- » **Envie por e-mail ou entregue o pacote de treinamento do anfitrião.** Esse pacote deve incluir coisas como ofertas do anfitrião ou do convidado, catálogos para pedidos externos, amostras e outros materiais impressos da empresa. Para ter mais informações sobre os pacotes do anfitrião, veja o Capítulo 10.

- » **Encoraje as amigas a trazer outra amiga.** Informe aos convidados que você distribuirá pontos (como sistema de pontos) por trazer uma amiga para a reunião online. É mais provável que as pessoas interajam em uma reunião online se uma amiga próxima participa. Isso ajudará no engajamento, na participação e nas vendas.
- » **Encoraje pedidos antes da reunião.** Informe aos convidados que eles podem pedir antes da reunião ou preparar pedidos no seu site pessoal durante o evento online (caso seu sistema permita). Envie um link para seu site pessoal e informe que eles podem acrescentar produtos facilmente ao pedido no dia da reunião dizendo: "Adicione isso ao meu pedido!"
- » **Envie mensagens privadas.** Diga à anfitriã para enviar mensagens privadas às amigas, convidando-as pessoalmente para a reunião do Facebook. Lembre-a de *não* enviar mensagens de grupo, mas contatar as amigas individualmente. Isso fará com que elas se sintam mais importantes e propensas a interagir.
- » **Comente em todas as postagens.** Informe que a participação dela na reunião é essencial para o sucesso. Isso fará a reunião fluir com energia e encorajará a interação de todos os convidados no evento. Peça a ela para comentar em cada publicação feita antes da reunião e em todas as publicações feitas durante o evento.
- » **Lembre sobre o jogo dos pontos.** Se você decidiu fazer um sorteio de um presente gratuito para encorajar a participação, lembre a anfitriã de informar às amigas que elas podem ganhar um prêmio incrível só pela interação.

Dia da reunião

Prepare sua reunião em cinco seções:

- » **Cumprimente e apresente as publicações:** No começo da reunião, você quer descobrir quem participa e está engajado. Você verá em sua página do evento (em geral localizada à direita) quantas pessoas se associaram a ele, mas isso não significa que todas estão participando da reunião naquele momento. Em vez de perguntar quem está lá, faça uma pergunta que o ajude a descobrir um pouco mais sobre as necessidades e os desejos das pessoas. Por exemplo: "Vocês preferem um preparo de alimentos melhor, mais rápido ou mais criativo? Comentem abaixo!"
- » **Tendências do setor:** Antes de começar a falar sobre os produtos, você quer despertar o desejo e criar um estilo de vida. Por que as pessoas querem seu produto? Qual a necessidade dele que elas têm? Qual a necessidade para a sociedade? É útil, popular, está na moda, é sazonal?

- **Publicações de produtos.** Agora é hora de mostrar o que você tem! Já despertou desejo pelo produto, então mostre os produtos para atender a esse desejo. Lembre às pessoas que, dizendo "Adicione isso ao meu pedido", elas receberão pontos extras no sorteio.

- **Sementes de recrutamento e agendamento:** Agora que a reunião está acontecendo e você mostrou o estilo de vida da empresa e os produtos, é hora de plantar sementes de agendamento e recrutamento (para saber mais sobre sementes de agendamento, veja o Capítulo 7; e para o recrutamento, veja o Capítulo 14).

- **Brindes e encerramento:** Lembre os convidados sobre o sistema de pontos e que você fará os cálculos, anunciando o vencedor nos próximos dias. Forneça o link para seu site pessoal, pergunte se precisam de ajuda para fazer o pedido e agradeça pelo momento incrível. Encerre com suas informações de contato.

Acompanhamento

Agora que a reunião acabou, o próximo passo é acompanhar (o Capítulo 13 detalha o acompanhamento). Veja algumas ideias para acompanhar.

- Publique imagens depois da reunião que informem "Falta um dia" ou "Faltam apenas algumas horas" como lembrete para as pessoas fazerem seus pedidos.

- Instrua a anfitriã para contatar pessoalmente as pessoas que participaram e agradecer pela presença, e informe quando a reunião será fechada.

- Volte para a página de evento e examine as publicações. O que interessou mais as pessoas? Elas fizeram pedidos para esses itens? Entre em contato com elas. Não se esqueça de agradecê-las pela participação.

- Houve pessoas que não interagiram? Envie uma mensagem para elas e informe que ainda têm tempo para pedir e ver as postagens da reunião.

- Poste lembretes no Evento sobre o que as pessoas receberão quando fizerem pedidos, como oportunidades de ganhar um prêmio ou qualquer oferta do convidado.

- Veja se as instruções para os pedidos são claras e simples. Por exemplo, compartilhe links que sejam fáceis de acessar no computador e no celular.

Instagram e Pinterest:
O Poder das Fotos

Plataformas de redes sociais, como Instagram (www.instagram.com) e Pinterest (www.pinterest.com) são ótimas maneiras de compartilhar o negócio, produtos e marcas com fotos e vídeos curtos. Em geral, as fotos recebem uma maior interação (mais curtidas, comentários e compartilhamentos) do que texto (uma publicação de status no Facebook, um tweet ou uma publicação do blog) e são mais eficientes em termos de compartilhamento do produto.

DICA

É importante tirar e compartilhar fotos com boa qualidade. Tire fotos com boa iluminação. Foque tocando no ponto principal da imagem enquanto enquadra e se prepara para tirar a foto. Também é possível usar apps de filtro e de design gráfico, como Canva e Wordswag, para deixar as fotos mais interessantes.

Quando publicar status de texto, eles costumam ficar na plataforma na qual você o publicou. Quando publica fotos, tem maiores chances de que as pessoas salvarão e compartilharão em várias plataformas, colando ou publicando em outro lugar, no Instagram, no Twitter ou no Facebook.

Pensando em promover o negócio nas redes sociais de compartilhamento de fotos, como o Instagram e o Pinterest? Examine as vantagens de fotos e vídeos:

» **Fazendo os produtos serem notados:** Fotos e vídeos dão a oportunidade de mostrar seu produto de um modo divertido e interessante, dando apoio ao tipo de vida que está tentando vender ao cliente. Seu texto pode ser mínimo nesses casos, porque você deixa o visual do produto se vender. Lembre-se, normalmente os usuários rolam os feeds muito rápido. Você quer sempre compartilhar as melhores e mais atraentes fotos.

» **Desenvolvendo sua marca:** Suas fotos e vídeos mostram para os clientes quem você é, facilitando a identificação. A interação com fotos e vídeo costuma ser maior do que apenas as publicações do status. Não canso de repetir: as pessoas querem fazer negócio com aqueles de quem elas gostam, portanto, posicionar-se como especialista no setor é um modo fácil de expandir sua marca, aumentando as vendas e o recrutamento.

> **Antes e depois:** Está no setor de beleza, saúde ou boa forma? Mostre fotos de antes e depois. Já ouviu dizer que uma imagem vale mil palavras? É verdade. Mostrar com uma foto ou vídeo como seu produto funcionou para outra pessoa é muito mais poderoso do que um testemunho por escrito.

> **Demonstrações:** Você vende um produto que precisa de demonstração? Mostrar um vídeo curto ou foto para ajudar a explicar como o produto é usado ajudará a encorajar as vendas, porque as pessoas ficarão mais à vontade e confiantes usando-o.

> **Mostre-se:** Mostre seus produtos, incentivos, ganhos, viagens feitas, amizades, tudo. Mostre o que o negócio fez por você e sua família e o que seus produtos fizeram por você e pela clientela.

Twitter: Presença da Comunidade

O Twitter (www.twitter.com) é um modo poderoso de conectar o negócio à comunidade. Mesmo que o serviço limite suas publicações a 280 caracteres, no Twitter você pode entrar e sair das conversas rápido, estabelecendo uma forte presença online, sobretudo em relação à sua comunidade.

Veja alguns motivos para você estar no Twitter:

> **Conexão:** Estabelecer relações é o principal motivo para você usar qualquer rede social, inclusive o Twitter. As relações geram fidelidade e empatia, aumentando as vendas.

> **Reconhecimento da marca:** Você não precisa ser uma marca grande para ser notado no Twitter. Tenha uma foto sua e seja gentil. Grandes empresas pagam bem para colocar personalidade na marca delas. *Você* é a marca! Mostre quem você é. Não coloque uma foto de perfil de seus produtos e nem o logotipo da empresa.

> **Atendimento ao cliente:** Clientes, contentes ou não, usam o Twitter. Responda rápido e sempre resolva os problemas. Outras pessoas verão como você lida bem com a situação, boa ou ruim, e ficarão mais interessadas em segui-lo.

» **Atualizações:** Compartilhe o que você e a empresa andam fazendo. Sempre publique quando estiver em uma reunião, evento ou feira. Mostre como está envolvido na comunidade e o que é novidade no negócio. Se estiver em um evento, sempre faça questão de descobrir sua hashtag; em geral, você pode encontrá-la no anúncio dos eventos ou contatando o coordenador (veja a próxima seção "Hashtags por todo lugar" para saber mais).

» **Concursos:** Muitas pessoas e negócios realizam concursos no Twitter para ajudar a alcançar ou direcionar o tráfego para seus sites. Segundo o Twitter, concursos e sorteios podem oferecer prêmios para tuitar certa atualização, seguir determinado usuário ou postar atualizações com uma hashtag específica.

Nos concursos de qualquer plataforma de rede social, sempre verifique as diretrizes e regulamentações para saber o que pode ou não fazer.

» **Pesquisa:** Deseja saber mais sobre o que seus clientes querem e o que os concorrentes estão fazendo? Siga clientes e concorrentes no Twitter, observe o que publicam e verifique as hashtags relevantes para seu negócio. Isso ajudará muito a fornecer o conteúdo que os clientes desejam e ajudará a resolver os problemas que eles têm.

» **Fique atualizado:** Para ser atual, você deve ser consistente. Se um cliente verifica no Twitter e vê que você não posta há meses, provavelmente supõe que você não está engajado no negócio. É por isso que sempre sugiro começar apenas com uma ou duas plataformas de rede social.

É melhor não ser encontrado do que ser encontrado e parecer que não está mais no negócio.

Sempre crie uma estratégia de rede social que seja gerenciável e fique com ela. Tornar a rede social parte de sua rotina de negócio é importante. Isso ajudará a fazer com que pareça ativo e atualizado no setor, auxiliando a identificá-lo como especialista/líder.

É fácil incorporar uma rotina de rede social produtiva e bem-sucedida no meu sistema comprovado, a Power Hour. Verifique no Capítulo 5 como administrar seu negócio em períodos de quinze minutos, quatro vezes ao dia.

- » **Aumento das vendas:** Um dos motivos para você entrar no negócio é ganhar dinheiro. O Twitter é conhecido por seu tráfego pesado de recomendação. Portanto, quanto mais ativo você for no Twitter e quanto mais mencionar e compartilhar seu site pessoal com publicações, mais pessoas verão seus produtos.
- » **Oportunidades para captação de fundos:** Como mencionado antes, o Twitter é um ótimo lugar para programas focados na comunidade. Descubra a hashtag da sua comunidade. Às vezes ela se encontra no site da cidade. Você também pode pesquisar pessoas influentes na cidade e usar as hashtags que elas utilizam ao mencionar a comunidade. Participe e mostre à comunidade que você é alguém que deseja retribuir.
- » **Encontrando eventos locais:** Feiras locais e eventos de revendedores geralmente publicam atualizações no Twitter (de novo, uma plataforma focada na comunidade). É uma ótima maneira de ficar atualizado sobre quais eventos você pode fazer parte.

Formando seu público no Twitter

Se você não tem seguidores lendo seu conteúdo, então suas publicações não têm valor. É importante ter um público forte. Veja algumas sugestões úteis sobre como formar seu público:

- » **Tenha um plano.** Qual é sua mensagem? Qual é a identidade de sua marca? Com que frequência você posta? Qual é seu principal objetivo? Se você nunca definir um objetivo, nunca saberá se o atingiu. Ter um plano e uma noção clara de quem você é no Twitter ajuda a aumentar seu público.
- » **Seja consistente.** Você precisa fazer o seu melhor e falar para impressionar. O único modo de aumentar uma presença é trabalhando. Isso não acontecerá da noite para o dia, portanto, é preciso se comprometer agora a publicar todos os dias.
- » **Seja útil.** Sempre dê antes de pedir. Mostre às pessoas que você está cuidando delas, não de você. Quando as pessoas acham que você se importa de verdade com elas, isso conquista confiança e lealdade para você e seu negócio.

» **Encontre as pessoas.** Identifique seu público-alvo e encontre-o. Não espere que ele venha até você. Comece a conversar com clientes em potencial e possíveis vendas. As conversas devem ser autênticas. Não faça discursos de venda.

» **Use as redes existentes.** Inclua o identificador de seu Twitter na assinatura do e-mail e mencione-a em seus outros esforços de marketing online (outras plataformas de rede social, marketing por e-mail, site etc.).

» **Fale para impressionar.** Seja empático e use o jargão dos clientes. Posicionar-se como especialista mostra que eles podem confiar no que você oferece.

» **Responda a todos.** Responda cada mensagem direta recebida. Desenvolver relações sólidas com as pessoas é importante. E com nossa cultura acelerada, é preciso se mover rápido e tentar responder em tempo real.

» **Participe de bate-papos com hashtag.** *Bate-papos com hashtags* são conversas programadas no Twitter em que as pessoas se conectam usando uma hashtag. Por exemplo, digamos que você venda produtos alimentícios e queira ter um bate-papo online em que as pessoas compartilham suas receitas favoritas de tortas. Seria possível iniciar uma hashtag, digamos `#ConversaTortas`. Você encorajaria as pessoas a participar da conversa e compartilhar suas tortas favoritas usando a hashtag. Isso ajuda a conectar pessoas afins em uma área e ser notado.

» **Promova outras pessoas.** Sempre anime outras pessoas na comunidade primeiro e reconheça seus fãs e membros da equipe. As pessoas adoram ser notadas e reconhecidas, em especial na rede social. Isso novamente ajudará você a ser notado e conseguir seguidores fiéis.

» **Conecte influenciadores de maior peso.** Sempre busque meios de promover em outras redes sociais e explorar os públicos de outras pessoas. Você deve buscar clientes que admiram você, mas também precisa encontrar quem você admira. Tente iniciar uma conversa com essas pessoas. Se elas responderem ou retuitarem, isso mostrará o identificador do seu Twitter para os seguidores delas. Também é importante ver o que os influenciadores de peso estão fazendo, sobretudo no seu setor, para saber o que funciona melhor para eles e adotar.

> ## EXAGERANDO NAS HASHTAGS?
>
> Mas quantas hashtags devem ser usadas? Existe um excesso de hashtags? Na verdade, não. Estudos sobre o Twitter mostram que as hashtags funcionam melhor com uma ou duas tags por publicação, pois têm uma maior chance de obter um novo tuíte; o engajamento do Instagram é maior nas fotos com *+11 tags*. Moral da história? Não tenha medo de pirar com as tags no Instagram.

Hashtags por todo lugar

As hashtags são uma ótima maneira de colocar suas postagens, fotos e seus vídeos em categorias fáceis de acessar pelos usuários. Originalmente criadas pelos usuários no Twitter, agora elas funcionam em quase toda plataforma de rede social e estão sendo integradas em campanhas de marketing em grande escala e em vários setores. O poder das hashtags é enorme.

Há dois motivos principais para adicionar hashtags a suas fotos e implementá-las no seu negócio:

- » **Alcançar mais pessoas.** Adicionar hashtags a suas fotos é uma ótima maneira de atrair novos seguidores e compartilhar conteúdo com mais pessoas. Usando hashtags populares e relevantes, você pode colocar suas publicações diante de mais clientes.

- » **Engajar mais pessoas.** Encoraje sua base de fãs a usar as hashtags da empresa para classificar o conteúdo deles. Isso continuará a aumentar o reconhecimento de sua marca e encontrar avaliações incríveis dos clientes, testemunhos e fotos de seu negócio. Por exemplo, a hashtag `#stelladot`, da empresa de vendas diretas Stella & Dot, tem mais de um milhão de postagens somente no Instagram!

Verifique algumas destas hashtags de vendas diretas populares (conteúdos em inglês):

`#itworks`, da empresa Marketing de Rede It Works, tem mais de 1,6 milhão de publicações no Instagram.

`#jamberry`, da empresa de vendas diretas Jamberry, tem mais de 340 mil publicações no Instagram.

`#directsales` tem mais de 90 mil publicações no Instagram.

`#MMN` (marketing multinível, também conhecido como Marketing de Rede) tem mais de 500 mil publicações no Instagram.

`#networkmarketing` tem mais de 350 mil publicações no Instagram.

Fica claro que as hashtags são um meio importante de divulgar sua mensagem online. As próximas seções têm dicas sobre como usar hashtags para expandir seu negócio.

Seja específico

Escolher tags específicas ajudará você a se conectar com outras pessoas afins. Sua foto será adicionada a um tipo de pasta de arquivo virtual na qual os fãs podem pesquisar o conteúdo, que é específico do que estão buscando, com facilidade.

Por exemplo, tente adicionar `#3dfiberlashes` a sua publicação do Instagram, em vez de usar apenas `#makeup`. Mesmo que menos publicações usem essa hashtag (108 mil para `#3dfiberlashes`, em comparação com 62 milhões para `#makeup`), seus clientes obterão o que procuram de modo específico mais rápido.

DICA

Ser específico é muito mais vantajoso do que colocar sua foto em uma categoria repleta com milhares, se não milhões de outras fotos.

Seja relevante

Verifique se suas hashtags descrevem com precisão suas fotos. Usar hashtags gerais pode conseguir algumas curtidas, mas não é o melhor modo de fazer as fotos se destacarem na plataforma ou capturar vendas. As hashtags relevantes atrairão novos seguidores que estão genuinamente interessados no conteúdo compartilhado. Lembre-se: qualidade é melhor que quantidade em relação a seguidores. Os seguidores de qualidade estão interessados em seu conteúdo e muito possivelmente curtem e comentam suas fotos, sobretudo ao longo do tempo. O maior prêmio é quando um cliente curte, comenta, compartilha, retuíta e marca um amigo em sua publicação. Isso o ajudará a expandir de forma exponencial.

Seja atual

Observe o que outras pessoas publicam e o que marcam, sobretudo fotos que tendem a ter muita participação. Elas podem usar hashtags que você desconhece ou nunca teria pensado em usar. Sempre deve testar novas tags em suas fotos para ver o que funciona melhor para você e seu negócio. Está no setor de boa forma? Pesquise gurus fitness populares e verifique as hashtags que resultam em muitos seguidores e engajamento para eles.

Capturando Vendas Sociais

É o seguinte: mesmo que você esteja nas redes sociais para vender para clientes, não pode deixar que *eles* saibam disso. As pessoas não querem uma venda agressiva de sua parte e nem se sentir enganadas comprando algo de que não precisam só para você ganhar um dinheiro extra no fim do mês. É preciso conquistar a confiança e a simpatia dos clientes, e você faz isso compartilhando seu conhecimento, posicionando-se como especialista e *influencer* do setor, compartilhando fotos muito bonitas.

DICA

Sua maior qualidade é você, não seu produto. As pessoas precisam de *você* na vida delas, não de seus produtos ou de sua empresa. Precisam de alguém que resolva problemas para elas, está a par das tendências e é interessante. Elas precisam de um *amigo*. Se fizer os clientes se sentirem assim em relação a você e houver uma relação autêntica, então desejarão comprar com você.

As pessoas entram nas redes sociais para relaxar, não para serem levadas a comprar. É por isso que você deve ter cuidado e ser criativo com o que publica. Deixe os clientes virem até você. Vende comida e bebida? Compartilhe fotos do que você prepara na cozinha, suas receitas favoritas etc. Seus fãs o conhecerão como um cozinheiro fantástico e pedirão conselhos. *Esse* é o momento perfeito para compartilhar seus produtos e oportunidade.

CUIDADO

Seu conteúdo — foto, vídeo ou publicação de blog, por exemplo — sempre deve ser interessante, atraente e visualmente estimulante. Repito, você não pode ser visto como um spammer de produtos ou "vendedor".

O mercado está cheio de representantes, empresas e marcas, portanto, você precisa se destacar. Sempre ofereça conteúdo com o qual seu público deseja interagir e seja consistente. Você não pode começar a postar conteúdo de qualidade nas redes sociais e desaparecer por meses. Seus clientes suporão que não está mais interessado no negócio ou, pior, não está interessado neles.

Assim que mostrar aos clientes que você compartilha conteúdo de qualidade, eles começarão a compartilhar seu conteúdo com mais frequência, aumentando a presença de sua marca e ajudando a capturar novos clientes.

Portanto, descubra quem é seu público, direcione o que ele quer ver, surpreenda-o com seu conteúdo interessante, inspirador e atraente de várias formas. Se fizer isso, promoverá novas relações.

Virtudes do Blog

O modo como recebemos informações está mudando. A internet e as redes sociais facilitaram obter informações de várias fontes e do mundo inteiro. E se o modo como *recebemos* informação está mudando, significa que o modo como as *compartilhamos* está mudando também.

Muitas pessoas têm blogs pessoais não relacionados a negócios. Muitas vezes eles focam os hobbies. Por exemplo, alimentação, moda, paternidade, jardinagem, carros etc. As pessoas com blogs pessoais normalmente não recebem por isso, em geral é um hobby. Mas se elas geram tráfego suficiente na web, costumam gerar dinheiro vendendo espaço de publicidade.

O blog comercial é diferente. Ele não é um hobby e nem é o principal modo de o negócio ganhar dinheiro. Pelo contrário, seu blog serve como um meio de comercializar seu negócio e como plataforma social.

O blog ajuda a dar suporte à expansão do negócio e auxilia a direcionar as pessoas para o local mais importante: seu site e carrinho de compra. Seu blog pode oferecer oportunidades incríveis para direcionar o tráfego para o site, capturar vendas, clientes existentes e futuros e estabelecer relações com clientes e leitores.

Seja você um pequeno comerciante ou uma corporação multimilionária, o segredo é o marketing do conteúdo. O conteúdo é a estrela no mundo do marketing online. O blog é como você compartilha conteúdo.

DICA

Há muitas rotas disponíveis para criar um blog. Eu não tenho espaço neste livro para examinar o processo passo a passo. Pense em verificar os endereços www.blogger.com e www.wordpress.com como modos de iniciar gratuitamente. Assim que estiver usando o blog por um tempo, poderá pensar em atualizar para uma plataforma mais profissional e ter sua própria URL personalizada que redireciona para seu blog. Para saber mais sobre como criar seu próprio blog, verifique o livro *Blogging For Dummies* (Blog Para Leigos, em tradução livre) [sem publicação no Brasil], de Amy Lupold Bair e Susannah Gardner.

Aumentando os visitantes em seu site

Diferente de você, os clientes se interessarão mais por seu blog e outros sites de rede social do que por seu site. Como os sites de representantes são criados pela empresa dos produtos, você tem pouco controle sobre a aparência dele, o que é informado ou o que pode compartilhar com os clientes. Ter um blog lhe dá controle sobre o conteúdo, algo não conseguido de outra forma.

No blog, você sempre deve ter uma guia Comprar Meus Produtos, que leva diretamente ao site corporativo (verifique as políticas e os procedimentos para saber se está tudo bem). Se continuar atualizando seu blog e compartilhando publicações, aumentará sua visibilidade nos motores de busca, como o Google, e direcionará mais tráfego para o site da empresa (onde você realmente vende produtos e oferece a oportunidade de negócio).

Mais visibilidade no motor de busca

Atualizar seu blog com conteúdo novo significa que você será encontrado com mais facilidade em motores de busca como Yahoo! e Google. Isso é importante ao tentar derrotar a concorrência.

Sempre use, nos artigos que escreve, palavras-chave populares que os clientes provavelmente pesquisam. Lembre-se: você não está escrevendo para si. A intenção é oferecer um conteúdo interessante para os clientes. Usar palavras-chave, tópicos e categorias que seu público está mais interessado ajudará seu blog a ser descoberto.

DICA Seja consistente. Publicar conteúdo novo diariamente ajuda a encontrar os clientes que deseja.

Posicionando-se como especialista no setor

Quando você compartilha um conteúdo interessante, atraente e relevante para seu público e base de clientes, posiciona-se como alguém que é bem informado, em quem se pode confiar. Quanto mais mostrar que é conhecedor do setor, mais seus clientes confiarão em você para fornecer aquilo de que precisam.

CUIDADO *Não* torne seus produtos o assunto das publicações de seu blog. Fazer isso afastará praticamente todas as pessoas. Diga, por exemplo, que você vende para uma empresa de maquiagem. *Não* escreva um blog sobre bases. Pelo contrário, escreva um blog mais geral sobre contorno e iluminador. É muito mais provável que suas clientes pesquisarão dicas de maquiagem e tutoriais, em vez de seu produto em particular. Se você lhes der as informações desejadas, elas continuarão a procurá-lo para ter conselhos. E claro, encontrarão a guia do produto no seu site.

Fazendo amizade com o cliente

Seu blog ajudará a ter conexões mais profundas com os clientes. É importante que seu público conheça você como pessoa, porque, a essa altura, espero que você possa dizer junto comigo: as *pessoas fazem negócio com quem elas conhecem, de quem gostam e em quem confiam.*

As grandes marcas gastam muito dinheiro tentando humanizar a marca, ao passo que você já tem essa vantagem. Mostre quem você é. Seja amigo dos clientes.

E como outros sites de rede social, seu blog dá aos visitantes a oportunidade de comentar. Isso permite responder e interagir com os clientes. Uma vantagem que os blogs têm sobre outras redes sociais é que seus comentários duram mais que um tweet ou uma publicação no Facebook, além de serem vistos mais facilmente por todos.

Vendendo pelo blog

Se você vende online ou pessoalmente, precisa esquecer a venda agressiva. A tática de vendas mais importante que você deve dominar é interagir autêntica e ativamente com seus clientes.

Esse setor realmente melhora a vida dos envolvidos, sendo uma oportunidade de renda no nível de recrutamento, o aspecto social no nível do anfitrião ou os benefícios do produto no nível do cliente. Compartilhar sua personalidade e os benefícios dos produtos é melhor e mais lucrativo do que vender diretamente para os clientes.

Seu principal objetivo sempre deve ser conquistar a confiança, a simpatia e a credibilidade dos clientes e tornar-se um membro fiel e interessante da comunidade. Assim que os clientes conhecerem você como especialista e alguém em quem confiar, você nunca terá que forçar seus produtos, pois as pessoas serão atraídas por eles.

Fazendo o blog ser notado

A finalidade de um blog é divulgar seu negócio por aí e realmente ser visto por muitas pessoas, e isso significa fornecer um conteúdo interessante, não material de marketing.

Você quer que os leitores "absorvam o conteúdo", por assim dizer. Isso significa fazer os clientes consumirem o que você diz, compartilhar com os amigos e continuar voltando para ver mais.

Seu conteúdo sempre deve resolver um problema do leitor, compartilhar uma ótima história e cultivar um público cativo.

Veja algumas dicas úteis para fazer o blog ser notado:

» **Seja consistente com o conteúdo.** Decida qual é sua marca. Quem você deseja ser? Como quer se definir? Se sabe quem você é, seus clientes saberão também. Determine que tipo de conteúdo é mais útil para os clientes e forneça isso. São vídeos de tutorial? Receitas? Dicas de design?

Seja qual for o conteúdo, veja se é interessante e vale a pena ser compartilhado, do contrário, não terá nenhum valor para o leitor. Então continue a entregar o que se comprometeu a fazer. Será mais fácil para as pessoas conhecerem você e compartilharem com os amigos quem você é.

» **Use suas redes sociais.** Inclua botões de compartilhamento de rede social no blog. Isso dá aos leitores a oportunidade de compartilhar suas postagens no Facebook, no Twitter etc., assim como qualquer foto usada no Pinterest. Tornar o blog fácil de compartilhar é muito importante.

E mais, sempre que compartilhar uma nova postagem no blog, compartilhe em *todas* as plataformas de rede social também.

» **Use fotos com qualidade.** As pessoas são atraídas pela aparência do seu blog em primeiro lugar. E, de novo, você quer que o público compartilhe seu blog o máximo possível, inclusive colando suas imagens no Pinterest.

» **Ajude o motor de busca.** O que os clientes querem saber? O que pesquisam? Inclua palavras-chave no título e no corpo de suas publicações. Quanto antes aparecerem as palavras-chaves na publicação, melhor ela se sairá no Google.

» **Seja amistoso em geral.** Não deixe que suas publicações pareçam notas de imprensa chatas. Seja casual, usando um tom amistoso. Use o máximo possível de contrações e converse com verbos no presente. Escreva como fala. Isso é importante porque você sempre deve parecer acessível para seu público, como um irmão mais velho legal e inteligente.

» **Participe da conversa.** Converse. Converse muito. Converse com todos. Sempre responda aos comentários dos leitores, publique os comentários em outros blogs e faça amizade com outros blogueiros. Quanto mais participar da conversa e da comunidade, mais aumentará sua presença.

CUIDADO

Não apague os comentários negativos. Se fizer isso, a pessoa irá postá-los em outro lugar, e então você não terá a oportunidade de mudar a opinião dela. Sempre apazigue a situação e mostre seu incrível atendimento ao cliente e personalidade. Ninguém é perfeito, nem você e nem as empresas. Mas as pessoas ficarão fiéis a você, mesmo errando, ao se importar de verdade com elas e com a experiência delas.

Existe um App para Isso

A tecnologia foi planejada para facilitar as coisas, mas às vezes pode ser desanimador e um desafio. Mesmo que seja desanimador, se utilizada corretamente, também pode ser uma ferramenta poderosa para adicionar ao seu arsenal. Esta seção explica alguns dos meus apps favoritos e dá dicas para usá-los.

Criando seus próprios gráficos e convites

» **Cartões Red Stamp** (`www.redstamp.com` — conteúdo em inglês): Use para criar convites e anúncios para tudo, desde festas a eventos sociais. Clique em COLLECTIONS para ver se sua empresa oferece modelos predefinidos. O Red Stamp limitou as opções de fonte e texto, mas há toneladas de modelos. É fácil criar algo que possa ser compartilhado via texto, e-mail ou rede social. Você também pode escolher enviar um cartão-postal de sua criação ou um cartão com envelope por uma pequena taxa.

» **Pic Collage** (`http://pic-collage.com` — conteúdo em inglês): Use para criar convites, anúncios, notas especiais de eventos, ofertas e colagens de produtos. Você pode adicionar imagens de sua câmera/galeria de fotos ou adicionar da web. Muitas opções de edição. Também é ótimo para adicionar texto a uma imagem ou combinar várias imagens em uma. Sua criação pode ser compartilhada via texto, e-mail ou rede social. Os usuários Apple também podem escolher enviar um cartão-postal por um pequeno preço.

» **Canva** (`www.canva.com`): Use para criar diversas imagens, sobretudo para compartilhar na rede social. Você pode escolher tamanhos de imagem predefinidos, como publicação da rede social ou capa do Facebook, ou clicar em Tamanho Personalizado para criar uma imagem com qualquer tamanho. O Canva tem milhares de ideias para layout e imagens, e você pode personalizá-las segundo suas necessidades. Use-o para editar e criar imagens. O Canva é gratuito, e muitas imagens/layouts são gratuitas também. As imagens pagas custam US$1 cada, ou você pode comprar um pacote (como 22 imagens por US$20). Ele também tem um tutorial rápido na assinatura.

» **PicMonkey** (`www.picmonkey.com` — conteúdo em inglês): É ótimo para editar todos os tipos de imagem. Adicione texto, redimensione uma imagem, retoque uma foto, adicione borda, crie uma colagem de fotos etc.

Você também pode usá-lo para criar imagens. Há uma versão gratuita do PicMonkey com muitas opções, mas algumas só ficam disponíveis com assinatura, que atualmente custa US$4,99 por mês ou US$33 ao ano.

» **Word Swag** (http://wordswag.co — conteúdo em inglês): Esse app de US$2,99 permite transformar citações ou mensagens em imagens incríveis para compartilhar na rede social. Basta escolher um fundo, adicionar texto e escolher entre vários estilos de fonte que dão vida às suas palavras.

Organizando seu material

» **Evernote** (https://evernote.com): A melhor ferramenta de organização para tudo que você quer salvar, compartilhar e encontrar. Sincroniza todos os dispositivos e é perfeita para se organizar onde estiver.

De olho na gestão do tempo

» **EasilyDo** (www.easilydo.com — conteúdo em inglês): É como uma captura de tela dos futuros eventos e "coisas a saber" aleatórias. Esse app intuitivo encontra informações de seu e-mail, outros apps e usa isso para ajudar a manter informações importantes em um lugar. Ele o notifica sobre os próximos voos e pacotes enviados, por exemplo, e até permite agendar publicações de aniversário do Facebook sem sair do app.

Incorporando serviços corporativos

» **Quickbooks Online** (http://quickbooks.intuit.com — conteúdo em inglês): Hesita em usar o Quickbooks por que o software é caro? O Quickbooks Online é uma opção que permite acessar todos os ótimos recursos do Quickbooks por uma pequena taxa mensal. Controle as despesas do negócio e dê ao contador acesso para "visualizar" sua conta para que ele possa preencher as guias de impostos.

» **Expensify** (www.expensify.com — conteúdo em inglês): Ajuda a controlar as despesas do negócio, inclusive milhagem. Gere relatórios e termine o cálculo dos seus impostos em um piscar de olhos.

» **MileIQ** (https://www.mileiq.com): Controla automaticamente sua viagem e permite especificar com um dedo as viagens como pessoais ou de negócios. É o modo mais fácil de controlar a viagem para obter reembolso e deduções de milhagem.

> **NESTE CAPÍTULO**
> » Entendendo a importância da venda individual
> » Assegurando consultas
> » Encontrando o serviço certo para os clientes
> » Vendendo individualmente fora de casa

Capítulo 12
O Poder da Venda Individual

O poder da venda individual é ideal para qualquer pessoa em vendas diretas: representantes dos modelos Party Plan, Marketing de Rede e Híbrido. A venda individual é sobre a experiência e o atendimento ao cliente. As consultas individuais são comumente usadas no setor de Marketing de Rede como o principal meio de vendas do produto e recrutamento. Contudo, muitas empresas Party Plan estão descobrindo que as consultas individuais são uma ótima opção para pessoas que nem pensam em organizar uma reunião.

As reuniões em casa (explicadas no Capítulo 9) são um modo ideal de alcançar um grupo de pessoas de uma só vez, sobretudo no modelo Party Plan, mas as consultas individuais são outro recurso em seu arsenal. Elas proporcionam uma experiência de compra pessoal para os clientes.

Só porque alguém não está interessado em organizar uma reunião não significa que não se interessa por seu produto ou serviço. Por exemplo, certa vez, ouvi uma conversa entre uma cliente e uma representante. A mulher mencionou que estava interessada em comprar um produto que a outra vendia. A representante deu a opção de organizar uma reunião para que a mulher pudesse ganhar itens gratuitos e com desconto. A mulher respondeu que não estava interessada em fazer uma reunião, pois só queria comprar determinado item. Em vez de ouvir a cliente, a representante continuou a oferecer os benefícios de organizar uma reunião em casa. Por fim, a mulher foi embora.

A representante perdeu a oportunidade de vender. Ela não entendeu que, mesmo que a mulher não quisesse fazer uma reunião, ela queria comprar, só que de um modo diferente.

Suas clientes individuais ou possíveis clientes podem se tornar muito lucrativas e, às vezes, recomendar outras pessoas que podem também recusar a ideia de uma reunião.

Quando meu filho estava na faculdade, ele vendia uma linha de produtos de ponta que focava roupa de cama e decoração. Devido ao preço de venda dos produtos e ao tipo de pessoa que o produto atraía, ele achava difícil encontrar pessoas que quisessem fazer uma reunião em casa.

Ele descobriu um nicho com pessoas que queriam reformar completamente seus quartos. Com esses clientes em potencial, ele compartilhava os benefícios de uma consulta individual, em vez de uma reunião em casa. Ele levava amostras, retalhos e outras ideias de decoração para mostrar ao cliente. Na maioria das vezes, ele tinha uma boa venda, equiparada a uma reunião em casa. Contudo, fazendo o pedido como uma reunião em casa, conseguia oferecer ao cliente uma quantidade incrível de créditos gratuitos e itens pela metade do preço. Ele mostrava o preço no varejo e quanto a pessoa economizava.

Em vez de insistir em uma reunião ou na ideia de crédito do anfitrião, ele reformulou para que os clientes tivessem uma experiência de compra pessoal com uma oferta incrível. Os clientes estavam sempre felizes com a experiência e geralmente recomendavam alguém que queria reformar o quarto ou pediam para ele planejar outro quarto ou banheiro na casa deles.

A venda individual é um excelente modo de conquistar novos clientes, anfitriões de reunião e recrutas. Ela dá a oportunidade de descobrir as necessidades dos futuros clientes e cuidar que sua apresentação lhes ofereça uma solução específica. Mais uma vez, isso costuma ser feito nos modelos Marketing de Rede e Híbrido (sendo o Híbrido uma combinação dos dois modelos).

LEMBRE-SE

Como vendedor direto, é importante oferecer valor aos clientes. Um modo de fazer isso é personalizar a experiência deles com você, atendendo a uma necessidade ou resolvendo um problema que eles têm, para que possam apreciar seu esforço. Isso cria fidelidade, empolgação e, por fim, lucro.

Vendendo com Consultas Individuais

Vender por meio de consultas individuais é uma ótima maneira de fazer vendas. *Individual* significa oferecer um serviço personalizado a um cliente apenas. Digamos, por exemplo, que você venda produtos de beleza. Em uma consulta individual, você se sentaria com uma cliente para apresentar sua linha de maquiagem, daria à cliente uma transformação no visual, tutoriais e/ou atualizaria sua escolha de maquiagem.

LEMBRE-SE

Embora as consultas individuais não sejam tão eficientes quanto vender para um grupo de pessoas, elas podem ser uma central de lucros importante para o negócio. Ainda que seja verdade que as consultas individuais não produzem as mesmas vendas totais de uma reunião em casa, é possível obter uma venda maior por pessoa, porque a apresentação é completamente adaptada. Você pode contatar uma clientela diferente daquela que costuma atender e desenvolver sua rede de negócios.

Na reunião em casa, você apresenta seus produtos a um grupo de pessoas, portanto, não tem muita oportunidade de falar apenas sobre os produtos em que cada convidado está mais interessado, embora possa dar um pequeno atendimento personalizado quando fecha os pedidos pessoais e oferecer mais serviços durante essa fase final da reunião.

Durante as consultas individuais, você explora as necessidades exatas da cliente (por exemplo, talvez ela esteja mais interessada em sua linha de cuidados da pele) e foca os produtos que resolvem os problemas dela. Você ainda faz uma venda adicional e mostra outros produtos da linha que acha que podem beneficiar a pessoa, mas a apresentação personalizada começa abordando uma necessidade declarada ou desejo (veja o Capítulo 9 para saber mais sobre venda adicional).

Essa experiência pessoal é a situação perfeita para fazer amizade, a fim de também ajudá-lo a se preparar para o novo atendimento. Quando você liga oferecendo outros produtos ou para reabastecer o pedido existente, já está familiarizado com as prioridades da cliente (já que fez várias anotações sobre o acompanhamento imediato da consulta, pode se lembrar do que ela falou).

DICA

Sempre peça recomendações! Pergunte às clientes individuais se elas têm amigas que gostariam do mesmo serviço. Você também pode perguntar se elas têm amigas que gostariam de organizar uma reunião. Pode, inclusive, sugerir que elas mesmas organizem uma para compartilhar os produtos com a família e amigas.

No Marketing de Rede, as consultas individuais focam mais a oportunidade do que o produto. O principal objetivo dessas consultas no Marketing de Rede é contratar representantes interessados no potencial de renda ao montar um negócio. O segredo do sucesso não é apenas inscrever um novo representante, mas também ajudá-lo a escolher a quantidade certa de produto para o consumo pessoal em um programa de envio automático.

O modelo Party Plan foca conseguir e atender continuamente novos clientes. No modelo Marketing de Rede, o objetivo típico é ter aproximadamente seis clientes no envio automático, bem como conseguir e atender continuamente novos representantes para ajudar a montar os negócios deles. Claro, o modelo Híbrido engloba os dois.

Conseguindo Consultas Individuais

É importante estar pronto para fazer negócio aonde quer que vá, sobretudo quando se trata de assegurar consultas individuais. Você deve estar equipado com cartões de visita ou promocionais e catálogos o tempo todo. Porém, o mais importante, deve estar animado e pronto para participar de conversas que possam levar a oportunidades de negócio.

Participar de conversas com clientes em potencial é fundamental para seu sucesso. Durante tais conversas, o mais importante é *descobrir as prioridades do cliente em potencial*. O melhor modo é fazer uma observação gentil, seguida de uma pergunta. Por exemplo:

"É um belo colar. Onde comprou?"

A segunda coisa mais importante é estar preparado para oferecer um modo de ajudar a pessoa a atender essa prioridade com seu serviço ou negócio, porque é assim que você conseguirá a consulta:

"Eu ajudo mulheres a ampliar seus guarda-roupas criando novos looks com acessórios. Acho que há várias peças que são seu estilo na linha desta estação."

Esse exemplo em particular incorpora um comercial de trinta segundos na conversa. Seu *comercial de trinta segundos* é a resposta dada quando alguém pergunta o que faz ou onde trabalha. Ele deve sempre dizer às pessoas o que você faz, não quem é. Por exemplo, em vez de dizer "sou representante de joias", pode dizer "ajudo mulheres a criarem looks personalizados com belos acessórios". Seu comercial de trinta segundos deve dar uma ideia do seu produto ou serviço, criar interesse/fator surpresa e atender a uma necessidade (o Capítulo 6 explica melhor os comerciais de trinta segundos).

Assim, antes que a conversa mude, basta perguntar sobre a consulta:

> "Eu adoraria encontrá-la e mostrar essas peças que são a sua cara! Adoraria aparecer, levar minhas joias e ajudá-la a adicionar acessórios ao seu guarda-roupa com nossas seleções mais recentes."

Você quer assegurar que as clientes fiquem animadas com a consulta e o produto. Desperte o interesse delas e faça com que queiram encontrar você.

A consulta individual é o momento em que você assegura o cliente em potencial como um cliente de fato, ou mesmo como um representante. Portanto, desperte um desejo pelo produto durante a conversa.

DICA: Ao assegurar uma consulta, sempre promova credibilidade compartilhando como o produto e o negócio funcionaram no seu caso, muitas vezes chamado de *testemunho* ou *história de sucesso*. Seu testemunho pode mencionar como o produto melhorou sua vida ou como a oportunidade impactou sua família e situação financeira:

> "Vejo que você amou nossos produtos, e é isso que realmente me atraiu nesse negócio no começo. Você nem imagina quantas coisas incríveis esse negócio fez financeiramente por minha família quando me associei para ter o produto com desconto."

Aperfeiçoando os Detalhes: O que Fazer e Dizer

Para um representante do modelo Party Plan, suas consultas individuais podem focar uma das duas coisas (um representante de Marketing de Rede costuma focar mais a segunda, e, claro, o Híbrido pode focar ambas):

» **Compartilhando o produto:** A principal finalidade da consulta é vender o produto. Nesse caso, você faz uma miniapresentação dos produtos nos quais a cliente está mais interessada. Você cuida da experiência de venda para resolver um problema dela. Você terá aprendido qual é o desafio ou a prioridade durante a conversa inicial e reservará um tempo durante a consulta para aprender mais.

» **Compartilhando o negócio:** O foco principal é conseguir um novo recruta ou representante. Você ainda quer despertar desejo pelo produto, porque é um dos fatores que levam as pessoas a se associarem a uma empresa de vendas diretas; elas precisam acreditar que o produto é algo comercializável, fácil de vender e tem demanda. Mas o foco da consulta será compartilhar os benefícios da oportunidade de negócio.

Para ajudar em suas consultas individuais, siga este formato:

1. **Apresente você, seu produto ou oportunidade.** No começo da consulta, agradeça à cliente pelo encontro. Lembre-a rapidamente sobre o que a deixou animada com o produto ou o negócio em primeiro lugar.

2. **Descubra mais sobre as necessidades e os desejos dela.** Concentre-se nisso. Pergunte de novo quais são as necessidades e os desejos dela. Se é o produto ou vendas, faça perguntas específicas relativas ao tipo de produto. Por exemplo, se você vende produtos de limpeza, pergunte:

   "Quais produtos de limpeza você usa atualmente? Quais são os maiores problemas ou preocupações com seus produtos de limpeza atuais? Você tem áreas problemáticas na casa para as quais precisa de uma solução?"

   Se você foca a oportunidade, pergunte coisas como:

   "O que espera do trabalho? Qual é a parte favorita de sua função atual? Se pudesse mudar algo em sua carreira, o que seria?"

3. **Compartilhe sua história e ofereça uma solução.** É importante deixar a cliente compartilhar a história dela, assim você tem a oportunidade de relacionar as histórias. Por exemplo, talvez ela queira que o trabalho seja mais flexível porque tem crianças pequenas em casa. Se você também tem filhos, pode dizer algo como:

   "Carol, entendo mesmo. Quando eu trabalhava no banco, era difícil cuidar das crianças e das demandas de um trabalho com turnos diferentes. Quando comecei meu próprio negócio, tive a oportunidade de ficar em casa com meus filhos e solucionar minhas prioridades."

   Tal afirmação não só mostra os benefícios do negócio como também ajuda você a parecer mais acessível. Por sua vez, isso pode aumentar a confiança de que a oportunidade é a certa para a pessoa.

DICA

O segredo das consultas individuais bem-sucedidas é fazer amizade. Reserve um tempo para descobrir sobre a vida, os desafios e as expectativas da cliente. Sua função durante as consultas individuais é ouvir e aprender como pode atender melhor essa cliente.

Mesmo que vocês sejam muito parecidas, não pressuponha que têm as mesmas prioridades. Por exemplo, você pode amar o produto por causa da experiência luxuosa das texturas e das fragrâncias, mas ela pode se sentir atraída por ele porque respeita o meio ambiente e não é testado em animais. Ou talvez você ame trabalhar no negócio em tempo integral e em um horário que adora, mas ela pode estar interessada inicialmente nos R$2 mil extras ao mês.

Ouvindo, você pode focar os interesses e as prioridades dela, aprendendo mais. Pode compartilhar coisas sobre si mesmo, caso seja apropriado, mas mantenha o foco na pessoa. Agindo assim, criará uma experiência única e divertida.

DICA

E mais, como mencionado antes, devido ao tempo dedicado aprendendo sobre as clientes, conseguirá continuar atendendo ás necessidades e as prioridades dela no futuro. Por exemplo, se ela diz que o filho está terminando o ensino médio no próximo mês, mencione isso na conversa quando ligar para um novo atendimento. Se vende cosméticos, pergunte se ela estaria interessada em uma aparência jovem para o evento, usando as novas cores da estação.

Vendendo Fora de Casa

Conhecer pessoas novas, ou *fazer networking*, é importante porque nunca se sabe onde fará negócios. Portanto, sempre esteja pronto para conversar com as pessoas à sua volta.

Estar pronto significa estar preparado mental e fisicamente. Você deve parecer profissional, ter seu comercial de trinta segundos preparado e ensaiado, tendo certeza de que seus itens de marketing estão à mão. Se alguém pergunta o que você faz, dê prosseguimento com materiais de marketing, como cartões promocionais, catálogos e cartões de visita.

Claro, se tem um item muito popular por um preço razoável, sempre pode tê-lo à mão também.

Vender fora de casa é uma ótima maneira de aumentar suas vendas todo mês e aproveitar as situações cotidianas nas quais se encontra. Por exemplo, muitas representantes de unhas e cosméticos têm produtos adicionais quando estão na rua devido ao interesse que eles despertam. Por exemplo, quando as representantes de unhas são elogiadas por suas unhas exclusivas, ter o produto à mão lhes dá a oportunidade de vender um conjunto certo na hora, sem nenhum esforço. Portanto, mesmo que você não administre seu negócio em tempo integral, é importante sempre estar preparado para aproveitar as oportunidades que aparecem.

Apresentando-se em qualquer lugar

Sua miniexposição móvel é uma excelente oportunidade para vender seu produto individualmente enquanto realiza tarefas. Uma tarde no shopping pode rapidamente se transformar em uma venda, um agendamento ou um novo recruta para sua equipe.

O Capítulo 6 detalha uma exposição móvel, mas, para resumir, estou falando sobre um minikit que você leva consigo em uma bolsa grande contendo alguns itens que podem ser mostrados em uma minirreunião. Carregar o kit grande que você leva para as reuniões não é prático, mas ter alguns itens em uma sacola é um modo fácil de mostrar *alguns* produtos enquanto está na rua.

DICA

Você pode montar um kit de exposição móvel colocando três catálogos (minicatálogos ou brochuras do produto) em uma bolsa grande com cinco a oito amostras, pacotes do anfitrião e de oportunidade (veja o Capítulo 6). Caso venda joias ou itens que normalmente expõe em uma toalha de mesa preta, então pode querer colocar um pequeno tecido preto na bolsa também. Escolha algo que não amasse fácil quando dobrado.

Mantenha no carro a bolsa da exposição móvel, para que esteja sempre pronta. Quando estiver preparada para o negócio, descobrirá que as oportunidades surgem com mais frequência. Por exemplo, pode estar à beira da piscina vendo seus filhos, quando você e várias mães começam a conversar sobre o que fazem. Quando mencionar o que faz, e se elas expressarem interesse, pegue algumas amostras. De repente, uma ida à piscina se transforma em possíveis vendas e agendamentos.

Iniciando conversas

Iniciar uma conversa pode ajudar a conhecer novos possíveis clientes, anfitriões ou recrutas.

É importante saber como fazer networking e participar das conversas. O modo mais fácil de iniciar uma conversa com pessoas é elogiando-as, talvez por algo que estão usando. Isso é especialmente importante se elas usam algo que você vende, como joias, maquiagem, roupas etc.

Experiências e interesses compartilhados também são ótimos para puxar conversa. Talvez a pessoa ao lado na fila tenha no carrinho de compras um produto de que você gosta ou está interessado em experimentar. É muito apropriado e simpático dizer: "Eu queria experimentar isso. É a primeira que você compra?"

DICA

Escolha um início de conversa positivo. Pode ser uma tentação mencionar filas longas ou a péssima decisão de um juiz em um jogo da liga infantil, mas é importante iniciar um relacionamento como espera que seja no futuro. Seja uma pessoa agradável para interagir.

Distribuindo cartões promocionais

Cartão promocional é uma combinação de cartão-postal e cartão de visitas. Eles costumam ser disponibilizados pela empresa de vendas diretas como ferramentas de venda. Um cartão promocional deve ter suas informações de contato e as principais informações sobre o produto.

Esses cartões funcionam melhor para empresas de vendas diretas que têm uma linha maior de produtos ou um produto muito popular. Eles geralmente têm uma foto do produto, resultados de antes e depois etc.

Os cartões promocionais são dados às pessoas no lugar de um cartão de visitas ou catálogo (embora você possa dar isso aos possíveis clientes mais interessados na linha de produtos). Em geral, eles têm uma oferta, como um preço especial em um produto ao organizar uma reunião, mas também podem direcionar os possíveis clientes para seu site, onde poderão adquirir a linha de produtos ou entrar para a empresa.

Traje para usar e compartilhar, e outras promoções

Se você vende um produto que pode vestir, isso é algo que deve fazer o tempo todo quando estiver na rua, ou o máximo que puder. Vestir seus produtos ou usá-los pessoalmente é uma ótima maneira de promover a si e sua empresa.

Por exemplo, se vende produtos de beleza, como maquiagem ou unhas decoradas, deve usar esses itens como parte de sua rotina diária. O mesmo vale para empresas de vestuário e acessórios, como bolsas, carteiras e joias.

Uma das melhores maneiras de iniciar uma conversa na rua é o traje *para usar e compartilhar*. Um traje eficiente é mais do que uma camisa polo com um logotipo. De fato, a menos que o logotipo da empresa seja muito intrigante, a camisa polo não ajudará a compartilhar seus produtos. Um ótimo traje para usar e compartilhar combina bem e é atraente, mas, acima de tudo, tem o fator "puxar conversa". Muitos representantes têm camisetas, chapéus e suéteres com frases de efeito, provérbios bonitos ou até piadas.

Puxar conversa por meio desses itens também inclui coisas como adesivos da marca para aplicar na parte de trás do tablet ou no topo do laptop, uma garrafa de água reutilizável, capinhas de celular ou ímãs de carro. Muitas empresas de venda direta oferecem um traje para usar e compartilhar, junto com materiais de marketing e outras ferramentas de negócios.

Também existem outros meios de compartilhar seus produtos, mesmo sem usá-los:

» **Produtos de limpeza:** Sempre tenha amostras do produto de limpeza na bolsa. Se você pega seu filho na creche, em um restaurante ou mesmo no trabalho e percebe algo derramado, isso pode ser a oportunidade perfeita de mostrar como o pano da empresa ou o spray de limpeza favorito resolve o problema facilmente e com rapidez.

» **Alimentos e bebidas:** Use produtos de sua linha ao preparar seu almoço ou o de seu cônjuge para comer no trabalho. E sempre leve alguns extras para as pessoas no refeitório.

» **Produtos de spa:** Leve algumas amostras de sabonetes ou loções para o trabalho, estúdio de dança de sua filha, cabeleireira etc. Pergunte à proprietária se pode deixar os produtos no banheiro, com cartões de visita ou promocionais.

» **Itens de decoração:** Tem uma mesa ou escritório no trabalho? Decore o espaço com os produtos que vende. Quando as pessoas elogiarem, diga que oferece os produtos como parte de uma linha que você representa.

DICA

Seja criativo. Pegue um bloco de notas e caneta e pense em todos os modos diferentes e lugares onde poderia compartilhar sua linha de produtos.

Tendo o produto à mão

Em alguns casos, é uma boa ideia ter o produto à mão. Se a empresa de venda direta com a qual trabalha tem um produto com alta demanda por um preço acessível, então investir em um pequeno estoque pode ser vantajoso, mesmo que não seja necessário. Ele melhora sua oportunidade de vender na rua, sobretudo se encontra pessoas que estão interessadas apenas nesse produto, por isso são possíveis clientes individuais, não anfitriões de reunião em potencial.

No começo, é quase impossível prever o que os futuros clientes desejam, portanto, é mais inteligente deixar que eles façam pedidos com você e informá-los quando os produtos chegarão. O Amazon.com é muito bem-sucedido no uso desse modelo de e-commerce, então não pense que você precisa comprar um estoque antes de ter sucesso.

Embora seu patrocinador e seus superiores possam encorajá-lo a comprar certa quantidade de estoque, lembre-se de que, além do "kit inicial do negócio" de sua empresa, fazer estoque não é uma exigência. É um dos benefícios de trabalhar com uma empresa de vendas diretas.

Com o produto em mãos, você pode querer levar algum consigo quando estiver dirigindo, sobretudo ao entregar cartões promocionais. Também pode tirar uma foto do estoque e publicá-la em sua página de negócios do Facebook, informando aos amigos que tem um estoque que gostaria de movimentar rápido.

DICA

Também é uma boa ideia ter o produto à mão nas épocas em que eles são muito populares. Por exemplo, por vários anos vendi uma linha de produtos de cristal, e raramente tinha um estoque, exceto durante o mês das noivas, em maio. Eu sempre tinha à mão vasos de cristal, molduras e taças para brindar, pois vizinhos e amigos geralmente me ligavam para saber se eu tinha um presente de casamento para vender.

Verifique as políticas e os procedimentos da empresa quanto ao pedido do produto para manter como estoque de revenda.

Melhorando a Experiência de Compra Pessoal

LEMBRE-SE

Você não oferece apenas reuniões em casa, mas muitos outros modos de os clientes comprarem com você. Lembra-se da minha história no Capítulo 7 sobre uma mulher que elogiou um colar que eu estava usando? Ela adorou, mas não queria organizar uma reunião. Em vez de aceitar a derrota, informei que eu também oferecia consultas individuais. Eu levaria minhas joias até a casa dela e a ajudaria a combinar as seleções com seu guarda-roupa.

Ao agendar consultas individuais para vender um produto, você quer que sua cliente sinta como se o caso dela fosse especial. Descubra os interesses e as necessidades dela e crie uma experiência realmente única.

Identificando o público-alvo

Seu trabalho é encontrar pessoas interessadas no setor e em seus produtos. Por exemplo, se você vende produtos para a saúde, pode conseguir muitas pessoas que compram uma vez porque buscam perder peso rápido. São ótimas para completar suas vendas todo mês. Mas para conseguir clientes consistentes mensalmente, sua principal meta será encontrar pessoas interessadas em saúde continuamente e que já compram esses produtos (como assinaturas de academias, programas nutricionais, vitaminas, suplementos etc.) todo mês. Essas pessoas podem ser sua melhor fonte de lucros e os clientes mais fiéis porque já se interessam por esse tipo de produto.

Uma das melhores maneiras de identificar as pessoas interessadas é ouvindo-as. Na verdade, ouvir é uma das habilidades mais úteis que você utilizará no negócio. Você precisa conhecer e entender o cliente para vender com eficiência, e o único modo de fazer isso é ouvindo-o. Ouvir é muito importante nas consultas individuais, portanto, faça perguntas relevantes e ouça.

LEMBRE-SE Não risque as pessoas que inicialmente buscavam uma solução rápida. Ao contrário, use a oportunidade como um meio de falar sobre os benefícios e continuar a atendê-las todo mês usando meu método de acompanhamento 2+2+2, explicado no Capítulo 13.

Encontrando o serviço certo para apresentar o produto

Anteriormente, mencionei os benefícios de oferecer experiências de compra personalizadas como parte de sua venda individual. Para alguns produtos, é fácil imaginar um serviço a oferecer, mas para outros, pode ser preciso um pouco de criatividade.

Outro modo de vender com eficiência em uma situação individual é cobrar pelo serviço ou pela consulta. Por uma taxa, você pode se oferecer para ajudar a atualizar a cozinha, despensa, closet, bolsa de maquiagem etc.

DICA Passe um tempo pensando em como as pessoas usam seus produtos e os desafios que elas podem ter associados a produtos parecidos. Veja alguns exemplos ou modos de apresentar seu produto:

» **Cosméticos:** Ofereça transformações, ou mesmo *makeunders*, em que você compartilha como a pessoa fica melhor em cinco minutos. Isso pode ser uma consulta na qual você aparece para ensinar novos truques de maquiagem ou até avaliar a bolsa de maquiagem atual dela, recomendando produtos mais adequados.

» **Joias:** Ofereça um serviço de visita às clientes em suas casas, combinando acessórios com várias roupas. Se a cliente não estava interessada em uma reunião em casa, mas ainda há uma ocasião à qual ela e as amigas iriam (como casamento, festa de gala etc.), você pode planejar ir à casa dela e combinar as joias com cada vestido para a ocasião específica.

» **Utensílios de cozinha:** Pense em seus clientes comuns. É provável que eles tenham, pelo menos, duas gavetas misturadas, cheias de utensílios, em grande parte que não são usados. Ofereça uma avaliação dos utensílios de cozinha, vendo gavetas e armários para reduzir, oferecendo utensílios que preencham as lacunas ou substituindo os muito gastos.

» **Produtos para organização:** Falando em gavetas e armários lotados, quem vende produtos para estoque de alimentos pode oferecer um serviço de organização para a cozinha, quarto, lavanderia, escritório etc.

» **Vestuário:** Os clientes podem preferir uma prova em particular. Traga alguns tamanhos para experimentar e faça pedidos dos estilos ou dos padrões específicos que a pessoa deseja.

» **Alimentos e bebidas:** Você pode dar aulas de preparo individuais, dar uma geral na geladeira ou no freezer e preparar refeições congeladas.

DICA

O principal: *seja criativo*. Descubra qual serviço você poderia oferecer e que atenderia a uma necessidade ou prioridade dos clientes em potencial. Pode ser algo em que ninguém pensou antes. Lembre-se: é possível cobrar uma taxa fixa pelo serviço e deixar que a taxa se aplique a qualquer compra feita.

LEMBRE-SE

Consiga recomendações. Sempre feche sua consulta de venda individual perguntando *quem você conhece que...* ou seja, quem o cliente conhece que gostaria do serviço. E, claro, quando for atender uma das recomendações, envie uma nota de agradecimento ao cliente original. Você também pode oferecer um *presente pela recomendação:* Ofereça certo valor pela recomendação que converte em uma venda, outro por uma recomendação que converte em um agendamento, e um terceiro que resulta em uma nova associação à equipe.

Quando se trata de seu negócio, cabe a você ser criativo e ouvir seus clientes para determinar exatamente em qual serviço eles estão mais interessados. Nunca se esqueça de que há muitos modos de administrar seu negócio além de uma reunião em casa.

> **NESTE CAPÍTULO**
> » Entendendo a importância do acompanhamento e do novo atendimento ao cliente
> » Usando o método 2+2+2 para acompanhar
> » Acompanhando possíveis anfitriões, agendamentos, clientes e recrutas

Capítulo **13**

Sustentabilidade: O Sucesso Está no Acompanhamento

Descobri que um acompanhamento consistente pode aumentar em até 50% a renda de um representante de vendas diretas. Quanto mais se conectar às pessoas e mostrar interesse por elas, maior a probabilidade de que elas farão negócios com você repetidas vezes.

Em vendas diretas, atividades comerciais consistentes o colocam em contato com *possíveis clientes*, isto é, pessoas que mostram interesse por suas ofertas. Você deve cultivar e desenvolver os possíveis clientes para o negócio expandir. Este capítulo explica como fazer um bom atendimento ao cliente, existentes e futuros:

> » **Anfitriões ou clientes preferenciais** já organizaram uma reunião com você ou, no modelo Marketing de Rede, estão inscritos no programa de envio automático mensal do produto.
>
> » **Possíveis agendamentos** são as pessoas que mostram interesse em organizar uma reunião.
>
> » **Possíveis clientes** podem ter interesse em comprar seu produto.
>
> » **Possíveis recrutas** dizem que gostariam de saber mais sobre montar um negócio como o seu. Os possíveis recrutas são importantes nos três modelos, mas são o foco principal do modelo Marketing de Rede.

Veja um ciclo comum, ou progressão, dos contatos:

Convidado da reunião > cliente > anfitrião ou cliente preferencial > recruta

É certo que nem todos os contatos progridem no mesmo padrão, mas é uma evolução comum. Implementar um sistema sólido de acompanhamento leva a um maior sucesso em manter os clientes em longo prazo, gerando maiores vendas e fazendo que mais contatos sigam nesse ciclo. Algumas pessoas pulam o cliente e o anfitrião e se tornam possíveis recrutas, mas é muito mais comum que elas se afeiçoem a você e ao negócio com o passar do tempo.

DICA O acompanhamento é a parte mais importante do negócio, porém a mais negligenciada pelos representantes. Aproveite: quando você faz o acompanhamento, cuida bem do cliente e estreita mais os laços com seus contatos, eles se tornam seus possíveis clientes, e você se diferencia entre muitos outros representantes.

Mercados Quente e Frio

Quando você inicia seu negócio de vendas diretas, familiares e amigos são naturalmente seus primeiros clientes e/ou anfitriões. Eles são considerados seu *mercado quente*, porque já o conhecem, confiam e gostam de você. As pessoas fazem negócio com gente que elas conhecem, de quem gostam e em quem confiam, por isso, faz sentido começar a comercializar seus produtos e montar o negócio com seu mercado quente amistoso e aberto.

Todo o restante é seu *mercado frio*. É mais fácil se conectar com seu mercado quente, mas às vezes as pessoas não têm um grande mercado quente para começar ou, conforme expandem os negócios, acabam contando com novos contatos "frios" para aumentar a rede. O bom dos contatos frios é que eles se afeiçoam à medida que você faz mais acompanhamento e os conhece melhor. Assim que alguém se torna seu cliente, ele passa a fazer parte de seu mercado quente. Um excelente atendimento ao cliente pode torná-lo um "cliente para toda a vida", e esse é o caminho, pois é muito mais fácil manter seus clientes do que buscar continuamente um novo negócio.

Sendo simpático e confiável

O que é preciso para as pessoas gostarem de você? Bem, primeiro elas precisam se expor e sentir que você é alguém que elas *querem conhecer*. Reserve um tempo para conhecê-las, descubra quais são seus interesses, os interesses dos filhos e o que mais gostam em sua linha de produtos. Quando os itens dos quais gostam entrarem em promoção, ligue. Quando itens dos quais você acha que elas podem gostar são apresentados ou são um bom negócio, ligue de novo. Faça anotações depois das conversas, para fazer referências a esses detalhes nas futuras ligações. Conforme conhecer as pessoas, elas começarão a pensar em você como um amigo, como alguém que conhecem de fato.

Para ser *simpático* com as pessoas que conhece, você deve mostrar boa personalidade e ser autêntico quanto ao atendimento, não nas vendas. Quando atender, as vendas serão uma consequência. Especificamente, você quer ser conhecido como alguém amistoso e que oferece soluções para os desafios das pessoas. Reforce sua imagem amistosa com bônus, dando amostras gratuitas ou enviando notas de agradecimento quando alguém faz um pedido.

Para alguém *acreditar* em você, seja confiável, alguém conhecido por fazer a coisa certa ou que é digno de confiança. É possível reforçar sua credibilidade oferecendo um atendimento superior. Veja se os clientes recebem os produtos em tempo hábil e responda a qualquer pergunta. Ser confiável no negócio significa *acompanhar:* ligar quando disse que ligaria, ser pontual e lidar educadamente com as devoluções dos produtos. Quando os clientes ficarem descontentes com algum aspecto dos produtos ou do negócio, admita e apoie-os, fazendo o possível para corrigir a situação. Notará que, quando as pessoas realmente sentirem que suas preocupações são ouvidas, elas confiarão ainda mais em você.

Conseguindo recomendações

Quando as pessoas gostam e confiam em você, têm boas experiências comerciais e sentem que você é consistente, ficam mais abertas a recomendar aos amigos. O nível é mais alto com as recomendações do que com as vendas: as pessoas precisam de "mais" para passar à próxima etapa e recomendar você. Quando fazem recomendações, é a reputação delas que está em jogo. Quando sentem que podem confiar em você para cuidar dos amigos delas e tomar conta deles, é mais provável que recomendarão os amigos.

Ser alguém que as pessoas querem recomendar aos amigos é uma meta contínua e requer um comportamento consistente. As recomendações podem ter um papel importante no negócio, portanto, você deve oferecer presentes em troca. Um presente nunca pode substituir a parte "conhecer, gostar, confiar" da equação, mas pode ser uma bela maneira de agradecer e incentivar os melhores clientes a continuarem enviando outras pessoas.

Sendo sistemático no atendimento

Mais adiante neste capítulo, você encontrará minha adaptação do método 2+2+2 para fazer ligações de acompanhamento e saber quem contatar e quando. Você lerá sobre como agendar tais ligações, balancear todas as ligações de acompanhamento para desenvolver um negócio equilibrado e criar outros bons hábitos de acompanhamento (usando o conceito da Power Hour, do Capítulo 5).

O primeiro passo para saber que está fazendo um acompanhamento eficiente, consistente e lucrativo é capturar possíveis vendas conforme chegam. Você deve capturar informações de contato relevantes para ligar para os anfitriões anteriores e ligações de assistência aos clientes por meio da papelada relacionada a suas reuniões e seus controle dos pedidos (a *Power Hour* também é essencial aqui). Com ligações de acompanhamento para os possíveis agendamentos e recrutas em particular, é preciso criar o hábito de capturar informações de contato. Muitos deles virão com as reuniões, mas você descobrirá que os possíveis agendamentos e recrutas chegarão até você por outros meios, conforme expande o negócio e a rede e obtém recomendações.

Por exemplo, imagine que você acabou de chegar em casa vindo da reunião com um possível agendamento, ou que voltou do mercado onde encontrou alguém que agora considera ser um possível agendamento. O que significa capturar esse agendamento? Significa pegar imediatamente as informações de contato da pessoa — junto com detalhes sobre ela — enquanto ainda estão frescas em sua cabeça. Essa coleção de possíveis agendamentos deve ser consultada ao fazer ligações de acompanhamento. Assim que entra em casa, deve registrá-la em uma área apropriada.

Mantenha quatro pastas de arquivo específicas ou blocos de anotação para registrar as informações que usará no acompanhamento posterior: para os possíveis agendamentos, possíveis recrutas, anfitriões atuais e clientes. Eu costumava chegar em casa após uma reunião ou compromissos, ir direto para meu espaço de trabalho, pegar meus papeizinhos e então adicionar detalhes: nome, lugar onde encontrei a pessoa, qualquer informação sobre o que mais a interessava, qualquer coisa que ela me disse sobre a família etc. Todas as informações de que eu precisava estavam lá, ao alcance. Para as pessoas que me pediam para ligar mais tarde por algum motivo, eu incluía detalhes a fim de que conseguisse fazer uma referência na ligação. Detalhes como: "Filha casando em julho. Ligar na primeira semana de agosto para agendar reunião."

DICA

O Capítulo 5 descreve um bom sistema de controle das ligações, mas um método que descobri ser um sucesso para as pessoas, mesmo nestes tempos de alta tecnologia, é o bom e velho papel, onde você tem fichinhas para cada cliente em que lista o que ele pediu. Guarde essa ficha em um arquivo com abas para os meses do ano. Quando ligar para o cliente em fevereiro para uma terceira ligação de verificação, mova a ficha para abril. Quando chegar abril e você ligar de novo, mova-a para junho, e assim por diante. É rudimentar, mas confiável e simples, portanto, é mais provável que faça. Melhor, se todos os detalhes do que ele pediu forem de fácil acesso no computador, cada ficha de dados terá o nome do cliente e o número de telefone, então você poderá levantar no computador os detalhes do pedido quando pegar a ficha para fazer a ligação.

Acompanhando os Possíveis Agendamentos

Agendar reuniões ou futuras consultas é essencial para o sucesso contínuo do negócio. Chamo os agendamentos de *pulsação do negócio*, porque, sem eles, o negócio morre, e monitorando-os, você pode controlar a saúde deles.

Você conhece ótimos anfitriões em potencial o tempo todo, mas em geral eles não querem se comprometer com uma data. Talvez não tenham uma agenda ou tenham outro motivo legítimo para preferirem que você os contate em uma data posterior para agendar. As pessoas são ocupadas atualmente. Mas se você não praticar a captura eficiente de possíveis vendas e acompanhar como prometido, deixará muito dinheiro escapar.

LEMBRE-SE Para evitar o esquecimento, desenvolver uma reputação de ser seguro e maximizar seus ganhos, tenha um plano confiável para o acompanhamento que não conte com sua memória. E é preciso fazer ligações de acompanhamento regulares, inclusive para possíveis agendamentos, mesmo quando você não está "desesperado" por agendamentos.

CUIDADO Fazer ligações de agendamento quando sua agenda está vazia ou após ficar em pânico quanto à possibilidade de ficar sem agendamentos é um grande erro. Tentar fazer negócio quando não há nenhum em vista, honestamente, é o pior cenário. Você pensa: "Tenho que pegar o telefone. *Preciso* fazer umas ligações. Não tenho nada! Não vou nem atingir minha cota este mês! O que faço?" Pegue o telefone assim, e o resultado é desespero, insegurança, nervosismo, conversa rápida e súplica. Não faça isso!

DICA O melhor momento para fazer um novo negócio é quando você tem muitos, porque fica animado e confiante, sentindo-se bem. Essa energia passa pelo telefone, e as pessoas querem trabalhar com pessoas divertidas, bem-sucedidas e empolgadas. Mesmo quando você tem uma agenda cheia, deve fazer ligações de agendamentos ao menos duas vezes por semana, contatando as pessoas e se esforçando para colocá-las em sua agenda ou, pelo menos, se fazendo presente na mente delas.

Sua voz estará cheia de confiança, certeza e entusiasmo. Ligue com as informações de possível agendamento na sua frente, para que possa consultar a última conversa que teve e os motivos para aguardar e agendar uma reunião. Por exemplo, a pessoa estava reformando a cozinha, se mudando, ou a filha estava se casando. Então, convide-a para agendar a reunião que ela queria organizar quando vocês se encontraram e começaram a se conhecer.

> Você: "Oi, Brenda, queria contatar você para saber como está indo a reforma da cozinha."
>
> Susana: "Ótima! Quase pronta!"

(Aqui é onde você também faz outras perguntas, por exemplo, se está gostando, as cores que escolheu, etc., para mostrar interesse.)

> Você: "O motivo da minha ligação é que você pediu para eu entrar em contato assim que a reforma terminasse, para podermos definir uma data para sua reunião. Suas amigas vão amar as ofertas que temos. Tenho algumas datas na segunda metade do mês. Susana, que tal durante a semana? No fim de semana? O que é melhor?"
>
> Susana: "No fim de semana."
>
> Você: "Boa. Vou passar as opções que tenho no fim de semana."

DICA: Quando você encontra uma pessoa interessada e ela fala que agora não é um bom momento para agendar uma reunião, mas *está* interessada, preste atenção e pegue informações sobre ela para que, quando for a hora certa, possa ligar, ter uma conversa personalizada e ajudar a marcar a reunião em sua agenda.

Você pode ouvir coisas como: "Adoraria, só não posso agora, porque durante o campeonato de futsal, vou para a quadra muito cedo para meus filhos jogarem. Não tenho como organizar uma reunião."

É sua dica para obter mais informações para poder planejar seu acompanhamento e adaptá-lo à sua agenda posteriormente.

Você: "Quando termina?"

Mãe do futsal: "Na última semana de março, e mal posso esperar."

Você: "Bem, posso ligar no início de abril para marcar sua reunião?"

Então, descubra os nomes das crianças, anote os detalhes sobre o campeonato e, quando ligar, consulte sua conversa anterior e pergunte como foi.

LEMBRE-SE: Por que o detalhe é importante? Mostra que você se importa e estabelece uma conexão. É simpático e aumenta a possibilidade da pessoa fazer negócio com você, inclusive agendando a reunião quando disse que o faria.

Acompanhando as Anfitriãs

Não há melhor ponto positivo no negócio do que os clientes de ouro que organizam uma reunião para você. Se você os trata do modo certo, eles organizarão reuniões sempre e você terá um fluxo sem fim de recomendações. As anfitriãs contentes recomendarão você às amigas e lhe farão elogios. Não existe no mercado embaixadoras melhores que as antigas anfitriãs.

Devido à natureza única delas, você deve oferecer um serviço incrível às anfitriãs. Muitas representantes têm um ditado: "As anfitriãs *nunca* pagam o valor cheio." Além de representar os benefícios que uma anfitriã recebe com a reunião, esse ditado se traduz em oferecer descontos especiais, presentes com compras e até vendas exclusivas para as anfitriãs anteriores. As representantes costumam ter eventos especiais de agradecimento ao cliente que elas organizam nas férias, e para fazer essas anfitriãs se sentirem especiais, às vezes fazem um evento separado só para elas.

DICA: Seja criativo. Pense em maneiras de surpreender e encantar suas anfitriãs anteriores para que a mensagem seja indiscutível: *Eu realmente valorizo você.* Inclua toques especiais que representem um nível do serviço acima da média e você manterá essas clientes de ouro por toda a vida.

Acompanhando as Clientes

Você deve ter clientes duradouras, recorrentes e satisfeitas, e a melhor maneira de fazer isso é oferecendo um excelente atendimento. O que seria uma cliente pontual pode se tornar uma cliente recorrente, que mais tarde se tornará uma anfitriã e algum dia possivelmente passará a ser uma recruta. Clientes felizes recomendarão outras e ajudarão você a expandir o negócio de sucesso.

Quando você dominar um sistema para oferecer um atendimento ao cliente consistente e excelente, focado em ligações eficientes e oportunas acompanhando seus pedidos, conseguirá tudo aquilo de que precisa no negócio: agendamentos, novos pedidos, mais vendas e possíveis recrutas.

Segundo meus anos em grupos de estudos e pesquisas, pouquíssimas representantes fazem ligações de acompanhamento para as clientes depois do pedido inicial. É uma vergonha, pois é muito provável que as clientes não tenham pedido tudo o que queriam nas ofertas do produto. Se você ligar com certa periodicidade, essas clientes, invariavelmente, pedirão outros produtos, além de solicitar de novo produtos de consumo que acabaram.

Por que mais representantes não fazem essas ligações? Pelo que sei, elas têm medo de serem vistas como insistentes. Temem que a pessoa se ofenda porque já fez um pedido grande. É um medo compreensível, mas descabido. De fato, o outro lado pode ser um choque. Ouvi coisas como:

> "Fico chateada porque vou à reunião, interajo com a representante e não tenho mais notícias dela."

> "Não usei meu produto. Não fiz o pedido certo e precisava de outra coisa, mas não tive notícias da representante."

> "Nem sei se a representante ainda está no negócio."

> "Perdi o número dela e acabei ficando com uma senhora que conheço no Facebook para fazer novos pedidos."

Imagine o quanto você se destacaria e quanto negócio faria ao se comportar com um nível de profissionalismo que inclua a demonstração de gratidão pelo negócio de cada cliente e o fornecimento de um excelente atendimento contínuo?

LEMBRE-SE As representantes que fazem ligações de atendimento têm mais negócios, são mais felizes e são levadas mais a sério.

Acompanhando os Possíveis Recrutas

É muito importante acompanhar os possíveis recrutas mais de uma vez, porque o tempo é tudo. As circunstâncias mudam, e você deve contatar pessoas que alguma vez mostraram interesse no negócio. Elas podem não estar prontas hoje, mas pode ser diferente nas próximas semanas e nos próximos meses.

O recrutamento é uma questão de números. Em média, se você os encontra em uma reunião ou de outro modo, cerca de um em dez possíveis recrutas entrará no negócio em algum momento. Para assegurar que você não perderá ótimos membros em potencial da equipe, seu sistema de acompanhamento precisa incluir esse ciclo potencialmente longo, desde a possibilidade de recrutar até o recrutamento.

Possíveis recrutas quentes e mornos

Para ter uma ideia precisa de quais são os possíveis recrutas mais prováveis para entrar na equipe nos próximos trinta dias, deve atribuí-los como *Quentes* (letra Q) ou *Mornos* (letra M).

As pessoas que pedem informação sobre o negócio ou pegam um pacote de informações comerciais em uma reunião são Q com certeza. Escreva Q ao lado das informações delas e contate o recruta quente em 24 a 48 horas. Se você não dá prosseguimento nesse intervalo de tempo, a animação diminui. Agende uma ligação para não esquecer e ligue nesse período, não importa qual.

Veja um exemplo do que acontece muito e por que seu recruta quente pode parecer ter mudado de ideia. Você conhece uma senhora que parece empolgada em se associar, e ela vai para casa contar ao marido:

Recruta Quente: "Querido, adivinha? Vou entrar para essa empresa."

Marido: "Você tem mesmo que fazer isso agora? Pensei que aproveitaríamos o verão e iríamos acampar."

Recruta Quente: "Ah, tudo bem! Talvez eu espere até as crianças voltarem para a escola."

Você liga para ela em até 24 horas depois de conhecê-la:

Você: "Oi! Tudo bem? Você conseguiu examinar o pacote de informações?"

Recruta Quente: "Quer saber? Vi, mas estava conversando com meu marido, e o momento não é bom. Vou recusar."

Nesse instante, ela passou de Q para M. É importante interagir com ela, reconhecer a situação e combinar em acompanhá-la no futuro, para manter a porta aberta.

> Você: "Entendo com certeza. Faz sentido e quero que você comece quando for realmente capaz de dar a atenção que o negócio merece. Você gostaria que eu a mantivesse atualizada sobre qualquer oferta relevante? Manterei contato periodicamente e ligo no outono. Pode ser?"

LEMBRE-SE Você descobrirá que a maioria das pessoas recrutadas será de possíveis recrutas mornas. É incomum que os outros decidam entrar para sua equipe imediatamente após conhecerem você. Grande parte dos novos recrutas virá como resultado de seu acompanhamento consistente e repetido.

Você deve contatar seus possíveis recrutas M a cada três meses. Esses contatos são só para ler a temperatura e as oportunidades para reconectar, aprofundar a relação e lembrar à pessoa que você ainda está na área.

Tenha uma conversa simples em torno de questões como:

> "Tudo bem?"

> "Só passando para saber como está se saindo com os produtos."

> "Há algo que posso fazer por você ou qualquer outro produto de que esteja precisando?"

> "De quais produtos precisa no momento?"

DICA Nem toda verificação como essa precisa ser por telefone. Pode ser um cartão postal, mensagem do Facebook, e-mail, mensagem de texto ou nota que permita à pessoa saber que você está pensando nela, quer manter contato ou tem uma ótima oferta. Se você contata por mensagem de voz, é possível deixar uma mensagem com os mesmos sentimentos. Você pode preferir métodos alternativos de contato, só faça algum tipo de contato a cada três meses.

O momento certo é essencial ao acompanhar os possíveis recrutas, porque a vida das pessoas muda o tempo todo: o trabalho é outro, mudança de casa, casamentos, separações, novos filhos, saúde, inúmeras coisas. Queira se antecipar, porque, quando a pessoa estiver pronta para experimentar algo diferente ou as necessidades dela mudarem, você deve ter feito um contato recente para que ela se sinta confortável em ligar. Esteja presente na mente dela quando ela pensar em ganhar uma renda extra ou mudar a rotina montando um negócio.

Exceção à ligação trimestral: sempre que sua empresa oferece uma promoção especial relacionada a montar o negócio, você deve ligar para seus Ms e informá-los. É uma cortesia, e mesmo que eles não se associem no momento, plante a semente para o futuro e os lembre de que está atento.

Na ligação quanto à promoção especial, reconheça que você não sabe se o momento é o certo, mas não queria deixar a pessoa perder a oferta. Às vezes, o momento dessas ligações será o ideal, e em algumas o M dirá algo como: "Nem acredito que você me ligou hoje, porque, na verdade..." Foi uma coincidência ser um bom momento, e o possível recruta sente como se "fosse o destino".

DICA

Cerca de metade dos convidados sai da reunião pensando em fazer seu trabalho. Isso não significa que metade das pessoas que você conhece entrará para a equipe, mas que metade imagina se pode acontecer, se você ganha dinheiro suficiente e se elas seriam boas nisso, ganhando dinheiro também. É por isso que você mantém contato, porque há potencial quando o momento é o certo.

A maioria das pessoas busca meios de ganhar mais dinheiro para solucionar problemas atuais. Seu negócio pode ser bem adequado para muitas pessoas que encontra e que veem potencial, contanto que mantenha contato com elas.

Brrr! Possíveis recrutas frios

Voltemos ao exemplo da senhora cujo marido queria que ela aguardasse até o verão acabar antes de entrar no negócio e explorar um cenário diferente. Você liga para ela em até 48 horas após o encontro:

Você: "Oi! Você conseguiu examinar o pacote de informações?"

Recruta Quente: "No momento, acho que é ruim e vou recusar."

Você: "Entendo. O que você acha se eu a mantiver atualizada sobre as ofertas relevantes? Entrarei em contato periodicamente. Pode ser?"

Recruta Quente: "Não, tudo bem. Se as coisas mudarem, ligo de volta."

Infelizmente, ela mudou de Q para F; ela agora é uma possível recruta *fria*. Você não precisa continuar ligando, chateando-a com a inscrição. Você mantém as informações dela entre seus possíveis recrutas, mas acompanha de modo mais geral outros aspectos relacionados a essas pessoas como clientes. Ligue para os possíveis recrutas F quando tiver um novo catálogo, uma ótima promoção do cliente ou até para saber se querem organizar uma reunião. Mas não para recrutar.

DICA

Às vezes seus possíveis recrutas antigos podem ainda ser uma boa fonte de negócio. Mantenha contato com eles sobre coisas não relacionadas à oportunidade de negócio. Em geral, assim que você fica diante dos possíveis recrutas antigos, renova o interesse original deles.

Sem Suposições: Usando o Método 2+2+2 do Acompanhamento

Alguns representantes se esquecem de ligar porque temem ser insistentes, mas também porque ficam sem saber quando ligar, como ligar e o que dizer na ligação. Minha adaptação do Método 2+2+2 resolve o problema fornecendo uma abordagem sistêmica que acaba com suposições sobre quando ligar e o que dizer. Quando combinado com a *Power Hour* (veja o Capítulo 5 para saber mais), o Método 2+2+2 alavancará seu negócio.

O 2+2+2 ajuda a aumentar as vendas, os agendamentos e o recrutamento, assegurando que se entre em contato com clientes em intervalos predeterminados que são momentos ideais para se comunicar com eles. Algumas estimativas atribuem ao Método 2+2+2 o aumento da renda de um representante em 50%!

LEMBRE-SE

2+2+2 significa dois dias, duas semanas e dois meses.

Acompanhamento em dois dias

A primeira ligação feita para cada cliente é dois dias após ele fazer o pedido ou uma compra, seja em uma reunião, online, ao vivo ou ligando para você.

A *única* finalidade dessa ligação é para agradecê-lo. Só isso! Você não pede nada. Você liga para demonstrar gratidão. Basta agradecer:

> "Oi, Maria! É Belinda, só queria dizer que foi um prazer conhecer você na casa de Sandra e queria agradecer novamente pelo pedido."

Informe quando a pessoa deve receber o pedido e veja se ela sabe que pode ligar no caso de dúvida. É tudo. A ligação leva menos de um minuto, e ser breve é importante, porque você fará mais ligações e a pessoa lembrará que você teve respeito pelo tempo dela.

DICA

O motivo de você ligar em dois dias é porque, nos grupos de estudo que realizei, descobri que a empolgação fica na consciência por cerca de três dias. Depois, o interesse diminui. É válido para o ótimo restaurante onde você está, um concerto a que foi ou um belo par de sapatos que recusou durante as compras. Também é o caso da reunião ou apresentação a que o cliente foi.

Às vezes, você ligará para uma cliente para agradecer dois dias depois da compra em uma reunião, e as coisas serão diferentes. Ela já pode ter falado bem sobre sua reunião e seus produtos com colegas de trabalho ou amigas. Talvez elas tenham pedido um catálogo. Imagine como seria sua ligação para agradecer nessas situações!

"Estava conversando com minhas amigas, e algumas meninas no trabalho perguntaram se eu podia trazer um catálogo. Pode me enviar um?"

É sua oportunidade para sugerir uma reunião:

"Claro, Alice, posso enviar um catálogo. Mas, para ser honesta, o melhor seria organizar uma reunião. Você já tem amigas que querem comprar, e prefiro lhe dar o crédito por esses pedidos, em vez de recebê-lo."

Você ficará surpreso com a frequência com que a pessoa agendará uma reunião. De repente, sua ligação de atendimento ao cliente após dois dias assegurou outro agendamento.

Ou talvez a cliente tenha chegado em casa e percebido que queria pedir outros itens. Pode ser que ela tenha falado com o marido sobre um item que amou, mas não adquiriu. E ele disse: "Se você amou, deve comprá-lo!" Imagine sua ligação de agradecimento nessas situações:

"É muito tarde para adicionar ao meu pedido? Porque queria fazer isso e adquirir _____."

Ou a pessoa diz algo assim:

"Eu estava conversando com meu marido e quero aquele utensílio de cozinha. Achei o preço alto, mas ele disse para comprar."

Também é sua oportunidade para sugerir organizar uma reunião:

"Bem, Maria, você não gostaria de agendar uma reunião para poder adquirir o utensílio pela metade do preço?"

Você ficará surpreso com a frequência com que alguém muda de ideia e quer adicionar ao pedido original, aceitando sua oferta para organizar uma reunião durante sua ligação de agradecimento, dois dias depois. De repente, sua ligação de atendimento ao cliente assegurou outro agendamento.

Agora, o que descobri é que apenas cerca de 10% das ligações após dois dias resultarão em pedidos complementares, mas em torno de 20% dessas ligações se tornarão reuniões em sua agenda. Também é importante entender que é raro alguém que gostaria de adicionar outro produto ao pedido ligar para você. A pessoa acha que é tarde demais. Além disso, as pessoas são ocupadas e se esquecem. Sua ligação de agradecimento após dois dias é uma oportunidade fácil para ela atualizar o pedido e você oferecer um melhor atendimento.

As pessoas costumam me perguntar: "Tenho que ligar a cada 2+2+2, ou posso enviar uma mensagem de texto ou e-mail?" Sempre respondo que prefiro ligar, mas outros meios de comunicação são bons. Para ter o maior impacto, recomendo sempre usar o telefone para a primeira ligação após dois dias.

Duas semanas depois

A segunda ligação para cada cliente é duas semanas após a pessoa receber o pedido. Essa ligação é para atendimento. Você ainda não perguntará sobre um pedido nem agendamento. Você aparece para oferecer seus serviços a uma de suas clientes existentes:

> Você: "Eu gostaria de saber se recebeu seus produtos e se tem dúvidas."
>
> Cliente recente: "Recebi. Obrigada!"
>
> Você: "Gostou do produto?", "O produto funciona?", "Notou algo usando o novo produto?", ou alguma outra pergunta adaptada ao produto pedido.

O feedback positivo obtido nas ligações é valioso, porque você pode usar essas histórias em suas apresentações ou quando compartilhar os benefícios dos produtos com outras pessoas. Qualquer feedback não muito positivo lhe dá a oportunidade de se destacar e lidar com o problema. É sua chance de ajudar a corrigir como a pessoa usa o produto, caso não seja o modo certo, sugerir um produto adicional diferente ou ajudá-la a recuperar o dinheiro, se for apropriado.

Independentemente do feedback recebido, pergunte como pode ajudar hoje, reitere que está disponível e que a pessoa deve ficar à vontade para entrar em contato com qualquer pergunta no futuro.

Veja a última coisa que dirá:

> "Algo mais em que posso ajudar hoje, Carolina?" Então: "Eu a valorizo como cliente, e o atendimento é muito importante para mim. De vez em quando, gostaria de entrar em contato para saber se há algo mais que posso fazer para atender suas necessidades. Tudo bem para você?"

A última parte é essencial, pois assume o compromisso de manter contato, tornando mais provável que você realmente ligará. E terá o consentimento da pessoa, portanto, se sentirá bem ligando para oferecer um excelente atendimento ao cliente.

Exceção: no caso raro em que a cliente responde à sua oferta de contato periódico com "Não se incomode!" ou "Ligarei para você se precisar de algo", considere isso uma grande economia de tempo. Seja gentil, concorde, agradeça e siga em frente. Você se sentirá um pouco rejeitada, mas isso passará, e você terá evitado gastar muito tempo ligando para alguém que não está interessado (ou possivelmente não se interessa por nenhum representante).

Dois meses depois

A terceira ligação para cada cliente não precisa ser exatamente dois meses após a segunda ligação, mas você deseja agendar isso para não deixar ninguém escapar. No Capítulo 5, onde explico a *Power Hour*, você aprende um sistema que o ajuda a controlar todos os Métodos 2+2+2 do atendimento ao cliente, assim como suas outras ligações de acompanhamento para possíveis agendamentos e recrutamento.

Você contata uma cliente que agora sente que o conhece melhor. É uma ligação mais livre. Os assuntos dependem do que aprendeu quando se conheceram originalmente, além dos detalhes que surgiram nas ligações anteriores.

De novo, por isso é tão importante fazer boas anotações após cada encontro.

DICA

Quanto mais interagir com os clientes e eles se sentirem importantes, mais conectados a você ficarão e provavelmente farão mais negócios, recomendando pessoas. Portanto, na terceira ligação, a conversa é agradável, sobre como vai a vida da pessoa:

> Você: "Bem, estou ligando para saber se há algo em que posso ajudar no momento, qualquer presente ou algo especial que possa fazer por você."

Também é possível fazer referência a uma comemoração ou evento futuro:

> "O mês das noivas está chegando. Posso ajudar com alguma coisa?"

> "O Dia das Mães está próximo. Posso ajudar com alguma pessoa especial em sua vida, inclusive você?"

É isso. Essas ligações não levam mais de dois minutos. O poder está na abordagem sistemática para que as ligações não sejam aleatórias. Você está contatando as pessoas regularmente e se posiciona como dono de um negócio mais consolidado e uma reputação profissional.

Após essa terceira ligação, sobretudo se sua linha de produtos é algo de consumo, como alimentos, produtos para nutrição ou cuidados com a pele, desejará manter uma ligação de contato como essa a cada dois meses. Se seu produto é algo como joias, roupas ou decoração de casa, provavelmente pode fazer uma ligação trimestral para cada cliente após as ligações 2+2+2 iniciais.

Novo Atendimento: O Segredo É Cuidar do Cliente

É mais fácil obter novos pedidos, recomendações e um novo negócio com clientes felizes do que precisar sempre buscar novos clientes. Também é mais gratificante e divertido.

De fato, quando se tem uma base de clientes grande e satisfeita, inclusive os antigos anfitriões, você também tem um mercado pronto à disposição para quando desejar aumentar as vendas. Digamos que queira aumentar sua produção na primavera porque planejou férias divertidas no verão e quer pagar tudo à vista. Ou talvez sua empresa esteja fazendo uma promoção e os limites das vendas para essa viagem ou recompensa são um pouco mais altos do que a média.

Em ambos os casos, se usou o Método 2+2+2 e manteve contato com os clientes, conseguirá aumentar suas vendas contatando seus clientes atuais para um novo atendimento. *Atender de novo* é voltar e repor os pedidos (no caso de nutrição, alimentação, cuidados com a pele etc.) ou assegurar pedidos adicionais com um cliente existente.

DICA Para ter melhores resultados, ligue para os clientes agendados para a terceira ligação no Método 2+2+2 ou aqueles que você tem agora em um cronograma de contato bimestral ou trimestral. Por quê? São seus clientes estabelecidos, eles estão acostumados com seu contato e muito possivelmente "precisam" de algo.

Quando fizer as ligações, comece com um produto em destaque ou oferta. Mesmo que a empresa não tenha atualmente uma oferta ou um item, você pode destacar um item particularmente interessante quando ligar:

> "Quis ligar para você e compartilhar nosso item do mês (continue e fale sobre como o produto é interessante). Estou fazendo um pedido especial para minhas boas clientes nesta sexta-feira. Você precisa de algo no momento ou está interessada no item em destaque?"

Isso funciona bem porque você está apresentando algo específico, o que facilita que a cliente valorizada diga sim. Outro motivo para funcionar bem é que você lembra à cliente que ela pode pedir quando quiser, não apenas quando ela vai a uma reunião ou o produto acaba. Essa consciência ajuda a oferecer um suporte melhor à cliente.

Minhas conclusões mostram que, mesmo que você forneça um site para um novo pedido, 70% das pessoas acham que precisam ir a uma reunião ou contatar um representante para pedir. Alguns representantes sentem que, quando as pessoas têm o envio automático, eles não precisam ligar. Porém, quanto mais o cliente se sente valorizado e ligado a você, mais ele usa o envio automático.

4 Criando uma Organização

NESTA PARTE . . .

Recrute novos representantes para se tornarem membros da equipe.

Entreviste recrutas em potencial.

Comece a chefiar a nova equipe.

Faça eventos para promover a oportunidade de negócio.

> **NESTE CAPÍTULO**
>
> » Explorando as recompensas do recrutamento e o que significa a oportunidade para outras pessoas
>
> » Encontrando possíveis recrutas e despertando o interesse das pessoas pela oportunidade
>
> » Entendendo o comportamento das pessoas e o que isso significa para seus esforços de recrutamento
>
> » Oferecendo um excelente acompanhamento e atendimento aos possíveis clientes
>
> » Usando a rede social no recrutamento

Capítulo **14**

Atraindo Novos Membros para a Equipe: Recrutando e Patrocinando

Se, como mencionado nos capítulos anteriores, os agendamentos são a pulsação do negócio, então o recrutamento é a salvação. Contanto que você tenha agendamentos, pode gerar renda. Mas para ter uma grande renda, é preciso recrutar. Recrutar significa receber pelos esforços de outras pessoas, possibilitando uma renda incrível que aumenta mês a mês.

Além das recompensas financeiras, há as recompensas pessoais que o recrutamento produz: a oportunidade de ajudar as pessoas a atingirem suas metas e seus sonhos, ter uma vida melhor e saber que você ajudou a contribuir para o sucesso do outro é extremamente gratificante. Trazer novas pessoas para seu grupo aumenta a animação em seu negócio também; cada pessoa nova tem uma nova jornada, com a esperança de melhorar de vida.

De todas as áreas do negócio, o recrutamento é uma das que mais requerem a atitude certa. Também é a área em que vejo muitas pessoas se esforçando mais. Ouço o tempo todo: "Não sou recrutador. Não é mesmo para mim. Focarei apenas meu negócio pessoal." Quando você muda de atitude para se tornar confiante, passional e positivo, é como mudar uma chave de posição. Muitas pessoas realmente se referem a isso como acender uma luz. Então, de repente, o recrutamento fica fácil e interessante.

A meu ver, existem basicamente três partes no recrutamento:

» As regras básicas
» O motivo
» O modo

Este capítulo explica as três.

As Recompensas do Recrutamento

Muitas pessoas têm problemas no recrutamento porque o foco está nelas. É compreensível, porque você foi informado de que precisa recrutar para avançar no plano de carreira da empresa, para ganhar uma viagem de incentivo ou se qualificar para receber bônus em dinheiro. Em geral, faz parte do programa Início Rápido da empresa. Na verdade, ouço coisas como: "Você só precisa ter mais um e será promovido" ou "Se você recrutar alguém este mês, poderá ganhar esta bolsa com rodinhas e o logotipo da empresa".

Estamos sempre falando sobre o que *você, o representante*, precisa ter, mas as pessoas boas em recrutamento não pensam sobre o que devem ter; tudo gira em torno daquilo que elas podem dar. É de nossa natureza querer alimentar os outros, ajudar e fazer algo bom por alguém. E o recrutamento é *exatamente* isso, ou seja, o que você tem para dar aos outros. Você tem o privilégio incrível — não só a oportunidade, mas o privilégio — de mudar o curso da vida do outro. Pode pensar que é exagero, mas é verdade. Em grande ou pequena escala, a vida das pessoas pode, de fato, ser impactada pelo negócio, e você tem um papel nisso.

É aí que a luz acende para a maioria das pessoas. Para muitas famílias, R$3 mil extras por mês podem impactar o orçamento. Qualquer pessoa que entra no negócio e se esforça pode ter uma renda extra todo mês. As pessoas são desafiadas. Às vezes é de repente, como o carro que quebra. Ou talvez é uma escolinha ou esporte especial do qual seus filhos querem participar. Podem ser reparos em casa que precisam de atenção imediata ou despesas médicas que precisam ser vistas.

DICA

É como vejo o recrutamento: são soluções para os desafios das pessoas. Quando você realmente pensa assim, de repente muda de atitude e fica empolgado por compartilhar essa oportunidade incrível com os outros.

Certa vez, falei em uma conferência sobre scrapbook. Muitas pessoas fazem isso como hobby porque se divertem e isso permite que tenham produtos com desconto. Também permite compartilhar essa diversão com um grupo de pessoas afins. Mas, claro, fiz meu discurso normal de recrutamento que sempre faço nas conferências para ajudá-las a ver um lado diferente do negócio.

Aproximadamente sete semanas depois de fazer um seminário em outra cidade, uma mulher se aproximou e disse:

"Vi você falar em nossa conferência algumas semanas atrás e queria compartilhar isto com você: eu realmente nunca quis recrutar alguém. Na verdade, disse para minha chefe que não estava interessada nisso como negócio. É apenas meu hobby. É minha terapia, e não estou interessada em outras coisas. Não pretendo recrutar."

"Eu estou no negócio há cerca de quatro anos e recrutei duas pessoas, e foi por acaso. Elas me perguntaram se poderiam participar. Eu nunca falei sobre recrutamento em nenhum dos meus workshops. Mas quando ouvi você falar em nossa conferência, percebi como eu tinha sido incrivelmente egoísta. E se outra mulher precisasse de um hobby ou terapia incrível? Eu mudei um pouco o que dizia em meus workshops e patrocinei nove pessoas desde que vi você, sete semanas atrás!"

É o que pode acontecer quando você muda de atitude de repente. Agora ela trabalha com o coração, não com a cabeça. O engraçado foi ela ter dito para mim: "Agora acho que quero fazer isso como negócio."

LEMBRE-SE

Eu acho que temos medo de admitir que queremos algo para nós mesmos, mas quando fazemos algo para outras pessoas, em geral acabamos nos beneficiando. Isso vem da doação.

Às vezes, pessoas novas entram no negócio e recrutam de cara. Elas ficam muito felizes com o que descobriram e mal podem esperar para contar a todos. Outras são hesitantes e sentem que precisam conhecer tudo antes de começar. Muitas vezes, uma abordagem simples, honestidade combinada com entusiasmo, atrai alguém.

Eu gostaria de compartilhar minha história porque ela contém vários aprendizados. Comecei tocando bateria com 10 anos e me dediquei muito, na época da escola, para ser a melhor baterista possível. Eu me saía bem em todos os programas da escola e nas lições das quais participava, começando a tocar em clubes muito jovem.

Tudo que realmente queria na vida era ser uma estrela de rock, e eu levava isso muito a sério. Eu *seria* uma estrela do rock. Só isso. E não precisava de nada mais. Então, com 18 anos, depois de terminar o ensino médio, entrei para uma banda que eu tinha certeza que me levaria ao topo.

Enquanto isso, trabalhava no consultório de um médico como recepcionista, para agradar minha mãe, o que significava levantar às 7h, que não é minha hora favorita do dia. Certo dia, no trabalho, uma paciente chegou e disse: "Estou começando meu novo negócio com cristais e preciso de seis reuniões. Você parece divertida e alegre! Seria uma boa anfitriã. Organizaria uma reunião para mim?" Eu disse: "Com certeza." Ela não fez uma apresentação grande e longa me pedindo para fazer a reunião. Foi muito simples: *Preciso de ajuda e acho que você é a pessoa certa.*

Então, pensei: *Sou uma baterista de rock com 18 anos. Para que preciso de cristais?* Mas fiz a reunião para ajudar. Lembre-se, ela era uma representante nova. Ela respondeu: "Se você quer que a reunião seja realmente boa, precisa ter cinco pedidos antes de eu chegar lá." Então falei: "Tudo bem." Saí e mostrei o catálogo para quem se aproximasse e convidei todas as amigas da minha mãe também. Era o ano de 1979, quando uma reunião média girava em torno de R$1 mil. Eu fiz uma reunião de R$3 mil! Ela disse: "Nossa, você foi melhor que eu. Deveria trabalhar nisso." Foi toda a campanha de recrutamento dela.

Eu falei "Certo", porque estava pensando com a cabeça de 18 anos. *Se eu fizer duas reuniões por semana e tocar na banda três noites por semana, não precisarei mais levantar cedo.* Evitar as manhãs foi o motivo para eu me associar.

Conto essa história porque uma coisa que ouço é que as pessoas não têm informação suficiente para recrutar.

DICA

A abordagem simples e fácil funciona tão bem quanto tentar explicar cada aspecto do negócio para um recruta em potencial.

Inicialmente, trabalhei no negócio por cerca de 18 meses, fiz minhas apresentações e ganhei dinheiro. Ganhei mais do que poderia em outro lugar. Na época, o salário mínimo era de R$13,59 por hora, e subiu para incríveis R$15,32 logo depois que eu comecei. Nem preciso dizer que ganhar entre R$430 e R$580 por algumas horas de trabalho era muitíssimo empolgante.

Nesse meio-tempo, a banda em que eu tocava começou a fazer sucesso, e tocávamos de cinco a seis noites por semana. Comecei a viajar, e foi uma época muito animada. Parecia que havia menos tempo para meu negócio de vendas, então parei de fazer reuniões. Nos meses seguintes, também me casei e tive uma menina. De repente, a vida mudou.

Lá estava eu, com minha linda bebê, e já não me sentia tão glamorosa para estar em um bar até as 4h na manhã e acordar as 6h para alimentá-la. Nesse momento, pensei: *Não acho que seja essa a vida de que preciso, mas o que fazer? Sou boa fazendo o quê? Eu era muito boa com vendas diretas. Eu voltaria. Ligaria para minha chefe e recomeçaria.*

Nesse ponto, eu me engajei completamente no negócio e levei ele muito a sério. Precisávamos da renda como parte do orçamento doméstico. Éramos proprietários novos e nossa casa precisava de um novo telhado e porão. Eu faria cerca de quatro reuniões por semana, em média, para ganhar dinheiro suficiente para pagar tudo isso. Comecei recrutando com consistência, porém, o mais importante é que mostrei aos *recrutas* como recrutar, ajudando-os a trazer *outras pessoas* para o negócio. Foi o que me ajudou a começar a expandir uma grande organização. Com 29 anos, eu tinha uma renda consistente de seis dígitos e conseguia usar essa renda nos extras do nosso orçamento doméstico.

Após muitos anos desenvolvendo meu negócio de vendas diretas, pessoas me pediram para lhes ensinar meus métodos. Decidi começar meu negócio de treinamento, compartilhando meu conhecimento no setor. Agora treino e dou palestras sobre vendas diretas há vinte anos e sou uma das palestrantes mais requisitadas no setor. E tudo começou porque eu queria dormir.

As Regras do Recrutamento

Esta seção mostra as quatro estratégicas básicas, ou, como gosto de chamar, regras de recrutamento:

- » Convide sempre.
- » Nunca julgue prematuramente.
- » Sempre converse para recrutar, não importa o assunto.
- » Busque possíveis clientes, em vez de recrutas.

Sempre convide

Nos agendamentos, você *pergunta*. No recrutamento, *convida*. Quando você pergunta, em geral as pessoas sentem que precisam responder. Organizar uma reunião ou comprar um produto não é uma decisão difícil, mas escolher um novo trabalho ou investir dinheiro requer certa consideração, e muitas pessoas não estão prontas para dar uma resposta. É por isso que você convida. Você convida para elas darem uma olhada. Com essa abordagem, não pede para a pessoa se comprometer ou tomar uma decisão, mas ver se está interessada.

Gosto de pensar nisso como a criação de uma zona de segurança para as pessoas se interessarem sem tomar uma decisão. Acho que cerca de metade das pessoas nas reuniões sai com certo interesse. Em geral, metade não se associa, mas sai pensando: *Será que posso fazer isso? Minhas amigas me apoiariam? Eu seria boa nisso? Poderia realmente ganhar um bom dinheiro?* Seu objetivo é identificar as possíveis clientes para poder lhes dar informações e fazer um acompanhamento. Isso também ajuda a superar o medo da rejeição.

Você deve escolher palavras gentis, não ir direto ao ponto. Palavras gentis seriam:

"Então, se você quiser ver, entre em contato."

"Se quiser informações para ler em casa, ficarei feliz em enviá-las."

"Se quiser saber mais sobre quem somos nós, entre em contato."

"Se quiser conhecer melhor o que a empresa oferece, posso explicar."

Palavras diretas seguem esta linha:

"Se quiser entrar para a empresa, entre em contato."

"Se você começar nessa oportunidade desde o início..."

"Se quiser fazer parte da minha equipe..."

"Se quiser aproveitar esse ótimo kit de vendas, é só dizer."

Essa abordagem parece muito definitiva, e a maioria não decidirá, no momento, se associar, portanto, nunca dirá que está sequer um pouco interessada.

Nunca julgue prematuramente

Por mais que eu diga isso, todos julgam. É da natureza humana. Mas tente ao máximo evitar cair nessa armadilha. O melhor modo é convidando todos.

Você não pode ficar diante de uma sala ou encontrar alguém pela primeira vez e determinar quanto ela tem no banco, saber se ela precisa de uma agenda mais flexível ou se nunca foi reconhecida ou valorizada pelo que faz. Não é possível. Você não pode olhar para alguém e determinar se a pessoa seria adequada ou faria um bom trabalho.

Com frequência, as pessoas dizem para elas mesmas: "Ah, não preciso de dinheiro", "Não tenho tempo" ou "Não gostaria de fazer algo assim".

Certa vez, uma senhora me disse o seguinte:

> "Sabe, meu marido é médico, e eu trabalhei no consultório dele por 22 anos como recepcionista. Moramos em uma área muito bonita. É rural, mas nossa casa é considerada um das mais bonitas na cidade inteira. Todos me conhecem como a esposa do médico.
>
> "Fui a milhares de reuniões e ninguém me perguntou se eu estaria interessada no negócio. Ninguém conversou comigo sobre o negócio. Nunca me convidaram para entrar no negócio. Então eu sempre participei, até que, finalmente, alguém compartilhou comigo a oportunidade. Eu entrei e agora sou a mulher das joias na cidade."

LEMBRE-SE

Não é uma questão de dinheiro, mas de identidade.

Tenho uma colega que faz vendas diretas em meio expediente e tem doutorado em Engenharia Química. Ela trabalha para uma grande empresa farmacêutica, é bem paga e tem um trabalho de prestígio. Mesmo assim, faz vendas diretas. Ela diz:

> "Em geral, faço cerca de três reuniões por mês. Fico tão triste com isso, sobretudo com as pessoas da minha família, em particular com meu pai. Ele não consegue entender. Ele diz: por que perde seu tempo com isso? Respondo: porque uma noite por semana quero ser uma garota. Quero sair e me divertir. Não tenho que pensar em protocolos. Só ajudo as pessoas a se vestirem, e é divertido."

Tenho uma colega que por anos foi a reuniões e sempre ficava intrigada com as vendas diretas. Ela realmente desejava uma vida melhor para si e os dois filhos. Mas disse que ninguém perguntava a ela. A pessoa sempre caminhava até quem estivesse sentada ao lado e dizia: "Ah, você seria perfeita nisso." Isso sempre a fez sentir que ninguém pensava que ela seria boa. Por fim, entrou para uma empresa por conta própria e se tornou uma das principais líderes. Ela diz que convida todos porque não gostaria que qualquer pessoa se sentisse como ela antes.

LEMBRE-SE

As pessoas têm necessidades diferentes. Você não tem condições de julgar prematuramente.

Sempre converse para recrutar, não importa o assunto

Quando entrei pela primeira vez nesse negócio, tinha uma chefe durona. Estas foram as palavras dela para mim, no treinamento:

> "Converse para recrutar, não importa o assunto! Não se esqueça disso! Seja breve, gentil e simples, mas não deixe de fazer isso! Nunca se sabe quem precisa do que você tem a oferecer!"

Morri de medo. Mas sempre que estava em uma reunião e pensava "Ninguém aqui parece interessado", ouvia a voz dela na minha cabeça: "Converse para recrutar, não importa o assunto!" Então eu conversava.

LEMBRE-SE

Uma conversa para recrutar leva 90 segundos, tempo necessário para convidar as pessoas para se associar, dar uma olhada no que o negócio tem a oferecer e dizer: "O que de R$3 mil a R$4 mil extras fariam por você e sua família no fim do mês?"

Mas você olha para o público, talvez para alguém sentado lá, e a pessoa parece entediada. Talvez ela tenha olhado para o relógio três vezes. Talvez tenha cruzado os braços e feito uma cara feia, e você pensa: "Ah, estou perdendo tempo. Ela não quer ouvir sobre isso, então vou pular essa parte."

Para as pessoas não interessadas, entrará por um ouvido e sairá pelo outro. No momento em que passarem pela porta, nem se lembrarão do seu nome. Por que se preocupar tanto com elas? Que tal a jovem mãe sentada cujo filhinho acabou de chegar da escola dizendo: "Mamãe, todas as crianças da escola vão para a escolinha de futsal! Quero ir!" Quando você diz "O que de R$3 mil a R$4 mil extras fariam por você e sua família no fim do mês, trabalhando uma noite por semana?", ela pensa: *"É como eu pagaria a escolinha de futsal."*

Em 90 segundos, você mudou a dinâmica dessa família, mesmo que seja por um verão. Com o que você está mais preocupado? Com a pessoa que não lembrará seu nome ou com as vidas que mudará?

Minha amiga Carol tem um grande círculo de amigos, então ela é convidada para muitas reuniões diferentes. Ela me disse o que pensa quando a pessoa não conversa para recrutar: "Nossa, imagino que deve pensar que não seríamos boas." Alguma vez você parou e olhou o recrutamento desse modo?

Busque possíveis clientes, em vez de recrutas

Dominar esse conceito é uma arte. Significa mudar de mentalidade, e quando você faz isso, abre seus olhos para incontáveis oportunidades de recrutamento. Buscar possíveis clientes ajudará a superar o medo da rejeição, e você recrutará várias pessoas. O recrutamento é uma questão de números, e por mais que eu não seja fã do ditado *"alguns vão, outros não, e daí? Quem é o próximo?"*, há certa verdade nisso. Sugiro apenas adotar uma atitude um pouco diferente.

LEMBRE-SE

Você não busca apenas possíveis clientes. Sua principal função na área do recrutamento é despertar interesse. Quanto mais interesse desperta, mais possíveis clientes consegue. Quanto mais possíveis clientes consegue, mais pessoas entram.

Você não busca "alguém" e definitivamente não é "alguém perfeito". Sempre ouço: "Gostaria de encontrar alguém como eu" ou "Estou tentando encontrar meu próximo empreendedor". Provavelmente não conseguirá. Se conseguir, levará muito tempo. Enquanto isso, perde muitas pessoas com grande potencial que simplesmente estão interessadas.

Sua meta é entregar de dois a três pacotes de informação em cada reunião ou evento (mais, se estiver em uma feira). Agora, você conseguirá fazer isso o tempo todo? É provável que não. Mas se estabelecer a meta e se preparar, terá maior chance.

Vejamos os números. Se você fez duas reuniões por semana e entregou de dois a três pacotes de informação em cada uma, são de 16 a 24 pacotes. Estatisticamente, 1 em 7 se associará, portanto, você considera 2, até 3 recrutas ao mês conforme fica mais experiente. Mesmo que faça apenas uma reunião por semana, são de 8 a 12 pacotes, significando que ainda é provável que contrate uma pessoa por mês. Qualquer um pode ter um aumento saudável do negócio recrutando uma pessoa por mês, sobretudo se você ensina cada nova pessoa a fazer o mesmo.

Primeiro, monte pacotes e leve-os com você. Você nem imagina a quantas reuniões fui em que o representante não tinha nada e disse: "Ah, enviarei para vocês." No mundo tecnológico agitado de hoje, o cliente buscará outra pessoa. Você sempre deve ter um *pacote digital* com versões online de suas informações de recrutamento prontas no computador, caso alguém peça online ou se você não tem pacotes físicos.

DICA

As pessoas sempre perguntam o que deve entrar em um pacote. Ele é simples. Veja o que as pessoas querem saber: um pouco sobre a empresa, o que o kit inclui, qual o custo e quanto dinheiro podem ganhar. Não sobrecarregue as pessoas com o plano de compensação completo, a menos que perguntem, o que indica que a pessoa tem uma experiência anterior em vendas diretas.

Sempre leve seis pacotes para uma reunião e tenha um ou dois no carro. Descobri que, quanto mais distribui, maior a probabilidade de continuar distribuindo. É engraçado, mas muitas pessoas querem informações e têm medo de pedir. Quando veem você distribuindo pacotes sem embaraço, elas pedem um também.

O "Motivo" do Recrutamento: O que Se Ganha com Isso

Há cinco benefícios para o negócio ou cinco coisas que atraem as pessoas para o negócio. Gosto de considerá-los presentes. Pensar assim facilita a conversa. É divertido dar um presente. Cada pessoa que vem para sua apresentação ou reunião, ou mesmo a que entra em contato com você, precisa de pelo menos um dos cinco benefícios, se não de todos:

- » Liberdade financeira ou renda.
- » Tempo flexível.
- » Amizades.
- » Reconhecimento.
- » Crescimento pessoal e autoestima.

Mesmo quando você conversa ou planta sementes, tenha em mente esses cinco benefícios. Se você coloca uma carta de apresentação nos pacotes, são coisas que deve mencionar.

Lembre-se de que, mesmo entre amigos ou pessoas com quem falou no passado, as vidas podem mudar, e, de repente, aparece uma necessidade ou um desafio. Em grande parte, a vida de todos muda ou se modifica a cada seis meses, mais ou menos. Sempre faça referências aos cinco benefícios nas conversas. Esta seção os detalha individualmente.

Liberdade financeira ou renda

Oitenta por cento das pessoas se associam para ter renda extra ou dinheiro. Não tenha medo de falar sobre renda. A liberdade financeira é diferente para cada pessoa. Pode significar não ter dívidas no cartão de crédito, ter atividades extracurriculares para os filhos ou estudar em uma escola particular. Pode ser morar na casa dos sonhos ou consertar uma antiga casa querida. Pode significar passar férias especiais com a família, poupar para a faculdade que você deseja desesperadamente ou pagar a aposentadoria.

LEMBRE-SE

Para cada pessoa, liberdade financeira significa algo diferente. É por isso que você não pode julgar prematuramente.

Tempo flexível

Se as pessoas não precisam de dinheiro, precisam de tempo. A maioria adoraria passar mais tempo com as pessoas que amam. Na verdade, se você perguntar às pessoas o que elas consideram uma melhor qualidade de vida, a maioria dirá algo como: "Ganhar dinheiro e gastá-lo com as pessoas que amo." Você pode oferecer isso deixando que escolham as horas que querem trabalhar, permitindo que trabalhem o mínimo de horas e consigam ter a renda que desejam.

O tempo flexível afeta muitas pessoas diferentes. O restante desta seção descreve tais pessoas.

O trabalhador em tempo integral

O maior grupo. Em geral, achamos que essas pessoas não precisam de dinheiro ou têm tempo suficiente. Nesse exato momento, cerca de 90% das pessoas que trabalham em vendas diretas também têm outro serviço. As pessoas nessa categoria são atraídas porque têm um salário fixo sem oportunidades de aumento ou bônus. A renda delas pode pagar as contas da casa, mas não têm dinheiro suficiente para os extras. As vendas diretas lhes permitem gerar a renda para qualquer meta ou projeto.

Muitas pessoas trabalham por venda, ou comissão, e suas estruturas de bônus acabaram. Elas pensam: *trabalho aqui, mas preciso ganhar mais dinheiro.* Elas vão trabalhar em uma loja de departamento ganhando R$40 por hora, portanto, passarão mais quatro horas longe da família por R$160? Elas sabem que não vale a pena. Com vendas diretas, podem sair e passar algumas horas trabalhando e ganhando R$1 mil.

Para alguns trabalhadores em tempo integral, as vendas diretas são uma saída para fazer algo diferente. Um contador antigo no ramo pode dizer: "Receberei pensão. Vou ter uma aposentadoria. Terei benefícios na saúde. Não estou saindo, estou cansado de fazer a mesma coisa."

As vendas diretas permitem experimentar algo diferente, se divertir um pouco e conhecer um grupo diferente de pessoas. Isso representa uma enorme flexibilidade de tempo, ganhando o máximo de dinheiro gastando o mínimo de tempo.

A dona de casa

Esse negócio sempre funcionou para as donas de casa. Ele permite a elas que fiquem com os filhos, economizem com a creche e ainda ajuda na renda doméstica. Elas querem fazer coisas como voluntárias na escola das crianças ou estar presentes quando estas ficam doentes.

Muitas mulheres não estão prontas para voltar a trabalhar depois do nascimento do filho, mas se levantam às 5h30 para se preparar para o trabalho. Acordam os filhos e os levam para a creche. Dirigem para o trabalho, ficam de 8 a 9 horas lá, pegam os filhos, voltam para casa na hora do rush e chegam por volta de 18h ou 19h, preparam o jantar, passam 45 minutos com seus preciosos bebês antes de caírem na cama, começando de novo às 5h30 na manhã seguinte e repetindo a mesma rotina miserável. E ainda dão 75% de sua renda para a creche. Elas pensam: *deve haver um modo melhor*. Você tem a resposta para essas pessoas.

O universitário

Nem todos os estudantes serão ótimos, mas de vez em quando você descobre uma joia. As vendas diretas funcionam para eles porque, mesmo fazendo duas reuniões ao mês, eles podem ganhar mais dinheiro que a maioria dos amigos consegue trabalhando em cafeterias ou em um bar, ficando acordados até meia-noite. Conheço muitos universitários que se mantiveram na faculdade assim. Não é o maior grupo, mas você não deve se esquecer deles.

O aposentado

Os aposentados também procuram um meio de adicionar uma renda extra. Talvez tenham trabalhado nos Correios, foram professores por 35 anos e não estão prontos para ficar em casa sem fazer nada. As vendas diretas lhes permitem conhecer novas pessoas e ter uma renda, escolhendo quando querem trabalhar.

Certa vez, quando eu tinha quase 30 anos, estava fazendo uma reunião. Uma aposentada de 68 anos se aproximou e disse: "Acho que poderia fazer isso. Seria perfeito." Eu respondi: "Ótimo!" Então ela se associou e acabou fazendo duas reuniões por semana, em média.

Quando chegou a hora de ir à conferência, eu disse: "Quero que vá à convenção conosco." Ela respondeu: "Não vou a essa convenção. As jovens irão. Vocês vão se divertir, dançar e todo tipo de maluquice. Vou ficar em casa."

Falei: "Ah, não! Será muito divertido." Eu sabia que ela ganharia um anel de diamante e o receberia na conferência. Continuei: "Eu realmente quero que vá." Então ela foi.

Sempre fiz encontros nas segundas-feiras, após cada fim de semana de convenção. Nesse encontro, cubro alguns destaques da conferência e falo como seria a próxima viagem de incentivo. Também pergunto às pessoas do que elas gostaram, o que receberam e aprenderam. Isso contribui para ótimos testemunhos das pessoas que convidei. Eles nos permitem fazer outros recrutamentos na reunião.

Era a vez de a minha amiga aposentada dar o testemunho do que significou a convenção para ela. Ela ficou de pé e disse: "Quatro anos atrás, perdi meu melhor amigo, meu marido! Quando ele morreu, pensei que nunca mais receberia um anel de diamante. Ao subir naquele palco e receber esse anel, nem pude acreditar."

Eu jamais teria suspeitado do motivo de ela querer estar nesse negócio ou o efeito que ele teria sobre ela. Nem sempre sabemos o efeito que o negócio tem na vida das pessoas. E, claro, não houve quem não chorasse na casa.

Amizades

Uma das grandes vantagens do setor são as amizades maravilhosas e relações que você estabelecerá. É divertido fazer negócio com pessoas com quem você tem muito em comum. Algumas se associarão apenas para ter um novo grupo de amigos por perto.

Se você trabalha em tempo integral, tem sorte se realmente há um amigo verdadeiro no local de trabalho. Nas vendas diretas, você fica cercado de pessoas afins e positivas que desejam seu sucesso. Elas querem dar ideias, apoio e encorajamento. Você pode até achar que as pessoas na equipe e na empresa dão mais apoio do que seus próprios amigos e familiares. E, diferente de muitos outros setores, em que colegas de trabalho podem hesitar em ajudá-lo porque você pode ter a promoção que eles querem, nas vendas diretas todos podem avançar no ritmo que desejarem.

DICA As amizades nas vendas diretas são incríveis, e você terá algumas que duram a vida toda. Eu sei que tenho.

Reconhecimento

Quando as pessoas são questionadas sobre o que mais valorizam no trabalho, a resposta número um é: "Quero ser conhecida e valorizada pelo trabalho bem feito." Contudo, com frequência elas não são valorizadas e nem recebem reconhecimento.

A ideia de reconhecimento no mundo corporativo é: "Caramba, Tânia, você fez um trabalho tão incrível, que lhe daremos mais! Não podemos pagar mais, mas continue assim." Nas vendas diretas, reconhecimento é tudo. Você tem pessoas o cumprimentando em sua página do Facebook, ganha produtos extras no programa Início Rápido, pode ter recompensas em joias ou iPads com base em seus esforços e pode ganhar férias com tudo pago para destinos no mundo todo, basta fazer seu trabalho. É possível ganhar tudo isso, além da renda. E mais, a sensação é boa. Muitas pessoas me dizem que elas não vieram pelo reconhecimento, mas amam isso.

Crescimento pessoal e autoestima

Não é o presente que as pessoas necessariamente costumam buscar, mas posso garantir que é um benefício que toda pessoa em vendas diretas consegue.

Vi pessoas que não conseguiam falar diante de um grupo de repente serem capazes e sentir que podiam assumir outras responsabilidades. A vida das pessoas muda quando a confiança aumenta. Vi relações mudarem. Vi pessoas se transformarem em relação a como se portam e se sentem sobre si mesmas. Algumas pessoas me disseram que foram promovidas no trabalho simplesmente por causa da nova confiança que sentiram.

Certa noite, em uma de minhas reuniões de cristal, uma jovem foi até minha mesa. Usava jeans rasgados e camiseta caindo nos ombros. Ela disse: "Acabei de conseguir um apartamento e moro sozinha pela primeira vez. Tenho um trabalho em tempo integral na UPS [United Parcel Service], mas não sei se ganharei dinheiro suficiente para viver. Honestamente, você acha que eu conseguiria ganhar R$2 mil ao mês?"

Respondi: "Com certeza. Se fizer uma reunião por semana, você conseguirá R$2 mil sem problemas." Então ela se associou e foi o que chamo de turbilhão constante. Ela fez uma reunião por semana e começou a ganhar dinheiro. Depois começou com encontros mensais e fez amizades. Ela acabou alugando uma casa com outras mulheres em nossa organização.

Quatro anos depois, ela me procurou e disse: "Estou me mudando. Vou me casar e vou para a Região Oeste, e só queria que você soubesse que estou saindo." Eu disse: "Por Deus, você não precisa sair! Essa é a parte boa. Você pode continuar onde estiver."

Ela respondeu: "Eu sei, mas queria dedicar mais tempo ao meu marido. Assim que eu chegar lá e conhecer algumas pessoas, talvez recomece." Comentei: "Bem, a porta está sempre aberta e ficarei contente em ajudá-la como for possível." A jovem falou: "Acho que você não entendeu o que já fez por mim. Quando a conheci, morava em um orfanato, e basicamente, aos 18 anos, eles colocam a pessoa na rua com R$1.200. Você me deu a única coisa que nunca tive, uma família. Você também me deu mais autoconfiança do que qualquer família adotiva com a qual já vivi." Para mim, a recompensa de saber que tinha causado tal impacto valeu mais que qualquer dinheiro ganho trabalhando com ela.

É o que você não consegue ver quando julga alguém prematuramente. Seu coração está aberto? O motivo para recrutar vem de seu coração.

Conseguindo Pessoas Interessadas

A ciência mostra que as pessoas precisam ouvir algo mais ou menos cinco vezes antes de realmente assimilarem. Quanto ao recrutamento, as pessoas tendem a adotar a abordagem do tudo ou nada, em que nada significa olhar para a sala e determinar que ninguém está interessado e tudo é contar a história de toda sua vida de uma só vez, em geral no começo da reunião.

DICA

Mencione ou plante sementes de recrutamento pelo menos cinco vezes durante cada reunião.

Eu realmente gosto de saber o que as pessoas pensam sobre o negócio: clientes, anfitriões e pessoas que vão às reuniões. Fiz muitas pesquisas que consistem em duas perguntas: "Quando você vai a uma reunião, se importa se a representante conversa para recrutar?" Entre 50% e 60% das pessoas dizem que não. Para os outros 40% ou 50% do grupo, pergunto: "O que você não gosta na conversa para recrutar?"

CUIDADO

Esta é a resposta número um: "Não gosto quando as representantes contam a história inteira de sua vida."

Representantes demais levantam e dizem algo como:

> "Oi, gostaria de falar um pouco sobre mim e como entrei na empresa. Venho trabalhando nela há 5 anos. Eu dava aulas para crianças de 8 anos e, depois do meu terceiro filho, queria ficar em casa com eles.

> "No começo, eu trabalhava meio expediente, ganhando um pouco mais de dinheiro, tentando complementar a renda. Depois de um ano e meio, consegui ganhar a mesma quantia que recebia como professora. Agora estou nisso há 5 anos e dobrei minha renda.

> "Fiz 5 viagens incríveis. Meu marido e eu fomos ao Havaí, a Cancún. Fizemos um cruzeiro, e ano passado, na conferência nacional, fui a rainha!"

Muitas consultoras agem assim. Há alguns pontos positivos aqui, porém muita coisa de uma só vez sobrecarrega as pessoas, e elas tendem a sair de sintonia. No começo, você pode ter chamado a atenção, mas no final, as pessoas pararam de ouvir. Você quer que elas se conectem a você e pensem: *Ah, é minha situação* ou *Temos muito em comum, é possível que funcione para mim.*

DICA

Muitas empresas ensinam a fazer sua história "pessoal", em que fala sobre o que o negócio fez por você. Concordo totalmente que é preciso compartilhar o "pessoal", mas não acredito que deva começar por ele. Deve iniciar com a história sobre "vocês": o que o negócio poderia fazer por *vocês*, as pessoas na reunião. Isso interessa às pessoas, e elas acabam prestando mais atenção durante a reunião.

Plantar sua primeira semente de interesse seria assim:

> "Meninas, gostaria que vocês me vissem fazer a reunião esta noite. Vocês verão que meu trabalho é divertido e muito simples; gostaria de convidá-las para ver o que oferecemos. Talvez estejam buscando um modo de adicionar uma boa renda ao seu orçamento doméstico. Se quiserem levar alguma informação para casa esta noite, eu ficaria muito feliz em dar um pacote de informações para vocês. Em média, ganhamos entre R$700 e R$1.000 em uma noite."

É um modo simples de fazer. Se não quer falar sobre dinheiro, basta dizer:

> "Meninas, gostaria que vocês me vissem fazer a reunião esta noite. Vocês descobrirão que realmente gosto do meu trabalho. Acho divertido, simples e muito gratificante. Talvez vocês estejam procurando ter um dinheirinho para as coisas extras da família. Se alguma de vocês quiser ver o que nosso negócio tem a oferecer, ficaria feliz em dar um pacote de informações esta noite."

Se quiser um pouco mais de detalhes, poderia seguir mais nesta linha:

> "Meninas, gostaria de convidá-las para ver o que nossa empresa tem a oferecer. Em média, ganhamos entre R$700 e R$1.000 em uma noite, e gostaria que pensassem por um momento sobre o que essa quantia extra faria por vocês e sua família. Poderia pagar facilmente um carro ou até parte da compra da casa. Poderia ser um modo fácil de acabar com a dívida no cartão de crédito ou pagar as atividades extracurriculares das crianças. Ou mesmo férias especiais."

CUIDADO

Você não deve dizer algo assim:

> "Se vocês quiserem se associar, daremos tudo do que precisam. Basta pagar uma pequena quantia pelo kit. Damos todo o treinamento e um site pessoal. Podemos ajudá-las na sua primeira reunião."

É como falar *decida, decida, decida* e *comprometa-se, comprometa-se, comprometa-se.* Elas não querem decidir agora. Nem disseram que estão interessadas. Ao contrário, diga: "Se vocês quiserem alguma informação, ficarei feliz em dar algumas para verem em casa."

Os próximos pontos de interesse (números 2, 3 e 4) que você deve ver fazem parte de sua história "pessoal"e devem ser mencionados durante toda a apresentação. Eles cobrirão o motivo de você ter se associado, como o negócio o beneficiou financeiramente e, por fim, como o beneficiou pessoalmente. Você não deve mencionar tudo isso de uma só vez.

De novo, o primeiro deve ser o que o atraiu no negócio, o porquê de você ter se associado:

"Uma das coisas que amo neste negócio é..."

"Um dos motivos que me atraíram..."

"Um motivo para eu decidir vender isso foi que..."

"Eu me apaixonei pelo produto..."

Então, deve mencionar algo que o negócio fez por você financeiramente. Algo neste sentido:

"Recentemente consegui levar minha família para a Disney com a renda que ganhei."

"Consegui pagar meu empréstimo estudantil."

"Minha renda extra paga o futsal do meu filho e a aula de dança da minha filha."

Por fim, fale sobre algo pessoal que o negócio fez por você:

"Minha autoconfiança aumentou muito."

"Amo os grandes amigos que fiz."

"Além de uma maior renda, a empresa também oferece viagens incríveis. Meu marido e eu acabamos de voltar do Havaí."

LEMBRE-SE

Mencione aqui e ali. Não conte tudo sobre as viagens.

Perto do final, o quinto ponto de interesse é sua conversa real para recrutar. Ela pode ser algo como:

"Meninas, vocês me viram fazer a reunião esta noite. Viram que meu trabalho é bem simples e muito divertido. Agora talvez muitas de vocês estejam pensando: *nossa, ter R$4 mil extras ao mês seria ótimo* ou *nunca fiz vendas. Nunca fiz nada parecido antes. E se eu não gostar quando começar?* Essa é a parte realmente incrível sobre nossa empresa. Ela literalmente lhe dá uma chance de experimentar.

"É um investimento mínimo, e se você nos der um mês, um mês e meio, fizer algumas reuniões, em geral terá o investimento pago e começará a ter renda. Se qualquer uma de vocês quiser um pacote de informações para ler em casa esta noite, é só dizer, e ficarei muito feliz em lhes dar um.

"Se achar que não serve para você, basta sair sem perder nada. Mas pode descobrir que gosta. É uma ótima maneira de fazer amigos, ter renda e uma agenda mais flexível."

Se você mencionar corretamente esses cinco pontos de interesse, as pessoas vão querer mais informações.

Como Perder um Possível Recruta

Agora vamos falar sobre como você provavelmente estraga tudo. Um exemplo perfeito: duas pessoas, Raquel e Betânia, têm interesse. Betânia quer um pacote — não, ela não marcou essa opção. Raquel marcou *Sim, pegarei um pacote*. Betânia está pensando: *Ah, vou só observar e ver como isso vai acabar. Não direi nada.*

Você lê a folha. Raquel marcou sim e está animada. O que você faz? Vai lá e fala o seguinte:

"Raquel, vejo aqui que gostaria de um pacote de informações. Você vai amar. Essa empresa é maravilhosa. Já trabalho nela há três anos... *Para mim, mim, mim, eu, eu, eu...* Na verdade, temos uma venda especial de um kit que vai acabar logo. Se você se inscrever agora, poderá aproveitar!"

E Betânia pensa: *Estou feliz por não ter marcado sim.*

O que deve ser feito? Se fosse comigo, iria lá e diria algo como:

"Bem, Raquel, vejo aqui que gostaria de um pacote de informações e tenho um para você. Sabe, por que não o leva para casa e dá uma olhada? Seria um prazer ligar para você amanhã ou depois para saber se tem dúvidas. Pode ser? Certo. Perfeito. Amanhã é bom para você? Ótimo. Estou ansiosa para conversar com você."

Afaste-se. Por mais que seja difícil, afaste-se, e enquanto faz isso, o que acha que pode acontecer? Agora Betânia diz: "Desculpe, você tem um pacote extra para eu levar?"

É onde você planejou com antecedência. Você pega outro pacote. Fica calma. Entrega-o à Betânia e diz:

"Betânia, como disse à Raquel, leve para casa, dê uma olhada, e eu ligo amanhã ou depois. Amanhã é bom para você também? Certo. Ótimo. Estou ansiosa para conversar com você."

E se afasta.

LEMBRE-SE

Recrutar é como pescar. Você pega uma linha, coloca a isca e joga. Alguém morde. O que fazer? A primeira coisa é fisgar o peixe. É um pequeno movimento. Em seguida, puxe a linha lentamente. Se for um peixe grande, puxe, dê um pouco de linha e puxe de novo. Se você gritar "Nossa, peguei um peixe! Peguei um peixe!", começará a puxar a linha rápido. O que acontece com o peixe? Ele parte a linha. Com o recrutamento, dê às pessoas um pouco de espaço, e em seguida, faça o acompanhamento.

Vamos falar sobre três tipos de pessoas em sua reunião. Como mencionado antes, estatísticas mostram que você conseguiu 50% da atenção dos convidados. Apenas 10% das pessoas provavelmente marcam *Sim, quero um pacote*. O restante fica sentado, observando. Essas pessoas não querem ninguém incomodando. Curiosamente, as pessoas que marcam *Sim, pegarei um pacote* não são os candidatos mais prováveis a se associar.

Chamo 70% dos outros 50% de *peixe*. Quando o peixe sai para nadar? No fim, quando você está arrumando as coisas. Essas pessoas querem que você pergunte se elas gostariam de um pacote.

Elas até se parecem com peixes. Aparecem e fazem uma série de perguntas. Esse grupo começa perguntando:

"Há quanto tempo você faz isso?"

"Quantas noites por semana você trabalha?"

Porém, a pergunta mais comum é: "Gostaria de ajuda para arrumar as coisas?" E o que as representantes respondem? "Não, obrigada. Tenho meu próprio método. Tenho um jeito especial."

Errado! O que está acontecendo aqui é que a pessoa tenta ficar a sós com você, e você sinaliza *vá embora*. Ao contrário, diga: "Ah, seria ótimo! Muito obrigada. É muita gentileza sua."

A pessoa começa ajudando e faz perguntas:

"Há quanto tempo você faz isso?"

"Quantas noites por semana você trabalha?"

"Você consegue mesmo ganhar um bom dinheiro?"

"Seu marido não se importa que você faça isso?"

"O que suas amigas pensaram quando começou?"

Tente responder para ela, não para si mesmo. Você dirá algo como:

"Bem, tento fazer, em média, duas reuniões por semana. Mas, sabe, o que amo é poder fazer muitas ou poucas conforme quero, dependendo do dinheiro que desejo ganhar."

Depois de algumas perguntas, pergunte como se a ideia acabasse de lhe ocorrer:

"Gostaria de levar para casa um pacote de informações?"

Ela responderá: "Ah, você se importa?" E Carol, sentada ao lado, dirá: "Se você tiver mais um, gostaria também." Em geral, você entrega mais dois assim, se há pessoas por perto.

DICA

São os 70% e os mais prováveis de entrar. Estão interessados, um pouco nervosos e só precisam que você os treine.

As últimas são as pessoas sem confiança. Elas querem que você leia a mente delas. Você as reconhecerá porque irão até a mesa e tocarão em tudo. Elas pegarão absolutamente tudo, olharão à vontade, observando, como se realmente não estivessem vendo nada. É como se estivessem pensando: *Eu poderia fazer isso? Alguém compraria?* É nessa linguagem corporal que você precisa prestar atenção.

Digamos que alguém faça isso. Você diz: "É uma peça muito bonita, não é?" E a pessoa responde: "É tudo lindo." Quando ouve essa resposta, sabe que deve pegar leve e não bombardear a pessoa de imediato com informações sobre recrutamento. Ao contrário, bata um papo para ela ficar à vontade. Você pergunta onde ela mora: "Ah, meu Deus! Fiz uma reunião nessa área há muito tempo. Eu adoraria voltar lá." "É mesmo?" "Com certeza." Então continue e fale: "Diga, onde você trabalha?" "No momento, tenho dois trabalhos, e realmente não descobri nada que gostaria mesmo de fazer." Você pergunta: "Já pensou em trabalhar com isso?" "Ah, eu não sei."

Ela não disse sim e nem não.

Então você fala: "Gostaria de levar um pacote para casa? Colocarei algumas informações sobre o anfitrião e nossa oportunidade de negócio. Falarei com você em alguns dias, e poderíamos fazer uma reunião. Eu adoraria voltar a essa área." A pessoa responde: "Parece ótimo."

LEMBRE-SE

Se prestar atenção nesses três tipos de pessoas, entregará três pacotes, e quanto mais interesse despertar, mais possíveis vendas fará. Quanto mais vendas fizer, mais as pessoas se associarão, e seu recrutamento será um sucesso completo.

Resumindo, o recrutamento usa três dos cinco sentidos:

» Falar para despertar interesse.

» Ouvir para ter dicas das pessoas interessadas.

» Observar a linguagem corporal de quem tenta chamar sua atenção.

Se trabalhar nisso, dominará o recrutamento.

Usando o Acompanhamento e o Bom Atendimento ao Cliente

Em relação ao recrutamento, provavelmente não há nada tão importante quanto o acompanhamento. O Capítulo 13 explica bem o acompanhamento e o atendimento ao cliente, mas é importante mencioná-los ao recrutar. É essencial para o negócio. Sem um bom acompanhamento, é bem possível perder os futuros clientes que você se esforçou tanto para conseguir.

Inúmeras vezes vi pessoas ignorarem essa parte do processo de recrutamento, quando, na verdade, é mais fácil que capturar o possível cliente. Se você tem um cliente na reunião pronto para se cadastrar, literalmente tudo o que precisar fazer é acompanhá-lo e cadastrá-lo. Se isso significa ajudá-lo a se cadastrar por telefone ou enviar um link para seu site, não deve levar mais de cinco minutos.

Se tem um possível cliente em uma reunião que está em cima do muro e você falou que entraria em contato dentro de alguns dias, não espere uma semana. Até lá, a pessoa já conversou com outra e entrou para uma empresa diferente. Pegue o telefone e ligue.

DICA

Se você é novo no recrutamento e não tem certeza sobre as perguntas que a pessoa pode fazer, é uma boa ideia ligar para seu chefe e treinar. Pergunte se ele quer participar da ligação também. De fato, encorajo que faça isso no primeiro recrutamento, assim você saberá o que dizer para os futuros clientes.

Recrutando na Rede Social

Como pode imaginar, a rede social é um ótimo lugar para encontrar possíveis clientes. Muitos vendedores diretos gerenciam seus negócios inteiramente online, com os anfitriões se tornando recrutas novos e ideais (não deixe de ver o Capítulo 11, que tem muitos detalhes sobre como usar a rede social em vendas diretas).

Facebook

Os grupos do Facebook (www.facebook.com) para vendas diretas são o lugar perfeito para conhecer pessoas novas, trocar segredos comerciais, planejar eventos e comprar produtos.

Sou membro de vários grupos de vendas diretas no Facebook. Estou sempre vendo pessoas publicando perguntas sobre novas empresas de vendas diretas, muitas perguntando por que elas se associariam. Elas dizem: "Estou querendo montar um novo negócio. Por que me associaria a você?" É a oportunidade perfeita para um novo recruta, e você nem se esforçou.

Outros grupos têm dias diferentes para assuntos, como Quartas-Feiras de Oportunidade, em que você consegue postar sobre seu negócio e mostrar como sua empresa é ótima. É uma boa ideia participar de muitos grupos. Cada um tem atributos únicos e alcança públicos muito diferentes. Pode até haver grupos em sua área onde é possível preparar eventos locais para ajudar a gerar possíveis clientes também.

LinkedIn

O LinkedIn (www.linkedin.com) é outro ótimo lugar para gerar possíveis clientes para o negócio. É uma plataforma um pouco mais profissional, em que é possível encontrar pessoas em sua área e se conectar com colegas de trabalho. O lado bom do LinkedIn é que você pode desenvolver seu negócio apenas com seu perfil. Você pode preparar seu perfil com quantas palavras-chave quiser para que as pessoas o encontrem. É um dos melhores lugares para recrutar na internet.

YouTube

Eu amo o YouTube (www.youtube.com) para gerar possíveis clientes porque, quando posto um vídeo, sou eu. As pessoas podem ver quem eu sou, como me apresento e o que tenho a dizer. É o lugar perfeito para mostrar seu verdadeiro eu. Além disso, as pessoas amam vídeos. Elas preferem assistir a um vídeo de dois minutos com você falando sobre seus produtos e a empresa a ler sobre isso.

Falando em representantes, eles me disseram que geram mais possíveis vendas com os vídeos do YouTube do que em outro lugar. Gravar vídeos e fazer upload deles é muito fácil também. A maioria dos computadores tem webcams embutidas. Tudo o que você tem a fazer é ligar, começar a falar e fazer upload. Use seu tablet ou smartphone também. Use palavras-chave populares nas descrições do vídeo do YouTube e mantenha os vídeos com menos de três minutos.

NESTE CAPÍTULO

» Atraindo interesse pela oportunidade

» Entrevistando recrutas em potencial

Capítulo 15
Entrevistando

Como seria maravilhoso se as pessoas fossem até você e pedissem para entrar no negócio, mas geralmente não é assim que acontece. De fato, é difícil que seja assim. Fiz quase 3 mil reuniões, e esse cenário aconteceu comigo apenas algumas vezes.

Neste capítulo, você descobrirá como despertar interesse em seus futuros clientes para que entrem para a equipe, como ajudá-los a aprender sobre a oportunidade sem intimidá-los e como entrevistá-los para determinar se seriam uma boa opção.

LEMBRE-SE

No fundo, há uma fórmula simples para adicionar pessoas à equipe: você desperta interesse criando desejo pelo trabalho, e então cria possíveis clientes entregando pacotes de informação e acompanha com uma entrevista.

Para deixar bem claro, não uso *entrevista* no sentido do trabalho tradicional. Entrevista é denominada no verdadeiro sentido da palavra, em que você descobre informações sobre o possível cliente e os dois determinam se a oportunidade é boa.

Preparando o Terreno: Despertando Interesse

No Capítulo 9, você aprendeu a espalhar sementes de oportunidade durante a reunião. *Sementes de oportunidade* são referências para os benefícios de ser um representante da empresa de venda direta.

LEMBRE-SE

Sempre ofereça aos convidados, por três vezes, um pacote de oportunidades. Primeiro na abertura, depois na conversa para recrutar e, finalmente, quando fecha com o cliente.

Veja um exemplo de conversa para recrutar que fiz centenas de vezes:

> "Meninas, vocês me viram fazer a reunião esta noite. Viram que meu trabalho é bem simples e muito divertido. Agora, talvez muitas de vocês estejam pensando: *nossa, ter R$4 mil extras ao mês seria ótimo, mas nunca fiz vendas. Nunca fiz nada parecido antes. E se eu entrar? E se eu não gostar?* O incrível em nossa empresa é que ela lhe dá a chance de experimentar.

> "Há um pequeno investimento ao comprar o kit. E se entrar e fizer algumas reuniões com suas amigas, provavelmente terá esse investimento pago e dinheiro no bolso. Portanto, se alguma de vocês quiser um pacote de informações para ler em casa esta noite, é só dizer, e ficarei contente em lhes dar um."

DICA

Quando você ajuda os convidados a se divertir e compartilha rápido os benefícios da oportunidade, as pessoas *querem* um pacote de oportunidade porque é um modo menos arriscado de saber mais.

Você pode despertar interesse online, no site da rede social (veja o Capítulo 11 para saber mais). Os vídeos são um modo popular de despertar interesse porque são fáceis e rápidos de assistir e compartilhar, além de dar às pessoas uma boa ideia sobre a empresa. As pessoas gostam de fazer vídeos de produtos e vídeos de *unboxing* (em que você abre o kit e mostra os produtos), fazer upload deles no YouTube, publicar links nas redes sociais e enviar por e-mail.

DICA

Quando oferecer a oportunidade para uma sala cheia de convidados, dê o mínimo de informação, porque o excesso pode sobrecarregar. Não compartilhe fatos sobre o plano de compensação e detalhes sobre viagens de incentivo, não fale sobre a hierarquia de liderança que a empresa oferece etc. Quando os possíveis clientes ouvem informação demais, ficam inseguros quanto a entrar e duvidam se podem ter qualificação em um plano de compensação, ganhar muitos pontos para uma viagem de incentivo ou recrutar muitas pessoas. Basta que os convidados saibam que essa oportunidade atenderia a uma necessidade que eles têm no momento e lhes oferecer o pacote.

Solicitando uma Entrevista

Lembre-se, é apenas um acompanhamento. Embora você possa ficar nervoso ao solicitar uma oportunidade para entrevistar a pessoa, não use a palavra *entrevista* e é provável que ela nem perceberá que está sendo entrevistada. Ela apenas pensará que você quer conhecê-la. E é exatamente o que fará: conhecer para poder passar as informações de que ela precisa para tomar uma decisão consciente.

Como perguntar

Quando entregar o pacote de oportunidades a uma convidada, mesmo que você esteja muito animada, basta dizer algo assim:

> "Por que não leva para casa e examina? Eu adoraria ligar amanhã ou no dia seguinte para ver se você tem dúvidas. Pode ser? Certo. Ótimo. Terça-feira ou quinta-feira, o que é melhor? Quinta-feira? Maravilha. Estou ansiosa para falar com você."

Ao encontrar possíveis clientes online, também é preciso enviar um pacote via e-mail ou pelo correio. É uma boa ideia acompanhar esses clientes o mais cedo possível, dentro de doze horas.

Agora sua primeira entrevista está agendada. É bem simples!

DICA — Embora possa contrariar seus instintos, após confirmar a hora da entrevista, *pare de conversar e se afaste*. É importante se afastar lentamente porque a pessoa sentada bem ao lado estava observando com atenção, querendo saber se *ela* deve arriscar e pedir o pacote, se você ficará sobrecarregado com perguntas ou é uma oportunidade de venda agressiva. Fazendo o processo sem muita pressão, você provou que pedir um pacote de informação sobre a oportunidade representa um baixo risco.

Outro modo comum de solicitar uma entrevista é no encerramento da reunião, quando você se senta com cada convidado individualmente para pegar os pedidos. Parte do fechamento final do serviço é perguntar: "Você está interessada em saber mais sobre a empresa?" Se a pessoa disser sim, basta usar o mesmo discurso para marcar a entrevista.

A quem perguntar

Há uma resposta simples para a quem perguntar, e não importa quantas vezes seja dito, nunca é demais. A resposta é: qualquer um que mostre interesse suficiente para pegar um pacote de oportunidade.

Nunca é demais porque é da natureza humana minimizar o risco da rejeição. Assim que você considera compartilhar a oportunidade com alguém, seu cérebro imediatamente expressa todos os motivos para a pessoa não querer desfrutar os benefícios de ser um representante independente:

- Não precisa de dinheiro.
- Ocupada demais como mãe/profissional/presidente da reunião de pais e professores.
- Realmente não conhece ninguém.
- Nunca faria esse negócio.

Mas a verdade é que é impossível saber o que se passa na cabeça e no coração de uma pessoa. Não há como prever o que motivará alguém a considerar entrar no negócio, então é importante não prejulgar ninguém.

Entrevistando um Recruta em Potencial: Fase 1

Há duas fases da entrevista. A primeira é o acompanhamento, e, de fato, seu recruta em potencial geralmente nem perceberá que você o está entrevistando. Isso significa que, se tudo correr como o planejado, a pessoa baixará a guarda e não ficará nervosa.

O que dizer

A primeira fase da entrevista é feita quando você acompanha uma pessoa que aceitou um pacote de informação para se tornar consultora. Essa entrevista é feita por telefone e é muito casual.

Existem apenas três etapas nessa pequena entrevista:

1. **Pergunte se há dúvidas após ler o pacote.**
2. **Responda as dúvidas.**
3. **Pergunte o quanto a pessoa está pronta, em uma escala de 1 a 10, para começar, em que 1 significa *eu não estou pronta para começar* e 10 significa *eu estou pronta para me inscrever agora*.**

   Os números intermediários: para uma resposta variando de 2 a 4, pergunte: "Quais são suas preocupações?" Se a pessoa respondeu com 5 a 8, eu digo: "Certo, o que a impede e como podemos fazer você dizer 10?"

O que fazer com a indecisão

Um recruta em potencial pode estar em cima do muro e ter dificuldades para tomar uma decisão sobre o negócio. Quando esse for o caso, ofereça a opção benéfica para ambos de fazer uma "reunião decisiva". Uma *reunião decisiva* é apenas algo que ela organiza e, no final, decide se quer o pagamento e o crédito do anfitrião, ou apenas o crédito do anfitrião. Se ela decidir que quer o pagamento, então naquela noite ela se inscreve como consultora online, e você a ajuda a inserir os pedidos como sua primeira reunião. Se a pessoa decide não se associar, ela fica com os itens gratuitos ou pela metade do preço. Com certeza, um ganho mútuo.

De fato, essa primeira fase da entrevista é para fazer alguém tomar a decisão de experimentar o negócio.

O que realmente significa o não

Como vendedor direto, você ouvirá não. E é muito provável que seja frequente. Acostume-se. Mas há algo importante a entender: não não significa *eu não gosto de você* ou *você é um idiota por me perguntar isso*. Não significa *agora não*.

A vida muda. No momento, seu recruta não está interessado. Não é o momento certo. Seja simpático e mantenha contato, porque um dia as circunstâncias podem ser diferentes e o momento pode ser perfeito.

Por experiência própria posso dizer que você ouvirá sim uma em dez vezes em que oferecer a oportunidade. Essa taxa melhorará para duas ou três em dez vezes conforme você ficar mais experiente. Informo esses números por dois motivos. Primeiro, para você não ficar surpreso quando não ouvir sim com maior frequência, mas também para que, quando definir uma meta de integrar três membros da equipe, esteja mentalmente preparado para oferecer a oportunidade cerca de trinta vezes, segundo as estatísticas.

Também é por isso que a primeira fase da entrevista é uma simples ligação. É fácil fazer trinta ligações e não requer um grande investimento de tempo. Se trinta são demais para você, lembre-se de que não fará todas as ligações de uma só vez. Serão em grupos de três a seis, usando o sistema *Power Hour* (veja o Capítulo 5), a menos que você distribua trinta pacotes de oportunidade em uma semana, o que é realmente *incrível* — e você estará no caminho certo para ter sucesso mais rápido que a maioria das pessoas sonhou um dia.

Entrevistando um Recruta em Potencial: Fase 2

Assim que seu novo recruta se registra, você deve agendar imediatamente a segunda fase da entrevista. Diga algo como:

> "Lisa, estou muito animada por estarmos na mesma equipe! Há algumas coisas que você precisa saber, portanto, vamos marcar uma reunião de trinta minutos assim que possível. Você pode me encontrar para um café quinta-feira à noite ou sábado de manhã?"

O ideal é que a segunda fase aconteça em um lugar conveniente e permita conversar com poucas interrupções. Conseguir se encontrar e fazer uma entrevista pessoalmente permite criar laços e fazer amizade. Mostrar à pessoa que o negócio é flexível permitirá que ela veja como pode ser simples.

Peça a ela que leve uma agenda e um bloco de anotações para a reunião.

Se a pessoa não mora em sua área ou não pode encontrar você, uma entrevista por telefone também funciona. Caso a segunda parte da entrevista precise ser por telefone, envie um e-mail com algumas coisas para a preparação. Inclua uma *folha de metas* (na qual você anota as metas da pessoa, quantos dias ela quer trabalhar, quanta renda deseja ter etc.). E inclua perguntas que serão feitas, inclusive possíveis datas para a reunião de lançamento e uma folha com a lista de contatos dela.

O que dizer

Quando chegar, sorria calorosamente e diga o quanto está feliz por tê-la na equipe.

Comece conhecendo a pessoa. Pergunte sobre ela e a família, onde morou e trabalhou e do que ela gosta. Isso a fará relaxar, porque todos ficam à vontade contando suas próprias histórias e sabem todas as respostas "certas"! Enquanto a pessoa se acalma, você descobre o que vocês têm em comum, criando uma sensação boa e gerando confiança. ("Meu tio também é de Sorocaba!" "Ler também é meu hobby favorito!")

Em seguida, guie a conversa para descobrir o "motivo" dela sem fazer uma pergunta direta (possivelmente intimidando). Alterne fazer perguntas e dar respostas. Diga coisas como: "O que te atrai nessa empresa? Para mim foi..." e "O que espera ganhar com essa experiência?" Essas são perguntas muito boas que permitem falar sobre a empresa e o motivo da associação.

Depois, você deseja descobrir o quanto ela quer trabalhar, ganhar e se as duas coisas se alinham. Eu costumo usar uma folha de metas. É uma folha que ajuda a organizar as metas dos membros da equipe e consiste em perguntas como: "Quantas reuniões você quer e consegue fazer toda semana?" e "Quanto dinheiro você quer ganhar toda semana?" Você pode ficar chocado, mas geralmente as pessoas querem ganhar R$5 mil ao mês, mas só querem trabalhar um dia por semana. Usar a folha de metas pode realmente ajudar a pessoa a se ajustar ao que é razoável no caso dela, expondo claramente suas metas e criando um plano para alcançá-las. Quando descobrir quanto dinheiro ela deseja ganhar, descubra o que ela quer fazer com essa renda: uma viagem, pagar as prestações do carro, pagar a dívida do cartão de crédito? Isso o ajudará a descobrir o verdadeiro *motivo* e o ajudará a treiná-la mais adiante para ter sucesso.

Um dos principais motivos para as pessoas deixarem as vendas diretas é porque suas expectativas e metas não combinam. É preciso informar a pessoa para ajustar quanto ela quer ganhar ou quanto quer trabalhar. As pessoas saem porque nunca ganharam R$5 mil, mas a verdade é que elas nunca trabalharam o suficiente para ter essa renda.

O começo do treinamento

A última parte da entrevista é, de fato, o começo do treinamento. Nessa parte, você dará tarefas simples à nova recruta para ela cumprir imediatamente:

» **Agendar uma reunião de lançamento:** Peça que ela defina uma data para a primeira reunião. Dependendo da empresa, isso pode se chamar reunião de lançamento, grande estreia, reunião inicial etc. Você também deve explicar o que é uma reunião de reforço e por que é importante. Veja o Capítulo 8 para saber mais sobre reuniões de lançamento.

» **Marcar uma possível venda na agenda:** Você ajudará a pessoa criando uma lista de contatos que ela usará para convidar as pessoas para a reunião inicial. Explique por que ela precisa convidar pessoas de todas as áreas de sua vida, não apenas as amigas. Veja o Capítulo 7 para saber mais.

» **Horário comercial:** Em seguida, peça para ela pegar a agenda. Pergunte se há algum compromisso familiar ou profissional agendado regularmente, como treino de futsal das crianças às terças-feiras. Peça que ela verifique se esses dias estão disponíveis na agenda para os próximos meses. Pergunte à nova recruta em quais dias ela gostaria de fazer as reuniões e enfatize os benefícios de circular esses dias na agenda, explicando que, com um cronograma regular, o negócio fica mais fácil e divertido.

» **Programas da empresa:** Você também repassa o programa Início Rápido de noventa dias da empresa, ou qualquer que seja o nome. Em geral, o programa recompensa três níveis de conquista. Ajude-a a definir algumas metas para atingir o primeiro nível, mas não a sobrecarregue planejando os primeiros noventa dias inteiros do negócio.

» **Trazer uma amiga:** Por fim, e é uma das coisas mais importantes que você precisa fazer: fale sobre uma amiga que ela acha que gostaria do negócio também. Explique que convencer uma amiga a se associar não só ajuda a ganhar as recompensas do programa inicial de noventa dias como também torna o negócio divertido. Se uma amiga se associa, isso lhe dá alguém para trocar ideias, ir às reuniões, compartilhar experiências e comemorar as conquistas juntas.

É isso! Essa é toda a segunda fase da entrevista.

A melhor parte da reunião é que você começou a fazer uma amizade que inclui confiança pessoal e respeito profissional. A segunda melhor coisa é que usar esse sistema facilita a entrevista e a nova relação.

INDO À REUNIÃO DE LANÇAMENTO DE SUA RECRUTA

Um modo de ajudar a nova recruta a ter um ótimo começo é indo à reunião dela. Fazendo isso, você pode ajudá-la na apresentação, na abertura e no fechamento. Ela pode focar os produtos e ganhar confiança para as próximas reuniões, enquanto você se concentra em ajudá-la a agendar as próximas reuniões e marcar entrevistas de recrutamento.

Se a logística não for possível, pode-se fazer uma videoconferência (via Skype ou FaceTime, por exemplo) ou se oferecer para ficar de plantão a fim de responder qualquer dúvida que surja durante a reunião. Ligue para a nova recruta antes, a fim de encorajá-la, e depois, para parabenizá-la.

Para ter uma explicação detalhada sobre como trabalhar com um novo membro da equipe, veja o Capítulo 16.

> **NESTE CAPÍTULO**
>
> » **Ajudando novos membros da equipe a ter hábitos comerciais saudáveis**
>
> » **Auxiliando o novo recruta com uma reunião de lançamento**
>
> » **Entendendo o que significa ser chefe**

Capítulo 16
Patrocinando Novos Recrutas e Liderando Equipes

Patrocinar um novo recruta e se tornar líder não deve ser assustador e nem sobrecarregar. É emocionante; você conseguiu seu primeiro recruta! É incrível!

Você se lembra de como foi treinado quando entrou no negócio? Quais coisas sua líder fez para ajudá-lo no começo?

DICA — Uma boa maneira de facilitar a liderança e o treinamento é pensar sobre como você foi treinado e começar desse ponto. Eu o ajudarei a ajustar o restante.

Costumo ver representantes dizendo que esperam para realmente começar a liderar suas equipes porque "Minha equipe não é muito grande" ou "Não sei liderar".

Errado. Você começa liderando no minuto em que inscreve seu primeiro recruta. Sua finalidade como líder é ajudar a aumentar a confiança do novo membro da equipe, apoiá-lo nas primeiras reuniões, ser amigo e incentivador. Quando o novo membro tem um bom começo, ele segue o ritmo do negócio.

O ideal é, assim como você, ele começar o negócio com dois eventos de lançamento (reuniões ou misturas), marcando cinco consultas extras ou reuniões na agenda e recrutando um novo membro da equipe. É óbvio que nem todos que entram para a equipe querem estar no negócio em tempo integral. Muitos só querem um hobby. Contudo, fazendo isso nos primeiros 30 a 45 dias, é muito provável que continuem com um negócio de sucesso.

É importante entrevistar novos membros da equipe quando eles se associam para poder conhecê-los pessoalmente e descobrir suas metas, para si mesmos e para o negócio. Veja o Capítulo 15 para ter informações sobre a entrevista.

Ser um incentivador e fazer amizade é uma parte importante ao aumentar a autoconfiança e o entusiasmo para o novo negócio. Em vez de horas de treinamento, é importante ter um contato rápido e consistente com o novo recruta.

Atualmente, as pessoas querem informações em partes; elas não querem vários guias e documentos para seguirem. De fato, quando pergunto por que elas entraram em uma empresa de vendas diretas e nunca fizeram nada, a principal resposta é: "Eu me inscrevi e nunca tive notícias da pessoa que me patrocinou." Elas se sentem abandonadas. É por isso que uma comunicação consistente e rápida ajuda as pessoas a se sentirem conectadas.

A próxima resposta mais comum é: "Foi muita informação, fiquei sobrecarregada. Eu trabalho em tempo integral, tenho três filhos e não tenho tempo para aprender tudo."

Por isso, é melhor dar pequenas informações aos novos representantes. Informe que levará meses para eles fazerem o treinamento no escritório virtual, portanto, é importante seguir seu ritmo, e você (o líder) os ajudará nas coisas mais importantes que precisam saber. Foque o programa Início Rápido da empresa (ou como é chamado no seu caso). Ele é planejado para ajudar os novatos a terem sucesso e ganharem recompensas de produtos nos três primeiros meses do negócio.

DICA

Se você ajudar os membros da equipe nessas conquistas, muito provavelmente eles recuperarão o dinheiro investido no kit inicial do negócio e terão um lucro extra. Eles também terão o bônus do programa Início Rápido oferecido pela maioria das empresas de vendas diretas. Atingir essas metas fará com que se estabeleçam e muitas vezes ajudará a alavancá-los para um novo nível no plano de compensação.

Ajudar os novos membros da equipe a ter um ótimo começo é importante porque uma grande porcentagem das pessoas que compram um kit na empresa de vendas diretas nunca faz uma única venda nem recruta um membro da equipe — em geral, porque ninguém as guia até o sucesso. Ajudando, você se torna mentor delas.

Este capítulo visa as áreas que você, o patrocinador, pode focar enquanto trabalha com novos recrutas para ajudá-los a ter hábitos que os levarão ao sucesso desde o comecinho do negócio.

Os primeiros passos: faça amizade, defina uma data para o lançamento e se familiarize com o programa Início Rápido. Ajude a pessoa a encontrar um amigo para se associar também.

Um Ótimo Começo para o Novo Membro da Equipe

Se você trabalha no modelo Marketing de Rede, Party Plan ou Híbrido (veja o Capítulo 3 para saber mais sobre modelos), quer que os novos recrutas aproveitem a grande estreia, normalmente chamada de reunião de lançamento (veja o Capítulo 8 para saber mais sobre reuniões de lançamento).

Imagine o quanto você ficaria animado se a maioria dos novos recrutas fizesse uma reunião de lançamento que resultasse em vendas acima da média, quatro a cinco agendamentos e seu primeiro membro da equipe? Descobri que isso pode ser uma realidade com um pequeno investimento de tempo. Foi assim que montei várias equipes de milhões de dólares e treinei milhares de líderes para fazer o mesmo. Alguns dos líderes mais bem-sucedidos que treinei produzem milhares de dólares por ano com vendas em equipe.

Eu acredito que a melhor maneira de fazer os novos membros da equipe terem um ótimo começo é ajudando-os na primeira reunião de lançamento. Deixando que os recrutas aprendam com você em uma reunião, eles descobrem como conduzir uma reunião de sucesso, fazer agendamentos e assegurar bons possíveis recrutas.

É óbvio que, se você mora afastado ou se recruta várias pessoas ao mês e tenta manter seu próprio negócio, ajudar em cada reunião de lançamento pode não ser possível. Mas se você adiciona de um a três novos membros da equipe ao mês, ajudá-los nas reuniões de lançamento é um ótimo uso de seu tempo e em geral resultará em maiores vendas, mais agendamentos e recrutas, tudo na primeira reunião.

Seu sucesso ao fazer reuniões, assegurar agendamentos e recrutar membros da equipe é uma prática que precisa ser desenvolvida. Mesmo que sua nova recruta tenha visto você fazendo uma apresentação (se foi recrutada em uma reunião anterior), ela viu a reunião com olhos diferentes, como anfitriã ou convidada. É possível que não tenha a mentalidade "é melhor lembrar o que ela disse, posso estar fazendo isso em algumas semanas também!"

PROGRAMAS INÍCIO RÁPIDO

A maioria das empresas tem um programa Início Rápido (ou algo parecido) para ajudar os novos representantes a terem lucro e recompensas de forma rápida. Tais programas são para ajudar os representantes a construir uma base forte para o negócio durante os três primeiros meses. Como líder, é seu trabalho direcionar e inspirar os novos recrutas conforme trabalham nas metas de vendas e recrutamento. Conforme os novos representantes seguem marcos simples e comprovados, eles ficam no caminho certo para terem sucesso no negócio.

Um dos principais objetivos é que todos os novos recrutas passem pelos programas. Isso não só serve como a primeira meta realizada deles, mas também os ajuda a ganhar produtos e recompensas extras, ter comissão e montar uma equipe. A maioria dos programas Início Rápido é traçada com minimetas para ajudar os novos representantes a conseguir agendamentos, vendas e novos membros da equipe rápido. Em geral, o resultado final de concluir o programa é uma promoção para uma posição mais alta, às vezes com aumento no pagamento. Também ajuda a estabelecer hábitos saudáveis no negócio.

Reveja o programa regularmente. Quando as pessoas são novas, às vezes esquecem as datas estabelecidas. Algumas nem sabem onde estão nas vendas porque não sabem ler o volume de vendas, e cabe a você, como líder, explicar o plano de compensação da empresa. Não pressuponha que todos entenderão tudo. É lamentável que as pessoas não consigam ver por que têm menos dinheiro.

Auxiliando na reunião, fazendo a abertura, o fechamento, o agendamento e conversas de recrutamento, você ajuda a recruta a ter um ótimo começo. Tudo o que você deixará para ela fazer provavelmente será a demonstração do produto.

Veja algumas dicas que você pode usar para ajudar a nova recruta em sua reunião de lançamento:

» **Use o kit inicial dela:** Provavelmente você teve a oportunidade de aumentar seu kit com produtos do programa Início Rápido, fez sua reunião de lançamento etc. Mas, durante o treinamento da nova recruta, deve mostrar que o kit é tudo de que ela precisa para ter sucesso.

Contudo, você pode levar alguns itens extras que sua nova recruta gostaria de ganhar na reunião de lançamento, ou caso haja um item em particular em que as convidadas estejam interessadas. Mas o investimento da nova recruta no novo kit inicial deve ser tudo de que ela precisa para realizar reuniões efetivas.

- **Abra os trabalhos.** Ajudar a nova recruta na abertura da reunião é muito bom não só para ela, mas para as convidadas também. Cumprimente todas e informe que a amiga iniciou um novo negócio com ótimos produtos. Converse com as convidadas sobre como elas podem ser úteis agendando suas próprias reuniões para ajudar a amiga a ter um ótimo começo. Não se esqueça de mencionar os benefícios incríveis de iniciar seu próprio negócio. Veja o Capítulo 9 para saber mais sobre as aberturas.

- **Deixe que a nova recruta faça a apresentação.** Como nova representante, ela deve fazer o "essencial" da reunião, a apresentação do produto. A pessoa deve compartilhar com as amigas e a família o motivo para *ela* amar os produtos. Claro, você está ali para auxiliar caso alguém tenha perguntas que ela não consegue responder. Você quer que a paixão da nova recruta pelo negócio apareça durante a apresentação.

- **Faça o fechamento.** É outra parte da reunião que você deve fazer para a nova recruta. Agradeça aos convidados e informe que tudo o que eles compraram na noite ajuda a amiga a iniciar o novo negócio. Você sempre deve falar sobre agendamento e recrutamento, sobretudo se a nova recruta esqueceu.

  Diga às convidadas que, se elas quiserem se associar, podem expandir o negócio junto com as amigas. Informe que estatísticas mostram que as pessoas que entram no negócio com um amigo têm mais chances de sucesso, portanto, se estiverem interessadas em participar, agora seria o momento perfeito. Veja o Capítulo 9 para saber mais sobre conversas para agendamento e recrutamento.

- **Faça a nova representante concluir o fechamento do pedido.** É importante assegurar que a nova recruta faça o processo de fechamento das compras com as convidadas. Isso lembra a todas que as compras estão ajudando a amiga, não você. Claro, você ainda fica disponível para responder as perguntas, encorajar os agendamentos e despertar desejo para iniciar um negócio.

- **Conheça a agenda da recruta.** Antes da reunião de lançamento, discuta com a nova recruta a agenda dela e em quais dias ela pretende trabalhar no negócio. Tenha uma cópia dessa agenda com as datas em destaque, para que possa continuar a marcar agendamentos para ela.

O objetivo de auxiliar a nova recruta com a reunião de lançamento é:

- Ajudá-la a ter vendas acima da média.
- Assegurar de 4 a 5 agendamentos dentro de 30 a 45 dias no novo negócio.
- Conseguir pelo menos uma recruta.

Se você não mora na mesma área, se isso vai contra a política da empresa ou acha que está ocupada demais com sua própria agenda, então treine a recruta corretamente sobre como fazer uma reunião de lançamento eficiente.

LEMBRE-SE

Mesmo que tal reunião possa não produzir uma renda direta para você, gera receita em longo prazo, porque você está preparando a pessoa para o sucesso.

Veja o Capítulo 8 para saber muito mais sobre as reuniões de lançamento.

O que Significa Ser Líder

Algumas pessoas entrarão para a equipe porque querem ter uma renda extra ou ser conhecidas por suas conquistas. Outras entrarão porque querem fazer parte de algo maior. Independentemente do motivo da associação, a pessoa irá interagir e participar mais quando souber que você a estima e valoriza.

Não canso de dizer: em geral, as pessoas entram por causa do produto, mas ficam por causa das pessoas.

LEMBRE-SE

Quando as coisas complicam, como normalmente acontece nas vendas, são as *relações* que apoiam as pessoas nos momentos desafiadores. Fazê-las se sentir relevantes e mostrar que você se importa costuma contribuir mais no sucesso delas do que um grande treinamento.

No primeiro mês do negócio de venda direta, é muito provável que o patrocinador ajude a liderar e treinar os recrutas para que sejam membros da equipe, porque você ainda não domina as habilidades de agendar, treinar e recrutar novos membros, assim como está aprendendo a fazer a apresentação do produto.

Após dominar essas habilidades, começará a conhecer as qualidades e as características de um bom líder. Um líder tem quatro pontos principais:

>> Desenvolve uma visão em outras pessoas.
>> Treina os membros da equipe.
>> Orienta os membros da equipe.
>> Instrui os membros da equipe.

Definindo metas e desenvolvendo uma visão em outras pessoas

Desenvolver uma visão em outras pessoas é uma das coisas mais importantes que você fará como líder. Muitas pessoas não têm uma visão de sua vida, e mesmo entre aquelas que têm, poucas definem *metas*, que são as etapas para alcançar uma visão de vida.

Visão é uma imagem geral do que uma pessoa quer na vida. Desenvolver uma visão nos outros é importante, pois os ajuda a se lembrar de *por que* vale a pena superar os desafios enfrentados. Como alguém que se tornou líder, você sabe que ao ouvir *não*, seguir uma agenda pessoal cheia, trabalhar com uma agenda desorganizada ou lidar com situações pessoais, haverá desafios para desenvolver o negócio.

Quando surgem desafios, seus novos representantes precisam focar a visão que desejam ter, portanto, os desafios ganham perspectiva. Sem sua ajuda, a maioria dos membros da equipe pode não ter uma visão clara de como querem que o novo negócio impacte a vida deles; então, quando surgem desafios, é neles que as pessoas focam. Ajudando-as a ter uma visão, você lhes dá *poder*!

Assim que ajudar um membro da equipe a ter uma visão clara e detalhada, em seguida terá que ajudá-lo a identificar as metas para atingir essa visão. Inicialmente, podem ser coisas como concluir o Início Rápido da empresa, agendar quatro reuniões ao mês ou trazer dois novos membros para a equipe.

DICA Faça a recruta compartilhar sua visão com três pessoas que darão apoio, talvez outra líder, membro da família, amiga, membro da equipe. Essas pessoas a ajudarão a manter os olhos no prêmio (a visão), assim como manterão as pessoas responsáveis por fazer o necessário para chegar lá. Descobri que é útil fazer os membros da equipe criarem um Painel de Visão, com imagens que representam o que é trabalhado.

LEMBRE-SE Lembre-se, não importa o tamanho da visão, ela é alcançada da mesma forma: você a divide em pequenas etapas (metas) e as cumpre até a visão se realizar.

Sendo um treinador

Acho essa parte a mais assustadora para a maioria. É um dos maiores obstáculos que impedem as pessoas de recrutarem: medo do treinamento. Muitos evitam a liderança em uma empresa devido a esse medo.

Ser treinador para um novo representante não é difícil. Algumas pessoas têm habilidades naturais nessa área (sempre foi meu ponto forte). Mas isso pode ser ensinado, e você pode aprender a ser bom nisso. A boa notícia é que, com toda a tecnologia e recursos disponíveis, você não precisa descobrir o que treinar, basta executar um bom sistema.

Em geral, uma empresa pode fornecer recursos quase infinitos. Não é preciso reinventar a roda. É possível pegar partes mais importantes das informações e passá-las aos poucos para os novos recrutas. Pode ser preciso enviar uma folha de cola por e-mail, por assim dizer, informando onde encontrar a informação necessária. Mas provavelmente o *conteúdo* do treinamento já está pronto.

DICA

Faça uma checklist das coisas que os recrutas precisam aprender e onde encontrá-las, e então acompanhe. Poste parte dos treinamentos nas redes sociais.

Veja as principais coisas que seus recrutas precisam aprender de imediato:

» Como fazer agendamentos.
» Como conseguir o primeiro recruta.
» Como treinar o anfitrião.
» Como fazer um pedido.
» Onde e como pedir materiais adicionais do negócio.

Sabendo quando treinar

Muitos programas por aí fazem a pessoa gastar muito dinheiro para se tornar um "coach certificado". Provavelmente você não precisa deles. Esta seção descreve as habilidades básicas necessárias para treinar um membro da equipe a alcançar o sucesso.

Primeiro, vamos falar sobre o que um coach não faz: *instruir e ensinar*. Instrução e ensinamento são feitos quando você desempenha o papel de *treinador*. Os coaches também não trabalham junto com as pessoas, permitindo-lhes observar um profissional mais experiente; isso é *mentoria*.

No negócio, os coaches ajudam as pessoas a determinar uma estratégia com base nos desejos individuais dos colegas de equipe, e então encorajam, direcionam e redirecionam para atingir as metas.

Como líder em vendas diretas, você estará no papel do coach com muita frequência durante as ligações de coaching individuais com os membros da equipe. Tais ligações não devem durar mais de trinta minutos, mas podem ter menos de dez.

Durante o treinamento, uma das etapas mais importantes é descobrir quais são as metas pessoais do indivíduo. Quando comecei a treinar pela primeira vez, cometi o erro de supor que todos os membros da equipe queriam o mesmo que eu, ou seja, ter uma renda em tempo integral com o negócio, então os encorajei a atingir metas de oito reuniões e dois recrutas por mês. Você pode imaginar como os representantes que só queriam uma renda em meio experimente ficaram sobrecarregados.

Faça perguntas e seja um ótimo ouvinte. Na ligação inicial com um novo membro da equipe, pergunte o que a pessoa deseja conseguir com o negócio dentro de cinco, três e um ano (perguntar sobre metas de longo prazo primeiro ajudará a pessoa a pensar de modo realista sobre o que ela precisa fazer para atingir as metas de curto prazo). Então, pergunte como seria em cada trimestre e cada mês.

Por exemplo, a pessoa deseja uma renda de R$300 mil ao ano. São R$75 mil por trimestre, R$25 mil ao mês. Com base na reunião média dela, você pode ajudá-la a determinar quantas reuniões precisa fazer todo mês e de quantos membros da equipe precisará para conseguir isso.

Quando conhecer as metas da pessoa, começará a treinar os recrutas com base no que eles querem; representantes que querem ganhar R$2 mil ao mês não querem que você ligue toda semana ou a cada duas semanas; entrar em contato uma vez ao mês será suficiente.

Após determinar as metas, você não precisará discuti-las muito em cada ligação. Ao contrário, perguntará como a pessoa está conduzindo o negócio. Quando ela responder, pergunte se está feliz. Sua conversa pode ser assim:

"Kátia, como está indo o negócio?"

"Bem, fiz três reuniões este mês e as vendas foram boas."

"Está feliz?"

"Eu realmente queria mais agendamentos."

DICA

Embora a resposta inicial pareça positiva "...as vendas foram boas", perguntando se a pessoa está feliz você permite a ela que conte exatamente de qual treinamento precisa, em vez de supor que está satisfeita porque deu uma resposta positiva.

Assim que souber em que a pessoa quer ser treinada, faça mais perguntas:

"Continue, o que você diz na conversa de agendamento?" ou "Quais sementes de agendamento você solta durante as reuniões?"

Quanto mais pergunta, mais consegue identificar onde ela pode precisar de ajustes.

DICA

Seu coaching permite aos membros da equipe o benefício de serem responsabilizados pelos resultados; algumas pessoas realmente trabalharão mais porque sabem que terão de "prestar contas de sua capacidade" a você. Para outras, é difícil ser autônomas; saber que prestarão contas a você as torna mais bem-sucedidas.

Os grandes coaches são também torcedores. Eles reconhecem e cumprimentam aqueles que se saem bem. Um dos erros que as pessoas cometem é que tendem a treinar apenas as pessoas que precisam de ajuda. Ouço sempre isto: "Geralmente sou uma das principais vendedoras na equipe, portanto, raramente minha líder fala comigo." Também ouço: "Minha líder nunca entra em contato porque não tenho os melhores resultados." Você precisa fazer com que cada pessoa sinta que é parte importante da equipe, para que ela fique na organização e seja produtiva.

> **DICA** Um coach nem sempre precisa ter uma solução ou corrigir problemas. Às vezes as pessoas só precisam ser ouvidas. Se você dá conselhos, sempre comece cumprimentando, mencione algo que foi bem feito. Depois, aconselho falar sobre algo em que a pessoa precisa melhorar.

Como coach, você é ouvinte e incentivador. O que é aprendido durante as ligações ajudará a direcionar cada representante para o treinamento necessário. Você também descobrirá oportunidades de orientar as pessoas interessadas em ter uma relação comercial mais próxima.

Orientando os Membros da Equipe

Fico feliz que o termo *mentoria* esteja sendo cada vez mais usado e se tornando a definição de uma relação mais familiar. Descobri que a mentoria é uma ferramenta muito poderosa e cria uma relação incrivelmente eficiente. De fato, acredito que não importa em qual fase da sua vida você está, deve ter e também ser um mentor.

Mentorear não significa "ensinar" a alguém os truques, nem apenas encorajar enquanto redireciona os esforços. Mentoria significa trabalhar lado a lado com uma pessoa, permitindo a ela que aprenda observando um profissional mais experiente.

Ser um bom mentor requer ser acessível e vulnerável, disposto a compartilhar os erros cometidos e o que deu certo. O objetivo não é parecer um *sabichão*, mas deixar a pessoa saber que você já esteve na posição dela e mostrar como chegar onde você está agora.

> **DICA** Algo com o qual as pessoas que orientei realmente se identificam é quando compartilho como me sentia ao ficar totalmente sem agendamentos (quem nunca?). Em geral, assim que descobrem que sei exatamente como se sentem, porque passei por isso ou algo parecido, elas ficam muito ansiosas para descobrir o que fiz para mudar a situação. Também sentem uma conexão maior comigo, e isso faz com que eu, como líder, pareça mais acessível.

Mentoria requer investimento de tempo. Muitas vezes permiti que uma representante ouvisse minhas ligações e observasse minhas reuniões. E eu observei as reuniões dela. Elas iam para minha casa pegar carona até uma de minhas reuniões ou me pegavam para eu observar alguma reunião delas. Isso significava que tínhamos ótimas conversas durante a viagem, em geral discutindo o que observar ou analisando o que foi dito e feito.

Quando uma representante precisava de ajuda nas ligações, eu a chamava até minha casa para poder ouvir a ligação dela. Após algumas ligações, eu conseguia ajustar o que ajudaria a pessoa a ter melhores resultados.

Você pode orientar os membros da equipe que moram longe também, mesmo por telefone. Basta utilizar uma chamada em conferência ou videoconferência. Apresentações simples para que o outro entenda o que está acontecendo farão com que todos fiquem à vontade. O Skype é um programa comum de videoconferência. É fácil de usar, e a maioria dos computadores e tablets tem esse recurso.

Outras maneiras de orientar incluem fazer os membros da equipe trabalharem com você em feiras ou sentados, observando você conduzir uma entrevista.

Quando sua relação com as pessoas que orienta se aprofundar, você se sentirá cada vez mais feliz ajudando os outros a atingir suas metas. Algumas pessoas melhorarão rápido e podem chegar em pouco tempo ao mesmo nível em que você está no negócio. Outras levarão muito mais tempo. E sim, haverá aquelas que simplesmente decidem que o momento não é o certo para o negócio ou para ter uma relação de mentoria com você.

Cada uma dessas situações aconteceu com quem orientei. E como desenvolvemos uma relação com vulnerabilidade e investimento pessoal, nós nos tornamos mais que membros da equipe. Ainda mantenho contato com muitas das pessoas que orientei com os anos.

DICA Você deve ter um mentor também, caso não tenha ainda. Deve ser alguém que esteja onde você deseja estar profissionalmente. Muitas vezes, é uma boa ideia escolher alguém que esteja, pelo menos, dois níveis acima.

Acho que você descobrirá que as relações de mentoria são algumas das mais gratificantes que terá. Acredito que são muitíssimo essenciais para o sucesso e eu as valorizo pela riqueza que acrescentam à vida.

Às vezes, sua personalidade pode não bater com a de outras pessoas na equipe. Escolher amigos de confiança na equipe pode ser uma ótima maneira para eles descobrirem semelhanças e trabalharem com uma personalidade mais parecida.

Personalidades Diferentes

Descobri que o segredo do sucesso neste negócio não é ter a personalidade mais extrovertida, mas a atitude certa e o desejo de trabalhar para alcançar seus sonhos. Personalidades mais tranquilas podem ter negócios de venda direta bem-sucedidos quando devidamente treinadas, instruídas e orientadas.

Há muitos programas e livros disponíveis que explicam como trabalhar com personalidades diferentes. Alguns de meus programas favoritos são Briggs Meyers, True Colors Personality Test e StrengthsFinder.

DICA — Não é preciso ser o melhor amigo de todos, basta tratar com respeito.

A comunicação é uma prioridade importante de um líder eficiente. Há quatro tipos principais de métodos de comunicação, e cada um pode ser uma parte importante do negócio. O segredo é saber quando usá-lo.

Comunicação eletrônica/digital

E-mail e *mensagem de texto* são ótimos e eficientes e podem ser incrivelmente eficazes como lembretes ou para passar informações rápidas. Envie mensagens de texto e e-mails à sua equipe para que ela tenha um histórico de informações, por exemplo, quando e onde é uma reunião etc.

O que uma comunicação eletrônica simplesmente não consegue fazer bem é amizades. O motivo é óbvio: é muito fácil que o destinatário entenda mal seu tom.

DICA — Algo de que você deve se lembrar é que a idade é importante na comunicação digital. Pessoas de 30 a 50 anos geralmente ficam mais à vontade com mensagens de texto e e-mails. Pessoas com menos de 30 preferem mensagens de texto, ao passo que as que têm mais de 50 anos tendem a preferir e-mail e telefonema.

Os grupos do Facebook são uma excelente maneira de compartilhar informações, reconhecimento e encorajamento com a equipe. Você pode ter um grupo para compartilhar todas suas informações ou vários para sua equipe com diferentes finalidades, por exemplo, fotos e imagens de marketing, treinamento de novos representantes, incentivos, elites, subordinados etc. Você não deve compartilhar informações urgentes com a equipe no Facebook. Nem todos verificam o Facebook diariamente e nem acompanham todas as notificações. Veja a seção "Grupos no Facebook da Equipe", a seguir, para saber mais.

Você também deve encorajar que cada novo membro da equipe configure uma página do Facebook para o negócio, separada da página pessoal. Indique o Capítulo 11 deste livro.

Ligações e videoconferências

Ligações e videoconferências são ótimas para treinar os membros da equipe. As videoconferências são um modo maravilhoso de complementar os encontros mensais, sobretudo para as pessoas na equipe que moram longe.

Elas são eficientes porque permitem compartilhar seu tom de voz e fazem com que o ouvinte ouça e entenda de fato o que você diz. Mesmo que não use uma webcam, é fácil saber quando está sorrindo, porque isso se reflete em sua voz.

> **DICA** Ao usar o telefone ou uma videoconferência para treinar um membro da equipe, diferencie o coaching e o treinamento: os coaches encorajam e fazem perguntas para que o membro da equipe descubra boas respostas. Os treinadores dão instruções sobre como fazer bem uma tarefa ou uma atividade.

Você pode usar teleconferências semanais (usando uma webcam ou não) para compartilhar informações atualizadas e estatísticas, além de oferecer estímulos. É ótimo fazer reconhecimentos durante as ligações, mas também reconheça da mesma forma as pessoas nos encontros presenciais.

> **DICA** Para as teleconferências, recomendo enviar por e-mail resumos das ligações antes, para que a equipe possa acompanhar. Você pode até ter alguns pontos "em branco" para ideias muito importantes. Isso ajuda a equipe a participar das ligações, em vez de se distrair com outras tarefas.

Você também pode fazer ligações de oportunidade ao longo do mês, quando líderes e afiliados podem aprender mais sobre o negócio.

Correio tradicional

Há algo que você ama mais do que ser surpreendido com um cartão enviado pelo correio? Tudo bem, talvez um pagamento pelo correio seja melhor, mas todos nós adoramos receber um cartão ou uma carta de alguém especial. O correio tradicional é um modo maravilhoso de iluminar o dia de alguém, parabenizar por uma promoção ou por ter ganho um incentivo, encorajar ou dizer que você está pensando na pessoa.

> **DICA** As pessoas tendem a segurar o cartão e ser lembradas de uma conquista especial. As publicações do Facebook logo se perdem, e os e-mails são apagados. Mas um cartão é uma extensão especial da pessoa, mostrando que você se importa, tendo um significado duradouro. Para facilitar, tenha à mão uma pequena cesta de cartões, para que fiquem ao alcance após uma conferência ou ligação para coaching.

Encontros presenciais

Se é individual ou em grupo, nada substitui a energia e o entusiasmo de um encontro presencial (ou F2F, cara a cara, como se diz por aí). Com certeza é o melhor modo de fazer amizades e criar um espírito ou cultura de equipe. Durante esses encontros, você deve reconhecer os membros da equipe, compartilhar informações, explicar as oportunidades e treinar as pessoas. Você sabe que é verdade: em geral, você não ganha mais dinheiro em uma reunião em casa do que com um catálogo ou reunião online? As pessoas são programadas para interagirem em uma comunidade viva, mesmo as mais rabugentas compartilham sorrisos e diversão.

DICA

Torne seus encontros divertidos. Coloque uma música animada antes de começar e depois de terminar. Faça comunicados divertidos e permita que o máximo possível de pessoas participe ativamente, porque a comunicação é sempre melhor quando interativa. Sei que pode ser desanimador quando poucas pessoas participam dos encontros. Se você os torna mais interessantes e divertidos, a presença aumenta. Quando as pessoas param de ir aos encontros, de certa forma elas param de fazer negócios. Portanto, coloque energia e diversão nos encontros.

Fazer encontros em um lugar divertido, como em um restaurante, geralmente desperta mais interação. E mais, planeje algumas atividades divertidas em grupo, não necessariamente relacionadas ao negócio, como ir ao teatro ou a um musical, fazer compras em uma butique local etc.

Fazer amizades ajuda as pessoas a terem um sentimento mais positivo sobre o negócio. Muitas vezes elas aprendem mais com conversas divertidas do que em encontros comerciais e formais.

Grupos no Facebook da Equipe

Ter um grupo no Facebook da equipe é uma ótima maneira de desenvolver uma comunidade, compartilhar informações, reconhecer e realmente motivar a equipe. Criar um grupo conecta os representantes de outras áreas e lhes dá a oportunidade de se conhecerem e compartilharem dicas, macetes e ideias.

Como líder, você será o administrador (ou Admin) do grupo. Se você tem muitos subordinados, também pode atribuir o status Admin a outros líderes na equipe, para ajudarem a gerenciar a página.

Estimule os membros da equipe a visitarem a página do grupo, em vez de apenas esperarem para ver as publicações no feed. Isso ajuda a assegurar que recebam informações suas e outras postagens dos Admins da página. Nem tudo acaba no feed, e o que entra depende do Facebook.

Algumas dicas fáceis, mas eficientes, para operar as páginas da equipe:

» **Tenha várias páginas da equipe.** Se você tem muitos afiliados e informações para compartilhar, às vezes é mais fácil criar várias páginas da equipe. Você pode ter um grupo de compartilhamento de fotos, receitas, um para todos os afiliados, elites e diretores, novos representantes etc. Mas não fique sobrecarregado gerenciando mais de um; é possível mobilizar a ajuda de seus líderes para também ajudar a gerenciar os grupos.

» **Use sua foto de capa.** Monitore e atualize com frequência sua foto de capa nos grupos, sobretudo a página dos afiliados. Você pode publicar a oferta do mês, incentivos atuais, lembretes sobre conferência/convenção etc. É ótimo para mostrar os lembretes importantes do mês.

» **Fixe publicações.** Nos grupos, você pode fixar publicações no topo, para que as pessoas não percam algo importante. Podem ser lembretes sobre prazos para envio dos pedidos e incentivos, informações sobre novos programas, destaques de produtos etc.

» **Use a guia Arquivos.** Crie um arquivo para sua equipe. Publique arquivos úteis na guia Arquivos do grupo para os afiliados acessarem. Você pode deixar que outras pessoas também publiquem na guia ou disponibilizá-la apenas para os administradores atualizarem.

» **Crie álbuns.** As pessoas amam fotos. Crie e compartilhe álbuns da conferência, viagens de incentivo, encontros, reuniões etc.

» **Promova eventos.** Crie eventos do Facebook para os encontros da equipe, conferência e outros. Publique nos grupos para a equipe não esquecer.

Desafiando os Novos Recrutas

A era digital em que vivemos criou novos meios de fazer negócio em vendas diretas. Antes das redes sociais, patrocínio e recrutamento eram feitos principalmente na área onde você vivia; os novos membros da equipe eram recebidos nas reuniões/apresentações, em consultas individuais e nos eventos.

As redes sociais permitem alcançar mais pessoas do que nunca, em lugares onde nunca estivemos! Os vendedores diretos têm a oportunidade de expandir as organizações na cidade, na região, no país e, sim, no mundo!

Mas, com a distância física entre nós, como nos comunicar com a equipe e ajudá-la a crescer, atingindo grande sucesso? Ainda são importantes encontros físicos com a equipe local todos os meses. Mas para quem mora longe, você pode usar as redes sociais para treinar, motivar e se comunicar com as equipes. Esta seção explica como definir metas/desafios específicos para os novos recrutas.

Crie um grupo do Facebook só para os novos recrutas. Assim que alguém entrar na organização (mesmo antes de receber o kit), adicione a pessoa ao Grupo para novos desafios dos representantes.

Esses desafios são divididos em tarefas para os novos membros da equipe. Você cria uma publicação para cada tarefa. Quando o recruta concluir uma tarefa, encoraje-o a comentar FEITO! na publicação original. Isso mantém os novatos engajados e responsáveis pelo sucesso.

Guias de treinamento completos ainda são importantes para as empresas, mas desafios rápidos são fáceis de implementar para os representantes ocupados.

Desafio: Anuncie seu negócio para todos

Esse desafio é o primeiro a expandir o negócio do recruta online. No dia em que entrar, poste no Facebook anunciando para amigos e família que você acabou de se associar à(ao) [sua empresa]. Você não deve esperar, porque isso mantém seu ritmo e nível de empolgação lá em cima.

Veja um ótimo exemplo para usar, ou você pode criar um:

> FAMÍLIA e AMIGOS! Estou muito animada ao anunciar que montei meu próprio negócio.
>
> Quando ouvi falar sobre a(o) [empresa], soube que era uma oportunidade que não podia deixar passar! A(O) [empresa] é famosa por _____.
> Fui a uma reunião, foi um momento incrível com minhas amigas, e descobri que poderia ganhar um dinheiro extra fazendo a mesma coisa.
>
> Vocês sabem que eu nunca promoveria nada que não compensasse 100%. Eu AMO o produto! Vocês verão muitas publicações minhas. Se puderem ler, sei que ficarão intrigados! Estou muito animada para começar meu negócio e adoraria o apoio de todos. Mande para mim uma mensagem privada para ser uma de minhas primeiras anfitriãs ou um dos primeiros membros da equipe. Agradeço a todos!

Comente abaixo com FEITO!

Desafio: Explore o escritório virtual

O desafio de hoje é conhecer o escritório.

Aprenda a fazer um pedido.

Aprenda a registrar o primeiro membro da equipe.

Familiarize-se com o layout.

Assista aos vídeos ou às chamadas de treinamento no escritório virtual.

Aprenda onde pedir material comercial.

Aprenda a controlar suas vendas e comissões mensais.

Com problemas? Contate seu líder!

Comente abaixo com FEITO!

Desafio: Organize-se

Esperamos que tenha gostado do negócio até este ponto!

Parte do negócio, além das reuniões, é trabalhar no "escritório" e definir uma agenda. É essencial para o negócio que você o trate como um negócio! Ser organizado o ajudará a ter confiança e ser habilidoso. Quando tem confiança, você cria uma ótima imagem comercial. É o segredo para ter outros agendamentos, assim como patrocinar mais representantes.

Reserve um espaço para criar seu escritório. Pode ser um escritório real, uma mesa de trabalho ou mesmo a mesa da cozinha. Seja qual for o espaço de escolhido, verifique se ele tem o essencial. Você precisará de um ficheiro, telefone e quadro (de avisos ou quadro negro/magnético) para controlar a meta. *A meta é um sonho até ser colocada no papel!*

Uma agenda é o seu desejo de ser bem-sucedido. Mantenha-a visível e cheia de eventos. Planeje suas reuniões, hora no trabalho, com a família, etc., visando manter as metas.

É um negócio DIVERTIDO. Trabalhando com DIVERSÃO, fica muito fácil passar horas no Facebook, enviar mensagens de texto e falar sobre o negócio sem muita produtividade, ou seja, sem ganhar dinheiro. Portanto, é essencial ter um propósito quanto ao tempo e à agenda. Você pode fazer um bom trabalho em períodos de quinze ou trinta minutos se silencia as distrações e atribui tarefas específicas à hora! Lembre-se: sempre verifique se as tarefas são atividades lucrativas. Não perca tempo com o que não aumenta o negócio!

Comente abaixo com FEITO!

Desafio: Crie um gráfico

Gráficos e imagens não são atraentes apenas visualmente, eles funcionam! Especialistas dizem que as pessoas interagem mais com sua publicação na rede social se ela tem uma foto.

Experimente apps gráficos e comece a criar o seu! Você pode tirar fotos, fazer o upload delas e colocar texto e outras imagens sobre elas. Ou pode criar gráficos do zero.

Visite estes sites: canva.com [conteúdo em português], picmonkey.com, madewithover.com, pinwords.com. E veja estas aplicações: WordSwag, Typic+ e Rhonna [conteúdos em inglês].

Nota: Essas aplicações são para iniciantes e quem não atua com design gráfico! São muito fáceis e eficientes.

Lembre-se de criar seus gráficos usando fotos sem direitos autorais. Isso significa que, embora deva ser criativo, não deve usar imagens de celebridades ou mesmo logotipos do negócio da empresa. Usar imagens com direitos autorais para promover seu negócio pode resultar em ir para a "cadeia do Facebook", onde não terá permissão de publicar nenhuma imagem. Sempre é uma boa ideia verificar as políticas e os procedimentos de sua empresa também.

Comente abaixo com FEITO! quando tiver experimentado alguns.

Desafio: Sua história do "motivo"

Seu motivo é a história mais importante que você contará. Ela conta para as pessoas o porquê de sua associação e o que o negócio fez por você e sua família.

Por exemplo, talvez o negócio o tenha ajudado a pagar a escola, as aulas de dança de sua filha ou o futsal do filho. Talvez tenha permitido que você e sua família tivessem as férias tão necessárias, economizasse para comprar um novo carro ou ficasse em casa com as crianças.

Se é novo no negócio, ainda tem uma história do motivo! Compartilhe suas metas ou o que pretende fazer. Algo tão simples quanto a comissão paga para o combustível da semana vale a pena compartilhar! Você também pode usar as histórias do motivo do líder e compartilhar com os amigos o sucesso incrível que ele tem na empresa.

Essas histórias ajudam a ter possíveis patrocinadores. As pessoas ficarão interessadas em sua história e começarão a imaginar se é algo que poderiam fazer também. Portanto, compartilhe a história do motivo com todos!

Comente abaixo com FEITO! Fique à vontade para compartilhar.

Desafio: Convide algumas amigas

Muitas pessoas acham que é preciso esperar estar no negócio por um tempo para começar a patrocinar. Não é verdade! Nada melhor do que patrocinar bem no começo da jornada.

Estudos mostram que pessoas que se inscrevem com um amigo têm maior probabilidade de trabalhar no negócio e ser bem-sucedidas. Sem mencionar a diversão que é compartilhar a animação da oportunidade com outra pessoa, compartilhar ideias e ter alguém com quem conversar.

O desafio da semana é contatar dez amigas e dizer: "Eu adoraria que você fizesse isso comigo!"

Veja algumas dicas de roteiro que poderá usar:

"Ei, Maria, acabei de começar um novo negócio e acho que seria muito divertido se fizéssemos isso juntas!"

ou

"Estou muito animada com meu novo negócio! Na verdade, fiquei tão impressionada com o que a empresa tem a oferecer, que me perguntei se você já pensou em fazer algo assim! Eu adoraria compartilhar mais sobre isso. Podemos nos encontrar?"

ou

"Iniciei meu próprio negócio e valorizo muito sua opinião. Preciso praticar. Você se importaria se eu testasse com você? Assim você também entenderia melhor o que estou fazendo. Na verdade, é algo que você deve considerar fazer."

Patrocinar é somente ter uma atitude positiva e expectativa. Você tem muito a oferecer; faça a diferença na vida de alguém hoje! Tire o foco de si mesmo e compartilhe com outras pessoas para ajudá-las em suas necessidades. Você também terá crescimento pessoal, mais renda e montará uma equipe.

Comente abaixo com FEITO!

Desafio: O sucesso está no acompanhamento

A essa altura, você se sente à vontade com reuniões e está aprendendo os prós e os contras do novo negócio. É provável que também tenha encontrado pessoas INCRÍVEIS no caminho! Quando fizer amizade com clientes e membros da equipe, seu sucesso atingirá um nível totalmente novo!

O desafio da semana é ACOMPANHAR!

Não se esqueça de que você está em um *negócio de relacionamento!* Mantenha uma relação estável e positiva com todos os clientes, e quando eles ficarem sem produto, pensarão em você!

Vamos começar com o Plano de Atendimento 2+2+2!

Assim que a reunião terminar, prepare uma ficha de atendimento ao cliente ou um arquivo com as informações do cliente e o que foi pedido.

Acompanhe usando o método 2+2+2, que significa 2 dias (para agradecer), 2 semanas (para ver se ele gostou do produto) e 2 meses (para saber se precisa repor o estoque ou adicionar à coleção)!

Não tenha medo de pegar o telefone. Normalmente, os clientes não ligarão; cabe a você construir a amizade. O acompanhamento é um ótimo investimento no sucesso de longo prazo!

Comente abaixo com FEITO!

É Sempre um Processo de Aprendizado

Lembre-se de que, antes de tudo, é um aprendizado, e asseguro que você cometerá erros ao longo do processo. Tudo bem! Ninguém espera que você saiba tudo da noite para o dia. Você aprenderá e se desenvolverá conforme avança. Há muitas pessoas querendo ajudar, dar conselhos e compartilhar o que aprenderam no processo. Você tem vários recursos, dentro e fora da empresa. Há um app para quase tudo, verifique o Capítulo 22. Seja positivo, honesto e sincero. Seja encorajador. Você ganhará o respeito dos membros da equipe, e, juntos, navegarão por esse setor incrível.

> **NESTE CAPÍTULO**
>
> » Vendo práticas recomendadas para diferentes eventos de oportunidade
> » Recrutando em um grupo
> » Preparando e planejando eventos

Capítulo **17**

Recrutando em Grupo: Eventos de Oportunidade

O recrutamento em grupo requer uma abordagem diferente do individual, mas o bom é que ele pode ser exponencialmente mais eficiente. *Recrutar em grupo* é quando você compartilha produtos, lucros e programas de sua empresa com um grupo de pessoas. A parte interessante é que o grupo não precisa ser todos os seus possíveis clientes; na verdade, raramente é.

Você pode fazer esse recrutamento em inúmeros eventos diferentes, para sua equipe inteira trazer convidados. Isso significa que os membros da equipe mais novos, os mais empolgados, com medo e menos experientes podem trazer seus possíveis clientes para o evento e sair com um novo membro da equipe (veja o Capítulo 6 para saber muito mais sobre como trabalhar com novos membros).

Como chefe de vendas diretas, você fará vários eventos: encontros da equipe, lançamentos de produtos, eventos de agradecimento do anfitrião e observações (só para citar alguns). A próxima seção explica melhor.

DICA

Encoraje os membros da equipe a levar um convidado a cada evento de oportunidade e começará a ver sua equipe aliada aumentar exponencialmente.

Algo que descobri quando administrava minha equipe foi que, se eu planejava uma "noite de oportunidade", os membros da equipe que não tinham ninguém para levar simplesmente não apareciam. Mas quando eu incluí a oportunidade em nossos encontros agendados regularmente e encorajei os membros a levar um convidado, tínhamos uma noite mais animada. Os representantes ficavam bem confiantes em levar os possíveis clientes para um encontro, e as pessoas que não tinham possíveis clientes também se sentiam confortáveis em aparecer e participar. Isso significava mais presença na sala e muito mais energia. Como líder, você quer que a equipe vá aos eventos sentindo confiança em relação ao recrutamento porque sabe que você está lá para ajudar.

Os representantes independentes costumam temer o recrutamento quando montam o negócio. Eles dizem: "Eu não sei o bastante", "Não li o plano de compensação inteiro e nem entendo o bastante para responder às perguntas" e "Ainda sou novo, não posso ser líder".

É seu dever como líder assegurar que os novos representantes entendam que você está presente para ajudar em cada etapa do caminho. Os novos membros da equipe se sentirão mais seguros em ir a eventos de oportunidade caso saibam que você fará a maior parte do recrutamento para eles, ou seja, fará a conversa para recrutar, falando sobre a empresa e respondendo as perguntas. Lembre aos representantes que continuará com eles e os novos recrutas em cada etapa do caminho até eles se sentirem mais confiantes em suas habilidades.

LEMBRE-SE

Criar esse espaço de encorajamento para os representantes ajuda a impulsionar a equipe inteira.

Examinando os Melhores Eventos de Oportunidade

Os melhores eventos ocorrem quando entusiasmo e empolgação são criados por meio do reconhecimento de conquistas, compartilhando dicas sobre como ter sucesso em vendas diretas, reforçando metas e visões individuais e falando sobre os benefícios incríveis dessa oportunidade.

Há vários eventos de oportunidade que você pode fazer:

» **Observação:** Esses eventos podem ser feitos semanalmente, a cada duas semanas ou uma vez ao mês em casa. As *observações* acontecem à noite, quando os representantes na equipe podem vir com possíveis clientes para aprender mais sobre a oportunidade. São eventos casuais, em geral feitos logo após o trabalho. Você prepara um kit e serve alguma uma comida, como pizza ou vegetais com molhos, queijos e biscoitos, salada etc.

A primeira parte da observação é encontrar e cumprimentar, quando as pessoas socializam e se conhecem. Após terem comido e feito o networking, você passa o kit, fala sobre o que significa venda direta e compartilha os benefícios da oportunidade de negócio da empresa.

Se sua equipe está em várias partes do país, também é possível fazer isso por teleconferência. O principal objetivo é criar uma atmosfera casual à qual sua equipe possa levar os possíveis clientes para saber mais sobre como montar um negócio próprio.

» **Encontro da equipe:** Dependendo da cultura da empresa, pode ser semanal ou mensal. Sempre estimulo todos a levar recrutas em potencial. Os representantes ficam de pé e apresentam os convidados, fazendo o reconhecimento. Levar convidados aos encontros da equipe é uma ótima maneira para eles verem os diversos representantes diferentes com quem podem se relacionar, ver um encontro em ação e imaginar como seria fazer parte da organização.

» **Eventos de agradecimento do anfitrião:** São mais animados quando você os torna eventos para toda a equipe, convidando qualquer pessoa que organizou uma reunião para ser membro da equipe. No convite e nas promoções, mencione que haverá prêmios para as melhores vendas, reunião com muitos convidados e qualquer outra coisa adequada para a empresa. Os anfitriões são sempre seus melhores candidatos ao recrutamento, e uma sala cheia deles é superanimada. Você pode usar o momento para homenagear os anfitriões dizendo algo como:

"Muito obrigado por apoiarem nossas representantes. Com certeza valorizamos e agradecemos por isso. Muitas de nós começamos como anfitriãs, como vocês." Então continue com a conversa de oportunidade.

» **Seminários de atendimento:** São ótimos para convidar o público em geral. Eles podem ser mais do que apenas eventos para os membros da equipe que não foram à conferência anual. Esses eventos podem ser preparados como seminários, onde você debate coisas como as últimas tendências, o aperfeiçoamento da limpeza geral, comer alimentos mais saudáveis, se tornar um detetive de rótulos etc. Peça aos membros da equipe que chamem convidados, porque o valor agregado pela informação cria uma atmosfera animada ideal para terminar a apresentação com uma conversa de recrutamento. Isso faz as pessoas ficarem interessadas em aprender mais sobre o negócio, e você pode continuar com a conversa para recrutar.

» **Lançamentos de produto:** Esses eventos mostram seus novos produtos. Dependendo da empresa, pode haver algumas oportunidades, como quando a empresa lança um novo catálogo ou outros produtos da estação. Podem ser muito divertidos. Chame seus antigos anfitriões e convidados para verem os novos produtos. Os lançamentos de produto são oportunidades perfeitas para conseguir novos agendamentos, além de transformar anfitriões e convidados em novos recrutas.

Recrutando em Eventos

Assim que decidir que falará sobre recrutamento em todos os eventos, descobrirá que os membros da equipe levarão possíveis recrutas. Sua fala aumenta a confiança deles. E ao recrutar para ajudar no sucesso da equipe, verá que *você* também fica mais confiante quando conversa para recrutar.

Essa dinâmica gera ótimos resultados de recrutamento. Eu me lembro de como me senti quando ouvi os membros da equipe falando entre si: "Se você traz alguém, ela faz a pessoa se associar!" Foi realmente um dos destaques da minha semana.

LEMBRE-SE

Não se preocupe se os recrutas não serão seus recrutas "pessoais" ou da "linha de frente". Eles ajudarão os membros da equipe, e, por consequência, você, a montar um negócio muito sólido e bem-sucedido.

Explicando o modelo de negócio

Não importa o evento de oportunidade que você escolhe fazer, sempre gosto de começar a parte de recrutamento de meu encontro com uma rápida descrição do modelo de negócio de venda direta. Embora a maioria das pessoas diga que sabe o que é venda direta, grande parte não entende como funciona de fato. Eu me lembro de certa vez, quando fui representante de uma empresa por muitos anos e criei uma organização de vendas muito grande e lucrativa, que uma amiga perguntou à minha mãe: "Ela ainda não recebeu todos os produtos que queria?" Ela não percebeu que eu estava tendo uma boa renda em cada venda feita; ela achou que eu era compensada apenas com o produto.

Portanto, reserve um tempo para explicar rapidamente o que são vendas diretas. Você pode dizer algo como:

"Não importa em qual etapa de vida você esteja, fazer vendas diretas pode oferecer muitas oportunidades. Se precisa gastar um dinheiro extra, quer ficar em casa com as crianças ou tenta ter as merecidas férias, as vendas diretas podem lhe dar uma renda todo mês para ajudar a conseguir o que mais deseja.

"Seja qual for o seu *motivo*, esse negócio pode caber em muitas áreas diferentes da sua vida. Ele me proporcionou uma jornada e fonte de renda incríveis em diferentes estágios da minha vida."

Esse é um ótimo momento para perguntar: "Quantas de vocês já sonharam em ter o próprio negócio?" Segundo estudos que fiz durante anos, cerca de 80% das pessoas sonham com um negócio próprio. Porém, menos de 1 em 10 tem essa chance.

Então você pode explicar ao grupo que o motivo para as pessoas não terem tal chance geralmente tem dois pontos: o primeiro motivo é o fator risco, ou seja, risco de dinheiro e tempo. Montar um negócio como restaurante, padaria, floricultura ou butique pode custar muito dinheiro no início, e você pode esperar pouca renda nos primeiros anos. Também requer um bom investimento de tempo; você pode passar semanas sem tempo com a família.

O segundo motivo é que, mesmo que esteja apaixonado ou seja habilidoso fazendo pão ou montando arranjos de flores, isso não significa que sabe como administrar um negócio ou que necessariamente deseja as responsabilidades envolvidas nisso. Pode não querer lidar com contabilidade, contratação e demissão, estoque, envio, operações etc.

Então, compare isso com as vendas diretas. É possível dizer:

"As vendas diretas são um modo incrível de experimentar e saber como é ter seu próprio negócio com custos iniciais muito baixos. Não há risco envolvido. Para entrar para a empresa, por exemplo, só precisa de R$_____ para adquirir o kit inicial do negócio e terá cerca de R$_____ em produtos, e a empresa ajuda a iniciar o negócio imediatamente.

"A reunião média conosco varia de R$_____ a R$_____ em vendas, e você ganhará de R$_____ a R$_____, em média. Você recupera fácil o custo do kit nas duas primeiras reuniões. Mas se decidir que o negócio não é para você, realmente não perde nada. Terá ganhado uma renda e, no mínimo, poderá continuar a aproveitar suas próprias compras com desconto. Mas pode descobrir que ama isso, e esse poderá ser o começo de uma jornada inteiramente nova e incrível.

"Agora, o que também impede as pessoas de iniciar o próprio negócio é ter que atuar em todas as funções. Em vendas diretas, o foco é compartilhar seu amor por ótimos produtos. Não precisa se preocupar com seleções, armazéns, estoque, contabilidade, conta comercial etc. A empresa lida com tudo e até fornece seu próprio site pessoal. Portanto, você aproveita todos os benefícios de ser um dono de negócio independente, sem o risco e a responsabilidade que geralmente existem. Você só faz a parte divertida: compartilhar o amor pelo produto."

As cinco necessidades atendidas pelas vendas diretas

Em seguida, você deve lidar com as cinco necessidades e desejos que as vendas diretas atendem:

» **Liberdade financeira ou renda:** É possível ganhar uma renda *extra* ou ter uma renda muito boa *em tempo integral*. Você pode criar e escolher o que deseja dependendo de quanto tempo dedica ao negócio. Muitas pessoas fazem vendas diretas por diversão, compartilhando produtos com amigos e família para ter algum dinheiro extra para gastar. Outras fazem uma ou duas reuniões por semana como um modo de obter renda em meio expediente. E há aquelas que trabalham fazendo em média duas reuniões por semana, pelo menos, e começam a montar uma equipe para ter uma boa renda em tempo integral.

A parte incrível nas vendas diretas é que você gera a renda que merece. Você é responsável pelo negócio e recebe exatamente pelo tempo dedicado. Você determina quando abre e quanto dinheiro quer ganhar.

» **Tempo flexível:** Seu negócio de vendas diretas pode girar em torno de suas prioridades e responsabilidades existentes. Pode trabalhar às 14h ou às 2h da manhã, só depende de você. Universitários podem agendar reuniões segundo provas importantes e aulas. Mães podem ficar em casa com as crianças e escolher trabalhar quando desejam. Pessoas com trabalho em tempo integral podem agendar o negócio priorizando a família e compromissos de trabalho.

» **Amizades:** Outro grande benefício de montar um negócio de vendas diretas são as amizades feitas com outros representantes. No negócio, você terá um networking e fará amizade com pessoas afins que compartilham essa mesma paixão. Os membros da equipe se tornarão seus melhores amigos, assim como os maiores motivadores e torcedores. A conferência/convenção anual é um momento incrível para encontrar mais pessoas na empresa e fazer novas amizades.

» **Reconhecimento:** Os representantes são sempre recompensados pelas empresas com ótimos presentes, que variam desde pequenas compensações até viagens de incentivo que equivalem a férias totalmente pagas. Muitos trabalhos em tempo integral raramente dão o reconhecimento que as pessoas merecem pela dedicação no trabalho ou agradecimento. As vendas diretas não só lhe dão a renda que você merece e a agenda que deseja, como comemoram todas suas realizações. E as amizades feitas ao longo do caminho também participam dessas comemorações.

» **Autoestima e crescimento pessoal:** Embora poucas pessoas realmente se associem por esse motivo, raramente vejo alguém que não sente mais confiança e melhor autoestima com as novas habilidades aprendidas, o reconhecimento recebido e as amizades verdadeiras feitas.

Compartilhando três pontos importantes: Produtos, programas e lucros

Há três coisas principais ao fazer recrutamento em grupo: produtos, programas e lucros.

Produtos

Qual é o produto comercializável e como comercializá-lo? Veja se existem barreiras de idade ou gênero para seu produto. Ao representar um produto de consumo, você deverá enfatizar que um representante pode criar uma base de clientes e continuar atendendo-a. Pessoalmente, adoro o efeito combinado de continuar a obter novos clientes e atender os existentes.

Programas

Informe ao grupo os tipos de programas que a empresa tem para dar apoio à pessoa no negócio de vendas diretas. Isso inclui o programa Início Rápido, que provavelmente a empresa oferece, programas de treinamento, programa do anfitrião e qualquer programa de incentivo habitual oferecido. Outros programas podem incluir contas comerciais oferecidas no site que aceitam cartões de crédito, newsletter para você e clientes e programas profissionais de captação de fundos que permitem facilitar as coisas e ganhar comissão.

Lucros

Por fim, vejamos o dinheiro. Sugiro ser franco. Você também pode usar um pouco de humor para tratar de um assunto que deixa muitas pessoas desconfortáveis. Geralmente, digo algo assim:

"Então, agora você está dizendo para si mesmo: 'Certo, parece que consegui um ótimo produto e bons programas, mas quanto dinheiro posso ganhar de fato?'

"A resposta é que pode ganhar muito ou pouco dinheiro, depende de quanto tempo e esforço quer investir. Você pode ganhar o dinheiro que deseja!

"Nossas representantes começam ganhando ___% em vendas, que normalmente correspondem de R$_____ a R$_____ por reunião. Muitas de nossas representantes fazem reuniões de R$4 mil ou R$5 mil, e acabam ficando com R$_____ no final. Nossa melhor reunião no último mês gerou cerca de R$_____ em vendas. Imagine o que você pode gerar com algumas horas de diversão em um grupo de amigas. Portanto, apenas com base na venda, com certeza você pode ganhar uma renda muito boa.

"Você começa a compartilhar esse negócio incrível com amigas, e recomendo que faça isso, porque é muito mais divertido ter uma amiga por perto. Quanto mais as pessoas se associam, mais você ganha. Temos novas chefes que ganham mais R$_____ em um mês apenas compartilhando a oportunidade de negócio. E pode ser você em pouco tempo.

"Então, isso é apenas um pouco sobre o produto, os programas e os lucros. Sei que foi muita informação dada de modo rápido. Agora quero que você pergunte para si mesma: 'O que tenho a perder?'

"E você sabe qual é a resposta: *muito pouco*. O kit inicial do negócio custa R$_____, e você deverá recuperar isso com algumas reuniões. Você realmente deve experimentar, e se não gostar, basta ir embora sem grandes perdas. A real pergunta é: o que você tem a ganhar? E a resposta é tudo: um mundo de possibilidades. A oportunidade de fazer grandes amigos, apresentar um produto do qual já gosta, chamar algo de seu e ganhar uma renda que nunca sonhou ser realmente possível. Portanto, as possibilidades são, de fato, ilimitadas."

Encorajando-as a tomar uma decisão

Nesse ponto, é válido fazer com que as pessoas tomem uma decisão. Ofereço três opções em um cartãozinho que coloco nos assentos antes de o evento iniciar:

1. Estou interessada em comprar os produtos.
2. Gostaria de organizar uma reunião e receber produtos de graça.
3. Gostaria de representar os produtos e começar a ter renda.

O cartão também tem um espaço para as informações de contato da pessoa, assim como o nome de quem a convidou. Quando ela preenche, peço que coloque em uma das três cestas que correspondem ao número circulado no cartão.

O método da cesta era muito eficiente para mim. Recomendo-o, porque aumenta a animação quando você faz um sorteio de presentes para as três cestas. Torne o presente da cesta 2 mais valioso que o da cesta 1, e o presente da cesta 3 melhor que o da cesta 2. Faça um sorteio das cestas 1 e 2. Depois, usando os cartões da cesta 3 (montar um negócio), cumprimente cada novo membro da equipe diante da sala. Você dá as boas-vindas a cada pessoa que entrou para a empresa, e nesse meio tempo, pode fazer um sorteio com a terceira cesta. É um ótimo reconhecimento e confirma que elas iniciarão um novo negócio.

Planejando e Preparando Eventos

Os eventos fazem parte do despertar de entusiasmo e motivação para uma equipe de venda direta. Eles não precisam ser caros, mas devem ser bem pensados. Siga esta checklist para realizar o evento de oportunidade perfeito:

- Escolha um local e instalações para organizar o evento em um lugar central para você, a equipe e os participantes. Pode ser um salão de festas, hotel, restaurante, cafeteria ou até sua casa, dependendo do orçamento e da quantidade de participantes.
- Você e sua equipe devem contatar todos os possíveis clientes antigos com um convite, e-mail e ligação. Envie os convites pelo menos duas semanas antes do evento e chame mais convidados conforme os encontra e a data se aproxima.
- Sempre peça confirmação com RSVP e confirme de novo um dia antes do evento com uma ligação, um e-mail ou uma mensagem de texto.
- Promova o evento de oportunidade em todos os outros eventos, inclusive reuniões em casa, online e consultas individuais.
- Mantenha uma lista RSVP principal para saber para quantos convidados planejar.
- Faça com que cada recrutador confirme a presença de seus possíveis clientes um ou dois dias antes do evento.
- Tenha uma mesa de registro com a lista principal dos participantes. Você pode atribuir alguém da equipe para ajudar nisso.

- » Tenha uma folha de registro para pedir o nome do convidado, a informação de contato e o nome da pessoa que fez o convite. Use isso como uma folha de acompanhamento.
- » Faça com que a pessoa preencha um cupom de informação do cliente em troca da chance de ter um grande prêmio. A pesquisa deve incluir um espaço para nome, informação de contato e interesses da pessoa (comprar produto, organizar uma reunião ou montar um negócio).
- » Tenha pacotes de recrutamento, do anfitrião, catálogos e qualquer material promocional pronto para entregar aos participantes interessados.
- » Tenha em exposição um kit inicial do negócio. Você também deve ter um kit extra de todos os produtos, ou, se estiver fazendo o lançamento de um produto, tenha uma seção apresentando os produtos mais novos.
- » Ofereça coisas leves, como biscoitos, água, café, frutas etc.
- » Crie uma pauta. Repasse o setor, os produtos, lucros, programas etc.
- » Apresente testemunhos. Escolha alguns membros da equipe para fazer apresentações curtas de um ou dois minutos sobre seu sucesso no negócio. Tente planejar três testemunhos: um de cada área do negócio. Alguém novo, uma dona de casa, alguém que está no negócio em tempo integral, uma trabalhadora etc. Outro testemunho poderia ser o de uma anfitriã que fez uma reunião excepcional e quer compartilhar como a experiência foi incrível.
- » Peça a cada líder que participa do evento para levar um produto para o grande prêmio. Confirme isso com antecedência.
- » Venda bilhetes de rifa para os prêmios doados pelas líderes. Isso ajudará a cobrir as despesas que você teve com o encontro. (Verifique as regulações municipais para jogos. Em geral, você encontra essas informações online.)
- » Atribua e delegue tarefas à equipe, como recepção e cumprimento, registro, pessoas para preparar as exposições, desmonte etc.
- » Faça uma lista dos materiais de que pode precisar. Atribua voluntários para ajudar a coletar os itens: crachás, canetas, música, kit inicial, prêmios, pacotes do anfitrião, de recrutamento, catálogos etc.

Você não usará *todos* esses métodos sempre. Para os eventos menores, você pode adotar uma abordagem diferente dos maiores. Avalie o tamanho do espaço, o tamanho da equipe e quantos convidados participarão.

Ao criar um espaço para as pessoas levarem seus convidados para que possam saber mais sobre a oportunidade de negócio, comece a associar membros da equipe para toda a organização, ajudando as pessoas a conquistar suas promoções todas as semanas.

5 Operando e Mantendo um Negócio de Sucesso

NESTA PARTE . . .

Saiba o que fazer com seu dinheiro.

Consiga ótimos encontros e comunique-se com sucesso.

Faça networking online e offline para expandir o negócio.

NESTE CAPÍTULO

» Conseguindo a adesão do cônjuge

» Sustentando-se

» Evitando certos perigos do sucesso

» Ficando atento aos impostos

Capítulo **18**

Gerenciando Seu Dinheiro com Inteligência

Quatro em cinco representantes dizem que entraram ou estão considerando entrar para uma empresa de vendas diretas para ganhar um dinheiro extra. Mesmo que você se associe tendo inicialmente outras coisas em mente, como produto com desconto ou gratuito, uma chance de ganhar uma viagem com tudo pago ou uma oportunidade para fazer novos amigos e se divertir, todo representante independente precisa saber o básico sobre como lidar com dinheiro. Este capítulo visa passar dicas importantes de gestão financeira que eu descobri, sobretudo em relação às vendas diretas.

DICA

Se você tem muito sucesso e seu negócio de vendas diretas está gerando mais dinheiro do que sonhou ser possível, ou se acha que mal consegue o suficiente para cobrir o combustível do carro, as vantagens fiscais de gerenciar e controlar seu dinheiro corretamente valem o esforço de saber mais sobre táticas e práticas.

Não se preocupe, a gestão do dinheiro, sendo pouco ou um tsunami, é mais simples do que se pensa. É verdade. Eu garanto!

Muitas vezes acho que ganhar dinheiro extra de repente é uma surpresa para diversas pessoas, mesmo que façam parte dos 80% que entraram nas vendas diretas *pelo* dinheiro, e especialmente se elas começam a ganhar um bom dinheiro, ficam sem saber o que fazer.

Não importa se sua relação com o dinheiro é saudável ou não. Se você é como a maioria, gerenciar seu dinheiro, preparar-se para os impostos e entender o que significa ser um profissional autônomo pode ser um desafio. Este capítulo serve para ajudá-lo a percorrer esses desafios e ficar mais bem preparado.

CUIDADO
Mas note: não sou uma especialista qualificada em impostos e nem consultora financeira, e este capítulo não é um guia completo para todas suas necessidades financeiras. E mais, recomendo encontrar um contador para, pelo menos, consultar quando começar, ou mesmo para lidar com seus impostos e dar conselhos o ano todo. Especificamente se você ganha um bom dinheiro, é importante buscar pessoas qualificadas para darem suporte em seu planejamento financeiro e no cálculo dos impostos. A legislação tributária sempre muda, e as coisas ficam ruins se você segue sozinho sem entender o básico sobre o imposto de renda. Por esse motivo, e muitos outros, é fundamental encontrar um profissional atualizado sobre essa legislação e que entenda sobre vendas diretas e como funciona o negócio.

Dito isso, após 35 anos em vendas diretas e como autônoma, tenho muita experiência, adquirida com muito esforço, além de também ter observado muitos outros representantes independentes enfrentarem problemas com dinheiro.

Conseguindo a Adesão do Cônjuge

Um dos maiores desafios no negócio é conseguir total apoio ou "adesão" do cônjuge, sobretudo para as mulheres, que compõem a grande maioria das representantes independentes.

DICA
Muitas vezes os cônjuges têm a atitude natural de "mostre o dinheiro". Quando você realmente mostra os detalhes financeiros, paga uma conta inesperada ou consegue férias com todas as despesas pagas, percebe que seu cônjuge de repente fica muito mais disposto a tratar suas vendas diretas como um negócio, em vez de considerá-las apenas o "trabalho divertido" que você tem.

Ainda pode ser um fluxo de renda extra "divertido", se é o que significa para você, mas quando pode documentar de fato o dinheiro ganho, há um maior apoio do cônjuge, sendo você o homem ou a mulher. Entrevisto homens o tempo todo sobre os negócios da esposa, e a história parece sempre igual, com uma versão como a seguir:

> "Quando ela se associou, achei que estava apenas buscando uma diversão para sair de casa, mas então comecei a ver o dinheiro e disse para ela que, com um pouco mais de esforço, ela poderia realmente fazer algo. Depois ela começou a ganhar um bom dinheiro, e agora tento ajudá-la sempre que posso. Nunca pensei que pudesse chegar a esse ponto."

Ouvi literalmente essa mesma história repetidas vezes. Certa vez, um membro da equipe entrou no negócio com um objetivo muito específico em mente: ela queria reformar a sala de estar. Falou sobre a nova mobília que compraria, o novo esquema de cores e pintura, até sobre o piso. Esse era o grande desejo para ela iniciar seu negócio.

Insisti que ela abrisse conta-corrente e conta poupança separadas e as especificasse apenas para o negócio. O marido dela tinha uma renda significativa, portanto, o dinheiro ganho com o negócio não era necessário para as despesas diárias. Ela depositou cada centavo nas contas, colocando 80% dele imediatamente na poupança e deixando 20% na conta-corrente para cobrir as despesas comerciais.

Em menos de quatro meses, ela economizou mais de R$15 mil e conseguiu comprar a mobília. Impressionado, o marido cobriu o resto da reforma, inclusive o novo piso e a pintura profissional. O mais engraçado para nós três foi que ele me procurou logo depois para saber mais sobre o que a esposa poderia fazer para aumentar o negócio e ganhar ainda mais dinheiro! Uma adesão e tanta do cônjuge!

LEMBRE-SE Quando você gerencia o dinheiro com cuidado, consegue mudar do modelo "fale sobre dinheiro" para "mostre o dinheiro", e nada é mais impactante do que mostrar sucesso permitindo às pessoas que vejam a mudança.

Sustentando-se e Controlando

É importante controlar sua comissão e suas despesas, além de saber como gerenciar o dinheiro com sabedoria.

DICA Para saber com exatidão quanto você realmente ganha e manter seus dados aprovados pelo fisco, é preciso ter o dinheiro separado. Contadores aconselham não "misturar" os fundos. Isso significa manter contas totalmente separadas de qualquer renda ou despesa pessoal, onde todo o dinheiro relacionado ao negócio é mantido.

Todo o dinheiro recebido ligado ao negócio é colocado na conta-corrente separada que você usa para o negócio. Isso significa que *todo* cheque e *todo* dinheiro vivo dos clientes, assim como a comissão da empresa, são depositados nessa conta comercial. Então, *todas* as despesas relacionadas ao negócio são pagas com essa conta, por cheque ou cartão de débito. Se precisar de mais dinheiro disponível para as despesas diárias do negócio, abra uma nova conta de cartão de crédito ou destine um deles como sendo o cartão do "negócio" e use-o *apenas* para as despesas dele. Pague a conta desse cartão usando a conta-corrente utilizada para o negócio.

Algumas empresas enviam as comissões usando um cartão de débito pré-pago. De novo, use apenas esse cartão para as despesas comerciais. Transfira o dinheiro periodicamente dessa conta de débito da empresa para a conta-corrente usada no negócio. É comum as pessoas perderem o controle de quanto ganham quando as comissões estão em um cartão de débito que só usam para as despesas, sobretudo se usam tal cartão também para despesas pessoais. (O que, como mencionado, é uma má ideia! Separe negócio e vida pessoal.)

Você pode estar pensando: então, como consigo dinheiro para gastar com coisas fora do negócio? O modo mais fácil e organizado é separar para si mesmo um salário na conta usada para o negócio. Você pode decidir qual será seu "pagamento" e separar uma quantia definida, como R$2.500,00 por semana ou R$5 mil a cada duas semanas.

Outro método é fazer um cheque para si mesmo apenas quando o dinheiro atinge certo limite. Por exemplo, separe para si um cheque de R$4 mil (ou transfira o dinheiro) sempre que o saldo chega a R$5 mil. Assim, quando as despesas do negócio forem maiores ou sua renda for menor, só tirará o dinheiro que é o lucro disponível real.

A vantagem dos dois métodos é que você consegue controlar quanto realmente ganha, após as despesas, calculando quanto separou para si a cada mês, trimestre ou ano.

DICA

Mantenha uma margem na conta para despesas comerciais inesperadas. Uma boa regra geral, quando consegue saber quanto ganha todo mês, é manter um saldo na conta-corrente igual ou maior que 20% do que ganhou no último mês. Esse saldo mínimo é o resultado obtido depois que as despesas típicas e contínuas são pagas e depois de receber seu pagamento. Às vezes, isso significa receber menos que o habitual para manter um bom saldo na conta-corrente usada para o negócio.

Sucesso Repentino: Cuidado

DICA

Outro perigo real que vi por anos é que as pessoas de repente começam a ganhar uma boa renda e não sabem como gerenciá-la.

Se isso acontecer, veja um consultor financeiro, rápido!

Algumas pessoas ficam tão dominadas pelos resultados de montar uma grande equipe, que não entendem que as vendas diretas têm altos e baixos. A renda que ela gera hoje pode não ser a mesma daqui a um ano ou mais. As pessoas aumentam seu custo de vida conforme o aumento de renda, então não planejam nem economizam corretamente.

Eu me casei jovem e tive dois filhos. Minha renda com venda direta não era um extra, ela pagava as contas da casa! Se eu quisesse ficar em casa com as crianças, tinha que ganhar certa quantia. Lutávamos todo mês só para pagar as contas e poupar um pouco. Com 29 anos, eu ganhava em média US$10 mil por mês. Isso foi no final dos anos 1980 e início dos anos 1990; era um bom dinheiro na época e ainda é uma boa renda para a maioria.

Quando comecei a receber grandes pagamentos, foi incrível! Comprei um carro novo e finalmente conseguimos ter um barco (morávamos perto de um lago). Em vez de me perguntar se podíamos ter tudo isso, eu só pensava: "Podemos fazer esses pagamentos?" Claro, com tal renda, naquele momento, a resposta era "Sim!"

Minha renda ficou entre US$8 mil e US$10 mil por mês durante um tempo, e eu comecei a acreditar que o dinheiro nunca pararia, que só melhoraria. Quando trabalhamos muito e mantemos as práticas recomendadas, em geral, isso acontece. Mas nunca controlamos totalmente as circunstâncias que impactam a produtividade da equipe. De repente, passei por uma série de situações fora de meu controle que impactaram muito minha equipe e geraram uma queda vertiginosa na renda.

DICA

Enquanto minha renda parecia sumir, minhas obrigações financeiras não. Aprendi uma lição difícil, mas vital: não importa o quanto sua comissão é incrível, é importante economizar, planejar e se preparar para as mudanças; caso uma crise aconteça, conseguirá cuidar de suas obrigações financeiras.

Um de meus livros favoritos sobre esse tópico é *Smart Women Finish Rich* [Mulheres Inteligentes Ficam Ricas, em tradução livre], de David Bach. Nele, aprendi ótimos princípios para gerenciar meu dinheiro nos tempos de vacas gordas, para que, mesmo na chegada das vacas magras, minha família e eu fiquemos bem. Por causa desse livro, agora avalio automaticamente o que farei com meu dinheiro. Faço reservas especiais para coisas como férias, projetos na casa, pagamentos, poupanças etc.

Muitas vezes, as pessoas ganham mais dinheiro com venda direta do que já conseguiram antes. E se a empresa é relativamente nova e com um produto incrível, um representante pode acabar ganhando R$20 mil ou R$30 mil por mês em poucos anos. Esse tipo de renda pode pegar de surpresa as pessoas antes que elas comecem a implementar boas práticas comerciais para treinar e recrutar, que podem ajudar a sustentar o negócio quando o produto não é mais uma tendência.

LEMBRE-SE

A venda direta é como qualquer outro negócio, tem altos e baixos. E, embora você ganhe comissão com base nos esforços de outras pessoas e seu próprio esforço, descobrirá que em vendas, assim como na vida, nada tem garantia. O produto da empresa nem sempre será uma grande tendência. Pode haver uma retirada do produto, a economia pode entrar em recessão ou você pode ter menos produtividade quando as principais líderes param devido a problemas pessoais, como divórcio, morte na família, doença grave ou mudança de prioridade. Qualquer coisa pode causar uma queda significativa em sua renda.

Olhos Atentos nos Impostos

Isso nunca falha. Todo ano, na época do IR, perco alguns membros da equipe porque os maridos acham que o hobby delas em tempo integral custa mais dinheiro do que elas ganham. É muito difícil para as pessoas com trabalhos tradicionais das 9h às 17h entenderem o que significa ter um negócio próprio em relação ao funcionamento dos impostos. Esta seção explica algumas questões tributárias relacionadas a vendas diretas. Para saber mais sobre as implicações fiscais de ter um negócio em casa, veja o livro *Home-Based Business For Dummies* [Negócios em Casa Para Leigos, em tradução livre, sem publicação no Brasil], de Paul e Sarah Edwards.

Retenção, restituição e emprestando à Receita Federal

Em um trabalho normal, o empregador retém os impostos, em geral um pouco mais do que você realmente deve. Se tudo der certo, você será restituído nas datas previstas pelo IR. Do contrário, acaba tendo que pagar à Receita Federal. Em vendas diretas, nenhum empregador retém seus impostos.

As restituições são uma ilusão. Elas significam apenas que você pagou impostos a mais durante o ano e deu dinheiro à Receita. Quando a Receita Federal restitui o dinheiro, é a quantia que você já ganhou e pagou a ela. A única diferença em pagar os impostos na data estipulada pela Receita é a época, a visibilidade (os grandes pagamentos são alarmantes!) e quem pode usar ou render juros com esse dinheiro durante o ano.

LEMBRE-SE

Como profissional autônomo, você é responsável por reter parte do seu dinheiro. É possível pagar impostos trimestrais, mas até pagar à Receita Federal, *você* pode usar sua renda e/ou dinheiro ganho.

Incentivos fiscais de um negócio em casa

A família típica, se não tem seu próprio negócio, *paga a mais* os impostos. O código tributário é preferencial para o negócio e donos de negócio. Se você atualmente tem apenas uma renda de assalariado (significando que recebe pagamento de um empregador que retém impostos), ao iniciar um negócio de vendas diretas este ano, poderá economizar muitos impostos; estima-se ser possível economizar muito ao ano em uma família típica de quatro pessoas.

O modelo de negócio de vendas diretas tem vantagens fiscais porque muitas despesas que você já tem são dedutíveis total ou parcialmente assim que monta seu negócio. E mais, grande parte de suas atividades diárias pode ser combinada com as atividades comerciais, aumentando as oportunidades para diminuir os impostos conforme sua renda aumenta.

Não detalharei as declarações de imposto porque, de novo, não sou profissional no setor e nem consultora financeira. Para saber mais, recomendo ver o livro *Small Business Taxes For Dummies*, de Eric Tyson. E recomendo pesquisar mais e entrar em contato com um especialista tributário como parte do seu negócio. Dito isso, veja algumas dicas simples para pensar sobre suas necessidades fiscais:

» **Abra uma conta poupança.** Além de ter uma conta-corrente separada, é inteligente ter poupanças separadas usadas só para o negócio. Melhor ainda se essa conta estiver no mesmo banco da conta-corrente. Todo mês, ou melhor, sempre que receber uma comissão, transfira de 10% a 30% para a poupança imediatamente. Considere essa uma conta para imposto. Com ela, você está retendo o imposto habitual de um pagamento. É bom por vários motivos, mas o principal é que, na época do IR, se após fazer os pagamentos trimestrais dos impostos ainda ficar com um saldo devedor, terá uma reserva e não será pego de surpresa por um imposto alto. E se não tiver impostos a pagar, conseguirá ter sua própria restituição pessoal.

» **Conforme sua renda aumenta, viva com 80% ou menos.** É uma dica de estilo de vida, mas todas as escolhas de vida responsáveis são basicamente dicas de impostos quando falamos em ter nosso próprio negócio. Quando seu lucro (o que o negócio tem após separar dinheiro para os impostos e pagar as despesas) começa a ficar acima de R$5 mil por mês, é hora de reduzir parte do que você usa diariamente. Um modo inteligente é avançar aos poucos até colocar metade do "pagamento" recebido na poupança pessoal. Pode ser sua conta para emergência, reserva financeira ou até uma conta que usará para investimento, só não use para gastos do dia a dia.

Quando finalmente conseguir usar apenas metade do seu lucro diário, evitará elevar seu estilo de vida a níveis insustentáveis e ficar mais protegido contra os reveses. E o mais importante: um, dois, cinco anos ou mais a partir de agora, você sempre verá o fruto do seu trabalho, e será melhor assim, devido ao esforço dedicado ao negócio hoje. Deixe seu dinheiro trabalhar a seu favor e melhorar sua segurança, em vez de contar com o fluxo de caixa do momento.

» **Mantenha uma agenda detalhada.** Grande parte de sua atividade diária se relaciona ao negócio quando está fazendo vendas diretas. Você encontra um possível cliente para tomar um café. Dirige duas horas para uma reunião de lançamento, vai ao correio para enviar amostras, participa de um almoço de networking. Use o cartão de débito da conta comercial ou cheque para pagar o café, o almoço, o envio, então verifique se eles são anotados em sua agenda e no registro de milhagem (veja o próximo ponto). Se você tem uma agenda de papel ou digital, adicione o máximo de detalhes que puder, em especial sobre quem encontrou e por quê. Mais tarde, caso precise apresentar uma prova de suas deduções ao IR, o registro detalhado será um elemento muito útil. Tenha cópias da sua agenda com a documentação fiscal daquele ano.

» **Controle sua milhagem em um registro.** Quando entrar no carro para fazer negócio, ir a uma reunião, correio, evento de networking ou algo relacionado ao trabalho, anote a data, aonde está indo e sua milhagem inicial. Quando voltar para casa, anote em um registro a milhagem final. Quando arquivar seus impostos, coloque junto o registro de milhagem de cada ano com a documentação final correspondente.

» **Preste atenção em treinamentos e busque expertise.** Se sua empresa oferece uma aula ou uma teleconferência sobre impostos para donos de negócios autônomos, equipe, grupo de networking ou qualquer outra pessoa, *participe*. Se você ouve falar de um livro sobre impostos que as pessoas adoram, leia-o. Se há um app ou um software disponível que ajuda a controlar essas informações e provavelmente o ajuda a manter registros, use-o!

DICA

Como insisti neste capítulo, tenha uma assessoria fiscal profissional com alguém que entenda do negócio. Você tem muitos incentivos fiscais nesse negócio; informe-se e estude para poder aproveitá-los ao máximo.

> **NESTE CAPÍTULO**
>
> » Conhecendo a importância dos encontros mensais
> » Tendo encontros de sucesso
> » Comunicando-se com sua líder
> » Conversando com a equipe

Capítulo **19**

Encontrando e Comunicando-se

Quando eu estava em campo, fui repetidas vezes a melhor vendedora e quem mais agendava. Eu ia a todos os encontros mensais da minha equipe, e minhas líderes sempre me pediam para treinar os agendamentos de reunião/consultas e vendas.

Após meses de treinamento consistente nos eventos, comecei a perder meu entusiasmo com a participação. Sentia que não tirava muita coisa dos encontros e nem aprendia coisas novas para meu próprio negócio. Minha chefe pode confirmar, e ela me disse algo que nunca esquecerei: *nunca mais questione se deve ir ao encontro, porque, ou você precisa dele ou ele precisa de você.*

Mas, em algum momento, meus agendamentos começaram a cair, e fiquei sem saída. Liguei para algumas amigas para perguntar o que estava funcionando para elas e como preenchiam as agendas todo mês. Fui ao encontro daquele mês, e mesmo com poucas reuniões, elas ainda me pediam treinamento. No encontro, compartilhei algumas ideias que minhas amigas me deram, porque eu não tinha minhas próprias histórias de sucesso para compartilhar naquele mês.

No encontro seguinte, elas não me pediram para falar, porque eu tinha zero reuniões e consultas marcadas na agenda. Imaginei a quem elas pediriam para falar e esperava que pudesse sair com alguma informação que me ajudasse a ter marcações de novo na minha agenda.

Foi quando uma senhora em uma das outras equipes foi falar sobre agendamentos. Quando a vi andar para ficar diante da sala, lembro-me de dizer para mim mesma: "Como ela pode me ajudar? Ela só faz duas reuniões ao mês!?"

Bem, acabou que ela quebrou o recorde do mês, com 26 reuniões agendadas. Quando minha líder perguntou o que ela fez para marcar tantas reuniões, esta foi a resposta: "Eu só segui o que Belinda nos ensinou no último encontro."

Naquele instante, percebi que eu não praticava o que ensinava. De repente eu estava na situação de *precisar do encontro*; minha energia voltou, lembrei-me de que estou em total controle do meu negócio e que havia perdido minha motivação. Isso também me ensinou que, se todos implementassem o que é falado no encontro, imagine o que poderiam fazer no negócio!

Este capítulo explica por que os encontros são importantes e o que os torna um sucesso. Também examina a importância de se comunicar com a equipe e a líder.

Indo à Conferência da Empresa

Se você quer que o negócio suba de nível, participar da conferência da empresa (*convenção*, *comemoração*, *regional*, não importa o nome) é obrigatório. Essa conferência não apenas lhe dá o treinamento necessário para montar seu negócio, como também mostra a imagem geral da empresa e sua missão.

Em geral, há uma pequena taxa para participar da conferência, mas o investimento vale muito a pena.

Veja alguns motivos para participar da conferência da empresa:

» **Aumento nas vendas:** As pessoas que vão à conferência normalmente têm 35% de aumento na temporada, devido à motivação e ao treinamento que recebem.

» **Treinamento:** Sempre há várias sessões de treinamento na conferência que o ajudarão a aumentar seus esforços em vendas e recrutamento.

» **Motivação:** A conferência o enche de energia e lhe dá motivação para criar e montar um negócio de sucesso. Empresários e líderes na organização costumam contar histórias inspiradoras que mudarão não apenas seu negócio, mas sua vida.

» **Amizades:** As amizades que você fará com outros representantes são as que duram a vida inteira. Você sempre conseguirá se relacionar com os mentores e fará amizades de confiança.

- **Novos produtos:** Muitas empresas usam a conferência como um modo de lançar novos produtos para a próxima temporada. Em geral, os participantes são os primeiros a ver os novos produtos e o novo catálogo.

- **Palestrantes:** Junto com o treinamento feito pela empresa e líderes do setor, a maioria das empresas contrata palestrantes (como eu) para falar no evento. Essas pessoas oferecem muito conhecimento e inspiração e, às vezes, anos de sucesso no setor.

- **Incentivos de viagem:** Muitas empresas anunciam os incentivos de viagem na conferência e também os pontos de participação.

- **Reconhecimento:** A conferência oferece muitas oportunidades para reconhecimento, desde os principais ganhadores de promoções até quem recebe incentivos menores.

- **Gala:** A *noite de gala* é, para muitas pessoas, um evento muito especial na conferência. Ela lhes dá a chance de se vestir melhor e participar de um evento formal, ao qual, do contrário, jamais teriam a possibilidade de ir.

A conferência da empresa é um investimento pessoal e pode ajudar você e seu negócio a mudar de nível. Torne sua meta anual participar dela e faça um orçamento adequado ao longo do ano, separando parte de sua comissão para ajudar a pagar as despesas. Em alguns países, é também algo que pode ser abatido no imposto (consulte seu contador).

Planejando e Participando de Encontros Bem-sucedidos

Existe uma clara correlação entre negócios saudáveis ativos e participação nos encontros. Mesmo que os encontros por videoconferência estejam ficando populares, os encontros presenciais ainda geram mais entusiasmo e renda do que qualquer outro tipo. E é fácil ver o motivo: estar em uma sala com outras pessoas entusiasmadas e compartilhar ideias e sucessos gera motivação e dinamismo.

Pense em um concerto: é possível ouvir a mesma música em estéreo, no iPod ou no laptop, mas compartilhar a experiência cria uma energia que simplesmente não pode ser replicada de outro modo.

Independentemente de sua experiência anterior com os encontros mensais, é possível criar uma atmosfera cheia de energia que gerará entusiasmo e dinamismo nos encontros. E ter encontros de valor é importante porque as pessoas têm muitas opções para o que podem fazer com o próprio tempo, e elas querem sentir que ele foi bem investido.

Motivação

A motivação *coloca as pessoas para cima*, assegurando que elas possam atingir suas metas. Algumas pessoas são incentivadoras naturais, e quase todos gostam de ser encorajados. O segmento de motivação do encontro não precisa ser muito longo, mas pode incluir um testemunho (planejado) de alguém que teve sucesso e o que a pessoa fez para consegui-lo. Algo assim:

> "Eu me esforçava muito para marcar consultas e reuniões, até que comecei a fazer ligações de acompanhamento semanais. Agora o agendamento é muito fácil para mim."

Outra parte da motivação é encorajar as pessoas a definir uma meta e trabalhar nela. Caso a promoção seja dar um belo colar às representantes que agendam e fazem oito reuniões, então encoraje sua equipe sendo animada e empolgada:

> "Quem aqui ganhará o belo colar do mês? Levantem as mãos! Temos pelo menos cinco com essa meta? Quem está comigo?"

Reconhecimento

Reconhecimento é uma parte importante dos encontros porque produz energia e motivação na equipe. As pessoas adoram ser reconhecidas pelo trabalho dedicado e costumam valorizar isso mais que as recompensas financeiras.

Pensando sobre o que reconhecer? As melhores vendas e recompensas de recrutamento são o padrão, mas você também pode reconhecer coisas como:

- Recordes pessoais como Melhor Pagamento ou Melhor Média de Reunião.
- Melhor Reunião do Mês.
- Melhor Média da Reunião.
- Melhores Equipes de Vendas.
- Ganhadores do Incentivo Mensal.

DICA

Também é possível reconhecer os prêmios de conquista de metas. Por exemplo, Sara pode não ter agendado mais reuniões, em comparação com outra pessoa, mas quando define uma meta para agendar quatro apresentações no mês e atinge o objetivo, é uma vitória para ela. Em cada encontro, faça os membros da equipe se comprometerem com uma meta para o mês seguinte. Desse modo, você pode controlar, ver se eles conseguiram e reconhecê-los no próximo encontro.

Você também pode reconhecer aumentos de porcentagem e estatísticas. Vinte e cinco mil reais em vendas podem não ser muito para várias equipes, mas, quando há um aumento de 25% a 50% nas vendas do último mês, então é muito para o representante.

Os marcos também são algo maravilhoso para reconhecer: vale a pena reconhecer os aniversários na empresa, a associação do primeiro recruta (em especial nos primeiros trinta dias) ou quando se atinge um novo nível de vendas.

No começo de cada encontro, eu costumava pedir às pessoas que ficassem perto de seu convidado. Então, pedia que se apresentassem e contassem ao grupo algo sobre ele. Era um ótimo reconhecimento para ambas as partes.

O reconhecimento também ocorre ao abrir espaço para as pessoas compartilharem algo empolgante sobre seus negócios.

Fazendo ligações de coaching ao longo do mês, você sabe quem tem coisas interessantes acontecendo. Ligue se as pessoas não fazem isso! Muitas não sabem se suas conquistas são ou não empolgantes o suficiente. O reconhecimento não precisa ser na forma de recompensa. Pode ser apenas pedir às pessoas para ficarem de pé ou subirem ao palco.

A parte de reconhecimento da noite será a mais memorável e animada para muitos membros de sua equipe. Se essas pessoas trabalham das 9h às 17h, é provável que não recebam muito reconhecimento em sua vida profissional. E se elas são donas de casa, é ainda menos provável. Portanto, ao tornar o reconhecimento um elemento forte nos encontros, é possível que os membros continuem voltando.

Mesmo que seja uma parte animada do encontro, mantenha um ritmo rápido e não dedique tempo demais a ele, para que as pessoas não reconhecidas fiquem sem interesse.

Compartilhando informações e atualizações importantes

Em algum momento no encontro, você sempre compartilha com a equipe alguma informação ou atualização importante. Em geral, são comunicados da empresa, e incluem fatos sobre a promoção atual e próximos eventos.

Seja o que for, não leia essa informação na newsletter da empresa. Sua equipe pode ler isso quando e onde quiser. Ao contrário, compartilhe a informação com suas próprias palavras e termine o comunicado dizendo que é a introdução para o treinamento da noite. Por exemplo, se a promoção é um prêmio por agendar oito apresentações em um mês, então o treinamento após a parte da informação deve ser para reforçar as reuniões.

Treinamento

Vincular o treinamento do encontro a uma promoção atual ajuda a treinar sua equipe para ficar sintonizada no encontro, porque os tópicos dependem uns dos outros. Isso não significa que você precisa ser especialista em tudo e nem que todo o treinamento depende apenas de você. A parte do treinamento da noite pode ser delegada a um membro da equipe ou líder que faz a atividade particularmente bem.

DICA

Quando eu vendia joias, fazia reuniões interessantes e divertidas e sempre me saía bem preenchendo minha agenda e conseguindo recrutas. Mas quer saber? Eu não era particularmente boa com acessórios. Outro membro da equipe era ótima nisso, e as clientes adoravam as dicas dela. A apresentação dessa pessoa ajudava a equipe inteira. Também ajudava a representante a se sentir uma parte valiosa e bem-sucedida da equipe.

O segmento do treinamento da noite também pode se basear em projetos. Após um rápido treinamento no atendimento ao cliente e acompanhamento, você pode pedir aos participantes que passem os s quinze minutos seguintes fazendo ligações de novos pedidos. Outro projeto ótimo é debater ideias para um panfleto de recrutamento ou evento de oportunidade. Conforme os membros da equipe falam sobre os benefícios que o panfleto deve listar, esses benefícios aumentam a animação, e as pessoas se lembram de com quem querem compartilhá-lo.

Algo que sabemos sobre as pessoas hoje em dia é que elas realmente gostam de interagir. Elas gostam de compartilhar pensamentos e ideias. Portanto, reserve um tempo nessa seção do encontro para a opinião delas. Você pode perguntar: "Quem tem algo interessante que deseja compartilhar esta semana?"

LEMBRE-SE

Seja criativo e divirta-se. Contanto que os membros da equipe aprendam algo novo ou tenham uma nova perspectiva, a seção de treinamento foi um sucesso.

Amizade

As pessoas desejam se encontrar com os amigos e colegas todo mês. Lembre-se: mesmo que seus encontros ocorram para motivar e treinar sua equipe, socializar é um aspecto importante.

DICA

Reserve um tempo na agenda para socializar. É ótimo fazer isso no começo, enquanto as pessoas estão chegando, e novamente no final. Se seu encontro termina às 20h, não treine até esse horário. Vá até 19h45 e deixe o tempo restante para a socialização.

Essa seção do encontro é importante também para os novos líderes. Quando as pessoas começam a montar uma equipe, em geral não sabem como fazer um encontro bem-sucedido e nem têm os recursos ou o conhecimento para fazer uma sessão de treinamento. Os encontros mensais podem simplesmente ser um grupo de pessoas em uma sala para socializar e debater ideias. Muitos grupos também escolhem se encontrar em restaurantes, onde é possível comer e se reunir no mesmo espaço.

Há alguns anos, me pediram para fazer encontros mensais por seis meses para uma empresa em Michigan. O encontro era feito na rua, em frente a um restaurante, para que pudéssemos ir lá depois. Assim que formamos líderes e eles ficaram prontos para assumir os encontros, decidi fazer, na saída, uma pesquisa com o grupo. Uma das perguntas feitas era do que as pessoas mais gostaram. Sou boa treinadora, mas a parte favorita delas era ir ao restaurante depois do encontro para socializar.

A energia criada na noite acompanhará as pessoas e as motivará no negócio. Contanto que mantenha o encontro divertido e interessante, todos terão se divertido, e você verá os benefícios.

Novos produtos

No começo de um novo catálogo ou estação, os encontros devem focar conhecer o produto. É onde compartilhará como vender e demonstrará novos produtos. Você quer passar às equipes truques sobre como usar o produto, ajudá-las com a venda dos benefícios e debater sobre modos criativos de compartilhar o produto online.

Se sua empresa oferece kits de lançamento ou envia antecipadamente às principais líderes um novo produto, faça esse encontro antes de novos lançamentos. Isso dá às representantes mais tempo para se familiarizar com o produto e preparar o marketing. Se sua empresa não oferece tais kits, peça os novos produtos assim que ficarem disponíveis e faça o encontro na segunda semana após os lançamentos (tendo tempo para receber o produto pelo correio). Assim, você ainda consegue apresentar o produto no começo do mês e aproveita um período de vendas maior.

Cultura da oportunidade

No encontro, é uma ótima ideia criar uma cultura em que todos levam convidados. Seu encontro mensal sempre deve ser um lugar para os membros da equipe levarem recrutas em potencial para ouvirem você falando sobre uma oportunidade efetiva e aprenderem mais sobre o negócio.

Fazer esses possíveis recrutas ouvirem outras seções do encontro, como reconhecimento e treinamento, mostra a eles que é uma oportunidade divertida, gratificante e aberta a todos. Mostre a esses recrutas que eles fariam parte de uma equipe que deseja ver o sucesso deles.

Permitir à equipe que leve convidados promove o recrutamento em grupo, que é benéfico a todos. Mais pessoas adicionadas à equipe todo mês significa maior sucesso para você e cada membro da equipe que ganha um recruta. Veja o Capítulo 17 para saber mais sobre os eventos de oportunidade.

Comunicando-se com a Líder e a Equipe

Comunicação é uma parte importante do sucesso. É essencial que você mantenha contato com sua líder e sua equipe. O bom no setor de venda direta é que você está no negócio *por conta própria*, mas nunca está *sozinho*. Aceite o suporte disponível e sempre compartilhe seu conhecimento e sua expertise com outras pessoas.

Comunicando-se com a líder

Especialmente nas primeiras semanas, comunicar-se com a líder ou o patrocinador é primordial para o sucesso. Nosso negócio tem altos e baixos, e sua líder está ali para ajudar a comemorar nos altos e ajudar nos baixos. Seu superior se interessa de coração por você e deseja seu sucesso, portanto, ouça-o. Lucre com seu conselho e treinamento. Ele está na estrada há tempos, e você pode evitar muitas armadilhas aproveitando suas experiências anteriores.

Deixe que a líder ou o patrocinador seja seu coach. Ele conseguirá ajudá-lo em várias áreas:

» **Reunião de lançamento:** Sua líder ajudará a escolher as palavras certas para convidar pessoas até sua primeira reunião, ajudará a preparar sua conversa para agendamento e dará sugestões úteis sobre como fazer agendamentos na primeira reunião. Ela também pode ajudar a debater ideias e montar sua lista de contatos para a Agenda de Possíveis Marcações (veja o Capítulo 7 para ter mais detalhes).

» **Feedback do cliente:** Quando conseguir um agendamento ou receber um feedback positivo dos mais próximos, ligue para a líder ou o patrocinador contando a novidade. E, mais importante: quando alguém certo para agendar ou dar apoio disser não, ligue para a líder e compartilhe a experiência. Ela pode orientar porque é provável que tenha passado por isso também. Em vez de sentar e se preocupar, imaginando se está fazendo a coisa certa, aproveite a positividade e a experiência da líder para continuar e fazer a próxima ligação. Uma ligação ou mensagem de texto diária para a líder pode ser o melhor apoio moral que você conseguirá.

» **Reuniões:** Após cada reunião inicial, ligue para a líder para informar os resultados: quantos convidados foram, quem agendou, quem ficou interessado na oportunidade, como foram as vendas? Também compartilhe como se sentiu na reunião: ficou à vontade na apresentação? Na conversa para agendar? O que você mudará ou melhorará na próxima reunião? Quais são suas dúvidas? Quais perguntas os convidados fizeram e você não conseguiu responder?

» **Recrutamento:** Quando tiver um possível recruta, ligue para a líder imediatamente, para receber ajuda no acompanhamento. Peça conselhos ou façam, juntas, uma chamada em conferência com tal recruta, para aprender o que dizer na próxima vez. Nada melhor para aprender o que dizer do que ouvir repetidas vezes. Logo as palavras da líder sairão de você de maneira natural.

» **Metas:** Compartilhe com a líder suas metas. Informe em que você está trabalhando para que ela possa ajudá-lo a atingi-las. Fazer agendamentos nas seis primeiras reuniões é sua primeira meta de curto prazo, mas é importante que, ao atingir essa meta, tenha outra para substituí-la. Sua líder pode ajudá-lo a dar o próximo passo. Se sua meta é a liderança, a líder o ajudará a avançar rápido para atingi-la.

» **Insight:** Às vezes você só precisa de alguém para ouvir ou compartilhar uma ideia ou lidar com um plano. Sua líder pode dar um insight valioso nessas conversas. Outras vezes, só precisa da validação de que está no caminho certo e gasta suas energias nos locais certos do novo negócio. Sua líder é a pessoa perfeita para quem ligar.

No fim das contas, as vendas diretas são um negócio simples, consistindo em algumas disciplinas repetidas de modo consistente. Mas leva tempo para aprender e praticar. Deixe que a líder ou o patrocinador o ajude no processo. Ela está lá para ajudá-lo a ver além dos desafios do momento, buscando soluções no futuro. Conforme agendar mais reuniões e adicionar mais membros à equipe, surgirão situações diferentes que criam um ambiente único de aprendizagem e amadurecimento. Isso significa que você dominará essas disciplinas e logo será alguém que poderá aconselhar os outros.

Comunicando-se com a equipe

À medida que você traz mais pessoas para o negócio e aumenta a equipe, assumirá a posição de líder. É importante estabelecer bons hábitos de comunicação com sua equipe.

LEMBRE-SE

Você já esteve no lugar dessas pessoas. Compartilhe suas histórias de sucesso e como superou os obstáculos que elas enfrentam atualmente.

A seção anterior deu ótimas ideias sobre o que debater com a equipe, mas veja algumas outras com as quais manter contato:

» **Encontros mensais:** Seus encontros mensais são ótimos para reunir a equipe visando treino e motivação. Já foi demonstrado que encontros aumentam a atividade e o sucesso da equipe.

» **Grupos do Facebook:** Você deve ter um grupo do Facebook dedicado à equipe (veja os Capítulos 11 e 16 para saber mais sobre isso). Quando alguém é recrutado, é adicionado à página da equipe, assim como às equipes maiores das quais que você faz parte. Os grupos são ótimos para compartilhar informações, treinamento e reconhecimento. É importante adicionar sua equipe às páginas de equipe da líder para que ela possa desfrutar as várias técnicas de treinamento e perspectivas. Lembre-se: nem todos aprendem igual ou são motivados pelas mesmas coisas. Alguém na equipe pode se ligar mais ao treinamento de outra líder. Isso não é ruim! Tenha em mente que todos fazem parte da mesma organização.

» **Telefonemas:** Teleconferências são ótimas para manter contato com a equipe. Você pode fazê-las uma vez por mês com os membros da equipe que moram longe e não conseguem participar dos encontros mensais. As ligações de coach são ótimas para checar os membros da equipe individualmente.

» **E-mail e mensagem de texto:** Sua comunicação com a equipe nem sempre precisa ser demorada e repleta de informações de treinamento etc. Às vezes, uma pequena mensagem de texto ou e-mail pode contribuir muito. Mantenha contato com sua equipe para mostrar que se importa com ela e com o sucesso dela. Nada pior do que só ter contato da líder nos últimos dias do mês. Em geral, isso acontece quando ela está tentando descobrir se você fez um pedido para que atinja a meta de vendas ou se ela conseguirá a próxima promoção.

LEMBRE-SE

As pessoas negociam com quem querem fazer amizade. Tenha relações autênticas com os membros da equipe via encontros e outros canais de comunicação e notará maior produtividade e entusiasmo entre eles.

NESTE CAPÍTULO

» Vendo por que o networking é tão importante

» Sendo o melhor amigo comercial

» Conseguindo recomendações

» Indo a eventos de networking

» Montando um comitê consultivo

Capítulo **20**

Networking para Expandir Seu Alcance

Em vendas diretas, como em qualquer negócio nesse sentido, é importante fazer networking. Participando e comunicando-se, você desenvolve um forte círculo de profissionais, membros da comunidade e amigos. O networking catalisa o sucesso.

No negócio, o ROI (*return on investment* — retorno sobre o investimento) mede o sucesso recebido com o investimento no negócio por meio de ações monetizadas, como a publicidade. O ROR (*return on relationship* — retorno sobre relacionamento) no mundo dos negócios descreve o sucesso que temos ao fazer amizades autênticas com clientes, a comunidade etc. Estabelecer essas relações online, em sua comunidade e nos eventos profissionais aumenta sua base de clientes e ajuda a acessar mais pessoas todo dia. Sempre fique atento aos eventos da comunidade ou da junta comercial de sua área e participe!

DICA

Networking pode ser assustador e difícil para muitas pessoas porque envolve se expor e conversar. Para ajudar a superar o nervosismo em um evento de networking, chegue cedo para ficar à vontade em um ambiente pequeno. Você também pode levar um amigo/colega.

Quando você tem seu próprio negócio, é importante fazer networking, por vários motivos:

- **Maior alcance.** O networking dá a oportunidade de aumentar seu público e acessar mais pessoas que podem estar interessadas em seu serviço ou produto.
- **Faça contatos.** Ter fortes laços é importante no negócio por vários motivos. Você conhece o ditado "O importante é quem você conhece". Conhecer as pessoas certas pode ajudar a encontrar novos clientes e oportunidades que serão lucrativas para você e seu negócio.
- **Consiga recomendações.** *Quem você conhece que...?* Durante os eventos de networking, é possível não encontrar pessoas que precisam de seu produto ou serviço, mas você encontra aquelas que conhecem alguém que gostaria dele.
  O networking é uma ótima ferramenta para conseguir recomendações para o negócio, que o ajudarão a aumentar seus clientes, anfitriões e possíveis recrutas.
- **Busque conselhos.** Um espaço de networking, como a junta comercial local, é ótimo para encontrar outros profissionais de sucesso que já superaram os problemas que você enfrenta. Essas pessoas são ótimas para aconselhar e motivar.
- **Perfil e marca mais conhecidos.** As pessoas querem fazer negócio com aqueles de quem desejam ser amigas. O networking e a exposição na comunidade tornarão seu nome conhecido; é uma técnica gratuita de marketing e marca que você deve aproveitar.

Apresentando-se

Nos eventos de networking, não é possível se sentar no canto e esperar que as pessoas se aproximem. Veja alguns modos fáceis de se apresentar:

- **Fique perto do bar ou da mesa de lanche.** Muitas pessoas vão ao bar ou à mesa de lanche durante a noite. Quando estiver lá, será fácil iniciar uma conversa sem ter que andar até um grupo de pessoas.
- **Apresente-se ao organizador.** Sempre se apresente aos organizadores do evento e agradeça pela reunião. Muitas vezes, eles indicam alguém que consideram ser proveitoso para você ou o apresentam à outra pessoa no lugar.

» **Não atire para todo lado.** Você não quer "cumprimentar todos" e nem disparar cartões de visita. Apresente-se a alguém e comece a conversar, então deixe a pessoa apresentá-lo aos outros no círculo dela. Ter muitas conversas curtas não o ajudará no longo prazo. Pelo contrário, tente estabelecer diálogos significativos.

» **Não tenha medo de participar.** As pessoas participam de eventos de networking para encontrar gente nova e fazer novos contatos, portanto, não tenha medo de iniciar uma conversa ou se apresentar durante um intervalo na conversa de um grupo.

» **Encontre rostos familiares.** Se você reconhece alguém, apresente-se de novo e lembre à pessoa como se conheceram ou onde se viram. Você pode dizer algo como: "Oi, meu nome é Belinda. Conheço você do LinkedIn e lembrei que era dona do restaurante Wild Orchid. Sempre vou lá com minha família. Está gostando da noite?"

Melhores Amigos Comerciais

Melhores amigos comerciais é um termo usado para descrever uma relação entre dois empresários — no seu caso, representantes independentes — que compartilham uma relação de benefício mútuo.

DICA

Um modo de aumentar seu alcance e contato com outras pessoas afins é fazendo amizades com representantes que trabalham em uma empresa diferente da sua. Em geral, você encontra essas pessoas nas redes sociais, feiras, reuniões em casa (é possível agendar uma reunião com um consultor da empresa na qual estaria interessado em trabalhar) e em outros eventos do revendedor. Vocês dois trabalham juntos para promover produtos e serviços um do outro a fim de que possam aumentar seu público aproveitando as bases de clientes recíprocas.

Veja algumas dicas importantes a lembrar:

» **Mesma faixa etária:** Os melhores amigos comerciais sempre têm faixas etárias parecidas na base de clientes. Se sua linha de produtos costuma atrair mulheres de 45 a 55 anos, então você deve trabalhar com alguém cujos produtos também atraem esse grupo. O motivo de uma relação comercial dessa natureza é recomendar seu público ao amigo quando alguém precisar do serviço ou do produto dele, e vice-versa.

» **Linhas de produto diferentes:** Você não quer concorrer com os melhores amigos comerciais porque sempre estarão tirando as vendas um do outro. Em vez disso, encontre um representante cujos produtos complementam os seus. Por exemplo, uma empresa de utensílios de cozinha e alimentos, uma empresa de cosméticos e joias ou uma empresa de decoração e limpeza seriam ótimas combinações.

» **Ser autêntico:** Mesmo que seja mencionado por último, esse pode ser o ponto mais importante dos três. Você não deve ter uma relação falsa para se aproveitar de um melhor amigo comercial. Desenvolver uma amizade autêntica e de confiança não é apenas uma ótima maneira de aumentar seu alcance, mas ganhar um amigo que pensa igual e também acredita em vendas diretas. A amizade é um dos motivos para as pessoas entrarem nas empresas e ficarem no setor de vendas diretas. Estabelecer amizades duradouras é gratificante e satisfatório.

Então, como funciona? Veja alguns modos de você e seu melhor amigo comercial poderem trabalhar juntos e se beneficiarem:

» **Brindes especiais nas redes sociais:** Seu negócio deve estar presente, pelo menos, em uma das seguintes redes sociais: Facebook, Instagram, Twitter ou Pinterest. As redes sociais são ótimas para alcançar clientes e ganhar novos seguidores. O Capítulo 11 explica como, na terra das redes sociais, o engajamento é rei; ele determina se seu conteúdo vai para os feeds de notícias e basicamente quem vê suas publicações. O engajamento no Facebook, por exemplo, é medido por três ações: curtidas, comentários e compartilhamentos. Você deve compartilhar um conteúdo interessante que inclui chamadas de engajamento. Por exemplo: "Curta se você concorda", "Comente abaixo com sua resposta" e "Compartilhe esta foto com amigos e família".

Concursos e brindes são ótimos para aumentar seu engajamento com curtidas, comentários e compartilhamentos, além de fazer as pessoas se apaixonarem por seus produtos. A maioria das empresas oferece concursos para pessoas que comentam em uma publicação ou enviam seu próprio conteúdo. Nesse caso, você escolhe um vencedor e envia um produto gratuito. Sempre verifique as políticas do Facebook quanto a concursos e brindes. Por exemplo, o Facebook permite concursos focados em comentários e curtidas de comentários, mas não em curtidas ou compartilhamentos de páginas. Os concursos e os brindes são muito interessantes se você oferece produtos novos, porque muitas pessoas que já curtem sua fanpage experimentaram o produto ou, pelo menos, estão familiarizadas com ele.

Uma ótima maneira de deixar os fãs animados e compartilhando seu conteúdo é oferecer algo novo. Trabalhe com seu melhor amigo comercial para oferecer brindes nas redes sociais um do outro. Seus fãs ficarão empolgados com o novo produto sendo distribuído pelo negócio do amigo, e você ganhará seguidores novos e animados com a página dele.

SEMPRE CONSIGA RECOMENDAÇÕES

O networking é uma ótima maneira de ter recomendações e novos negócios. Participando dos eventos da comunidade e outros eventos de networking, você encontra novas pessoas que podem estar interessadas ou necessitando de seu produto ou serviço.

Nos eventos, sempre esteja pronto com seu comercial de trinta segundos (veja o Capítulo 6) para compartilhar com as pessoas que conhece. A ideia não é só contar o que você faz, mas despertar interesse por seu produto ou serviço.

Se alguém que você conhece em um evento de networking não está interessado em organizar uma reunião ou comprar o produto, não significa que a pessoa não gosta de você e nem acredita no seu negócio. Pode ser apenas que agora não seja o momento certo, e tudo bem. Pegue o cartão de visita dela e adicione-a à sua agenda de possíveis vendas. E sempre pergunte: *quem você conhece que...?*

Quem você conhece que gostaria dessa linha de produtos?

Quem você conhece que gostaria de uma noite divertida com as amigas experimentando esses produtos incríveis?

Quem você conhece que gostaria de uma renda extra mensal?

DICA

» **Presentes por recomendação:** As recomendações levam a novos clientes, anfitriões e possíveis recrutas. Em algum momento na vida, todos precisarão de seu produto, de uma noite divertida com os amigos ou dos benefícios de ter um negócio em casa. E ao encontrar uma pessoa quando ela não estiver interessada, descubra se ela conhece alguém que esteja.

Seu melhor amigo comercial pode ser uma ótima ferramenta para conseguir recomendações. Vocês dois podem oferecer um ao outro presentes pela recomendação (cliente, anfitrião ou possível recruta).

» **Open house:** De novo, o principal benefício de ter um melhor amigo comercial é a promoção cruzada dos produtos na base de clientes e no público um do outro. Fazer um *open house* juntos é ótimo para vocês conhecerem novas pessoas, conseguirem mais clientes e agendamentos e alcançarem mais vendas.

» **Consultoria:** Seu melhor amigo comercial pode ser um recurso incrível para treinamento, informação, consultoria e motivação. Vocês podem se apoiar, torcer um pelo outro e se ajudar a desenvolver negócios duradouros e bem-sucedidos. É a parte incrível do setor: todos trabalhamos juntos para ajudar no sucesso recíproco.

Pessoas Certas para o Networking

Nem todo evento ou situação é o lugar certo para você e seu negócio. É uma boa ideia participar de eventos com pessoas afins ou do mesmo perfil demográfico para o qual você está tentando vender.

LEMBRE-SE

O segredo do networking é qualidade acima de quantidade. É muito melhor fazer algumas amizades muito boas e conexões do que ter muitas relações superficiais. Digamos, por exemplo, que você esteja vendendo um carro de luxo. Com quem seria melhor fazer o networking: cinco adultos bem financeiramente ou cem adolescentes?

Circular pela sala distribuindo seu cartão de visita a cada pessoa que esbarra geralmente não é a melhor maneira de atrair um novo negócio ou interesse. Ao contrário, ouça o que as pessoas dizem e procure dicas que possam sugerir que elas estariam interessadas em seu produto ou oportunidade de negócio. Então se aproxime, apresente e mostre interesse pelo problema ou necessidade dela. Você deve tirar o foco de você e colocar na pessoa. É sobre como você pode ajudar a pessoa, não o contrário.

DICA

A prática leva à perfeição. Pratique sua apresentação em casa antes de se aventurar em um evento de networking. É importante parecer confiante. Seja claro quando falar. Não se comporte como se estivesse fazendo um discurso de venda pela sala. É totalmente aceitável falar sobre negócios em eventos comerciais, portanto, pratique modos de tornar seu negócio e produto interessantes, atraentes e vantajosos.

Participando de eventos da comunidade

Participar de eventos da comunidade mostra que você se importa e tem orgulho do local onde vive. Participar dos eventos também aumentará o reconhecimento do seu negócio. É possível que as pessoas o indiquem caso tenham encontrado e gostado de você. Muitas vezes, após o encontrarem no evento, elas o recomendam e recomendam seu negócio ou suas habilidades para outras pessoas na comunidade, mesmo que nunca tenham trabalhado com você. Elas o indicarão com base no fato de que gostam e acham você alguém com quem gostariam de trabalhar. Lembre-se: as pessoas querem negociar com quem desejam fazer amizade!

Outro bom motivo para ir aos eventos da comunidade é se promover como dono de um negócio local. Na maioria dos lugares, as pessoas são mais inclinadas a ajudar e proteger os negócios locais do que as cadeias nacionais, quando possível. Isso ajuda a manter o negócio na comunidade e a apoiar quem vive e participa dela.

DICA

Os eventos da comunidade também podem ajudar a atrair oportunidades para captar fundos. Participe desses eventos focados em caridade e interaja. Mostre às pessoas que você se importa com a comunidade onde vive e os serviços que ela oferece. Contate o presidente do evento e informe que você oferece uma oportunidade de captação de fundos incrível que pode trazer ajuda financeira e reconhecimento para a causa.

Usando redes sociais

Nas redes sociais, você pode fazer networking com pessoas afins e expandir sua base de fãs e clientes online. Facebook, Twitter e LinkedIn são as plataformas mais eficientes para a comunicação comercial; Instagram e Pinterest são bons para compartilhar fotos e vídeos que ajudam a melhorar sua marca e despertar desejo pelo produto.

A maioria das pessoas que usa Facebook, Twitter e LinkedIn utiliza seus nomes reais e participa da plataforma para se conectar a outras pessoas. Entender o raciocínio por trás do motivo de as pessoas estarem nessas plataformas e as regras de etiqueta associadas é importante para saber quando participar dessas redes.

Em meu *CD Mastering Social Media*, produzido com Karen Clark, explico como você deve se comportar em cada plataforma quando tenta fazer networking e contato. Veja alguns pontos importantes:

» **Facebook:** Networking no Facebook é como ir ao churrasco do vizinho. Sua roupa é casual. Você pode usar cores fortes e acessórios ousados. Também deve ser simpático e ter conversas casuais. Tudo bem se a conversa acaba em negócios, mas nunca deve começar como um negócio. O Facebook é para relações autênticas com pessoas. Você nunca deve incomodá-las. Você iria ao churrasco do vizinho com seu discurso de vendas? É provável que não. Ao contrário, faça amizades com pessoas à sua volta, porque elas negociam com aqueles de quem querem ser amigas.

» **Twitter:** Networking no Twitter é como estar em um bar no centro da cidade. Há muitas conversas rápidas acontecendo. Você pode encontrar quem vive perto, pessoas com quem trabalha e até celebridades. É importante explorar o lugar e entrar nas conversas. Lembre-se, você só tem 280 caracteres ou menos, portanto, seja direto nas conversas e sem rodeios, pois a duração da atenção no Twitter normalmente é pequena. Lembre-se sempre de usar hashtags para ajudar a classificar seu assunto. É outro modo ótimo de encontrar e conectar pessoas interessadas nas mesmas coisas que você.

» **LinkedIn:** O LinkedIn é a mais formal das três. Essa rede social é seu currículo, é como ir a um evento na junta comercial local. A intenção clara no LinkedIn é fazer contatos comerciais, portanto, é importante se comportar de modo a atrair as pessoas. Provavelmente não é uma boa ideia ter como imagem de perfil a foto do seu cão, uma foto em uma festa ou praia. Essa imagem deve ser adequada ao escritório, assim como suas conversas. É aceitável acessar as pessoas e informar que você adoraria fazer contato e falar sobre o negócio. Contudo, fique longe de mensagens que não pareçam autênticas e que sejam "agressivas" demais em vendas.

Algumas dicas gerais a lembrar quando fizer networking nas redes sociais:

» **Seja autêntico:** Seja você mesmo! Mostre quem você realmente é e atrairá pessoas parecidas. Sempre seja verdadeiro em suas conversas e faça amizades significativas.

» **Não dispare spam:** Faça as pessoas se interessarem por você antes de se importarem com seu negócio. Não envie mensagens, sobretudo para quem não conhece, com um discurso de venda. As pessoas descartarão você e seu negócio ao se sentirem pressionadas a comprar. Ao publicar no Facebook ou em outras plataformas de rede social, não publique coisas como *entre para minha equipe! Ajude-me a ganhar uma promoção! Só faltam R$X para eu atingir minha meta! Ajude-me a ganhar uma viagem GRATUITA para o México!* Você quer que as pessoas sintam que seu negócio e seus produtos *as* beneficiam, não você. Sempre seja pessoal, acessível e positivo, e as pessoas ficarão atraídas.

» **Cuide das pessoas:** Para fazer as pessoas se interessarem por você, é preciso se importar com elas. Não seria ótimo se suas amigas e seus clientes o procurassem para fazer negócio, em vez de se afastarem sempre que você toca no assunto? Bem, é o que acontece quando investe seu tempo para atender, em vez de vender. Fazer amizades, dar dicas e ideias de graça e descobrir qual produto ou serviço melhor atenderia as necessidades delas são coisas que atraem as pessoas para você e seu negócio.

DICA

Quer saber se você foca o serviço ou as vendas? Veja suas publicações nas redes sociais; elas focam você ou como você pode melhorar a vida de outra pessoa?

Fazendo amizades

No networking, você deve fazer amizades com pessoas, não apenas conexões comerciais. Quando inicia uma relação comercial que acaba em amizade, seu vínculo se torna muito mais forte e acabará em uma relação comercial mais bem-sucedida no futuro.

Amizade significa se importar com a outra pessoa. Faça perguntas. Pergunte o que está acontecendo na vida dela, como está o negócio, como está a família, quais são seus hobbies favoritos etc. Descobrir esses detalhes sobre a vida da pessoa ajudará a entender melhor quem ela é e quais são suas necessidades.

DICA

Muitas pessoas ficam nervosas com o networking porque acham que precisam ser extrovertidas ou boas de conversa. Mas o segredo de um bom networking não é falar, mas *ouvir*. Ouça o que as pessoas em volta dizem, porque muitas vezes elas darão dicas que o levarão a uma conversa de negócios.

Você ouvirá as pessoas dizendo o seguinte:

Gostaria que minha profissão fosse mais flexível.

Gostaria de ficar em casa com minha filha.

Odeio perder os jogos de futsal do meu filho.

Precisamos comprar um carro novo para a família.

Essas afirmações lhe dão a oportunidade de compartilhar o que seu negócio pode oferecer e as oportunidades de um negócio de vendas diretas.

Dicas para um Networking Eficiente

Ao participar de eventos de networking, prepare-se para fazer negócio. Veja algumas dicas úteis de coisas para as quais deve estar sempre preparado:

- » **Sempre tenha cartões de visita à mão.** Se as pessoas se interessam por seu negócio ou produtos, ou só mantêm contato, elas podem pedir seu cartão de visita. Ter um cartão mantém a relação, mostrando que você é uma pessoa séria.
- » **Sempre peça cartões de visita.** Se você conhece alguém com quem gostaria de manter contato, sempre peça o cartão de visita também. E tenha uma caneta no bolso ou bolsa. Quando a pessoa se afastar, anote no verso do cartão o que você pode mencionar quando falar de novo com ela.
- » **Esteja preparado com seu comercial de 30 segundos.** Você deve atrair pessoas para seu negócio com o comercial de 30 segundos (veja o Capítulo 6 para saber mais). Informe às pessoas o que você faz, não quem você é. Por exemplo, poderia dizer: "Mostro às donas de casa como podem limpar seus imóveis usando limpadores seguros e ecológicos sem produtos químicos", em vez de "Sou diretora de um grupo independente da(o) [Empresa de Produtos de Limpeza]". O primeiro exemplo não só explica o que você faz como também mostra ao possível cliente como pode ajudá-lo.

» **Pergunte (e se interesse) sobre o que a pessoa faz.** Não faça com que tudo gire à sua volta. Faça perguntas sobre a pessoa com quem está conversando e se interesse pelo que ela diz. Sempre seja genuíno e autêntico nas conversas. Isso o ajudará a estabelecer um vínculo mais próximo e significativo.

» **Descubra interesses parecidos.** Descobrir interesses parecidos pode ser uma ótima maneira de manter não só a conversa fluindo, mas a amizade. Fale sobre as coisas que vocês têm em comum e faça planos para uma data posterior. Por exemplo, se você conhece alguém que ama tênis assim como você, convide a pessoa para uma partida.

» **Pergunte sobre possíveis clientes.** Só porque seu produto ou negócio não é para a pessoa, não significa que ela não conheça alguém que aproveitaria sua oportunidade. Sempre pergunte sobre possíveis clientes, peça recomendações e apresentações de outras pessoas que possam achar seu negócio interessante.

» **Averigue outros eventos de que as pessoas participam.** As pessoas que participam de um evento de networking provavelmente participam de outros. Pergunte sobre outros eventos que elas frequentam na comunidade e veja se algum parece ser o certo para você e seu negócio.

» **Tuíte durante o evento.** O Twitter é ótimo para eventos. Muitos eventos e grupos de networking costumam ter hashtags que eles usam para promover a noite. Tuíte durante o evento e marque quem você encontra. Se houver alguém no lugar que você deseja conhecer e nota que a pessoa tuitou, sempre é possível responder, o que facilitará sua abordagem no evento. Tuitar não só o ajudará no evento, como mostrará aos outros na comunidade que você está engajado.

Contatos Após o Encontro

Você não quer deixar seus contatos esfriarem ou apagarem após o evento. Veja algumas maneiras de ficar conectado com as pessoas que conheceu:

» **Conexão online:** Mantenha contato nas redes sociais. Sugiro adicionar suas novas conexões ao Twitter e ao LinkedIn apenas. Algumas pessoas não usam o Facebook para negócios, só para uso pessoal, portanto, se limitar ao Twitter e ao LinkedIn normalmente é melhor. Se o evento onde você estava usava hashtag, tuíte as pessoas que estavam lá usando a tal hashtag para lembrá-las de que você estava presente e deseja contatar de novo.

» **E-mail e ligações:** Se você trocou cartões de visita com alguém, não tenha medo de enviar um e-mail ou ligar para dizer que gostou de reconhecê-la e deseja conversar mais.

» **Preparando um encontro.** Se você falou de negócios com alguém, contate a pessoa para um encontro e fale mais sobre seu negócio e seus produtos. Se o encontro for mais casual, sempre poderá pedir para ela o encontrar em uma cafeteria depois do trabalho ou comer algo na hora do almoço.

» **Mantendo contato.** Continue a interagir com as pessoas que conheceu em eventos. Pode ser algo tão simples quanto responder no Twitter, comentar em uma publicação do blog que a pessoa fez ou endossar uma habilidade dela no LinkedIn. Sempre se faça presente, e quando a pessoa precisar de seus serviços, você estará lá.

LEMBRE-SE

Networking é um jogo demorado. Fazer amizade, com o tempo, é recompensador.

USANDO O PODER TRÍPLICE

O poder tríplice é ótimo para classificar as pessoas em sua vida e em seu círculo social. Você avalia cada pessoa por diferentes motivos e as coloca em sua vida com finalidades diferentes. Você consegue perceber do que precisa em certo momento e quem pode ajudar.

- **O Carinhoso:** Essa é a pessoa que lhe faz se sentir bem. Ela lhe dá o aumento de confiança de que você precisa. Você contata o Carinhoso quando precisa se tranquilizar, se acalmar com o que está fazendo, com o seu negócio e suas capacidades.

- **O Realista:** Ele é quem lhe mostra a verdade nua e crua. O realista não está lá para colocar panos quentes e nem para dizer nada que o faça se sentir melhor. É realista sobre sua situação e, muitas vezes, imparcial e objetivo.

- **O Solucionador de Problemas:** Ele ajuda a responder à pergunta: *e agora?* Muitas vezes, depois de o Carinhoso ter ajudado a aumentar sua confiança e o Realista ter apresentado os fatos sobre sua situação, o Solucionador de Problemas o ajuda a seguir em frente.

Preparando um Comitê Consultivo

Você não consegue ter sucesso sozinho no negócio. Por isso, é importante ter um grupo de pessoas que basicamente compõem seu comitê consultivo. Eu as divido em três tipos diferentes:

» **Mentores:** Seus mentores são pessoas que você admira, que dão conselhos e treinamento. Em geral, são pessoas a quem você recorre quando tem problemas em certa parte do negócio ou busca expandi-lo. Eles incluiriam seus superiores na organização ou empresários bem-sucedidos fora do setor de vendas diretas.

» **Colegas:** Seus colegas são pessoas com quem você trabalha que podem debater e trocar ideias. Costumam ser pessoas que estão no mesmo estágio no negócio. Eles podem ser da empresa ou fora do setor de vendas diretas.

» **Contatos:** Normalmente os contatos são sociáveis e extrovertidos. São ótimos no networking e ajudam a fazer conexões com outras pessoas. As pessoas confiam neles e em suas recomendações. É ótimo ter esses contatos em sua vida para ajudar a indicar pessoas que possam estar interessadas em seu negócio ou podem ajudá-lo em uma área na qual esteja precisando.

Você também precisa ser um contato para outras pessoas. Por exemplo, digamos que você venda cosméticos e liga para uma cliente para saber se ela gostaria de fazer um novo pedido.

Belinda: "Oi, Karina, é Belinda. Só liguei para saber como estão seus produtos e se está precisando de algo agora."

Karina: "Ah, olha, Belinda, estou amando a maquiagem e estou quase sem, mas não posso ver isso agora. Estou desesperada para encontrar alguém que possa consertar minha calefação."

Belinda: "Karina, eu conheço alguém que consertou a minha no último inverno, e o trabalho ficou ótimo. Você gostaria que eu entrasse em contato com a pessoa?"

Karina: "Ai, minha nossa! Muito obrigada. Faça isso, por favor!"

Quanto mais pessoas você conhece em seu círculo de influência, mais valor você traz para suas relações. Adicionar valor à vida das pessoas as faz se sentirem importantes e as lembra que você é importante também.

Networking e aumento dos contatos são importantes e vitais para seu sucesso. Se você continuar a adicionar pessoas ao seu círculo e cuidar bem dessas relações, sempre terá abundância nos negócios.

6

A Parte dos Dez

NESTA PARTE . . .

Evite os erros comuns cometidos por novos representantes.

Verifique ótimos recursos online para seu negócio.

Veja a contagem regressiva dos principais benefícios das vendas diretas.

> **NESTE CAPÍTULO**
> » Entendendo os erros mais comuns cometidos por vendedores diretos
> » Aprendendo a superar os desafios comuns

Capítulo **21**

Dez Erros a Evitar

Este capítulo cobre os dez principais erros que todo vendedor direto deve evitar no negócio.

Não Começar com uma Boa Sequência de Eventos

Um dos maiores erros ao montar seu negócio é não ter reuniões suficientes, eventos de lançamento ou consultas com possíveis clientes marcadas na agenda. A maioria das empresas recomenda certa atividade para fazer o negócio realmente fluir. Seguir a recomendação proporciona um bom começo e uma boa dinâmica para o negócio.

Nos primeiros trinta dias, sugiro começar com quatro a seis reuniões ou eventos. As pessoas que começam com poucas reuniões na agenda acabam não fazendo nenhum negócio, ou a negociação é lenta. Sem a dinâmica que acompanha uma agenda consistente de lançamentos, é comum a pessoa se sentir fracassada ou perder o entusiasmo pelo negócio.

CUIDADO

Muitas pessoas resolvem fazer duas a três reuniões e se convencem de que conseguirão de algum modo as reuniões, as vendas e os recrutas necessários. Contudo, elas não criam a dinâmica de que precisam para continuar, pois são os agendamentos dessas seis primeiras reuniões que lhes trarão futuros negócios e as ajudarão a fazer sua história de sucesso.

Quando comecei, era uma exigência fazer seis reuniões em um intervalo de duas semanas para receber o kit inicial. Ganhávamos dinheiro muito rápido, recuperávamos nosso investimento, nossa confiança no negócio aumentava e tínhamos uma história de sucesso para compartilhar.

Outra coisa que muitos representantes não fazem, o que é um erro, é não agendar o quanto antes a reunião de lançamento ou nunca fazer uma. Essa reunião é o modo perfeito de lançar seu negócio. É nela que você atuará como representante e anfitrião, ganhando comissão e os benefícios do anfitrião com as vendas. Uma reunião de lançamento apresenta seu produto aos amigos e familiares e lhe dá a oportunidade de agendar reuniões para eles.

DICA

Comece seu negócio fazendo uma lista com *cem*. Anote as pessoas que podem estar interessadas no produto, na reunião ou na oportunidade e planeje contatá-las. Você pode usar meu sistema, a *Power Hour* (veja o Capítulo 5 para saber mais), para passar quinze minutos, duas a três vezes por semana, fazendo ligações de agendamento. Isso o ajudará a ter sempre uma agenda rentável e cheia.

Ter Medo de Perguntar sobre uma Reunião ou Consulta

Muitas pessoas têm tanto medo de ouvir a palavra não, que ficam paralisadas. Elas não querem sair de sua zona de conforto e pedir ajuda, perguntar sobre vendas ou recomendações. Acho que isso vem da falta de autoconfiança, que realmente só conseguimos *praticando*.

A realidade é que você receberá nãos. Faz parte do processo de vendas. Não leve para o lado pessoal. Às vezes, um não só significa *agora não*.

Também há o medo do estereótipo de *vendedor*. Focar o atendimento em vez das vendas pode ajudar a ter conversas genuínas e autênticas com os clientes.

DICA Para superar o medo de ouvir um não, é preciso reafirmar sempre sua crença na empresa, no produto e em si mesmo.

Falhar em Definir Metas

Definir metas é um dos principais ingredientes do sucesso. Quando as pessoas não têm ideia sobre o que querem ou onde querem estar, é difícil ou mesmo impossível continuar avançando. O medo de fracassar ou do que os outros pensam muitas vezes é o que impede as pessoas de definirem metas simples.

Muitas pessoas também acham que uma meta precisa ser enorme para se sentirem validadas por elas mesmas e pelos outros. De fato, são os pequenos marcos que nos levam aos maiores desejos em nossa vida.

LEMBRE-SE Mesmo que não atinja sua meta, você avançou mais ao comparar com seu ponto de partida.

Falta de Compromisso e Persistência

Não se comprometer ou abandonar cedo demais é outro erro que muitos vendedores novos cometem. Os representantes costumam se sentir desencorajados quando não cumprem um marco definido por eles. Perdem a iniciativa pelo negócio quando percebem que, como qualquer negócio, as vendas diretas precisam de tempo. Uma grande porcentagem de pessoas faz vendas diretas em meio expediente ou para ter uma renda adicional para a família, portanto, quando descobrem que a atividade requer trabalho e dedicação, ficam mais propensas a abandonar.

Talvez as primeiras pessoas contatadas não tenham ficado interessadas em organizar uma reunião ou assinar um envio automático. Talvez ninguém tenha aparecido na reunião de lançamento. Às vezes, uma amiga no trabalho pode dizer: "Já experimentei isso, mas não quis continuar pressionando minhas amigas." Do nada, essa mesma pessoa que mudaria de vida agora está justificando a decisão de abandonar.

LEMBRE-SE: É triste que tantas pessoas se convençam a sair do negócio antes mesmo de começar. Por isso, é importante se comprometer. Para obter os resultados desejados no negócio, você *deve* se comprometer em investir seu tempo e ter a atitude que ele merece.

Como em qualquer trabalho novo, haverá vezes em que você não ficará à vontade. Quando isso acontece, algumas pessoas saem, porque acham que outra linha de produtos será mais fácil de vender. Em vez de buscar o próximo objeto novo e brilhante, dê tempo ao seu negócio. Não será da noite para o dia. Se você quer resultados, tem que continuar. O segredo é o comprometimento.

Prejulgar Clientes Existentes e Futuros

No negócio, é importante não prejulgar ninguém. Muitas vezes, em nossa cabeça, decidimos quanto alguém gastará ou se a pessoa será adequada para o negócio sem mesmo lhe oferecer a oportunidade. Pressupomos que as pessoas não desejarão fazer negócio conosco, comprar nossos produtos e nem terão tempo suficiente para organizar uma reunião.

LEMBRE-SE: Você precisa colocar de lado suas ideias preconceituosas sobre as pessoas e oferecer seus produtos e a oportunidade a todos. Deixe que elas decidam sozinhas o que querem. Você não pode saber, simplesmente olhando alguém, o que há na conta-corrente ou no coração dela.

Sempre ofereça seus produtos e serviços a todos. Não tenha medo de ouvir um não. Quanto mais nãos você recebe, mais próximo está de um sim.

Não Tratar o Negócio como Tal

Seu negócio de vendas diretas é exatamente isso, um negócio, e você precisa tratá-lo como tal. Deve definir um horário comercial, determinar os dias em que deseja trabalhar e ser consistente. Tenha sempre o devido apoio no negócio e materiais para negociar quando chegar a hora.

LEMBRE-SE: Há certas coisas que você espera dos negócios com os quais interage — por exemplo, o cabeleireiro, o banco, o mercado etc. —, e os clientes devem esperar certas coisas de você também.

Para alcançar o sucesso, você não deve tratar seu negócio apenas como um negócio, deve ser consistente em relação a ele. Defina um cronograma de trabalho consistente, mantenha sua agenda e trabalhe sistematicamente na *Power Hour* (veja o Capítulo 5 para saber mais). Use o sistema *Power Hour* duas a três vezes por semana para acompanhar as atividades lucrativas importantes do negócio.

Fique por dentro de seus canais de rede social. Quando alguém visita uma página comercial do Facebook e descobre que o negócio não publica nada há dias ou semanas, não é bom sinal. Parece que o negócio ou a pessoa é preguiçosa ou inconsistente, ou pior, saiu do ramo.

Conheça os números. Saiba qual é sua comissão, o que você e sua equipe venderam. Fique atento para saber se vocês atingiram as metas e alcançaram os objetivos traçados. E saiba quanto falta para você conseguir sua próxima promoção e a equipe conseguir a dela.

Sem Foco

Quando você tem seu próprio negócio e trabalha em casa, pode ser muito fácil ficar distraído. Ser autônomo pode ser um grande desafio para as pessoas que só trabalharam das 9h às 17h na vida.

É importante equilibrar vida e trabalho e estar presente no que você faz. Se quer passar um tempo com a família, então tire uma folga e esteja presente naquele momento. Se quer trabalhar no negócio, invista seu tempo em atividades lucrativas, longe das distrações.

Algumas pessoas se associam a várias empresas de vendas diretas. Em meu treinamento, sempre enfatizo que não se pode servir a dois senhores ao mesmo tempo. É preciso encontrar uma empresa para levar a sério e montar um negócio bem-sucedido.

DICA

Não há problema em se inscrever em outra empresa para obter produtos com desconto, mas se você quer ter sucesso no setor, foque montar apenas um negócio.

Pular o Treinamento e o Desenvolvimento

O desenvolvimento e o crescimento pessoais são essenciais. Você sempre deve ter a mentalidade de aluno e aprender o quanto pode.

Muitas pessoas acham que sabem todas as respostas sem terem nenhuma experiência, ou têm muito medo de pedir ajuda. Também vejo que muitas pessoas não querem investir em nenhum treinamento.

Aproveite o treinamento. Em geral, é gratuito ou, pelo menos, tem um preço bem razoável. Dedique um tempo ao longo da semana ao seu desenvolvimento. Ouça podcasts, leia livros, assista a webinars e aprenda com as outras pessoas que já percorreram essa estrada.

LEMBRE-SE Tenha a mentalidade de aprendizado, porque, enquanto aprende, você cresce.

Negligenciar as Relações Comerciais

Ter boas relações requer tempo e comprometimento. Muitos representantes não reservam tempo para contatar seus clientes, anfitriões e membros da equipe.

Pense em ROR: *retorno sobre relacionamentos.* Essa expressão comercial está sendo cada vez mais usada pelas empresas, porque elas descobriram que as relações com o cliente provam ser melhores ao criar embaixadores da marca e fidelidade do que a publicidade tradicional.

Outra relação importante a ser desenvolvida é com seu superior. Seus líderes querem ver seu sucesso e, ainda assim, eu sempre os ouço falando que não conseguem fazer os membros da equipe atender ao telefone nem retornar as mensagens. Eles não participam dos encontros e não interagem de modo geral. Criar e manter uma relação com o líder é importante para seu sucesso. Deixe que ele o ajude. Aproveite o conhecimento e a expertise dele.

Depender de Amigos e da Família por Muito Tempo

Um erro que muitos representantes cometem é focar apenas os amigos e familiares, acabando por esgotar a base de clientes. No começo, familiares e amigos compram os produtos em sua reunião de lançamento ou concordam em organizar uma reunião para você. E nessas reuniões, em vez de tentar agendar com os amigos *deles* e expandir seu círculo, você se esquece de conversar para agendar e foca apenas as vendas.

LEMBRE-SE

Uma reunião ou evento de sucesso não se baseia apenas no que você consegue em vendas. Um evento bem-sucedido tem vendas na média e acima, possíveis recrutas *e* novos agendamentos ou consultas marcadas.

Como mencionei algumas vezes neste livro, pense em *quem você conhece que...?* Um amigo ou um membro da família pode conhecer alguém que amaria seus produtos ou serviços. *Sempre* peça recomendações e foque agendar novas reuniões para expandir seu círculo social.

DICA

Preencher sua agenda com eventos, consultas e reuniões é essencial para seu sucesso. Uma agenda cheia é saudável.

Uma chefe que conheço em uma empresa teve esse problema bem no comecinho de seu negócio de cosméticos. A primeira coisa que fez foi anotar cem nomes de pessoas que ela conhecia que estariam interessadas no produto. É algo que sugiro a todos que façam — criar uma agenda de possíveis vendas. Mas ela só focou as vendas, não os agendamentos. Em poucos dias, havia vendido R$7.500,00 em produtos para a família e os amigos apresentando o produto mais popular da empresa. Quando ela percebeu que havia esgotado a família e os amigos, viu que não tinha para onde avançar. Em vez de contatar cem pessoas para comprar um item, teria sido melhor que contatasse vinte para agendar uma reunião. Isso resultaria em vendas maiores para ela e uma grande cadeia de agendamentos em longo prazo.

LEMBRE-SE

Sua família e seus amigos normalmente são as primeiras pessoas que o ajudarão no negócio, mas não são as que farão o negócio subir de nível. Sempre busque seu próximo recruta, anfitrião e cliente.

> **NESTE CAPÍTULO**
>
> » Conhecendo os principais recursos que você pode utilizar no negócio
>
> » Vendo marketing, qualificação e comunicação mais fáceis com apps e sites

Capítulo **22**

Dez Recursos Principais para Vendedores Diretos

Este capítulo cobre os dez recursos principais usados no negócio.

Minha Empresa

Após estar no setor por 35 anos, ter trabalhado com centenas de empresas e literalmente milhares de representantes independentes, tenho certeza de que minha empresa, Step Into Success, oferece alguns dos melhores recursos para treinamento e consultoria no setor.

Neste livro, cobrimos o básico para os vendedores diretos, mas também oferecemos programas variados que focam o acompanhamento, o coaching do anfitrião, meu sistema comprovado *Power Hour*, como criar uma organização milionária, como planejar e fazer entrevistas e eventos de oportunidade, entre outros. Se você é novo em vendas diretas, quer relançar seu negócio ou aumentar seu nível de sucesso, tenho uma coleção de programas de treinamento que o ajudarão a ser bem-sucedido.

Caso você seja um líder e procura por um treinamento para ajudá-lo a motivar seus subordinados ou seja um representante corporativo que deseja adicionar um treinamento valioso do setor no próximo evento ou convenção, o treinamento de eventos ao vivo é para você!

Também ofereço uma academia digital na qual você pode se inscrever nas aulas para aprender as novidades no marketing e nas aplicações digitais. Especialistas em redes sociais e marketing digital ensinam os pormenores das redes sociais, como manter seu negócio online organizado e como ter sucesso ao conseguir vendas e recrutas nas redes sociais. A empresa Step Into Success é realmente um serviço centralizado para todas suas necessidades de vendas diretas.

Também dou consultoria para empresas de vendas diretas, ajudando nos programas e guias de treinamento, planos de compensação, incentivos, teleconferências semanais e webinars. Faço, igualmente, coaching pessoal para a equipe executiva.

Visite stepintosucess.com (conteúdo em inglês) para ter mais informações.

Gestão do Tempo

As ferramentas de gestão do tempo são ótimas para ficar de olho em suas listas de tarefas. Com esses recursos, é possível configurar tarefas e lembretes no computador, tablet ou celular. Você pode criar várias listas, definir prioridades, obter notificações push e até compartilhar essas listas com os outros.

As tarefas são importantes para se preparar diária, semanal e mensalmente. Programe seus horários com a *Power Hour* usando esses apps, assim como prioridades pessoais e responsabilidades. As ferramentas de gestão do tempo são também ótimas ao planejar eventos com outros líderes na equipe, porque muitos apps permitem compartilhar listas de tarefas com terceiros.

Dois apps que sugiro experimentar (conteúdos em inglês):

- » Any.Do (www.any.do)
- » EasilyDo (www.easilydo.com)

Outro ótimo recurso de gestão do tempo é o marGo (www.margo.me — conteúdo em inglês). É o primeiro serviço de convites planejado especificamente para vendedores diretos. Ele oferece correio, e-mail, mensagem de texto, publicação do Facebook, transmissão de voz e imagens de convite. O marGo fornece três toques antes de uma reunião para ajudar a assegurar que sua reunião em casa ou virtual tenha boa participação, e dois toques após a reunião para capitalizar os pedidos depois do evento, dos agendamentos e do recrutamento.

Organização e Compartilhamento de Arquivos

As ferramentas de organização e compartilhamento de arquivos ajudam a manter os documentos comerciais em um lugar e facilitam o acesso a todos. Com elas, você consegue fazer anotações, controlar tarefas e salvar tudo o que encontra online. O app sincroniza automaticamente tudo entre seu celular e computador, ou seja, é possível acessar as informações em qualquer lugar.

Você também pode convidar outras pessoas para ver seu trabalho. É ótimo para compartilhar documentos de treinamento com novos recrutas e pessoas na equipe. Também pode armazenar as imagens usadas para o marketing e as reuniões online.

Alguns dos ótimos recursos a experimentar incluem:

- » Dropbox (www.dropbox.com)
- » Evernote (www.evernote.com)
- » Google Drive (www.google.com/drive)
- » Trello (www.trello.com)

Comunicação da Equipe e Encontros Online

Manter contato com sua equipe é importante para o sucesso. Há muitos recursos disponíveis por aí para fazer teleconferências e webinars online. Os encontros online funcionam como complementos do encontro mensal, sobretudo se sua equipe não está no mesmo local.

Você também pode usar esses recursos para fazer ligações de oportunidade, quando poderá convidar possíveis clientes para se associarem e aprender mais sobre a oportunidade com o líder principal na organização. Minhas sugestões:

- Free Conference Call (www.freeconferencecall.com)
- Fuze (www.fuze.com — conteúdo em inglês)
- Google Hangouts (http://plus.google.com/hangouts)
- GoToMeeting (www.gotomeeting.com)
- Skype (www.skype.com)
- Zoom (www.zoom.us)

Comunicação e Gestão das Redes Sociais

As aplicações de gestão das redes sociais ajudam a visualizar, agendar e publicar em todos os sites de redes sociais. Aplicações como Hootsuite e Buffer permitem planejar antes as publicações, com opções de agendamento para que você possa passar menos tempo em suas contas de redes sociais.

Elas também dão a oportunidade de ser consistente nas redes sociais e compartilhar conteúdo em várias plataformas com um simples clique. Você pode medir o ROI (retorno sobre o investimento) usando a análise e o relatório. Essas ferramentas são para quem deseja melhorar suas redes sociais e a interação (conteúdos em inglês).

- Buffer (www.buffer.com)
- Hootsuite (www.hootsuite.com)

Criação de Vídeos

O vídeo é uma ferramenta incrível para seu negócio. Os apps de criação de vídeos permitem compartilhar vídeos ou publicar seus próprios vídeos no canal do YouTube e nas plataformas de redes sociais usando o celular.

Compartilhe testemunhos, demonstrações de produtos e treinamento com vídeos. Os seguintes recursos permitem gravar, editar e compartilhar vídeos enquanto se locomove (conteúdos em inglês):

- iMovie (www.apple.com/ios/imovie)
- Screen-Cast-O-Matic (www.screencast-o-matic.com)
- Skype Qik (www.skype.com/en/qik)

Imagens e Gráficos

Existem muitos recursos excelentes para criar gráficos gratuitos ou com preços muito acessíveis. Com esses apps e sites, é possível criar vários tipos de imagens, sobretudo para compartilhar nas redes sociais. Você pode escolher imagens predefinidas, como publicações do Facebook, tópico do Twitter etc. Também pode criar qualquer tamanho de imagem personalizada.

Crie cartões postais, de agradecimento e pôsteres. Veja meus favoritos:

- Canva (www.canva.com — conteúdo em português)
- Pic Collage (www.pic-collage.com)
- PicMonkey (www.picmonkey.com)
- Red Stamp Cards (www.redstamp.com)
- WordSwag (www.wordswag.co)

Newsletters e E-mail

Nem todas as empresas de vendas diretas oferecem newsletters em seu nome, portanto, é importante enviar lembretes mensais para os clientes. Essas newsletters e e-mails podem mencionar coisas como oportunidades, ofertas do mês, destaques do produto, dicas, benefícios do anfitrião etc. Também é possível usar essas aplicações de newsletter e e-mail para manter contato com sua equipe e subordinados.

DICA Outra ótima ideia é uma newsletter específica para os clientes fiéis e anfitriões VIP. Ofereça a eles uma prévia dos novos produtos e ofertas.

Alguns recursos a experimentar:

- AWeber (www.aweber.com)
- Constant Contact (www.constantcontact.com)
- iContact (www.icontact.com)
- MailChimp (www.mailchimp.com — conteúdo em português)

Despesas e Gestão do Dinheiro

Controle sua milhagem, guarde seus recibos e economize mais dinheiro!

Esses recursos e essas ferramentas manterão suas despesas organizadas e o ajudarão a economizar mais dinheiro para o imposto de renda (conteúdos em inglês):

- Accountable Solutions (www.costamesataxreturn.com)
- Deductr (www.deductr.com)
- Expensify (www.expensify.com)
- J.F. DePetris, CPA (http://www.jfdepetriscpa.com)
- Mint (www.mint.com)
- QuickBooks Online (www.quickbooks.intuit.com)
- TaxBot (www.taxbot.com)

Criação de Site e Blog

A maioria das empresas de vendas diretas oferecerá um site (gratuito ou por uma pequena taxa) em que você pode preparar reuniões online e vender produtos usando o e-commerce. Mas muitos representantes optam por configurar um site adicional ou blog para compartilhar conteúdo e informações interessantes com clientes e fãs.

Os blogs são ótimos para compartilhar na rede social e encorajar a interação. Você pode compartilhar tutoriais de vídeo, fatos interessantes e informações de produtos por meio de blogs. Minhas três plataformas favoritas (gratuitas):

- Blogger (www.blogger.com)
- Wix (www.wix.com)
- Wordpress (www.wordpress.com)

NESTE CAPÍTULO

» **Descobrindo os benefícios de ter e administrar um negócio de vendas diretas**

» **Descobrindo como ter renda, crescer pessoalmente e trabalhar quando deseja**

Capítulo **23**

Dez Benefícios das Vendas Diretas

Este capítulo cobre o que eu considero ser os dez principais benefícios de ter e administrar um negócio de vendas diretas.

Maior Renda

Caso o propósito de seu negócio seja complementar sua renda, substituir um salário em tempo integral ou ter liberdade financeira, o negócio de vendas diretas pode ajudá-lo a atingir suas metas, dependendo do tempo e do esforço dedicados ao novo negócio. Você pode escolher dar a si mesmo um aumento a qualquer momento simplesmente se esforçando mais. Muitas pessoas têm ganhos acima da média nesse setor, quando comparado com muitos outros.

Também é um negócio no qual sua experiência anterior ou sua escolaridade não têm um papel importante no que você consegue ganhar ou realizar.

As pessoas usam as vendas diretas para pagar coisas como:

- » Esportes e aulas dos filhos.
- » Despesas da família.
- » Seguro do carro ou da casa.
- » Financiamento ou aluguel.
- » Pagamentos dos cartões de débito e crédito.
- » Férias e outros luxos.
- » Aposentadoria.

As vendas diretas lhe dão a oportunidade de fazer seu próprio salário.

Horário Flexível

As vendas diretas funcionam nas seguintes situações:

- » Você trabalha em tempo integral.
- » Tenta ganhar um dinheirinho em pouco tempo.
- » Fica em casa e deseja trabalhar de acordo com o horário da família, sem gastar 75% da renda com a creche.
- » É universitário(a) e deseja trabalhar segundo o horário das aulas.
- » É aposentado(a) e quer iniciar algo novo e/ou complementar sua pensão.

As vendas diretas atendem às necessidades de muitas pessoas e circunstâncias diferentes. Esse negócio lhe dá a oportunidade de fazer seus próprios horários e trabalhar de acordo com as prioridades e as responsabilidades existentes.

Ser Seu Próprio Chefe e Trabalhar de Casa

Em vendas diretas, você trabalha para si mesmo e não deve se reportar a ninguém. Você tem apoio e encorajamento de outras pessoas, inclusive da empresa, mas pode escolher quando deseja trabalhar.

Você também tem a oportunidade de programar as férias, ter folga em feriados especiais, participar dos eventos importantes na família e dos eventos da comunidade. Por fim, pode passar seu tempo nas áreas mais importantes para você.

Trabalhar em casa tem muitas vantagens, inclusive economizar nas despesas relacionadas ao trabalho fora. Você pode vestir o que deseja para "trabalhar", embora eu ache que as pessoas que se vestem e se aprontam para o dia são mais produtivas. Pode trabalhar onde e quando deseja. Trabalhar em casa permite ficar de olho nas tarefas domésticas e nas responsabilidades, além de permitir fazer as coisas quando julgar adequado.

Finalmente, como você é responsável por seu sucesso e pelo quanto quer trabalhar, pode dar um aumento a si mesmo sempre que quiser.

Amizades e Relacionamentos

Quando você entra para as vendas diretas, de repente tem um novo grupo de amigos afins que compartilham os mesmos interesses. Para as pessoas que se mudam para uma nova área, é uma ótima maneira de conhecer um novo grupo de amigos.

Além da amizade, você tem o apoio de sua equipe e da empresa. Em vendas diretas, seus colegas querem ver seu sucesso e o encorajam nesse sentido. Sua promoção na empresa não é à custa de outra pessoa, pois há espaço suficiente para todos terem sucesso. Os representantes podem crescer em seu próprio ritmo e criar sua própria definição de sucesso. Tudo isso se soma a uma comunidade amistosa e solidária não apenas na empresa, mas em todo o setor.

Incentivos e Reconhecimento

Todos amam o reconhecimento. De fato, muitos estudos mostram que o que as pessoas mais valorizam em um trabalho, acima da renda, é ser reconhecidas e apreciadas pelo trabalho bem feito.

Em vendas diretas, você é reconhecido continuamente por suas conquistas, desde os menores elogios na página do Facebook até as recompensas com produtos no programa Início Rápido, além de muitos programas em curso durante o ano. Nada melhor do que ser reconhecido pela empresa e colegas.

Os incentivos podem ser um modo incrível de receber e experimentar coisas que não teria chance de fazer. Dispositivos eletrônicos especiais, joias, acessórios e férias com todas as despesas pagas para lugares muito cobiçados no mundo todo são coisas que você pode conseguir na empresa só ao administrar seu negócio.

Habilidades Comerciais

Seu negócio de vendas diretas o ajudará a aprender muitas habilidades comerciais diferentes que o auxiliarão em todas as áreas da vida. Isso acontece sobretudo com os universitários e aqueles que sonham ter seu próprio negócio. Não há treinamento melhor para alguém que quer desenvolver diversas habilidades, como:

- Gestão do tempo.
- Organização.
- Habilidades para se apresentar.
- Habilidades para falar.
- Gestão do dinheiro.
- Planejamento de reuniões.
- Coaching eficiente.
- Técnicas de vendas.
- Atendimento ao cliente.

Crescimento Pessoal

Muitas pessoas sentem um aumento da autoconfiança no negócio. É possível ver essa transformação diante de seus olhos.

As pessoas que não conseguiam falar na frente de outras agora ficam à vontade ao falar em público. Aquelas que tinham medo de se aventurar fora de casa agora viajam para qualquer lugar. E quem muitas vezes evitava trabalhar em equipe agora assume papéis de liderança. Muitos representantes me disseram que até foram promovidos em seus trabalhos porque o gerente ou o empregador viram uma mudança positiva neles.

Uma autoestima maior, acreditar em si mesmo, ser paciente, empático e incentivador de outras pessoas são mudanças positivas que as pessoas veem nas vendas diretas. Seu negócio pode ajudá-lo a ser mais informado e viajado por meio dos muitos incentivos de viagem ganhos. Tudo isso permite se conectar, interagir e aumentar seu círculo de influência.

Mentoria

Ser e ter um mentor são dois dos maiores benefícios que você pode ter na vida. Às vezes, pode ser difícil saber onde encontrar um mentor ou como ser um mentor de outra pessoa, mas é uma escolha natural em vendas diretas.

Seu superior ou patrocinador muitas vezes se tornará um ótimo mentor, e você aprenderá coisas não só sobre o negócio, mas sobre si mesmo. Conforme faz amizades, percebe que terá muitos mentores diferentes. E devido às amizades feitas, receberá mentoria sobre vários assuntos além do negócio.

Muitas pessoas já estiveram onde você está e foram aonde você quer ir. Quando montar uma equipe, se tornará mentor para outras pessoas. Tornar-se mentor é muito gratificante e pode, de fato, significar tanto para sua vida quanto a renda gerada. Saber que você fez a diferença e impactou a vida de outra pessoa não tem preço.

Desconto em Produtos

Para muitas pessoas, conseguir comprar um produto com desconto é uma grande vantagem, sobretudo se é um produto de consumo que é usado regularmente. Para outras, as vendas diretas são um meio de ter tudo o que elas querem, em determinado período, com desconto. Se você realmente ama um produto, parece natural compartilhá-lo com outras pessoas. Ao mesmo tempo, isso lhe dá a oportunidade de ter uma renda.

Você também terá acesso a todos os produtos mais novos no mercado antes de outros clientes. É uma enorme vantagem para as pessoas que gostam de ficar à frente das tendências e ser as primeiras a ter em mãos o mais novo produto do momento.

Incentivos Fiscais

Um negócio em casa ou seu próprio negócio têm incentivos fiscais. Isso também é ótimo para economizar mais dinheiro durante o ano. Claro, é importante ter um profissional na área que possa auxiliá-lo. Você pode ter deduções no seguinte:

- » Automóveis.
- » Materiais para o negócio.
- » Porcentagem no financiamento ou no aluguel imobiliário.
- » Desenvolvimento pessoal.
- » Viagens relacionadas ao negócio.
- » Serviços públicos.

Índice

SÍMBOLOS
2+2+2, programa, 86, 294
90/10, regra, 189, 191

A
abertura
    do negócio, 113
    poderosa, 157
acompanhamento, 227, 265–266, 294
agenda, 113
    de possíveis marcações, 120–121, 135
agendamento, 112, 125
    conversa, 129
    dicas, 131
    metas, 114
    objeções, 132
    sementes, 128, 157
amigos comerciais, 327
amizades, 257, 332
anfitrião, 11
animação, 171
antecipação de estoque, 45
aparência, 105
apresentação
    dicas, 159
    do produto, 279
aprovação social, 12, 24, 30
atendimento ao cliente, 86, 188
atitude positiva, 62, 74
atividades que geram renda, 181
autenticidade, 184
autoconfiança, 357
autoestima, 68

B
benefícios do anfitrião, 146
bingo, 172
blog, 183
    comercial, 207
    dicas úteis, 210
    pessoal, 207

C
cadeias de negócio, 120
cálculo dos impostos, 308
captação de fundos, 26, 129, 331
cartão
    de convite, 175
    de visita, 95, 333
    promocional, 221
catálogo, 96
    link, 170
chamada para engajamento, 192
cinco sentidos, 264
clientes de ouro, 233
coach, 282
    do anfitrião, 167
comercial de trinta segundos, 101–102, 216
comitê consultivo, 336
compra
    bônus, 45, 47
    pessoal, 27
comprometimento, 89, 342
comunicação, 286, 322
    eletrônica, 286
conferência
    motivos para ir, 316
confiança, 68
    quatro pilares da, 66
cônjuge, apoio, 309
consulta individual, , 150, 215
contatos, 336
conversas significativas, 53
convidados, chamar, 147
convites, 175
correio tradicional, 287
crédito do anfitrião, 214
crescimento pessoal, 301
CTA (chamada para ação), 180, 190
culpa, 71

D
datas
 bônus de agendamento, 131
 disponíveis, 115
demonstração de gratidão, 234
desejo, despertar, 154
desenvolvimento pessoal, 23–24
dois agendamentos, método, 148
Ds, 79
 decisão, 80
 desejo, 80
 destino, 81
 detalhes, 80
 determinação, 81

E
embaixadores da marca, 186
encerramento da reunião, 269
encontro presencial, 288
encontros diretos, 13
engajamento nas redes sociais, 184
envio automático, 11, 13, 44, 216
escritório virtual, 12, 291
eventos
 de oportunidade, 51
  tipos, 297
 do revendedor, 188
exposição móvel, 99, 137

F
F2F. Ver encontro presencial, 288
falta
 de autoconfiança, 340
 de segurança no trabalho, 33
fãs, bases, 186
feedback, 240
 positivo, 322
flexibilidade de tempo, 255
fluxo
 extra de renda, 33
 sem fim de recomendações, 233
folha de metas, 272–273
fora de casa, vender, 219
fotos e vídeos, vantagens, 199

G
gestão do tempo, 348
gráficos, 292, 351
grupo de amigos, 355
grupos de representantes independentes, 168

H
habilidades
 para solucionar problemas, 74
 práticas, 74
hábitos saudáveis, 74
hashtag, 183, 185, 203–204
história pessoal, 259, 292
horário definido, 114
hypertarget, 186, 188

I
imposto de renda, 308
incentivos, 356
 fiscais, 358
informações de contato, 230
insegurança, 66–67
insights, 187

K
kit
 com produtos, 278
 inicial, 9

L
lançamento
 planejar, 145
 reforço, 148
liberdade financeira, 254, 300
ligação
 de acompanhamento, 177
 primeira, 238
 segunda, 240
 terceira, 241
 trimestral, 236
linguagem corporal, 264
lista
 de convidados, 145
 organizar, 119
lucratividade, 37–38

M

maratona de compras, 130
marca pessoal, 192
marketing
    do conteúdo, 207
    indicação, 30
    online, 185, 203, 207
    rede, 11
mentores, 336
    superiores, 9
mentoria, 282, 284–285, 357
mercado
    frio, 229
    quente, 141, 228
    saturação do, 41
metas, 74, 77, 341
miniexposição móvel, 219
modelo
    de negócio, 298
    Híbrido, 53
    Marketing de Rede, 44
    Party Plan, 11–12, 50
motivação, 318
motor de busca, 208
multitarefa, 88
mundo tecnológico, 253

N

não
    como lidar, 62
    medo de ouvir, 340
necessidades financeiras, 308
negação, 70
negócio
    contas separadas, 309
    de relacionamento, 294
    saldo mínimo, 310
networking, 220, 325
    profissional, 192
noite de oportunidade, 296
nota de agradecimento, 177
notificações push, 348
novo atendimento, 27, 112

O

oferta do dia, 25
open house, 329
oportunidade
    cultura, 322
orçamento doméstico, 249, 260
organização, 91–92

P

pacote
    de anfitrião, 97–98
    de oportunidade, 268
    digital, 253
painel de visão, 281
panfleto de recrutamento, 320
paradoxo da recuperação do serviço, 187
pedidos
    adicionais com um cliente existente, 242
    externos, 169
pensamento crítico, 74
perfeccionismo, 70
perguntas poderosas, 127
período de treinamento, 117
personalidade, 286
pirâmide, esquema, 45
planejamento financeiro, 308
plano
    confiável para o acompanhamento, 232
    de anfitrião, 130
    de carreira, 76–77, 118, 246
    de compensação, 43, 97, 253
    de reunião, 136
poder tríplice, 335
pontos de interesse, 260
possíveis clientes, 228
Power Hour, 74, 82–83, 201, 343
prejulgamento, 342
presente pela recomendação, 225
prioridades do cliente em potencial, 216
procrastinação, 70–71, 90
produtividade, 74
programa
    de incentivo, 74, 118
    Início Rápido, 257, 274, 278
pulsação do negócio, 231

R

Receita Federal, 312
recomendações, 230, 329
recompensas financeiras, 318
reconhecimento, 257, 318, 356
recrutamento, 235, 245
    conversa, 163
    em grupo, 295
    rede social, 265
    regras, 249
recrutas, 52
    classificação, 235
recuperação do serviço
    paradoxo, 65
redes sociais, 29–30, 51, 64, 331, 350
    cinco pontos, 182
    plataformas, 181
relação comercial, 327
renda residual, 14, 44
representantes
    desafio, 290
    independentes, 9, 18
resignação, evitar, 69
respostas positivas, 126
resultado imediato, 63
reunião
    abertura, 156
    catálogo, 134
    decisiva, 271
    dicas, 278
    encerrar, 176
    eventos, 25
    finalidade, 50
    lançamento, 15, 124, 141
        tipos, 142
    online, 26, 143, 197
    partes, 147
rifa, 172
ROI (retorno sobre o investimento), 32, 325, 350
ROR (retorno do relacionamento), 325, 344

S

saturação de mercado, 41–42
sementes
    de agendamento, 128, 129
    oportunidade, 268

serviço de atendimento ao cliente, 64
Síndrome da Melhor Compra, 101
sistema de pontos, 196
socializar, 320–321
soluções tecnológicas, 23
startup, 39–40

T

taxa do cliente preferencial, 13
técnicas de vendas, aprimorar as, 120
teleconferência, 287, 297
tempo flexível, 255
testemunho, 217
textos
    exemplos, 170
trabalhar em casa, 355
traje, 221
treinador, 281
treinamento, 273, 320, 344
    online, 178
Tupperware, história, 152
turbilhão constante, 258

V

venda
    adicional, 164–165, 215
    de porta em porta, 28
    descritiva, 165
    direta, 7, 32
        benefícios, 254
        lucratividade, 37
        programas, 38
    individual, 213
    social, 30, 179
venda
    necessidades e desejos, 300
viagens de incentivo, 82
videoconferências, 285, 287
vídeos, 350
visão, 74, 75
    desenvolver, 281

Y

YouTube, 266

Projetos corporativos e edições personalizadas
dentro da sua estratégia de negócio. Já pensou nisso?

Coordenação de Eventos
Viviane Paiva
viviane@altabooks.com.br

Assistente Comercial
Fillipe Amorim
vendas.corporativas@altabooks.com.br

A Alta Books tem criado experiências incríveis no meio corporativo. Com a crescente implementação da educação corporativa nas empresas, o livro entra como uma importante fonte de conhecimento. Com atendimento personalizado, conseguimos identificar as principais necessidades, e criar uma seleção de livros que podem ser utilizados de diversas maneiras, como por exemplo, para fortalecer relacionamento com suas equipes/ seus clientes. Você já utilizou o livro para alguma ação estratégica na sua empresa?

Entre em contato com nosso time para entender melhor as possibilidades de personalização e incentivo ao desenvolvimento pessoal e profissional.

PUBLIQUE SEU LIVRO

Publique seu livro com a Alta Books. Para mais informações envie um e-mail para: autoria@altabooks.com.br

/altabooks /alta-books /altabooks /altabooks

CONHEÇA OUTROS LIVROS DA **PARA LEIGOS**

Todas as imagens são meramente ilustrativas.

- Design Thinking Para Leigos
- Microsoft Teams Para Leigos
- Análise de Dados de Blockchain Para Leigos
- DevOps Para Leigos
- Mineração de Criptomoedas Para Leigos
- Airbnb Para Leigos
- Análise Fundamentalista Para Leigos
- Day Trading Para Leigos

ALTA LIFE Editora ALTA NOVEL ALTA CULT Editora
ALTA BOOKS Editora alta club

Este livro foi impresso nas oficinas gráficas da Editora Vozes Ltda.,
Rua Frei Luís, 100 – Petrópolis, RJ.